博士论文
出版项目

美国公立研究型大学
内部质量改进的实证研究

An Empirical Research on the Internal Quality Improvement of a
Public Research University in the U.S.

王名扬　著

中国社会科学出版社

图书在版编目(CIP)数据

美国公立研究型大学内部质量改进的实证研究/王名扬著.—北京:
中国社会科学出版社,2020.12
ISBN 978 – 7 – 5203 – 6244 – 3

Ⅰ.①美…　Ⅱ.①王…　Ⅲ.①高等学校—教育质量—
研究—美国　Ⅳ.①G649.712

中国版本图书馆 CIP 数据核字(2020)第 059491 号

出 版 人	赵剑英	
责任编辑	高　歌	
责任校对	王佳玉	
责任印制	戴　宽	

出　　　版	中国社会科学出版社
社　　　址	北京鼓楼西大街甲 158 号
邮　　　编	100720
网　　　址	http://www.csspw.cn
发 行 部	010 – 84083685
门 市 部	010 – 84029450
经　　　销	新华书店及其他书店

印刷装订	北京君升印刷有限公司
版　　次	2020 年 12 月第 1 版
印　　次	2020 年 12 月第 1 次印刷

开　　本	710×1000　1/16
印　　张	26.5
字　　数	357 千字
定　　价	158.00 元

出 版 说 明

为进一步加大对哲学社会科学领域青年人才扶持力度，促进优秀青年学者更快更好成长，国家社科基金设立博士论文出版项目，重点资助学术基础扎实、具有创新意识和发展潜力的青年学者。2019 年经组织申报、专家评审、社会公示，评选出首批博士论文项目。按照"统一标识、统一封面、统一版式、统一标准"的总体要求，现予出版，以飨读者。

全国哲学社会科学工作办公室

2020 年 7 月

序

  《美国公立研究型大学内部质量改进的实证研究》一书即将出版，这是王名扬在其博士学位论文基础上修改而成的一本学术专著，是她多年学术努力的一个阶段性成果。对其能够获批"2019 年国家社科基金优秀博士论文出版项目"，我由衷地感到高兴，并欣然允诺为之作序。

  随着 21 世纪知识经济时代的到来，高等教育在促进经济社会发展和推动人类文化繁荣的进程中发挥着积极的引领作用。在高等教育由精英化向大众化和普及化不断迈进的过程中，与规模扩张相伴而生的质量问题成为学术界和各国高等教育改革普遍关注的重要议题。我国自上世纪 80 年代开始了以本科教育教学评估为主要形式的高等教育质量保障制度建设，新时期进一步确立了以高校自我评估为基础的"五位一体"高校本科教学评估制度，新时代正不断深化教育教学制度改革以全面提高人才培养质量。质量保障问题正逐渐成为我国高等教育领域改革与发展的焦点和重点，并将在未来很长一段时间内受到社会各界的广泛关注。在这个问题上，对于高校自身而言，建立何种内部质量保障机制以及如何开展自我评估工作，目前仍处于积极探索阶段，尚未形成规范且成熟的模式。因此，学习和借鉴他国的有益经验，显得尤为必要。

  本书以威斯康星大学麦迪逊分校为研究案例，对我国高校加强质量保障建设的工作具有较强的对照和参考价值。首先，该校作为美国一所著名的公立研究型大学，办学历史悠久，代表着美国大学教育质量的较高水平，其公立大学性质以及有限的政府拨款、研究型大学类型以及教学相对科研较为弱势的特点，都与我国公立大学发展所面临的宏观制度环境和约束性条件具有一定的相似性。其次，该校具有较为浓厚的"教授治校"传统，体现了西方大学自治和学术自由的思想理念。对其开展研究，有助于我国在建立现代大学制度、完善大学法人治理结构、落实大学办学自主权的过程中发现可资借鉴的做法和经验。再次，该校以"威斯康星理念"享誉世界，是大学服务社会职能的发源地，这与我国高校"扎根中国大地办大学"、为国家经济社会快速健康发展服务的目标具有较高的一致性。

这部研究专著的主要特点，是运用质性研究方法较为详尽地厘清了威斯康星大学麦迪逊分校开展内部质量改进的"认知性问题"、"主体性问题"、"制度性问题"和"文化解释性问题"，在分析质性资料的基础上，对校内多元利益相关者关于"高等教育质量"的情境化认知、内部质量改进实践主体的角色职能及主体间关系网络、内部质量改进的关键控制点和主要行动策略、制度背后所蕴含的深层次质量文化和价值理念等内容做出较为全面的研究探讨。此研究的理论分析较为得当，研究方法适恰，研究资料较为翔实，语言较为流畅，是对于大学内部教育教学质量改进问题的积极探索。

王名扬博士在威斯康星大学麦迪逊分校联合培养的一年间，深入研究案例大学，采集到一手统计数据和访谈资料，通过其亲身体验、考察并挖掘该校内部质量改进的具体措施，得出了较为真实和相对客观的评价。该书呈现了大学内部质量改进问题研究的一个案例，为我们认识美国公立研究型大学的自我评估和自我问责，反思我国高校"双一流"建设中的质量改进问题提供参考，希望能对从事高等教育质量保障的研究者有所借鉴。

党的十九大报告明确指出，要加快一流大学和一流学科建设，实现高等教育内涵式发展。习近平总书记于2018年5月2日在北京大学师生座谈会上指出，"当前，我国高等教育办学规模和年毕业人数已居世界首位，但规模扩张并不意味着质量和效益增长，走内涵式发展道路是我国高等教育发展的必由之路"。在我国实现高等教育由大到强的历史跨越过程中，不断提高质量势必成为高等教育发展的核心主线。希冀本书的出版对我国高等学校基于自身特色的内部教育教学质量保障建设工作，能够有所参考和裨益。

秦惠民

北京外国语大学特聘教授、国际教育学院院长

FOREWORD

This volume clearly demonstrates that Wang Mingyang is a thoughtful and talented researcher, someone who has focused on a very important topic in higher education and in education in general. Dr. Wang spent a year at the University of Wisconsin, Madison working with my research group and engaging in her significant research on the issue of "quality" in higher education. She also attended my classes on the politics of curriculum and on major issues in educational policy. Perhaps most importantly, Mingyang participated in my Friday Seminar and met regularly with me to engage in substantive discussions of her research on the University of Wisconsin, Madison and on how that university was both similar to and in important ways different from other excellent United States universities.

Let me first say something about the Friday Seminar since it is a space where ideas are constantly presented and tested out in public by all of its participants. The Friday Seminar is not a formal course. It meets every week for 2 – 3 hours of intense reading, presentations, and discussions of some of the most crucial issues of educational theory, research, policy, and practice. It is a truly international group of PhD students and visiting scholars from all over the world. To give a sense of the international nature of the Seminar, in addition to those from the United States, over the past decades participants have come from China, Korea, India, Japan, England, Norway, Spain, South Africa, Brazil, Chile, Australia, and many other nations. All of the participants are deeply committed to understanding the relationship of education to the larger society and how we can make that relationship more responsive and more socially just (see Apple 2014).

Mingyang was a very active and valuable member of the Friday Seminar. Her presentations there were clear and detailed as she dealt with the very real complexities of the University of Wisconsin, Madison. Like many large and influential universities, it is not an easy institution to understand. Yet she made immense progress in clarifying its often unique mechanisms of building an environment that values "quality" in teaching, research, and service to the state, nation, and the larger world. The result of her research is the book you are about to read.

Her book is a very careful and detailed description of the actors and the organizational elements that have been established at the University of Wisconsin to evaluate "quality." As Dr. Wang fully understands, the concept of quality is not a simple one either to define or to understand. Thus, she points out a number of the competing understandings and aims of the plans to evaluate "quality" in a number of different parts of the university. At the same time, she documents many of the conflicts and tensions that are generated by this situation.

The philosopher Ludwig Wittgenstein reminds us that rather than asking for a simple definition of a complicated word, we should examine its use (Wittgenstein, 1963). Who uses it? For what social and institutional purposes? This is especially important for the issue of "quality" since we cannot fully understand what it means and why it has become important unless we can place it into the complicated and sometimes contradictory realities of universities at a specific time and a specific place. Dr. Wang's experiences at Wisconsin, the large amount of material she had access to, and the range of people she was able to interview all gave her an opportunity to discover a number of the reasons why "quality" was seen as so important to the functioning of the university. It also gave her important insights into how a major research university that also highly values both its teaching activities and its responsibilities to the larger society attempts to create mechanisms to evaluate its successes and failures.

This process of in-depth analysis and of mapping out the organizational complexities is even more crucial in the case of Wisconsin, since the University of Wisconsin, Madison is a special place. As a public university, it has a long history of what is known as the Wisconsin Idea. This is based on a vision of building and defending a close connection between the university and the larger community. Thus, its research activities, its teaching, and its service activities should serve a social purpose. Its beginnings can be traced to the influence of one of the early presidents of the university, John Bascom. He was one of the strongest proponents of ensuring that public universities broadly dedicate themselves to improving the lives of the communities that they served politically, economically, and culturally. This was a key part of what is called the progressive tradition in the United States.

Early in its history, the university gained wide recognition for what was embodied in John Bascom's and other significant faculty members' vision and for its social and intellectual mission (see Nelson 2009). Indeed, as early as 1908, the President of Harvard University, Charles Elliot, called the University of Wisconsin "the most important [public] university in the United States (Hoeveler, 2016, p. 4).

This is not simply of historical significance. The Wisconsin Idea was developed as a conscious attempt to help answer one of the most important questions that we can ask in education today as well. Can education contribute to social transformation and to positive changes in society? This is a question that has guided my own work for more than four decades and certainly guided the work of such internationally important figures as John Dewey (see Apple 2013).

As Wang Mingyang knows, this is personally important to me. I hold the title of John Bascom Professor, one of the most prestigious Distinguished Professorships at the university. As the John Bascom Professor of Curriculum and Instruction and Educational Policy Studies, I recognize that I am part of a long tradition of academically and socially engaged work inspired by people such as John Bascom, a tradition that is still justifiably well-known and respected both in Wisconsin and nationally. This makes me even more respectful of the hard work that has gone into Dr. Wang's study.

One other element is worth noting here. One of the most valued characteristics that remain so important to all of those people who are at the University of Wisconsin, Madison is its commitment to "academic freedom and the open pursuit of new knowledge" (Hoeveler, 2016, p. 4). This has been institutionalized through the university's long history of faculty governance. Elected representatives of the faculty actively serve on influential governing bodies and on crucial committees. They have a good deal of authority to deliberate over policies and practices and to make decisions about a large number of things including tenure and promotion, faculty funding and awards, student scholarships, and so much else that is involved in judging "quality" throughout the university. .

This cooperative ethic is strongly supported by faculty members individually and in organized groups. But more recently it also has had to be increasingly defended because of economic difficulties and because of pressures from outside groups that want universities to be run more like businesses and who want the university to focus only upon the limited knowledge that has immediate economic benefits. There have also been pressures from marginalized social groups who are justifiably arguing that the university is not as responsive as it should be to people who have less power in society (Byrd, 2016). This too has had serious effects on what counts as the core aims of the university, on the definition of "quality," on how it is to be measured, and on who should decide all of these issues (see Goldberg in press).

Thus, the policies that Mingyang describes are often the results of continuing tensions and compromises brought about by the various pressures placed upon the university by various groups and social movements both inside and outside of the university. But throughout it all, one of the key traditions at the university that we try to defend is a commitment to faculty governance and to a broad understanding of "what and whose knowledge is valuable" (Apple, 2019). Thus, what we mean by "quality" and what counts as important evidence of it is constantly being discussed and reformed. This is a good sign, since it points to our continuing reflections on the questions of what the university is for, what are its aims, and ultimately in what kind of society do we want to live. Wang Mingyang gives us a fine organizational portrait of a university that is trying to take these questions seriously.

REFERENCES

Apple, M. W. (2013). *Can Education Change Society?* New York: Routledge.

Apple, M. W. (2014). *Official Knowledge: Democratic Education in a Conservative Age* (3rd edition). New York: Routledge.

Apple, M. W. (2019). *Ideology and Curriculum* (4th edition).

New York: Routledge.

Byrd, D. (2016). *"A Little Bit Suspect... A Little Bit Hopeful"*: *Institutional Status and the Elusive Pursuit of Racial Equity in One Public Higher Education System*. Unpublished PhD dissertation, University of Wisconsin, Madison.

Goldberg, C. (Ed.) (in press). *Renewing the Wisconsin Idea*. Madison, WI: University of Wisconsin Press).

Hoeveler, J. D. (2016). *John Bascom and the Origins of the Wisconsin Idea*. Madison, WI: University of Wisconsin Press.

Nelson, A. (2009). *Education and Democracy*: *The Meaning of Alexander Meiklejohn*. Madison, WI: University of Wisconsin Press.

Wittgenstein, L. (1963). *Philosophical Investigations*. Oxford: Blackwell.

AUTHOR

Michael W. Apple is John Bascom Professor Emeritus of Curriculum and Instruction and Educational Policy Studies at the University of Wisconsin, Madison and Distinguished Professor of Education at Beijing Normal University.

摘　　要

　　美国高等教育"黄金时代"逝去后，在高等教育大众化进程中爆发的入学人数激增、教育质量下降等问题引起了激烈的社会问责。作为外部质量保障的高等教育认证制度为院校、专业的创立和发展确立了底线和门槛，虽对美国高等教育的发展起到巨大的推动作用，但同时也遭到高校教师们对于其损害学术自由和大学自治的广泛诟病。美国高校将内部质量改进视为一种自律行为，由自身掌握质量测量、评估和改进的权利，一方面通过教育成效证明教育教学的诚实可靠性，以回应社会问责；同时也是为了防止政府和外界对于大学自治的过度干涉，以追求大学的卓越发展。

　　本书的研究选取美国一所著名的公立研究型大学——威斯康星大学麦迪逊分校作为研究案例，主要采用质化研究方法，以笔者本人为研究工具，深入田野开展实证调查，以一对一深度访谈、观察和实物分析为主要资料收集方式，深刻剖析和探讨案例学校内部教育教学质量改进领域中的"认知性问题""主体性问题""制度性问题"和"文化解释性问题"。研究以案例深描作为资料呈现的主要手法，试图在所收集第一手资料的基础上，对不断探索和建构的研究问题做出情境化的、主体间性的解释性理解。研究的样本容量共计35，受访者包括学生、教师、院校行政管理者三大主要群体。笔者基于与异文化人群的深入交流和对研究场域生活的亲身参与和体验，以解释者的身份对受访者关于高等教育质量认知所使用的语言符号进行解码，并进一步将采集到的定性资料在"深描"的基础上尝试向下"扎根"。

　　本书的研究框架主要包括概论、主体和结论三部分。其中，概论部分为第一至第三章，由绪论、研究设计、案例背景铺陈组成。主体部分为第四至第七章。第四章认知分析，通过与该校部分学生、教师、院校行政管理者的深度访谈，试图建构多元利益相关者视角下，校内教育教学活动主体对于"高等教育质量"这一概念内涵的情境化认知。第五章组织分析，从主体性层面分析实施内部质量改进的相关组织机构各自承担的职能和扮演的角色，以及组织间的共性和特性。第六章制度分析，梳理该校内部质量改进的关键控制点和主要行动策略，从背景改进、投入改进、过程改进、产出改进四个维度对微观层面的制度文本和实操流程展开深入剖析，凝练内部质量改进行动策略的内在特征。第七章文化分析，挖掘制度背后所蕴含的深层次价值理念，探索质量文化与内部质量改进实践之间的逻辑关联及相互作用关系。最后，第八章归纳研究结论、提出对完善我国大学内部质量保障制度的启示。

　　本书的研究不求在宏观层面大规模地展开社会调查和政策预测，而旨在微观层面进行细致深入的动态观察。研究成果虽不能完全呈现美国院校内部质量改进的整体情况，但仍力求尽己所能系统地呈现美国高校内部质量改进的最新情况，以期为我国学者研究高校内部质量保障相关问题提供新的认知视角、为我国高校开展内部质量保障和自我评估工作的实践提供有益的参考和借鉴。

　　关键词：美国公立研究型大学；高等教育质量；内部质量改进；质量保障；质量文化

Abstract

With the passing the golden age of higher education in the U. S. , problems such as the sharp increase of enrollment and the decline of education quality arising during the process of mass higher education have aroused strong social accountability. The external education accreditation system provided the bottom line and the threshold for the establishment and development of institutions and programs. Although it played a huge role in improving the development of higher education in the United States, it was also widely criticized for damaging academic freedom and university autonomy by faculties who work at universities and colleges. American universities treat internal quality improvement as a matter of self-discipline, which means universities have rights on quality measurement, evaluation and improvement. On the one hand, it can demonstrate the effectiveness of teaching and learning though education outcomes to respond to social accountability. On the other hand, it can prevent excessive interference in university autonomy by government and outsiders, and thus allow the pursuit of excellence to continue.

The study of this book selected a well-known public research university in the United States, the University of Wisconsin-Madison, as a research case. The qualitative research method was employed to carry out the empirical investigation and the author also served as a research tool to do one-on-one in-depth interviews. The main approach of data collection was observation and physical analysis. This case study gave a deep analysis and discussion of "cognitive issues" "subjectivity issues" "institutional issues" and "explanatory issues" in internal quality improvement. In this book, deep description was the main technique for presenting data and tried to make an interpretive understanding of the contextual and inter-subjectivity research based on the collected first-hand data. The total sample size of the study was 35 respondents that consisted of students, faculties, institutional administrators and staff. Based on the in-depth interviews with the different cultural groups and the personal participation and experience of study in the research field, the author, as an interpreter, decoded the language symbols which were used by the respondents on the cognition of the higher education quality, and tried to put the qualitative data, which were related to the theory of higher education quality, into "root" on the basis of a deep description.

The study of this book consists of three parts: Introduction, Subject and Conclusion. Chapters 1 to 3 form the introduction. This can be divided into general, research design and case description. The main body is from Chapter 4 to 7. Chapter 4 is about cognitive analysis. Based on in-depth interviews with students, faculties, administrators and staff, the author tried to construct the contextual acknowledge about higher education quality under the multi-stakeholder perspective. Chapter 5 is about organizational analysis. The author analyzes the organizational structure, functions, roles, and commonness and characteristics of those organizations. Chapter 6 is institutional analysis, which focuses on the key control points and the main action strategies of the internal quality improvement of this university, followed by a deep analysis of the institutional text and operational process at micro-level from four dimensions, that is background improvement, input improvement, process improvement and output improvement, and then figure out the internal characteristics of the internal quality improvement action strategy. Chapter 7 is about cultural analysis. The author explores the deep value concept implied in the institutions, the logical and interaction relationship between the quality culture and internal quality improvement practice. At last, Chapter 8 is about research conclusions and the inspirations of improving the internal quality assurance system in Chinese Universities.

This book does not seek a large-scale social survey and policy forecast at the macro level, but aims at the micro-level to carry out detailed and in-depth dynamic observation. Although it cannot fully present the overall situation of the quality improvement within the U. S. institutions, it does attempts to give a detailed description of the latest development of internal quality improvement in American universities, so as to provide a new cognitive perspective for our Chinese scholars who do research on the internal quality assurance, and be a beneficial reference for internal quality assurance and self-assessment in practice in Chinese universities.

Key Words: Public Research Universitiesities in the U. S. , Higher education quality, Internal quality improvement, Qnality assurance, Quality culture

目　　录

Contents

第 一 章

绪 论

第一节 研究缘起与选题背景

高等教育质量是一个常谈常新的话题，不管国内还是国外，不论公立学校还是私立学校，往往把教育质量放在极为重要的位置。究其根源，教育质量是学校的生命线，是涉及学校生存和发展的根本性问题。高等教育质量又是一个很难界定的问题，因为"质量"本身是一个具有主体利益介入的概念，对于高等教育质量的评判不存在放之四海而皆准的统一标准，往往与校内外利益相关者的价值诉求紧密相关。故此，对于高等教育质量的研究仅停留在对一般现象的描述，或是对教育质量某一维度的论述是不充分的，而已有研究中对微观院校的教育质量解剖麻雀式的系统深入分析尚为少见。具体而言，笔者以高等教育质量为研究内容，基于以下四个出发点。

1. 研究兴趣使然。在研究生教育阶段，笔者曾受"出国一族"影响，思忖良久于是否选择出国学习深造。其间，听闻很多支持出国留学的声音，其原因大抵可分为三类：第一，对国内本科教育教学质量的不满，如"感觉本科期间在国内学到的知识有限""所学内容并不实用""有些老师讲课照本宣科且内容过时"等。第二，对国内高校学位含金量的质疑，如"感觉我们学的专业毕业后什么工作都能做，可事实上什么专业性工作都做不了""现在很多单位招聘时想要海归，特别是有海外学位的""感觉海外学位比国内学位更值钱、更有含金量"。第三，对国外高等教育经历的憧憬，如"感觉在国外能学到真本领，不想在国内上学浪费时间""至少能突破英语学习的难关"，等等。上述观点的形成具有一定客观原因：一是国内确实存在因高校学科或专业设置与市场人才需求不匹配而造成结构性就业失衡的现实情况；二是有的学生因为自身努力程度不足导致个人能力欠缺，却归咎于国内高等教育质量低下；三是由于获取的留学信息和经历不充分、不全面等原因，造成人们对于国外高等教育产生过分美好的幻想。这些对国内高等教育质量的疑虑和批判、对国外留学的赞誉和向往，促使笔者对于高等教育质量相关问题格外关注且不断反思发问：什么是教育质量？大学的教育质量如何测量？我国大学教育质量的真实情况如何？国外大学教育质量的真实效果如何？世界一流大学如何保障教育教学质量？强烈好奇和层层抽丝剥茧所形成的问题域，推动笔者逐步走上高等教育质量保障理论与实践的探索之路。

2. 我国高等教育质量保障制度建设形势的驱动。当前，我国正处于由高等教育大国向高等教育强国迈进的战略转型期，质量是高等教育的灵魂和生命线，步入高等教育大众化阶段后，高等教育数量和质量之间的深层次矛盾日益凸显，提高高等教育质量成为我国高等教育改革与发展最核心、最紧迫的任务，也是新时代加快"双一流"建设的关键。高等教育质量的重要地位毋庸置疑，如何切实保障和稳步提升高等教育质量成为改革中的重点、焦点和难点。高等教育质量保障体系可以分为内部质量保障体系和外部质量保障体系两部分。近年来，外部质量保障体系在我国被不断推进和完善，从具有行政管控色彩的"行政问责"向多元主体的"社会问责"转变，"管办评分离"的新型高等教育评估制度成为当下最流行、最受推崇的评估手段。而仅仅依靠外部质量保障体系，忽略高校自身的办学自主权和内部主体意识，也难以充分发挥高等教育质量保障的最大效益。

我国当前研究大学内部质量保障机制的重要性在于：第一，加强内部质量保障是新时代推动高等教育内涵式发展的必由之路。我国已建成世界上最大规模的高等教育体系。2018 年，我国各种形式的高等教育在学总规模达到 3833 万人，高等教育毛入学率已达到 48.1%①，即将由高等教育大众化阶段进入普及化阶段。但与此同时，我国高等教育"大而不强"的问题比较突出，亟须全面提高质量、走内涵式发展道路。第二，加强内部质量保障是加快"双一流"建设的重要基础。2015 年国务院颁布《统筹推进世界一流大学和一流学科建设总体方案》，明确提出建设一流师资队伍、培养拔尖创新人才等重点任务；2019 年《中国教育现代化2035》进一步要求分类建设一批世界一流高等学校，建立完善的高等学校分类发展政策体系，引导高等学校科学定位、特色发展。加强高校内部质量保障，进一步优化学科结构，汇聚优质资源，培养一流人才，产出一流成果，是完成"双一流"建设任务的现实基础。第三，加强内部质量保障是落实高校办学自主权的内在要求。2015 年，教育部印发《关于深入推进教育管办评分离促进政府职能转变的若干意见》，强调以落实学校办学主体地位、激发学校办学活力为核心任务，加快健全学校自主发展、自我约束的运行机制，并进一步明确引导和支持学校切实发挥教育质量保障主体作用，不断完善内部质量保障体系和机制，认真开展自评，形成和强化办学特色。第四，加强内部质量保障是回应政府监督和社会问责的直接渠道。在政府和社会双重监督之下，高校必须建立激励约束机制，参与公平竞争，强化目标管理，突出建设实效，构建完善中国特色的高校自我评价体系，充分激发内生动力

① 教育部：《2018 年全国教育事业发展统计公报》，http://www.moe.gov.cn/jyb_sjzl/sjzl_fztjgb/201907/t20190724_392041.html，2019 年 7 月 24 日。

和发展活力，不断提升办学水平。

我国关于高等教育质量保障的政策制定逐步向重视和强化院校自我评估、自我管理、内部质量保障方面倾斜。表1-1系统梳理了近年来我国有关高等教育内部质量保障的重要政策文本及主要内容，以自我评价、自我评估为基础的内部质量保障机制，将成为我国高等教育质量保障工作的长期部署。但如何构建和完善内部质量保障机制，国内各高校还处于"摸着石头过河"的积极探索阶段，尚缺乏国外成功案例作为有益的参考和借鉴。

表1-1　　　　我国关于高等教育内部质量保障的重要政策汇总

时间	政策名称	具体内容
2011年10月13日	《教育部关于普通高等学校本科教学评估工作的意见》	高等学校应建立本科教学自我评估制度，根据学校确定的人才培养目标，围绕教学条件、教学过程、教学效果进行评估，包括院系评估、学科专业评估、课程评估等多项内容。应特别注重教师和学生对教学工作的评价，注重学生学习效果和教学资源使用效率的评价，注重用人单位对人才培养质量的评价。要建立有效的校内教学质量监测和调控机制，建立健全学校本科教学质量保障体系。学校在自我评估基础上形成本科教学年度质量报告，在适当范围发布并报相关教育行政（主管）部门。学校年度质量报告作为国家和有关专门机构开展院校评估和专业评估的重要参考①
2012年3月16日	《教育部关于全面提高高等教育质量的若干意见》	健全教育质量评估制度。出台高校本科教学评估新方案，加强分类评估、分类指导，坚持管办评分离的原则，建立以高校自我评估为基础，以教学基本状态数据常态监测、院校评估、专业认证及评估、国际评估为主要内容，政府、学校、专门机构和社会多元评价相结合的教学评估制度。加强高校自我评估，健全校内质量保障体系，完善本科教学基本状态数据库，建立本科教学质量年度报告发布制度②

① 教育部：《教育部关于普通高等学校本科教学评估工作的意见》，http：//old. moe. gov. cn/publicfiles/business/htmlfiles/moe/s7168/201403/165450. html，2011年10月13日。

② 教育部：《教育部关于全面提高高等教育质量的若干意见》，http：//old. moe. gov. cn/publicfiles/business/htmlfiles/moe/s6342/201301/xxgk_ 146673. html，2012年3月16日。

续表

时间	政策名称	具体内容
2015 年 5 月 4 日	《教育部关于深入推进教育管办评分离促进政府职能转变的若干意见》	"以落实学校办学主体地位、激发学校办学活力为核心任务，加快健全学校自主发展、自我约束的运行机制；以进一步简政放权、改进管理方式为前提，加快建设法治政府和服务型政府，主动开拓为学校、教师和学生服务的新形式、新途径"；第四部分第十六条明确提出"推动学校积极开展自我评价。引导和支持学校切实发挥教育质量保障主体作用，不断完善内部质量保障体系和机制，认真开展自评，形成和强化办学特色"①
2017 年 1 月 10 日	《国务院关于印发国家教育事业发展"十三五"规划的通知》	分类开展普通高等学校教育教学评估工作。完善研究生教育质量评估，继续做好博士、硕士学位论文抽检，完善学位点淘汰退出机制，严肃处理论文造假行为。探索学校根据标准自定规则程序、政府监管落实情况的机制②
2018 年 8 月 8 日	教育部、财政部、国家发展改革委印发《关于高等学校加快"双一流"建设的指导意见》的通知	健全高校"双一流"建设管理机构，创新管理体制与运行机制，完善部门分工负责、全员协同参与的责任体系，建立内部监测评价制度，按年度发布建设进展报告，加强督导考核，避免简单化层层分解、机械分派任务指标③
2019 年 2 月 23 日	中共中央、国务院印发《中国教育现代化 2035》	提高学校自主管理能力，完善学校治理结构，继续加强高等学校章程建设④

3. 国际高等教育发展趋势推动。国际高等教育发展存在以下两大特征：第一，高等教育质量建设成为世界范围内的重要议题。自 20 世纪 50—60 年代以来，世界高等教育发展历程呈现出由"精英高等教育"到"大众化高等教育"的主要趋势，受教育者数量和高

①　教育部：《教育部关于深入推进教育管办评分离促进政府职能转变的若干意见》，http://old.moe.gov.cn/publicfiles/business/htmlfiles/moe/s7049/201505/186927.html，2015 年 5 月 4 日。

②　中央人民政府：《国务院关于印发国家教育事业发展"十三五"规划的通知》，http://www.gov.cn/zhengce/content/2017-01/19/content_5161341.htm，2017 年 1 月 10 日。

③　教育部：《关于高等学校加快"双一流"建设的指导意见》的通知，http://www.moe.gov.cn/srcsite/A22/moe_843/201808/t20180823_345987.html，2018 年 8 月 8 日。

④　教育部：《中国教育现代化 2035》，http://www.moe.gov.cn/jyb_xwfb/s6052/moe_838/201902/t20190223_370857.html，2019 年 2 月 23 日。

等教育投入的持续增加使高等教育质量和质量保障成为人们日益关注的实际问题。《世界高等教育大会宣言》明确指出："21世纪将是更加注重质量的世纪，由数量向质量的转移，标志着一个时代的结束和另一个时代的开始。重视质量是一个时代的命题。谁轻视质量将为此付出沉重的代价。"① 可以说，高等教育质量的提高是世界各国步入高等教育大众化阶段后面临的首要课题，更是各国通过优秀人才的培养提升国家核心竞争力的重要举措。21世纪伊始，欧美及亚洲部分国家率先掀起了新一轮提升高等教育质量的浪潮，反映出高等教育改革和发展的新方向，例如美国高等教育改革行动计划、欧洲"博洛尼亚进程"、日本"21世纪卓越中心计划"、韩国"21世纪智慧工程"等。

第二，高等教育质量保障的发展重心由外部保障向内部保障转移。建立科学、长效的高等教育质量保障机制是提高高等教育质量的有效途径之一，各国形成了各具特色的高等教育质量保障体系。例如，英国高等教育质量保障署自2002年起改变直接评估院校教学质量的做法，赋予院校更大的质量自主权，主要审核高等院校内部质量保证机制的有效性，促进各校不断改进内部质量管理效果；澳大利亚高等院校在质量保障中日益发挥主体作用，各校内部都设有相关的委员会，对教学中课程设置、教学过程和论文等进行评估、监控和指导，并结合学生的就业情况对教学工作进行相应调整，体现了院校在提高教学质量上的主动性和创新意识②；日本于1999年再次修改《大学设置基准》，将大学自我评价的"努力"义务改成"必须"实行自我评价，而且必须公布评价结果，显示出对高等院校自我评估的重视；美国六大认证机构所实施的院校认证建立在院校自我评估、自我研究的基础之上，院校需要主动提供自我研究报告，并

---

① 周光礼：《中国高等教育质量评估体系有效性研究——基于社会问责的视角》，湖南人民出版社2012年版，第1页。

② 钟秉林、周海涛：《国际高等教育质量评估发展的新特点、影响及启示》，《高等教育研究》2009年第1期。

通过展示实际措施、具体做法向认证机构证明高校内部质量工作的成效；国际高等教育质量保障机构网络组织（INQAAHE）在 2006 年发布的《质量保障范例指南》中提出，高等教育质量保障及其改进的主要责任在于高等院校。因此，从国际高等教育质量保障的发展趋势来看，高校越发重视自身在质量保障工作中的主体地位和责任，加强内部质量保障逐渐成为各国提升高等教育质量工作的新重点。

4. 美国院校高等教育内部质量改进措施的观察和参与。美国的一位诺贝尔经济学奖获得者曾经说过，美国的真正实力，并不在于能够制造出多少汽车、电脑和飞机，而是在于它是一个大学林立的国家，拥有三千多所高等院校和上百所世界知名的研究型大学。① 以 1636 年哈佛大学建校为开端，美国高等教育经历了三百余年的发展，特别是经历过 20 世纪"黄金年代"（50—80 年代）跨越式的大发展后，建立起当今世界上最为强大和多元化的高等教育系统，是世界范围内高等教育最为发达的国家之一，其高等教育规模仅次于中国，而高等教育质量领先于世界。据美国国家教育统计中心（National Center for Education Statistics，NCES）2019 年 1 月的统计结果，2015—2016 年度美国具有学位授予权的高等教育机构共有 4583 所，其中公立高等学校 1620 所，私立高等学校 2963 所，私立高等学校中非营利性和营利性院校分别为 1701 所和 1262 所。② 如此庞大且复杂的美国高等教育系统如何做到有序运转且质量领先于世界各国的，这是个非常值得研究的问题。

已有研究表明，美国高等教育领域的专业第三方认证制度是一种保障其教育质量的独特模式。而这一模式作为一套外在的质量审查机制，主要由专业第三方认证机构从院校、学科、专业设置层面

---

① 闵维方：《关于一流大学建设的几个问题》，《北京大学教育评论》2003 年第 3 期。

② National Center for Education Statistics，*Digest of Education Statistics 2017*（*53rd Edition*），Washington，DC：NCES，IES，U. S. Department of Education，January 2019，p. 57.

对教育教学质量的"底线"进行监控。这种外部认证虽然是检验院校能否达到最低办学标准的一种核查方式,但难以从根本上激发院校办学的内在活力,以实现提高教育质量的终极目标。内部质量保障是院校发展的内生属性,办学主体的主导地位和责任意识促使高校不断提高教育教学质量并持续追求卓越。可以说,高校内部质量保障日益被高校管理者重视,也逐步成为提高高等教育质量的主战场;与此同时,对于高校内部质量保障措施的研究正如雨后春笋般蓬勃兴起。在美国,不少外部质量认证机构也已经开始加强对院校内部质量保障的评估与监测,以推动高校不断完善自身内部质量改进措施的建设与发展。因此,对于美国高校内部质量改进措施的研究是一个新兴且重要的领域。

第二节 研究意义

本研究聚焦于美国公立研究型大学内部质量改进措施的形成与发展,以威斯康星大学麦迪逊分校(University of Wisconsin-Madison)为核心案例,从院校办学背景、校内承担质量改进职能的组织机构、内部质量改进的关键制度措施等维度为切入点,深入剖析一所美国公立研究型大学的内部质量改进模式及其背后所蕴含的质量文化。

从理论层面,当前对于内部质量保障、质量文化的理论研究尚处于起步阶段,学者们的观点不尽相同且尚未达成共识,为理论上的探讨留有充分空间。

首先,对于内部质量保障理论而言,其概念的内涵和外延、解构维度、保障标准在学界仍被广泛争议。本书认为,高校内部质量保障在本质上是一项高等教育质量管理活动,其思想在于通过对教育质量的承诺和所实施的全面质量管理行为,使政府和社会相信高校的教育水平,从而免受外界的行政干预,以内部"自律"换取"自由和自治",进而成为学校自我保护的有效途径。建立高校内部自我质量改进的管理机制，就是要建立一种推动高校自身教育教学质量持续改进与提高的机制，通过对质量生成过程的分析，寻找教育教学质量的关键控制点，运用制度、程序、规范、文化等实施控制，从而实现质量的持续改进与提高。①

其次，对于质量文化理论而言，院校质量保障中最重要的部分是内部质量保障，以及院校所培育的质量文化。尽管院校行政试图通过建构一些技术途径改进院校质量，但最终要思考的是如何激励自己的成员创立自己的质量文化，这才是院校质量保障的关键。② 本书以威斯康星大学麦迪逊分校为案例，结合内部质量保障和质量文化的相关理论内涵，通过探寻该校教育教学质量的关键控制点，建构起内部质量改进机制的生成过程，挖掘各相关组织在程序、流程、质量文化建设方面的具体控制措施，进而试图对现有理论进行补充和完善。

从现实层面看，开展美国院校内部质量改进的个案研究对我国高等教育内部质量保障的建设工作具有一定的推动作用和参考价值。

首先，构建我国高等教育内部质量保障体系的必要性。我国高等院校长期以来附属于政府机构，政府对高校实行高度统一的管理和评价，虽在一定程度上规范了大学的运行体制，但往往形成"一放就乱，一收就死"的怪圈，且大学办学自主权和自我约束意识明显不足。在质量保障并未内化为高校内部质量文化和自律机制时，多数院校面对教育评估常常是为了迎评匆忙上阵，平时并不注重对内部教育质量保障体系的建设。评估好似一阵风，过后各项教育工作又恢复原态，使得以政府评估为主的高校质量保障收效甚微。③ 大

① 戚业国：《高校内部本科教学质量保障体系建设的理论框架》，《江苏高教》2009 年第 2 期。

② 徐丹：《制度与文化的共生：加州大学伯克利分校的教育质量保障之道——与约翰·奥布雷·道格拉斯教授对话》，《大学教育科学》2011 年第 2 期。

③ 孙丰林：《关于建立高校内部质量保障体系的探讨》，《山东女子学院学报》2007 年第 2 期。

学教育质量的提升归根到底取决于师生间教学互动成效、学校质量文化的养成以及自律机制的培育，内部质量保障机制则是为提高教育质量由大学内生的、不断改进教育教学行为的一系列自我调节机制。内因决定外因，高校内部质量保障体系是切实提高高等教育质量的关键。

其次，我国高等教育内部质量保障制度建设初期暴露出诸多问题和弊病。总体来看，相关工作尚处于起步阶段，内部质量保障主要以各学校的教务处为核心部门，以完成自评报告为主要形式，呈现出重形式轻实质的现象，尚未形成一套完善合理的内部质量保障体系，起到的效果并不显著。具体而言，第一，内部质量保障过程缺乏科学性。在具体实践中，质量保障手段缺乏科学论证，评估指标和评估体系形式单一，刚性过强、缺乏弹性，并且对内部评估结果的处理和运用评估结果进行决策缺乏透明度、随意性较大。第二，我国内部质量保障中评估对象表现出较强的被动性。高校片面迎合政府评估需要，内部缺乏加强质量管理的动力，高校的自律机制和质量文化观念较为欠缺。高校师生并未主动融入内部质量保障工作，多为被动接受评估，内部质量保障缺乏活力。

最后，本书对我国高校建立良性的内部质量保障机制具有一定的学习和借鉴意义。尽管中美两国的政治体制、经济制度、历史文化和高等教育运行模式存在诸多不同，但从高等教育及质量保障的建设路径上看，具有一定的可比性。例如，在规模上，两国都是高等教育大国。从高等教育层次、类型、需求上看，两国都有多样化的特点。[①] 两国的高等教育均已进入大众化阶段，质量保障工作是两国高等教育领域的重中之重。对于国外教育的政策动向和制度特点，毕竟国情不同，不能照搬，但是某些思路与处理问题的方式值得关

---

① 胡娟：《高等教育行业自律：美国经验与中国探索》，《清华大学教育研究》2014 年第 4 期。

注和参考。① 对于美国高等教育内部质量改进措施的研究，并非原封不动地照搬其具体做法和改进措施，重点在于剖析其内部质量改进措施的形成机理、呈现出的特点规律，以及质量文化的生成和推动作用。通过对美国案例细致入微地剖析，可以为我国内部质量保障制度的建设提供一种借鉴和参考路径。

总之，我国正处在人力资源大国向人力资源强国迈进的关键期，国家的政治、经济、文化和社会的发展面临复杂的形势和严峻的挑战，知识作为占据国际竞争有利位置的决定性因素，人才资源越发成为推动经济社会发展的战略资源。为此，抓住重要的战略机遇，全面提高高等教育质量和水平，统筹推进"双一流"建设成为我国高等教育领域的重要任务。"他山之石，可以攻玉"，通过深入剖析美国一流公立研究型大学内部质量改进措施的实践经验，可以为我国在高等院校内部质量保障体系建设方面提供一种学习和借鉴的可能，对于加快完善我国高校内部质量保障体系建设、提高我国高等教育质量具有重要的理论意义和现实意义。

第三节　文献评述

本书着眼于高校内部质量保障（改进）研究，对于核心概念的界定和相关文献的评述是开展具体研究工作的事实基础。本书主要涉及三个具有递进关系的核心概念——质量、高等教育质量、内部质量保障。笔者立足于国内外学者已有研究基础，通过对什么是质量、什么是高等教育质量、如何开展内部质量保障实践三个根本性问题的文献收集与分类研读，较为系统地梳理和分析了相关研究的总体状况，找出现有研究的不足和缺失，思考未来可拓展的研究空间。

---

① 张力：《与现代学校制度相关联政策的再度思考》，《人民教育》2005 年第 1 期。

一　质量

国外学者在讨论质量问题时，常常引用波西格（Pirsig）1974 年在其著作 *Zen and the Art of Motorcycle Maintenance：An Inquiry into Values* 中对"质量"一词的描述："质量……你知道它是什么，然而你又不明白它是什么。因为它本身就是自相矛盾的。当有些事物比其他事物更好的时候，那么它们就是更有质量的。但是当你试图表述质量是什么的时候，若抛开这些事物，一切就没什么可讨论的了。而如果不讨论质量究竟是什么，那么如何知道事物是怎么样的，或者说如何知道事物有没有存在的必要？如果没有人知道质量是什么，那么对于所有实践目标而言，根本就不复存在。在此基础之上需要讨论的是，为什么人们将花费财富购买这些事物而把另一些事物丢弃至垃圾堆？显然是因为这些事物比那些事物更好……但是什么是'更好的'？……所以当你一轮又一轮的追问，就像转动的金属车轮，无法在任何地方找到牵引力。到底质量是什么？"[①] 质量概念本身就具有动态性和开放性，以致有人戏称质量像牛奶一样容易变质，也像正义和自由一样难以阐释。[②] 也有学者认为探寻"质量"概念的本质根本就是一件浪费时间的事，"质量"就像"爱"一样，每个人都在谈论它且每个人都知道他们所谈论的是什么，但当我们试图给"质量"下一个定义时便只能"两手空空"了。[③] 正如英国学者戴安娜·格林（Diana Green）所说的："虽然人们能够对质量有一种直觉上的理解，但却难以清楚表述。"[④] 根

---

① Pirsig, R. A., *Zen and the Art of Motorcycle Maintenance：An Inquiry into Values*, New York：William Morrow, 1974, p. 1.

② 黄海涛：《学生学习成果评估：美国高等教育质量保障研究》，教育科学出版社 2014 年版，第 3 页。

③ A. I. Vroeijenstijn, *Improvement and Accountability：Navigating between Scylla and Charybdis*, *Guide for External Quality Assessment in Higher Education*, Wiltshire：Great Britain by Cromwell Press, Melksham, 1995, p. 13.

④ Diana Green, *What Is Quality in Higher Education？*, Bristol：SRHE and Open University Press, 1994, p. 12.

据不完全统计，学界对于"质量"的定义有二三百种，其定义视角也各不相同①，因此要想给质量和高等教育质量下一个"众望所归"的准确定义实非易事。

1. 语义学的角度分析

从词源上看，"质量"的英文表达"quality"一词来源于拉丁文"qualis"，意为"某一种的"，指的是一给定实体的性质，这种性质基本上是价值无涉或价值中立的②。新牛津美语词典对"质量"一词的解释是：（1）事物的度量标准，用以与其他相似事物形成参照和对比；事物的卓越程度。（2）作为某人或某事物的独特属性或特征。③在我国，《现代汉语词典》对质量的解释是：（1）物体中所含物质的量，也就是物体惯性的大小。（2）产品或工作的优劣程度。《辞海》对质量的解释是：（1）产品或工作的优劣程度。（2）量度物体惯性大小的物理量。《汉语大词典》对质量的解释是：（1）资质器量。（2）事物、产品或工作的优劣程度。（3）事物的优劣程度和数量。（4）物体中所含物质的量，亦即物体惯性的大小。《新华汉语词典》（彩色版）对质量的解释是：（1）物体中所含物质的量。（2）事物达到的程度。④

2. 学者们试图给质量下定义

20世纪50年代关于质量保障研究伊始，西方一些著名的"拓荒者"开始试图定义质量的概念。以"PDCA循环"⑤闻名于世的戴

---

① Karen Hinett, Peter Knight, "Quality and Assessment", *Quality Assurance in Education*, Vol. 4, No. 3, 1996.

② 马健生等：《高等教育质量保证体系的国际比较研究》，北京师范大学出版社2014年版，第3页。

③ Elizabeth J. Jewell, Frank Abate, *The New Oxford American Dictionary*, Oxford University Press, 2001, p. 1392.

④ 林永柏：《关于高等教育质量概念的界定》，《教育科学》2007年第6期。

⑤ Deming的PDCA循环是一个为决定下一步行动计划的反复性过程，描述了做决策前监测信息的一套简单方法。这四步为：计划（Plan）—实施（Do）—检查（Check）—行动（Act）。

明教授（W. E. Deming）和朱兰博士（J. M. Juran）均首先提出涉及顾客的定义方式。朱兰拓宽了质量的定义，在质量作为"能够满足顾客需求的产品属性并由此提供顾客满意"① 含义的基础上增加另一种理解"零缺点——为避免错误需要将所做工作一遍又一遍返工否则将导致实验失败、顾客不满意、顾客索赔等等"②。这些对于质量的概念化描述皆源于顾客的视角作为"目标的适切程度（fitness for purpose）"，即实现顾客的需求或愿望，以使用为目标。大约在同一时期，菲利普·克罗斯比（Philip B. Crosby）对质量的描述与零缺陷或满足产品和顾客两方面需求的绩效标准相联系，因此他引入"作为优秀的、杰出的质量（quality as excellence）"的概念。基于对质量危机"第一次做对（doing it right the first time，DIRFT）"的回应，他对质量保障的理解从注重产品本身转移到生产过程控制，并明确表述为他的第二大基本原则："质量是系统地预防"。③ 鲍尔将质量定义为"目标的达成"④，质量也被描述为"当事物满足消费者/使用者的预期和期待时，它就是有质量的；质量即客户的满意"⑤。戴维·佳维（David Garvin）在 1988 年出版的《质量管理》一书中从多个维度对质量的概念进行了定义：（1）绩效，即产品是否能满足用户的需要；（2）特质，即能够用来增加产品功能或竞争优势的"铃声或口哨"；（3）可靠性，即产品经过多长时间发生第一次故障需要维修；（4）符合性，即产品与已有标准的一致程度；

---

① Juran, J. M. & Godrey, A. B, *Juran's Quality Handbook* (*5th edition*), New York：The McGraw-Hill Companies, Inc. 1999, p. 21.

② Juran, J. M. & Godrey, A. B, *Juran's Quality Handbook* (*5th edition*), New York：The McGraw-Hill Companies, Inc. 1999, p. 22.

③ Philip B. Crosby, *Quality Is Free*, New York：McGraw-Hill, 1979, p. 24.

④ Ball, C., *What the Hell Is Quality? In Fitness for Purpose*, Guildford：SRHE/NFER-Nelson, 1985, pp. 96 – 102.

⑤ A. I. Vroeijenstijn, *Improvement and Accountability：Navigating between Scylla and Charybdis*, *Guide for External Quality Assessment in Higher Education*, Wiltshire：Great Britain by Cromwell Press, Melksham, 1995, p. 13.

（5）持久性，即产品的寿命；（6）有用性，是否容易修理等；（7）美观，即产品的感官吸引力；（8）可察觉的质量，如在美国制造的本田汽车会被认为是具有更高质量的日本汽车吗？① 美国学者刘易斯（Ralph Lewis）认为，"质量就是一种与能满足或超过期望的产品、服务、人员、过程和环境相联系的动态的状态"。其中，"动态"的含义就是"被称为'质量'的东西随着时间的迁移和环境的变化可以而且确实得到了改变"②。根据国际标准化组织（ISO）在《质量管理体系基础和术语》中的定义，质量是指"一个关注质量的组织倡导一种文化，其结果导致其行为、态度、活动和过程，它们通过满足顾客和其他有关的相关方的需求和期望创造价值。组织的产品和服务质量取决于满足顾客的能力以及对有关的相关方预期或非预期的影响。产品和服务的质量不仅包括其预期的功能和性能，而且还涉及顾客对其价值和利益的感知"③。

3. 相关文献评述

经过对已有文献资料的梳理，本书认为对于"质量"的内涵可从以下两方面理解。第一，从本质上看，质量是一给定实体内在所固有的属性和特征的总和，它是中立的、价值无涉的。这种属性和特征通过某一物质实体所呈现，实体既可以是产品、工作、服务、组织、活动、过程、环境、人员，亦可以是上述各项的任意组合，广泛存在于人类社会活动中的诸多领域，具有普遍性和客观性。第二，从表现形式上看，质量是一种度量标准，是对于事物实体优劣程度的一种价值判断。而这种价值判断必须将实物固有的属性与用户的实际需求和期待相结合，通过度量实体效能

① ［美］博格：《高等教育中的质量与问责》，毛亚庆等译，北京师范大学出版社2008年版，第7—8页。

② 马健生等：《高等教育质量保证体系的国际比较研究》，北京师范大学出版社2014年版，第4页。

③ 《国际标准：质量管理体系基础和术语》（第四版），雷泽佳校译，ISO 9000：2015，第1页。

的发挥与用户目标达成之间的适切程度来体现。质量的内涵通过物质实体满足服务对象需求程度的方式被具体化、操作化，且在实践过程中被各利益相关方不断审视并提出改进意见，具有动态性和开放性。总而言之，质量实际上就是物质实体的主体属性或特性满足服务对象明确或潜在需求能力的程度，是事物客观属性和用户主观需求性与价值判断的统一体，包含了实体固有质量和用户评价质量两个方面。

二　高等教育质量

关于高等教育质量的认识和理解众说纷纭、莫衷一是，对此概念的界定方式更是不胜枚举。"20 年的高等教育质量保障实践的专门知识并未在如何界定高等教育质量的问题上达成共识。"① 自高等教育质量概念进入学者的研究视野开始，不同国家、不同学者对高等教育质量概念与内涵的争论便持续至今，厘清关于高等教育质量争辩的起源及发展，有助于我们更好地理解这一概念的核心内涵。

1. 高等教育质量辩论的起源

高等教育质量源自哪里？正如 Vroeijenstijn 所述：高等教育质量概念并不是一个新问题，它始终是学术传统的一部分。外部世界逐渐强化对质量实际需求的关注，是由高等教育和社会之间关系的演变而形成的。自 20 世纪 40 年代美国进入高等教育大众化阶段起，学生数量的增加和构成的多元化、班级规模的扩大、单位资源使用率的降低、经费资助的缩减、效能增值的关注、问责制需求的增加、国家级质量认证机构的建立、全球范围内对于质量和标准的关注使得学者们开始反思并积极参与高等教育变革背景下的质量革命。学

---

① Van Damme D. , "Trends and Models in International Quality Assurance and Accreditation in Higher Education in Relation to Trade in Education Services", Paper Presented at the OECD/US Forum on Trade in Education Services, May 2002, p. 7.

者们纷纷从高等教育质量的概念与内涵着手，加入到这场轰轰烈烈的质量革命中来。

2. 西方学者从哲学思辨到实用主义态度的转变

在 20 世纪 80 年代末，质量保障的概念被引入高等教育领域，90 年代起高等教育质量的相关问题在更广阔的学术范围内被学者们讨论。起初学者们对于高等教育质量概念的界定体现为一种哲学思辨，聚焦于对产品或服务的特性、目标达成情况以及符合用户需求程度的探讨。直到李·哈维和戴安娜·格林文章的问世，它常常受到西方学者们的回顾和引用。文章建立在对质量传统哲学思辨式理解的基础上，将高等教育中的质量划分为 5 种分散的但相互联系的类别标签来理解，提出了一种实用主义态度：（1）作为超常或卓越的质量（Quality as exceptional or excellence），与学术成就的辨别性和标准相联系，例如基准、联盟标签、标准审查等；（2）作为完美或一致性的质量（Quality as perfection or consistency），源于克罗斯比，更关注过程和规范的设置，从对产出标准的测量转向对过程标准的测量；（3）作为目标适切性的质量（Quality as fitness for purpose），达到顾客的需求和满意，与精英阶层观念形成强烈对比，聚焦于产品或服务是否满足既定目标，例如大学使命与愿景；（4）作为物有所值的质量（Quality as value for money），要求效率和有效性，并使用绩效指标作为问责制的核心，指相对于货币成本而言，质量的判定被利益相关者视为投资回报，典型的质量性能数据包括学生毕业率和就业率；（5）作为转化的质量（Quality as transformation），引起作为受教育或学习过程参与者的学生发生质变，强调改进和增强。①

哈维于 2006 年在文章中再次详细阐述了他对于高等教育质量的理解，通过对以下三个问题的研究，帮助学者和院校管理者深刻理

---

① Harvey, L. & Green, D., "Defining Quality", *Assessment and Evaluation in Higher Education: An International Journal*, Vol. 18, No. 1, 1993, pp. 9 – 34.

解质量概念中的细微差别，并审视质量如何与保障过程建立联系：
（1）从质量保障中理解质量作为概念的区别；（2）探索质量和标准
之间的关系；（3）勾勒并讨论质量的若干定义并检查它们如何被评
估和保障。[①] 其研究结论如表 1－2 所示：

表 1－2   质量及其标准的定义

质量	定义
超常	传统概念与"卓越"的意义相关，通常操作化为超出寻常的、高水平的学术成就。所取得的质量是否超过既定标准
完美或一致性	关注目标达成的过程和技术规格。质量在这个意义上是对于"零瑕疵"和"一次性做对"等相关想法的总结
目标适切性	通过产品或服务在多大程度上达到既定目标来判断质量。目标在于以消费者定义需求或在教育系统中由教育机构定义机构愿景或课程目标
目标适切性	评估组织中与质量相关的意图是否充足，它为目标达成情况提供检查，因此，它不是质量本身的定义
物有所值	评估质量的投资回报率或支出，教育过程中的核心方法是问责。公共服务，包括教育，被期待对投资者负责。越来越多的学生也在考虑自己对于高等教育的投资是否物有所值
转化	认为质量是一个变化的过程，高等教育通过学习经历为学生增值。教育并非为消费者提供的服务而是针对参与者的持续转化的过程。它将形成教育质量两种观念的变革：优化消费者和授权消费者
标准	定义
学术标准	证明能力达到既定的学术成就水平。对于教学，学生的能力能够在给定的教育水平条件下完成指定任务，通常以特定的课程目标来测量学生个体的能力，通过测量完成作业的表现具体操作化。对于研究，有效承担研究经费或生产新知识的能力是同行评估的标准
能力标准	证明所指定的能力水平已经达到。能力可能包括雇主所需要的通用可转化的技能；学术能力（"高水平"）指在达到学位水平或毕业后所获学识；特殊能力与特定专业保持一致

---

① Harvey, L., "Understanding Quality", Section B 4. 1－1 of "Introducing Bologna Objectives and Tools" in Purser, L. (Ed.), *EUA Bologna Handbook*：*Making Bologna Work*, Brussels European University Association and Berlin, Raabe. 2006.

续表

标准	定义
服务标准	以指定基准对所提供的服务元素进行测量，评估活动中的元素测量包括提供者的服务和服务所用设备。基准测试中指定的"合同"，例如学生权利的量化和测量项目的限制。事后的客户意见（满意度）作为测量所提供服务的指标。因此，高等教育服务标准与消费者标准相平行
组织标准	系统正式认定的成就以确保组织管理过程的有效性以及组织实践传播的清晰度

资料来源：改编自 Harvey（1999）。

尽管哈维和格林注意到"质量归根结底是一个哲学概念"，但最终他们提出实用主义的结论："对于高等教育的质量我们可能都有不同的理解，但这并不意味着我们必然是正确或错误的……我们有责任维护和提高高等教育质量，这是一种实用主义的态度。在实践中有些决定必须被做出：课程被批准还是拒绝、资金如何分配、新教师如何在竞争中优胜于其他竞争者而获得任命。实用主义的态度决定一系列能够反映出质量的常识方面的标准，然后找到便捷的措施来量化质量。"① 越来越多的学者受到哈维和格林基础性文章的影响，对高等教育质量概念的理解从最初的哲学思辨转为持有类似的实用主义态度且认识到高等教育质量是一个利益相关者情境下的概念。

哈维的英国同事杰思罗·牛顿教授在 20 世纪 90 年代后期进一步研究质量和质量保证体系之间的联系，摒弃意识形态和政治哲学，并以"形式意义"（formal meanings）和"情境意义"（situated meanings）为标准，对教育质量进行解构并辨识出 10 组具有对比性的概念②。

① Lucien Bollaert，"A Manual for Internal Quality Assurance in Higher Education—with a Special Focus on Professional Higher Education"，Dr. Josef Raabe Verlags-GmbH，Kaiser-Friedrich-Strafie 90，10585 Berlin，Germany，2014 by European Association of Institutions in Higher Education（EURASHE），2014，p. 21.

② Newton, J.，"What is quality?"，in Bollaert, L.，Brus, S.，Curvale, B.，Harvey, L.，Helle, E.，Jensen, H. T.，Komljenovic, J.，Orphanides, A. 8c Sursock, A.（eds.），Embedding Quality Culture in Higher Education，A Selection of Papers from the 1st EQAF，Brussels，2007，pp. 14–20，also available at http：//www. eua. be/Libraries/EQAF_ 2010/EUA_ QA_ Forum_ publication_ l. sflb. ashx.

牛顿认为，通过对质量在特定情境中的运用和感知是一种解构质量概念的有效途径，前沿学者使用民族志的研究揭示出质量在情境中所承担的特定内涵。表 1 – 3 对比表明，质量的概念内涵在近十年的发展中逐渐与"形式主义"（ritualism）"象征主义"（tokenism）和"印象管理"（impression management）密切相连。① （1）作为"闭环失败"的质量：关键服务领域通常被排除在正式的学术质量管理体制之外；（2）作为"负担"的质量：质量被视为一种附加，是正规的督查文化的一部分；（3）作为"缺乏共同信任"的质量：质量保障体系，强调一线学者的责任，在管理方面缺乏相互问责；（4）作为"怀疑管理动机"的质量：由内部或外部驱动的质量监控措施从本质上被视为一种威胁学术自由和专业自治的管理工具；（5）作为"文化过关"的质量：学者受到时间有限性的制约，从"资源导向型"转向"改进导向型"文化，结果导致一线员工产生困惑；（6）作为"印象管理"和"博弈"的质量：外部评估是精心准备的编排和策划；（7）作为"限制团队合作"的质量：质量改进计划强调"团队"，工作人员在情境压力下的报告限制团队合作；（8）作为"纪律和技术"的质量：学者们认为"更好的体系"或"质量保障的改进"不同于质量改进；（9）作为"形式主义和象征主义"的质量：学者们使用质量保障程序主要为了满足外部要求，质量改进成为质量保障体系的剩余特征；（10）作为"一线教职工抵制"的质量：质量保障体系的实施需要"所有权"，但基层教职员工以不同的方式与不同程度的热情和支持来回应它。②

---

① Newton, J., "What Is Quality?", in Bollaert, L., Brus, S., Curvale, B., Harvey, L., Helle, E., Jensen, H. T., Komljenovic, J., Orphanides, A. 8c Sursock, A. (eds.), Embedding Quality Culture in Higher Education, A Selection of Papers from the 1st EQAF, Brussels, 2007, p. 18, also available at http://www.eua.be/Libraries/EQAF_ 2010/EUA_ QA_ Forum_ publication_ l. sflb. ashx.

② Jethro Newton, *From Policy to Reality*: *Enhancing Quality Is a Messy Business*, LTSN Generic Centre, October 2002, pp. 7 – 8.

表1-3　　　　　　　牛顿解构高等教育质量概念对比

20世纪90年代初期形式 主义主导的质量	20世纪90年代后期情境认知主义 主导学术前沿的质量
作为"完美"或"一致性"的质量	作为"闭环失败"的质量
作为"物有所值"的质量	作为"负担"的质量
作为"全面质量"的质量	作为"缺乏共同信任"的质量
作为"管理承诺"的质量	作为"怀疑管理动机"的质量
作为"文化变革"的质量	作为"文化过关"的质量
作为"同行评议"的质量	作为"印象管理"和"博弈"的质量
作为"改变学习者"的质量	作为"限制团队合作"的质量
作为"目标适切性"的质量	作为"纪律和技术"的质量
作为"超常"或"卓越"的质量	作为"形式主义和象征主义"的质量
作为"顾客满意"的质量	作为"一线教职工抵制"的质量

资料来源：Newton，2002。

卢茨①在总结哈维和格林1993年文章的基础上加入个人的补充（以斜体字呈现），形成表1-4：

表1-4　　　　　　　卢茨界定高等教育质量概念

作为质量的标签	质量的概念	相关的质量管理概念
"超常的" （exceptional）	质量是一个公理化产品，包含两个变量 传统的：高级的，一旦人们看到便可识别 卓越的：超过客观的和静态的高标准	"科学的质量控制"：检查与标准之间的一致性 基准
"完美或一致性" （perfection or consistency）	民主化的质量；每个主体皆可拥有 聚焦于过程：做正确的事情 零缺点，满足规格 无绝对或普遍的基准	在组织内创造一个全球化的质量文化（全面质量管理） 过程控制或过程评估 培训和训练
"目标适切性" （fitness for purpose）	含义在于商品或服务的目标，质量是功能性的，两者相互替代（或混合） 满足顾客需求 满足由生产者决定的需要（使命与宗旨）	创造一套服务满意度框架 PDCA循环 战略管理 质量保障系统（全面质量管理）

① Lammens，L.，The Relation between Quality Assurance and Audit in Flemish Higher Education，Ghent：Unpublished Master Thesis at Ghent University，2013.

作为质量的标签	质量的概念	相关的质量管理概念
"物有所值" （value for money）	成本降低条件下的高标准规格；问责制和有效性作为中心观念	通过竞争创造改变和质量 通过审核进行绩效指标控制 顾客特许
"转化" （transformation）	根植于"质变"的观念，一个质量变化的基本形式。对服务部门（教育）特别有用的概念	创造质变： 优化参与者 授权参与者

资料来源：Lammens，L.，2013。

　　珍妮·帕里（Janne Parri）在哈维研究的基础上，通过 7 个可识辨的途径定义质量：（1）作为优秀的、杰出的（excellence）质量；（2）作为零误差（zero errors）的质量；（3）作为目标适切性（zero errors）的质量；（4）作为转化（transformation）的质量；（5）作为门槛（threshold）的质量；（6）作为改进或提高（enhancement）的质量；（7）作为物有所值（value for money）的质量。[①]

　　塔伊娜（Taina Saarinen）描述了在博洛尼亚进程中关于质量观念的历史演进，主要采用批判话语分析的方法，研究 1998 年至 2003 年博洛尼亚进程中在官方声明、公报和国家报告中关于质量观念的政策目标和质量保障技术[②]，并得出结论多年以来关于质量的含义似乎随着政治共识行动的成长而逐渐收敛趋同。

　　瑞典学者胡森（Husen）认为，高等教育质量是"人们期望学校给学生带来的不仅仅是局限在认知领域的变化"[③]。衡量高等教育

---

① Parri, J., "Quality in Higher Education", Vadyba/Management nr. 2 (11), 2006, pp. 107－111, also available at www. leidykla. eu/fileadmin/Vadyba/ll/Janne_ Parri. pdf.

② Saarinen, T., "'Quality' in the Bologna Process: from 'Competitive Edge' to Quality Assurance Techniques", *European Journal of Education*, Vol. 40, No. 2, 2005, pp. 189－204.

③ Billing, David, "Quality Management and Organizational Structure in Higher Education", *Journal of Geography in Higher Education*, Vol. 18, Issue 2, 1994, p. 184.

质量的高低，就是指高等教育活动所产生的结果（或效果）达到既定目标的程度，或者说满足社会及受教育者需求的程度。

美国学者西摩（Seymour）认为，高等教育质量的指标主要意味着"丰富的资源"，包括较多的专业、巨大的图书馆藏、一定数量的知名学者等指标。①

莫迪（Moodie，C. C.）指出，高等教育质量一词有三种不同的含义：一是指特殊的合理的高标准；二是指高等教育的"类型"或特点；三是在相对的含义上，可作为"卓越"的同义词。②

毕比（Beeby，C. E.）认为，可以从三个不同的水平去思考"教育质量"：第一水平，即最简单的水平，是对知识和基本技能的掌握，这种质量是可测量的，争议最少，是校长眼中的教育质量。第二水平，即较复杂的水平，叫做"市场概念中的质量"，教育质量根据"生产能力"来测量，这是经济学家研究的教育质量。第三水平，叫做社会的个人判断中的质量，根据个人、子女、部落、国家设立的最终目标判断。③

按照美国高等教育认证委员会（Council for Higher Education Accreditation，CHEA）的定义，质量就是"适切于目的（fitness for purpose）"，或者符合普遍公认的由鉴定或质量保证机构定义的标准。④

美国西北地区协会高等教育委员会的《鉴定手册》中把"教育质量"解释为：指学生取得的学习成就，可依据其知识熟练程度或

① Billing，David，"Quality Management and Organizational Structure in Higher Education"，*Journal of Geography in Higher Education*，Vol. 18，Issue 2，1994，p. 184.
② 马健生等：《高等教育质量保证体系的国际比较研究》，北京师范大学出版社2014 年版，第 4 页。
③ 韩骅：《欧洲高教界对高等教育质量本质的探讨》，《上海高教研究》1997 年第 1 期。
④ 马健生等：《高等教育质量保证体系的国际比较研究》，北京师范大学出版社2014 年版，第 4 页。

知识的增长量来描述。①

美国高等教育鉴定委员会在《教育质量与鉴定对多样性、连贯性和创造性的呼吁》报告中提出，一个教育过程的质量涉及：（1）目标的合适程度；（2）在目标实现过程中资源利用的有效程度；（3）已达目标的水平程度。②

1993 年蒙特利尔高等教育质量保障国际会议对高等教育质量提出了两种主要的解释③：第一种质量的概念即要求高校或专业符合预先确定的标准；第二种质量的概念与高校的使命有关，如果一个高校实现自己的使命，符合业界（学生、给予经费支持的机构和社会）对它的期望，这所高校便是有质量的。

1996 年欧洲大学校长会议（KPE）公布的《制度评估：质量战略》中指出：第一，质量是一个政策性概念，其中反映了各国政府对影响高等教育的深刻的现代趋势的关注，以及对此制定的相关政策与措施。第二，质量是一个多侧面和主观的概念。高等教育过程和结果的质量评估以分析不同的横断面和标准为前提。不同的当事人都拥有自己的质量标准。标准不同，结论也就不同。评价质量要将外部视角和内部视角有机结合。④

联合国发布的《世界高等教育宣言》第 11 条明确提出高等教育是一个多维的（multidimensional）概念，也是多层次的（multi-level）和发展的（dynamic）概念，涉及高等教育模式的背景、高等教育机构的使命和目标，以及特定的制度、机构、专业和学科的具体

---

① 黄蓉生：《关于高等教育质量基本问题的思考》，《中国高教研究》2012 年第 4 期。

② 潘懋元：《高等教育大众化的教育质量观》，《清华大学教育研究》2000 年第 1 期。

③ 蒋立文、经宝国：《高等教育的质量和质量保证》，《江苏高教》2006 年第 5 期。

④ 陈威：《高等教育质量概念的理论研究》，中国网，2004 年 9 月 13 日，http://www.china.com.cn/zhuanti2005/txt/2004 – 09/13/content_ 5658901.htm，2020 年 2 月 18 日。

标准。①

3. 国内学者对于高等教育质量的理解

国内许多学者也从不同的维度和视角对高等教育质量给出了各自不同的理解和定义。

《教育大词典》中，教育质量是指"教育水平高低和效果优劣的程度"，"最终体现在培养对象的质量上"，"衡量的标准是教育目的和各级各类学校的培养目标。前者规定受培养者的一般质量要求，亦是教育的根本质量要求；后者规定受培养者的具体质量要求，是衡量人才是否合格的质量规格"②。

李福华认为高等教育质量是一个三维的概念，"高等教育的质量是高等教育满足主体需要的程度，是一种价值判断和评价。它至少包含三个重要组成部分，即教学和人才培养质量、科学研究质量、社会服务质量"③。

李志仁认为，"高等教育质量是指高等教育机构在遵循教育规律与科学发展逻辑基础上，在既定的社会条件下，培养的学生、创造的知识以及提供的服务满足现在和未来的社会需要和学生个性发展需要的充分程度"④。

房剑森认为，"高等教育的质量体现为高等教育所提供的产品和服务满足社会和个人需要的程度、满足高等教育自身发展的程度。因此，社会需要及其得到满足的程度是高等教育质量检验的标准"⑤。

林永柏认为，"高等教育质量是指高等教育在坚持社会效益和经

① 马健生等：《高等教育质量保证体系的国际比较研究》，北京师范大学出版社2014年版，第5页。

② 教育大辞典编纂委员会：《教育大辞典》（第一卷），上海教育出版社1990年版，第24页。

③ 李福华：《高等教育质量：内涵、属性和评价》，《现代大学教育》2003年第3期。

④ 李志仁：《我国应建立高等教育质量保障体系》，《高教探索》2001年第2期。

⑤ 房剑森：《高等教育质量观的发展与中国的选择》，《现代大学教育》2002年第2期。

济效益相统一的原则基础上，其各种活动及其产品的内适性与外适性的统一程度"①。

余小波将高等教育质量的含义概括为"高等教育产品和服务所具有的高效性、人文性和调适性在满足社会和学生发展以及高等教育系统自身有序运转方面要求的程度"②。他进一步从概念的内涵和外延两个方面对高等教育质量概念进行了探析。从内涵来看，它是高等教育产品和服务满足高等教育系统内外明确或隐含需要的能力的特性总和。从外延看，既可从纵向上分为教育投入质量、教育过程质量和产出质量，也可从横向上分为人才培养质量、科学研究质量和社会服务质量，还可从教育活动上分为教学质量、管理质量和为教学提供服务的质量。③

陈玉琨主张教育质量应从以下几个方面来把握：（1）内适质量。即用一种教育系统内部制定的质量标准评价质量，它是内部自己定义的自我完善的系统要求，主要体现为一种学习和一个阶段的学习为以后阶段的学习、为另一种知识的学习做准备的程度。（2）外适质量。指学校培养的人才为社会、经济、文化的发展所做准备的程度，它实质上是以社会为评价主体，即培养的人才在多大程度上适应社会的实际需要。（3）人文质量。即教育以体现社会的人文精神、促进人的自我完善为其目标。一方面教育能促进个人的发展、满足个人的需要；另一方面，教育通过促进个性发展和精神文明成果的创造，提高全社会人文水准和加速社会文明的进程。④

田恩舜从不同学科的视角将高等教育质量观分为四种：（1）哲学的视角。所谓高等教育质量，实质上是对于高等教育的属性是否

---

① 林永柏：《关于高等教育质量概念的界定》，《教育科学》2007 年第 6 期。

② 余小波：《高等教育质量概念：内涵与外延》，《高教发展与评估》2005 年第 11 期。

③ 余小波：《高等教育质量保障活动中三个基本概念的辨析》，《长沙理工大学学报》（社会科学版）2005 年第 3 期。

④ 陈玉琨：《论教育质量观与素质教育》，《中国教育学刊》1997 年第 3 期。

满足各主体的需要以及满足的程度如何所做出的价值判断。（2）教育学的视角。教育质量首先应体现在人才培养质量上。（3）经济学的视角。从经济学的"投入—产出"或者"成本—效益"分析出发来讨论高等教育质量，主要有绩效观和价值增值观。（4）管理学的视角。管理的根本任务就是有效地实现组织预定的目标，衡量质量高低的标准就是预先设定的目标。①

杨德广总结得出高等教育的五种质量观：一是发展的质量观，发展是硬道理，发展是高等教育事业的首要任务；二是多样化的高等教育质量观；三是适应性的高等教育质量观，适应人们的需求，培养出来的学生要适应社会和市场的需要；四是整体的质量观，从多方面衡量质量，而不能用某种单项指标来衡量质量；五是特色化的质量观，特色就是创新，特色就是水平，特色就是生命，有特色才有质量。②

王洪才提出以市场为导向的高等教育质量观的核心是最大限度地实现各种利益主体对高等教育需求的均衡。这与传统的计划经济体制下的高等教育质量观不同，它要求突破传统的一元主义的高等教育评价模式，建立多元主义的均衡的质量观，改进高等教育质量的评判机制，建立一种协商性对话机制；协商机制的建构是大众高等教育质量观所表达的核心内容。③

施晓光认为，判断高等教育质量的标准可以从如下几个方面进行。（1）以"卓越"（Excellence）或"一流"（First Class）为标准。（2）合适的目标（Fitness for Purpose），即高等院校是否具有明确的办学方向和发展目标（Mission）以及目标能否有效地完成。

---

① 马健生等：《高等教育质量保证体系的国际比较研究》，北京师范大学出版社2014年版，第32页。

② 杨德广：《高等教育的大众化、多样化和质量保证——全国高等教育学研究会第六届学术年会总结报告》，《高等教育研究》2001年第4期。

③ 王洪才：《论均衡的高等教育质量观的建构》，《教育与现代化》2002年第2期。

（3）满足高校内外顾客的要求。（4）持续的质量改进（Continuous Quality Improvement）。①

袁振国认为，"教育质量的含义很丰富，从不同角度可以有不同的阐释。什么叫教育质量，怎么提高教育质量？从学生、教师、学校、地区、国家的不同层面考虑，有不同的回答和侧重，自然对提高教育质量也有不同的任务和策略。但教育质量的核心终归还是人才培养质量"②。他从国家战略层面，提出影响和决定教育质量的五个关键因素，即确保数量是提高教育质量的基础、合理的结构是教育质量的骨架、教育公平是教育质量的有机组成部分、优秀的教师是提高教育质量的关键、教育创新是提高教育质量的核心。

4. 相关文献评述

纵观国内外学者的相关研究，学者们对于"高等教育质量"的界定表现出四大转变：从纯粹的"哲学思辨"转向"实用主义态度"、从热衷于"定义质量"转向"理解质量"、从单一化"分散理解"转向系统化"整合理解"、从"产品合格"转向"用户满意"。

第一，在整体层面，对高等教育的理解从"哲学思辨"向"实用主义态度"转变。纯粹的哲学思辨体现在对产品或服务的特性、目标达成情况的探讨，注重对高等教育质量观在理论层面的意义建构。例如，作为卓越的质量观、作为零缺陷的质量观、作为目标适切性的质量观、作为物有所值的质量观、作为转化的质量观等。而实用主义态度反映在寻找和设置合理的评判标准以量化高等教育质量的优劣程度。这些量化标准可划分为以下三个维度：从纵向发展阶段可分为投入质量、过程质量、产出质量；从横向内容可分为人才培养质量、科学研究质量、社会服务质量；从教育活动类型可分为教学质量、管理质量、为教学提供服务的质量。

---

① 施晓光：《高等教育全面质量管理体系的建构》，《教育发展研究》2001 年第 7 期。

② 袁振国：《教育质量的国家观念》，《中国教育学刊》2016 年第 9 期。

第二，在内容层面，对高等教育的理解从"定义质量"转向"理解质量"。学者们对质量的认知不局限于从自身研究的角度对质量下一个简便而具有概括性的定义，而是更加注重不同的评价主体因各自利益诉求的不同所持有差异化的评价标准，重视并突出不同利益相关方对高等教育质量不同视角的理解。譬如，学生个体的学习成果和成就、院校办学使命与目标、专业和学科设置标准、人才培养适应社会经济文化发展实际需求的匹配程度。一言以蔽之，通过一系列指标和标准判断高等教育质量满足校内外不同利益相关方实际需求的程度。

第三，在程度层面，对高等教育质量的理解从"分散理解"发展到"整合理解"。起初，学者们对于高等教育的认知常是片面的、细节的，是就某一方面的内涵和具体标准而言的。随着研究的推进和争论的深入，研究者开始对零散的、碎片化的高等教育质量概念加以系统化梳理，搭建理论框架形成整合性理解。

第四，在结果层面，对高等教育质量的理解从"产品合格"过渡到"用户满意"。学者发现，高等教育仅仅符合国家或专业协会设定的质量标准是不够的，教育的出口不仅仅是使学生达到国家和院校规定的最低标准，成为合格的教育产品，还要满足学生、家长和雇主的期望，使人才的培养匹配社会发展的实际需要。否则，即使是达到国家标准的"教育产品"也可能是"合格的废品"。

总而言之，高等教育质量是一个多层面、多维度、发展性的概念：质量可以是卓越、优秀，可以是尽善尽美或保持一致，可以是合乎目的，可以是物有所值，可以是发生的深刻变化等，而与此相对应的质量标准则可以有学术标准、能力标准、服务标准、组织标准等[1]，实用性、多样性、适应性、发展性和整体性几乎已经成为学者们对于高等教育质量理解的共识。

---

[1]　马健生等：《高等教育质量保证体系的国际比较研究》，北京师范大学出版社2014年版，第11页。

三　内部质量保障

内部质量保障是高等教育质量保障的组成部分，对其研究应以高等教育质量保障的概念内涵分析为基础，进而讨论内部质量保障的定义、核心构成要素、具体实践措施、与外部质量保障之间的关系等问题。

1. 高等教育质量保障的定义与内涵分析

"保障"一词，最初的意思是"保护防卫以免受侵害"。现代汉语大词典对保障的解释："一是起保护防卫作用的事物；二是保护、防卫，使之不受侵犯或破坏；三是保证。"① 在英文中，"assurance"为保障、保证之意。新牛津美语词典对"质量保障"（quality assurance）一词的解释是："将服务或产品的质量维持在令人满意的水平上，特别是依靠对于交付（delivery）或生产（production）过程中每个阶段的关注。"② 彼得·威廉姆斯认为，在设计质量保障的概念时需要反问以下几个关键问题：（1）目标——你试图达到什么？（2）原因——你为什么要这样做？（3）方法——你是如何做的？（4）最优化——为什么这样做是最好的方法？（5）有效性——你如何知道它是有效的？（6）改进——你如何改进它？③ "质量保障模式于20世纪80、90年代将工业领域（例如全面质量管理和ISO－9000）的目标运用于关注教育产品和毕业生的'生产'过程。"④ 质量保证作为质量保障的同义词，是质量管理的一部分，旨在为达到质量要求提

---

① 现代汉语大词典编委会：《现代汉语大词典》，上海辞书出版社2010年版，第359页。

② Elizabeth J. Jewell, Frank Abate, *The New Oxford American Dictionary*, Oxford University Press, 2001, p. 1392.

③ Williams, P., "Quality Assurance and Leadership", *Journal of the EHEA*, No. 4, 2012, p. 12.

④ Stefanie Schwarz and Don F. Westerheijden, *Accreditation and Evalutation in the European Higher Education Area*, The Netherlands: Published by Springer, P. O. Box 17, 3300 AA Dordrecht, 2007, p. 12.

供证据。具体来说，"质量保证"的基本思想是对产品的顾客负责，让顾客确信产品生产者提供的产品是符合标准的，能够满足顾客的需要。为了实现这种"确证"，相关组织必须有目的、有计划、有组织地开展一系列的活动，加强组织的质量管理，并提供证据证明组织有能力维持和提高产品的质量，并能够提供高质量的产品。[①]

高等教育质量保障是指在高等教育过程中，高校提供证据证明高等教育产品质量的活动和过程。在哈维提出的"分析型质量术语表"（Analytic Quality Glossary）中，高等教育质量保障是建立利益相关者信心的过程，即高等教育机构提供的教育投入、过程和产出满足期望或达到了测量的最低要求。[②] 哈维和牛顿认为，质量保障并非最新的研究时尚，而是一种显著的、成功的管理潮流，其成功在于它以政府的支持和认可而维系，因为它提供了一种保证问责的手段。问责需要外部机构对于可发布教育成果的审查，而质量改进则要求在院校层面、学术学科层面实施持续不断的质量提升过程。[③]

戴安娜·格林认为，高等教育质量保障是指特定的组织根据一套质量标准体系，按照一定程序，对高校的教育质量进行控制、审核和评估，并向学生和社会相关人士保证高等教育的质量，提供有关高等教育质量的信息；其基本理念是对学生和社会负责、保持和提高高校的教育质量水平、促进高等教育整体的发展。[④]

---

① 马健生等：《高等教育质量保证体系的国际比较研究》，北京师范大学出版社2014年版，第33页。

② Harvey, L., Analytic Quality Glossary, Quality Research International, 2004 - 20, http：//www. qualityresearchinternational. com/glossary/.

③ Newton, J., "What Is Quality?", in Bollaert, L., Brus, S., Curvale, B., Harvey, L., Helle, E., Jensen, H. T., Komljenovic, J., Orphanides, A. 8c Sursock, A. (eds.), Embedding Quality Culture in Higher Education, A Selection of Papers from the 1st EQAF, Brussels, 2007, p. 16, also available at http：//www. eua. be/Libraries/EQAF_ 2010/EUA_ QA_ Forum_ publication_ l. sflb. ashx.

④ Diana Green, *What Is Quality in Higher Education?*, Bristol：SRHE and Open University Press, 1994.

Vroeijenstijn 认为，高等教育质量保障可以被描述为一种系统的、结构化的、持续性的在质量维护和质量改进方面的关注。持续的质量关注是质量保障的必要条件。质量测量（Quality Assessment）、质量认证（Quality Accreditation）、质量评估（Quality Evaluation）都是质量保障领域里的重要工具，其目标在于促使外部质量测量的过程建立和强化在学校或院系的内部质量保障机制之上，通过高校内外部问责主体在教育质量问题上的合作诊断，发现院校发展过程中存在的质量缺陷并提出修改和补救建议，最终实现质量改进（quality improvement）的终极目标。①

Schwarz 和 Westerheijden 认为，20 世纪下半叶的高等教育大众化和知识的迅猛膨胀在高等教育领域和高等教育与社会关系之间形成世界范围内的挑战，质量保障成为一种新形式和新研究兴趣。高等教育是对于不同学位且与之相匹配的知识的传授（Teaching）、学习（Learning）和研究（Research），这些过程被管理和治理所支撑和维系。高等教育质量保障关注这三个领域质量的发展与提升。②

高等教育质量保障可划分为内部质量保障（Internal Quality Assurance）和外部质量保障（External Quality Assurance）两个部分，这已在学界达成共识。内部质量保障通常由高校自身负责实施，主要体现在院校采取各种行动提供证据以证明教育产品和服务的质量水平；外部质量保障由政府或社会中介机构组织负责实施，通过问责或评估认证的方式衡量教育成果的优劣程度。内部质量保障和外部质量保障是相互关联的过程，难以用一条明确的分界线将两者分割和隔离。两者在实施主体、路径、目标、导向和方法方面的区别

① A. I. Vroeijenstijn, *Improvement and Accountability: Navigating between Scylla and Charybdis, Guide for External Quality Assessment in Higher Education*, Wiltshire: Great Britain by Cromwell Press, Melksham, 1995, p. xix (some terms explained).

② Stefanie Schwarz and Don F. Westerheijden, *Accreditation and Evaluation in the European Higher Education Area*, The Netherlands: Published by Springer, P. O. Box 17, 3300 AA Dordrecht, 2007, Preface ix.

详见表1-5。

表1-5　　　　　　　　**高等教育内部质量保障与外部质量保障对比**

	实施主体	路径	目标	导向	方法
内部质量保障	高等教育机构自身	完整的、直接的	教育投入和过程	持续改进	测量、评价、评估
外部质量保障	外部主体（政府或社会）	公共问责	教育过程和产出	门槛和最低标准	认证、问责

2. 内部质量保障及其体系构建的内涵研究

我国学者对于内部质量保障的研究具有横向领域拓展和纵向逐层细化的特点。从横向看，主要是从管理理念向教育理念拓展。学者刘学忠、时伟提出，大学内部质量保障体系是"大学模仿、借鉴与运用科学的管理方法与技术，构建具有自我约束、自我改进、自我发展功能的教育教学质量管理系统"[①]。此观点与康宏的相关观点较为类似，康宏认为高等学校内部质量保障是"高校为维持和提高自身教育教学质量而主动采取的全部有计划、有组织的系统管理过程"[②]。高校内部质量保障体系"是指高等学校作为一个独立自主发展的学术自组织，在与政府、社会广泛联系、相互影响的基础上，以全面质量管理思想为指导，运用科学有效的管理方法与技术，构建的一个具有自我约束、自我改进、自我发展功能的教育教学质量管理系统"。并进一步提出，高校内部质量保障体系是一个系统工程，该系统由"目标系统、组织系统、对象系统、评估系统、改进系统等子系统构成"。

从纵向看，主要是将外延逐步缩小而明确内涵。蔡敏对欧洲相关

[①]　刘学忠、时伟：《大学内部质量保障体系的文化基点》，《中国高教研究》2012年第6期。

[②]　康宏：《我国高等学校内部质量保障体系的建构》，《教育理论与实践》2009年第1期。

研究者和管理者关于"质量"以及"质量保障体系"内涵的认识做出简要梳理。"从理论上讲，一所大学的教育质量指的是在人才培养上达到预定目标的程度，学生发展水平越接近事先规定的专业标准，其学校的教育质量就越高。所以，在实践层面上，质量是基于学校教育目的与人才标准加以衡量的，学校只有建立了明确的育人目标，对于质量的科学评判才会成为可能。"[①] 文章认为，欧洲高等教育质量管理者对于质量保障体系的内涵已达成了共识，并以挪威教育质量保障署（Norwegian Agency for Quality Assurance in Education）的观点为例作了说明："高等学校的质量保障意味着一个持续而系统的过程，是依据既定目标及标准对学校培养的人才和开展的教育教学活动与服务所进行的全面监控与检查，其重点是发现教育过程中存在的缺陷与不足。"[②] 文章还对欧洲大学内部质量保障体系的主要因素和运作关系作了介绍。"欧洲大学的内部质量保障体系一般包括学校育人目标体系、专业评价标准体系、专门设立的质量管理机构、专业化的人员队伍和质量监控与评价程序等重要组成部分"，"各基本要素相互联系，并且相互制约，形成一个完整的运行体系，共同发挥质量保证的作用"。此外，也有研究者提出完善内部质量保障体系的核心是树立质量理念。比如严欣平、张其敏、王光明认为，"先进的理念是完善教学质量保障体系建设的前提，核心就是要解决保证什么样的教学质量（what）和怎么保障质量（how）"。进而提出"教学质量保障首先要制定教学质量目标，然后以合适的方法做合适的事情，这就需要树立科学的教育质量观和全面的质量管理理念"[③]。

---

① 蔡敏：《欧洲大学内部质量保障体系的构建及评价》，《比较教育研究》2012年第1期。

② Norwegian Agency for Quality Assurance in Education，Criteria for Evaluation of Universities and University Colleges Quality Assurance Systems for Educational Activities，2010 - 08 - 25，http：//www. enqa. en/files/workshop_ material/Norway2. pdf.

③ 严欣平、张其敏、王光明：《高校内部教学质量保障体系建设研究》，《教育与职业》2015年第7期。

3. 内部质量保障体系的核心构成要素及实践路径研究

在核心构成要素方面，有的学者按照"投入""产出"的产业链模式进行分析，有的从高校教育教学各主体类比出内部质量保障体系的核心要素。高海生、胡桃元、许茂组等认为高等教育教学质量保障监控体系由控制要素系统，质量标准系统，统计、测量与评价系统，组织系统，保障系统五个部分构成[1]。魏红、钟秉林在分析了96所高校内部质量保障体系文本基础上，提出高校内部质量保障体系应该包含背景保障、投入保障、过程保障、结果保障、机制保障五大要素[2]。戚业国针对本科教学方面的质量保障，设计了由本科教学的质量思想与质量文化建设、本科教学质量准则与质量标准的建设、本科教学的投入保障机制、本科教学质量的过程保障、本科教学产出质量保障体系、本科教学的反馈与修正系统六个系统44个关键控制点组成的框架系统[3]。于志刚、宋文红、李巍然以中国海洋大学为例，简要介绍了该校内部教学质量保障体系包含教学质量管理与决策系统、教学质量评估和诊断系统、教学质量信息反馈与预警系统以及教学质量保障支持系统几个方面[4]。陈学明分析了本科院校内部教学质量保障体系构建原则，并在此基础上将应用型本科院校内部教学质量保障体系建构为决策系统、指挥系统、信息收集与处理系统、条件保障系统、评价与诊断系统、信息反馈系统、文化宣传系统和质量仲裁系统八个方面[5]。严欣平等人提出，

① 高海生、胡桃元、许茂组等：《高等教育质量保障监控体系的构建与实践》，《教育研究》2006年第10期。

② 魏红、钟秉林：《我国高校内部质量保障体系的现状分析与未来展望——基于96所高校内部质量保障体系文本的研究》，《高等工程教育研究》2009年第6期。

③ 戚业国：《高校内部本科教学质量保障体系建设的理论框架》，《高教质量》2009年第2期。

④ 于志刚、宋文红、李巍然：《教学质量保障的新模式探索》，《中国大学教学》2009年第3期。

⑤ 陈学明：《应用型本科院校内部教学质量保障体系构建的探讨与实践》，《江苏科技师范学院学报》2011年第12期。

按照高校教学质量保障体系建设思路，"高校内部教学质量保障体系一般由教学质量领导与组织系统、教学质量目标标准系统、教学资源建设与管理系统、培养过程管理系统、教学监控与评估系统五个子系统构成"①，并对每个子系统所涉及的指标作了列举。郑觅认为内部质量保障是由高等教育机构自身负责的针对教学、就业、管理等核心环节的质量保障活动②。计国君、邬大光、薛成龙对高校内部质量保障的质量信息披露动力机制进行研究，发现强联系下存在直接质量信息披露关联，能够构建质量保障基础上的质量共同体；弱联系下质量信息披露的激励模式应该围绕质量信息披露发生的条件的促成来进行。③

在具体实施方面，魏红、钟秉林提出，高校内部质量保障体系的建设思路应该"以全面质量管理思想为指导，以保障学校人才培养质量为目标，运用系统理论的概念和方法，对人才培养活动的各个阶段和各个环节实行体制化、结构化、持续化的监控、评价和诊断，构建一个任务、职责、权限明晰且相互协调、相互促进的能够持续保障教学质量的稳定而有效的质量管理系统"④。赵菊珊、漆玲玲从建立全员、全程和全面的教学质量监控系统，建立层级结合、上下贯通的教学质量保障运行机制，建立经常化、连续化和制度化的教学质量评价制度，建立专门的教学质量管理与评估机构和组织体系四个方面阐述了构建高校内部教学质量保障体系的基本思路，并以武汉大学为例进一步从规划建立教学质量监控与管理工程、开展常态化院系教学工作状态评估、形成发展式的教师教学质量评价

---

① 严欣平、张其敏、王光明：《高校内部教学质量保障体系建设研究》，《教育与职业》2015 年第 7 期。

② 郑觅：《高校内部质量保障：框架与措施——联合国教科文组织"IQA 项目"优秀案例述评》，《中国高教研究》2016 年第 9 期。

③ 计国君、邬大光、薛成龙：《内部质量保障的质量信息披露动力机制研究》，《高教探索》2018 年第 8 期。

④ 魏红、钟秉林：《我国高校内部质量保障体系的现状分析与未来展望——基于96 所高校内部质量保障体系文本的研究》，《高等工程教育研究》2009 年第 6 期。

指标体系、开展专业和课程评估四个方面具体阐述了构建高校内部教学质量保障体系的实践探索。① 邹永松、陈金江从问责制的视角，系统分析了大学内部教学质量保障体系问责要素、现状、类型及现实问题，提出"建立多元主体参与的问责机制与问责程序，并以绩效考核、年度报告等项目建构更加合理的高校内部教学质量保障体系"②。李红梅、江志斌、郑益慧提出，应当通过"全过程覆盖、有节奏推进；设计流程化、目标理性化；评估规范化、运行常态化；依托网络化、推进信息化"③ 等方式系统推进高校内部本科人才培养质量保障体系建设。刘振天认为建设高等教育内部质量保障体系过程中必须关注三个方面，一是系统性和完整性；二是刚性；三是常态化，即需将内部质量保障内化于日常教育教学生活等。④ 陈凡通过对全球入选 2014 年联合国教科文组织国际教育规划研究所（UNESCO-IIEP）发起的"高等教育内部质量保障的优秀原则和创新实践"项目（Exploring Good and Innovative Options in Internal Quality Assurance in Higher Education，简称 IQA 项目）的八所院校开展内部质量保障实践系统研究基础上，提出应该从高校内部质量保障的顶层设计和领导支持、评价保障工具和结果的交叉利用、质量保障人员的专业化提升、质量保障信息的公开透明化、利益相关者协作、普遍认同的质量文化建设等方面对内部质量保障体系进行调整和完善。⑤

---

① 赵菊珊、漆玲玲：《高校内部教学质量保障体系建设的实践探索》，《教育探索》2009 年第 3 期。

② 邹永松、陈金江：《问责制与大学内部教学质量保障体系构建》，《高教发展与评估》2012 年第 4 期。

③ 李红梅、江志斌、郑益慧：《推进高校内部本科人才培养质量保障体系建设的策略与途径》，《中国大学教学》2013 年第 10 期。

④ 刘振天：《系统·刚性·常态：高等教育内部质量保障体系建设三个关键词》，《中国高教研究》2016 年第 9 期。

⑤ 陈凡：《高校内部质量保障：作用和成效——基于联合国教科文组织"IQA 项目"案例的实证分析》，《中国高教研究》2016 年第 9 期。

4. 内部质量保障与外部质量保障之间关系的研究

钟秉林、周海涛着眼于对高校外部质量保障方式之一"质量评估"的研究，文章在分析国际高等教育质量评估发展特点的基础上，提出要"完善指标体系，加大对内部质量保障措施、学习效果以及投入成效的评估力度"，"顺应国际高等教育质量评估内容动态调整的特点与趋向，加强对高校内部质量保障机制及其效能的评估，引导高校根据自身的实际情况，形成有特色的内部质量保障体系"[1]。并提出应当关注办学指导思想、学生学习效果、用人单位和校友对学校的评价等。昌庆钟认为"现行的高校内部质量保障体系，主要是在我国首轮本科教学水平评估的影响下建立起来的，已难以适应高等教育大众化发展背景下高校分类建设和特色发展的需要"[2]。提出"应该按照'审核评估'模式的特点与要求，从建设依据、评估标准、评估重心、评估主体四个方面实现高校内部质量保障体系由'外塑型'向'内生型'的转变"。[3] 文章强调了高校建设内部质量保障体系要突出从被动提高质量转变为主动提高质量的过程。秦琴则主要分析了内部质量保障制度设计的有效性与创新性、内部质量保障与就业、内部质量保障与质量文化、内部质量保障的效果和影响因素、内外部质量保障的联结等[4]。厦门大学李国强对高校外部和内部质量保障的关系作了辩证分析，认为"高校外部和内部质量保障体系只是依据质量行为主体和行为实施范围不同而对整体的高等教育质量保障体系进行的简单划分，外部质量保障

① 钟秉林、周海涛：《国际高等教育质量评估发展的新特点、影响及启示》，《高等教育研究》2009 年第 1 期。

② 昌庆钟：《审核评估与高校内部质量保障体系建设的四个转变》，《中国大学教学》2013 年第 7 期。

③ 昌庆钟：《审核评估与高校内部质量保障体系建设的四个转变》，《中国大学教学》2013 年第 7 期。

④ 秦琴：《高等教育内部质量保障的焦点问题及新趋势——2016 年"高等教育质量与就业：内部质量保障的贡献"国际研讨会综述》，《中国高教研究》2016 年第 9 期。

措施要通过内部质量保障体系发挥作用，内部质量保障措施折射的是外部质量保障体系的要求，二者紧密联结为一体，且都是建立在特定时代背景下共同的高等教育理念和高等教育发展规律基础上的"①。别敦荣等基于 11 个国家（地区）高等教育质量保障体系的考察，分析了国际高等教育内外部质量保障与评估的框架、特点、立法、理念、原则，并对我国本科教学评估提出以下建议："继续采用审核模式，发挥文化机制作用，引导高校形成质量改进文化；突出'学生中心'理念，坚持成效导向，注重学生学习体验以及学生参与；强调学校自评和后续整改，重视评估工具的开发与应用，建立持续改进的长效机制；重视大数据和信息技术应用，优化评估流程，提高评估信度、效度与效率；重视评估的顶层设计，不断优化外部质量保障结构，使院校评估与专业评估形成有机整体；进一步加大评估结果的公开力度，重视评估结果的应用，充分发挥评估的激励和教育功能；进一步明晰政府、高校、评估机构在质量保障中的职能定位，加强元评估，强化高校主体责任；加强高等教育质量保障的立法工作，提升评估的权威性和法律效力，使质量保障活动具有法理基础。"②

5. 内部质量保障体系构建的国际比较及国别区域研究

屈琼斐从"校外评估、认证——学校宏观质量保障体系""基本教学单位层面的评估——学校中观质量保障体系""学生层面的评估——学校微观质量保障体系"③ 三个层面阐述了美国大学质量保障体系，并认为这三个层面在学校内部构成了完整的质量保障体系。

---

① 李国强：《高校内部质量保障体系建设的成效、问题与展望》，《中国高教研究》2016 年第 2 期。

② 别敦荣、易梦春、李志义、郝莉、陆根书：《国际高等教育质量保障与评估发展趋势及其启示——基于 11 个国家（地区）高等教育质量保障体系的考察》，《中国高教研究》2018 年第 11 期。

③ 屈琼斐：《美国大学内部质量保障体系的启示》，《高教发展与评估》2010 年第 5 期。

蔡敏认为，欧洲在世界上最早开始研究和建立高等教育质量保障体系，并对欧洲构建高等教育质量保障体系的历史脉络做出概述，"（欧洲）于 20 世纪 80 年代初期就兴起了质量管理革新运动，这对其大学的健康发展和质量提升起到了决定性的作用。欧洲不但成立了高等教育质量保障协会（European Association for Quality Assurance in Higher Education），还制定了欧洲高等教育区质量保障的标准和指南（Standards and Guidelines for Quality Assurance in the European Higher Education Area），对成员国的大学质量保障提出了纲领性的要求。欧洲各国在参照该文件精神的基础上，纷纷建立了符合本国国情的高等教育质量保障体系。总体来看，欧洲大学质量保障体系一般由三个部分组成，即政府统一监督、中介机构评估和学校自我评价、高等教育"。[①] 荣军、李岩简述了澳大利亚高等教育质量保障体系发展历程，从健全组织结构、建立内部保障系统，吸纳学生参与、完善反馈机制，引入外部主体、提高保障专业性，规范考核程序、强化师资建设四个方面阐述了澳大利亚高校构建内部教育质量保障体系的措施，并对澳大利亚高等教育质量保障体系做出评析[②]。方鸿琴从质量文化、办学声誉，学校定位、人才培养目标，尊重院系和师生的自主发展权，重视功能性机构的建设，以学生为本，抓好专业与课程质量，关注教师专业发展，探索评估等多样化的教学质量保障方法八个方面阐述了英国高校内部教学质量保障体系的特点。[③]

　　另外，在高校内部质量保障体系的国别区域研究中，还有不少学者重点以某一所或者几所高校为例对该校乃至该国开展内部质量保障的做法加以介绍。关于美国，孙超以内部质量保障重要方式之

---

　　① 蔡敏：《欧洲大学内部质量保障体系的构建及评价》，《比较教育研究》2012年第 1 期。

　　② 荣军、李岩：《澳大利亚高等教育内部质量保障体系的构建与启示》，《现代教育管理》2012 年第 6 期。

　　③ 方鸿琴：《英国高校内部教学质量保障体系的特点与启示》，《中国大学教学》2013 年第 10 期。

一"学生评教"为切入点,对斯坦福大学学生评教政策进行解读、分析,总结出其在学生评教上的特点,见微知著,强调了教学在内部质量保障中的重要地位。① 关于芬兰,郭朝红系统介绍了芬兰赫尔辛基大学内部质量保障体系的构成、运作方式、特征等,并特别介绍了该校内部教学质量评估标准框架"强调研究型的教与学""聚焦学生的学有成效""教学发展着眼于目标导向""对教学专业给予尊重和支持"等新理念。② 陈超、闫广芬对美国、英国、荷兰三国构建高校内部质量保障机制的侧重点进行比较,并重点讨论了内部评估的异同。③ 关于英国,朱国辉、谢安邦以牛津大学为例介绍了英国高校内部质量保障体系的发展、特征及启示,强调学校通过"建立专职校级质量保障机构、制定统一的质量保障手册、重视学生参与、实施校外监察员制度等"来适应外部变化,同时也"使内部保障体系走向正式与透明"④。岳英则以剑桥大学为例,重点就研究生教育内部质量保障体系运行特征进行了探究⑤。臧强、唐霞对剑桥大学内部质量保证体系进行深入分析,他们认为该校"通过其完善的组织机构体系、严格的校内专业审批、质量监控及教学评估制度为其人才培养提供了全方位的保障,实现学术权力与行政权力之间的合理定位与相互协调,构建了一种对大学精神资源、学术资源与物质资源高效利用的运转机制"⑥,并提出"高校应该重视质量文化,

---

① 孙超:《美国研究型大学学生评教的政策、特点及启示——以斯坦福大学为例》,《黑龙江高教研究》2009 年第 8 期。

② 郭朝红:《芬兰赫尔辛基大学的内部质量保障探究》,《复旦教育论坛》2009年第 3 期。

③ 陈超、闫广芬:《美英荷三国高校内部质量保障机制比较研究》,《外国教育研究》2010 年第 6 期。

④ 朱国辉、谢安邦:《英国高校内部教育质量保障体系的发展、特征及启示——以牛津大学为例》,《教师教育研究》2011 年第 3 期。

⑤ 岳英:《英国研究生教育内部质量保障体系的运行特征——以剑桥大学为例》,《比较教育研究》2014 年第 10 期。

⑥ 臧强、唐霞:《剑桥大学内部质量保证体系研究》,《黑龙江高教研究》2017年第 7 期。

强调基础教学在教学评估中的分量"① 这一有益启示。计国君、邬大光、薛成龙以厦门大学 IQA 为例，提出构建大数据驱动的内部质量保障体系，从关注定性质量转变为注重定性定量质量结合、从关注表象质量转变为注重内涵质量、从关注制度建设转变为注重质量文化、从关注质量的部分环节转变为注重质量的全生命周期环节，由此建立起人才培养质量有机协同机制，实现对人才培养全过程的闭环质量监控。②

6. 相关文献评述

已有研究成果表明，无论是作为政府部门或高校管理者、还是作为纯粹的学者，大多基本认同加强高校内部教学质量保障体系建设是强化高等教育质量的重要基础，各方对于提高高等教育质量以及构建高校内部质量保障体系的重要性达成了高度的一致。学者们试图从各角度开展对高校内部质量保障的研究。已有研究既有从本体论角度探究高等教育内部质量保障的内涵、内部质量保障体系的核心内容，又有方法论意义上的高等教育质量保障国际比较研究；既有对高校内部教育质量保障的学理性研究，亦有对策性探讨；既包含对高校内部教学质量保障体系建设思路、建设内容的理论探究，又涵盖对内部教学质量保障所涉高校的个案介绍，研究内容涉及高校内部质量保障乃至质量保障的方方面面。这些研究内容，从广度上看，对高等教育质量保障做了全景式扫描；从深度上看，助推高等教育质量保障实践更加深入、透彻，对进一步构建高等教育质量保障体系，以及提高高等教育质量具有非常重要的指导意义。

然而现有研究存在以下三点不足：第一，对于内部质量保障的内涵有待进一步厘清。比如有的文献将政府投入、外部评估等应归属于外部质量保障的内容纳入内部质量保障体系之中阐述，还有的

---

① 臧强、唐霞：《剑桥大学内部质量保证体系研究》，《黑龙江高教研究》2017年第7期。

② 计国君、邬大光、薛成龙：《构建大数据驱动的内部质量保障体系——以厦门大学 IQA 为例》，《厦门大学学报》（哲学社会科学版）2018年第2期。

文献将内部质量保障完全等同于教学质量保障、学术质量保障、项目质量保障等，不够全面。由于对相关概念界定的模糊，在此基础上构建的高校内部质量保障体系也往往不够科学。第二，已有文献对于高校内部质量保障实践模式在广度和深度上的阐述和分析不充分。现有文献对高校内部质量保障体系核心构成要素的认识并不一致，且就内部质量保障体系各要素而言，分别阐述其具体操作方式的文献较少。有些文献虽有谈及，但往往是寥寥数笔、点到为止，读者并不清楚如何实践、有哪些特征等，且这些内容多为对现有情况的简单描述，创新性、可操作的举措较少。不少文献主要是对本国或区域高等教育开展内部质量保障的相关做法做出大致梳理，但受于研究者研究场域所限，大多分析仅建立在对第一手或第二手文献资料的整理加工，导致其研究内容过于宏观、概括，难以对国外院校内部质量保障的做法具体深入地阐述。第三，对于美国高校内部质量保障的研究较为鲜见。社会第三方教育认证制度对美国高校的教育质量起到评估底线和门槛性作用，被国内外学者广泛研究和借鉴。而从高校主体性视角出发，将高校作为质量保障的责任主体，专门开展针对美国高校内部质量保障的实证研究较为鲜见。在某种程度上，现有研究的不足为本书提供了充分地探讨空间，本书填补了此研究领域的缺失。

第四节 案例选取缘由

本书以美国威斯康星大学麦迪逊分校（University of Wisconsin-Madison）为案例，主要基于以下四个方面的原因：

1. 威斯康星大学麦迪逊分校作为美国公立研究型大学的主体性质，体现了办学资源削减和教学功能相对弱化的双重约束条件。众所周知，美国大学种类繁多，从办学性质的角度看，可依据办学经费来源和比重的不同分为私立大学和公立大学两大类；从办学目标来看又可以分为综合性大学、研究型大学、教学型大学、职业技术型大学等。首先，威斯康星大学麦迪逊分校是一所公立大学，办学经费主要来自联邦政府和州政府的财政拨款。但近年来，州政府拨款数额逐年削减，已成为该校在办学过程中面临的首要限制性因素，严重影响并制约着学校的发展。其次，威斯康星大学麦迪逊分校是一所研究型大学，大学的教学功能相较于科研功能而言相对弱化。校内教育教学活动相关主体对科学研究的重视程度高于且优先于教学，此为制约教育质量提升的第二重因素。因此，研究美国公立研究型大学则意味着在上述双重约束条件下，剖析大学内部提高教育教学质量的"顽强"的应对之策，对我国大学内部质量保障制度的建设更具指导价值。

此外，威斯康星大学麦迪逊分校作为美国著名公立研究型大学，是北美顶尖大学学术联盟美国大学协会（Association of American Universities）的创始会员之一，享有"公立常春藤大学"的美誉，在各类大学排名中较为靠前，客观上代表了美国公立大学教育质量的较高水平。我国向来注重公立大学的建设和发展，其中综合性研究型大学代表着我国高等教育的先进水平和未来发展方向，因此对威斯康星大学麦迪逊分校的个案研究，有助于我国在建设世界一流的具有中国特色社会主义大学的进程中取长补短，积累他国的有益经验。

2. 威斯康星大学麦迪逊分校具有浓厚的"教授治校"传统，代表了西方大学自治和学术自由的思想理念。学校自创办之初，秉承"教授治校"的理念发展至今，教授在大学治理中享有重要地位，"教授评议会"（The Faculty Senate）作为校内最高学术权力机构对学术性事务具有最高决策权。该校的组织环境以"平等""民主""去中心化"为特色，体现了和谐善治的管理理念。通过对其开展研究，有助于我国在建立现代大学制度、完善大学法人治理结构、落实大学办学自主权的过程中取其精华，去其糟粕。

3. 威斯康星大学麦迪逊分校以"威斯康星理念"享誉世界，是形成大学社会服务职能的发源地。1904 年，时任威斯康星大学校长万·海斯（C. R. VainHise）提出了著名的"威斯康星理念"（Wisconsin Idea），即用大学的人才资源去解决威斯康星州家家户户关心的实际问题。威斯康星理念深受全州公民的拥护，更得到了州政府经费的大力支持，从此大学的社会服务职能成为大学除教学、研究之外的第三个主要职能，威斯康星大学麦迪逊分校也因此成为世界大学的榜样。我国建设具有中国特色的社会主义大学目标之一就是为国家经济社会的快速健康发展服务，研究威斯康星大学麦迪逊分校及"威斯康星理念"，有助于从组织文化角度深刻理解大学公共服务职能的实现，为我国建设具有中国特色的社会主义大学提供有益参考。

4. 威斯康星大学麦迪逊分校作为笔者的研究田野，具有地缘优势。笔者有幸在威斯康星大学麦迪逊分校访学一年，通过身临其境地考察交流，挖掘学校内部质量改进的主要制度及其背后所蕴含的质量文化。通过对相关院校管理者的深度访谈，有机会采集到宝贵的第一手资料，掌握该校管理过程中的实际情况；通过课程学习和实物分析，参与并体验该校内部质量改进的具体措施，进而作出较为真实和客观的评价。

第五节　研究范畴界定

为使研究聚焦凝练、有的放矢，笔者需辨析核心概念在不同语种中的表述方式并对具体研究范围加以界定：

1. 核心概念的情境化和语意化（contextualization）辨析：中国"高等教育质量保障"与美国"高等教育质量改进"。"质量保障"（quality assurance）这一概念表述方式在美国大学里不受欢迎。一方面，基于多元化的国家背景，从美国政策制定视角审视质量保障绝非易事。美国联邦教育部的弱势地位外加客观独立存在的五花八门的大学和学院，意味着质量保障的功能既是分权的又是分散的。① 另一方面，在美国实地收集资料的过程中，首先在文献资料收集层面，很少有学者直接使用"质量保障"一词撰写并发表有关提高美国高等教育质量理论与实践方式的文章；其次在质性访谈资料收集层面，受访者表示在威斯康星大学麦迪逊分校校内，师生很少使用"质量保障"这一提法。在与该校质量改进办公室（Office of Quality Improvement）主任 Maury Cotter 女士的访谈中，她提道：

> 事实上我们并不使用"质量保障"这一概念，我们大学的管理是非常分散化、分权制的（decentralization），我们认为"质量保障"一词的使用过于集权化，不符合我们大学自治、学术自由的发展愿景，况且"保障"给人的感觉是从上至下的、由外而内的保护和维护。我们是一个非常民主化的大学，没有哪个主体可以对我们的教育质量进行保障。当我们谈到如何提高教育质量的时候常常会使用质量改进（quality improvement）的概念，我们专门成立了质量改进办公室承担相应职能。另外，如果必须谈及确保教育质量（ensure education quality），在学校内部，我们常使用"学生学习评估"（assessment of student learning），在校外，则会使用"教育再认证"（education reaccreditation）。②

基于中美两国在社会文化、高等教育治理体制，以及中英文语境语意和词汇使用习惯上的差异，再加上威斯康星大学麦迪逊分校具有极强的学术自由和高校自治的组织文化特征，若将中国语境下

---

① D. F. Westerheijden, B. Stensaker, M. J. Rosa, *Quality Assurance in Higher Education: Trends in Regulation, Translation and Transformation*, Dordrecht: Published by Springer, 2007, p. 119.

② 本书所有关于美国威斯康星大学麦迪逊分校行政管理者的访谈内容均由英文翻译而成。

的"质量保障"概念简单移植到美国语境的研究之中，是不合理的。但通过访谈可知，中国的"质量保障"可以对应美国"质量改进"的概念表述，换句话说，"质量保障"和"质量改进"可以理解为提高教育质量这一核心事物在两种不同语境下的差异化表述方式。因此，尽管在中国语境下惯于使用"质量保障"这一提法，但为更好地理解和把握威斯康星大学麦迪逊分校内部提高教育质量的内涵和原意，笔者选择使用"质量改进"的表述方式对该校具体实践措施展开分析和论述。

2. 横向研究范畴界定：侧重于以人才培养为核心的教育教学质量改进。由于人才培养水平被视为衡量高等教育质量的第一标准，核心是解决好培养什么人、怎么培养人的重大问题，高校在当前知识经济背景下能否培养出具有创新精神和创新能力的新型人才成为衡量一所高校教育质量的重要标志[①]。因此，本书以围绕人才培养而进行的教育教学质量改进为切入点，通过对威斯康星大学麦迪逊分校教育教学工作中具体制度、政策、流程、关键控制点和测量方式等问题的研究，以及对教师、课程、专业、教学环境等质量主体的深入分析，试图将弥散在校内各组织机构间的质量改进措施梳理并归纳出一套较为完善和系统的质量改进机制，进而提炼出以教育教学为核心的内部质量改进的有益经验。在访谈中，学校教务长兼分管学术事务副校长（Provost and Vice Chancellor for Academic Affairs）的 Sarah Mangelsdorf 女士谈道：

在我们当前的工作过程中，坦白地讲，也许并不存在一套完整的质量改进机制。但从实质上来看，我和我的同事们所有的工作内容都是围绕如何提高学校教育质量这一主题而展开的，尤其是以"教"（teaching）和"学"（learning）为中心的教育

————————
① 马健生等：《高等教育质量保证体系的国际比较研究》，北京师范大学出版社2014年版，第37页。

教学方面的质量提升。①

3. 纵向研究层次界定：以本科教育教学质量改进机制为主，研究生教育教学质量改进措施为辅。美国威斯康星大学麦迪逊分校作为一所具有博士学位授予权的公立研究型大学，教育层次主要分为本科（学士学位）教育和研究生（硕士学位和博士学位）教育两个阶段。就本科阶段的教育质量改进工作而言，学校存在一套相对统一的管理制度和操作流程，具有一定的普适性和推广性，可在全校范围内约束和规范教育教学活动，易于在各学院组织实施。对于研究生阶段，不同学院（甚至同一学院的不同专业）具有高度自治性，且教授的话语权和治理权相对较大，故此各专业倾向于依据本学科特色和办学优势设计适合自身发展的教育教学培养活动。可以说，整个研究生阶段的质量改进措施纷繁复杂、形式多样、各具特色、难以穷尽和统一。因此本书以本科阶段相对统一的教育教学质量改进机制为主要研究对象，研究生阶段的质量改进措施作为补充。教育学院教育领导力与政策分析系（Department of Education Leadership and Policy Analysis）的 Clifton Conrad 教授在访谈中说道：

> 对于整个威斯康星大学麦迪逊分校，我们倡导教授治校。教授对于教学具有强大的自治权，因而保证了我们的学术自由，这一文化传统自建校以来流传至今。因此，我们的研究生阶段，是高度专业化的（highly specialized），你很难找到相对规范和统一的培养制度或是质量改进模式，主要是我们各系教授在民主讨论后的自治结果。反而在本科生教育教学的管理中，你可以找到一套相对集中的质量改进方法，关于这方面你可以去访谈

① 整理自与威斯康星大学麦迪逊分校教务长兼分管学术事务副校长 Sarah Mangelsdorf 女士的访谈内容。

一下教务长、学术规划与院校研究办公室，以及学生学习测量办公室。①

第六节　研究问题聚焦

所谓"有意义的问题"起码有两重含义，一是研究者对该问题确实不了解，希望通过此项研究对其进行认真的探讨；二是该问题所涉及的地点、时间、人物和事件在现实生活中确实存在，对被研究者来说具有实际意义，是他们真正关心的问题。② 基于此，一方面，我国学术界关于美国公立研究型大学内部质量保障机制和操作措施的研究确实较少，笔者对此问题知之甚少，但探索欲极强；另一方面，美国威斯康星大学麦迪逊分校及其内部质量改进工作作为研究对象真实存在，从学校内部视角出发，探究如何提高教育教学质量，正是院校行政管理者们工作的重心、关注的焦点。更为重要的是，笔者有幸赴美国威斯康星大学麦迪逊分校教育学院（School of Education）课程与教学论系（Department of Curriculum and Instruction）交换学习，在一年多身临其境的观察体验中，真切地感受到内部质量改进工作对于该校教育教学质量提升起到重要推动作用，真实地倾听校内学生、教师、院校行政管理者三大核心利益相关群体对于内部质量改进工作的肯定声音。凡此种种，激发了笔者揭开该校内部质量改进工作"神秘面纱"的研究欲望。

批判教育学的研究范式启发笔者对研究对象及其相关概念从本源上不断地反思并发问：什么是高等教育质量？谁的高等教育质量？利益相关者对于高等教育质量各自的利益诉求是什么？威斯康星大

---

① 整理自与威斯康星大学麦迪逊分校教育学院 Clifton Conrad 教授的访谈内容。
② 陈向明：《质的研究方法与社会科学研究》，教育科学出版社 2006 年版，第78 页。

学麦迪逊分校如何改进教育教学质量？通过将主要研究问题进一步细化和聚焦，笔者设计了以下子问题，形成本书的内在逻辑。

1. 威斯康星大学麦迪逊分校作为研究个案，案例情境具有哪些特质？该校发展的历史沿革、使命与愿景、战略规划、办学现状、治理体系如何？

2. 从高校内部利益相关者视角看，学生、教师、院校行政管理者作为教育教学过程所涉及的三大核心利益相关群体，他们对于高等教育质量的利益诉求各是什么？有何异同？分别形成了何种情境化认知基础？

3. 内部质量改进工作的实施主体是谁？有哪些组织机构或行政部门？它们是如何产生的，具有哪些职能，运行机制如何，是否与校内外其他组织机构形成工作关系，在内部质量改进工作中承担何种角色、肩负何种职责？这些实施主体存在哪些共性和特征？是否形成了一套内部质量改进主体间的关系网络？

4. 内部质量改进的相关制度和措施有哪些？可通过何种维度进行分类和归纳？内部质量改进的关键控制点和主要行动策略是什么？其各自具体实践路径和操作流程如何？这些内部质量改进制度体现出哪些特征？

5. 该校为何形成此内部质量改进体制或机制？其背后所蕴含的深层次价值理念是什么？组织内部是否存在质量文化？如果存在，质量文化与内部质量改进实践之间有何逻辑关联？它们如何推动学校内部质量改进机制的形成和发展？

为解答上述研究问题，笔者立足于田野研究，与教务长、副教务长等在校内承担教育教学质量改进职能的组织机构负责人开展一对一深度访谈。通过这种体验式研究，笔者对这所国际知名学府内部质量改进机制的情境性、描述性和解释性问题形成更加全面的认识和更加深入的思考。

第 二 章

研究设计

第一节　主要研究方法

一　案例描述与质化研究方法——具体打算怎么做？

研究方法本身并不存在"对"与"不对"，"好"与"不好"之分，只有与研究问题以及研究过程中的其他因素相联系时才可能衡量其是否"适宜"。研究方法与其他因素之间的关系就像是一个铜板的两面——既不一样，又相互依存、相互定义。[①] 本书以美国著名公立研究型大学——威斯康星大学麦迪逊分校作为研究个案，以学校内部教育教学质量改进机制作为主要研究目标，以校内学生、教师、院校行政管理者作为研究对象，通过对案例样本进行"深描"的研究过程，从本体论、认识论和方法论层面解答以下研究问题：第一，在本体论层面，弄清威斯康星大学麦迪逊分校内部教育教学质量改进机制的"真实性"问题，即其内部质量改进机制的形式和本质是什么？其真实样貌如何？它是如何运行和运作的？第二，在认识论层面，探寻并回应"知者与被知者之间的关系"的问题，在

---

① 陈向明：《质的研究方法与社会科学研究》，教育科学出版社 2006 年版，第 2 页。

知者与被知者之间存在相对分离关系的基础上，解释作为研究者的笔者是如何认识和理解研究对象的？第三，在方法论层面，解决笔者是通过什么方法发现那些被自己认为是可以被发现的事物，以及揭示出被笔者认为是可以被揭示的事物的本质的？而对这一问题的讨论主要受到本体论和认识论两个方面的制约。因此，通过对具体研究对象和研究中其他因素的整体考量，笔者认为，本书比较适合以质化研究为主要研究方法、以案例深描为具体研究过程，不求在宏观层面上大规模地展开社会调查和政策预测，而是在微观层面进行细致深入的动态观察。

西方质化研究中两位影响深远的学者 Denzin 和 Lincoln 认为，质的研究是将观察者放置于一定情境下的活动，由一系列解释和实践构成，进而再现这个世界。质的研究作为一种解释性的、自然的方式，研究者通常在自然情境下研究事物，试图描述并解释人们赋予这些事物的意义。在质化研究中，研究者往往作为工具形式存在，试图为自己的所见、所闻和所感赋予意义。[1] 我国学者陈向明在此基础上提出，"质的研究是以研究者本人作为研究工具，在自然情境下采用多种资料收集方法对社会现象进行整体性探究，使用归纳法分析资料和形成理论，通过与研究对象互动对其行为和意义建构获得解释性理解的一种活动"[2]。"质"的研究强调研究者深入到社会现象之中，通过亲身体验了解研究对象的思维方式，在收集原始资料的基础之上建立"情境化的""主体间性"（intersubjective）的意义解释。[3]

质的研究方法被认为具有以下五个主要特点。

---

① Denzin, N. K. & Lincoln, Y. S., *Handbook of Qualitative Research*, Thousand Oaks: Sage. 1994.

② 陈向明：《质的研究方法与社会科学研究》，教育科学出版社 2006 年版，第12 页。

③ 陈向明：《质的研究方法与社会科学研究》，教育科学出版社 2006 年版，第1 页。

第一，自然主义的探究传统。质的研究认为，个人的思想和行为以及社会组织的运作是与他们所处的社会文化情境分不开的。如果要了解和理解个人和社会组织，必须把他们放置到丰富、复杂、流动的自然情境中进行考察。①威斯康星大学麦迪逊分校作为笔者的田野研究场域，在此情境中，通过将自己"沉浸"于院校办学文化并与教师、学生及行政管理者进行一对一深度访谈的方式，实现了在当时当地与大学组织及其成员的"零距离"接触。此时，笔者就是一个研究工具，通过实地驻扎、长期观察以及与当地人交谈，了解受访者们对于高等教育质量和校内质量保障机制的认知状况、现有内部质量改进措施对在校师生学习和工作的真实影响、大学场域中的组织环境以及质量文化对受访者们思想和行为转变的影响过程。自然探究的传统还要求研究者注重社会现象的整体性和相关性，对所发生的事情进行整体的、关联式的考察，形成一个"阐释的循环"。任何事件都不能脱离其环境而被理解，因此在对组织内部质量改进机制的考察和理解过程中，不仅要了解各个具体措施本身，而且要理解该措施发生和演变时的社会、经济、文化等背景以及该措施与其他事件之间的关系。

第二，对意义的"解释性理解"（interpretive understanding）。质的研究的主要目的是对被研究者个人经历和意义建构作"解释性理解"或"领会"（verstehen），研究者通过自己亲身的体验，对被研究者的生活故事和意义建构作出解释。②在研究过程中，笔者亲身进入情境并通过与院校层面行政管理者的访谈，对自己的"前设"和"倾见"（bias）不断进行反省。因为笔者所设想的"一套既定的""完善的"内部质量改进机制并非直接嵌入学校的治理流程，它散落在院校治理工作的各个角落，需要通过将校内不同职能部门、不同

---

① 陈向明：《质的研究方法与社会科学研究》，教育科学出版社 2006 年版，第7页。

② 陈向明：《质的研究方法与社会科学研究》，教育科学出版社 2006 年版，第7页。

管理者所承担的与内部质量改进相关的特定工作内容加以系统梳理和整合，进而领会并建构出一套接近真实的、相对全面的校内质量改进机制，并对此做出"解释性理解"。在与被访者的对话和互动中，质量改进办公室主任（Office of Quality Improvement）Maury Cotter 女士表示："没想到还有人专门研究我们学校的内部质量改进机制！我们校内存在很多具体的、多样化的教育教学质量改进措施，它们设置的目的就在于提高我们的教学水平，但我们并没有将它们整理纳入一套制度体系。你的研究对我们的工作非常有帮助，并且让我们思考未来质量改进工作的发展方向。"①

第三，研究是一个演化发展的过程。质的研究认为，研究是一个多重现实（或同一现实的不同呈现）的探究和建构过程，在此动态过程中，研究者与被研究者双方、收集和分析资料的方法、建构研究结果和理论的方式都在不断演化。在实际研究过程中，研究者是社会现实的"拼凑者"（bricoleur），将某一时空发生的事情拼凑成一幅图画展示给读者。② 笔者的研究并非完全按照一个事先设计好的、固定的方案进行，而是采取"即时性策略"依研究对象和实际约束条件的改变而不断调整。必须承认的是，笔者的研究在一定程度上承载着个人的价值倾向，就像"盲人摸象"一样，所做的一切不过是对研究现象的一种理解和解释，虽然并未受到事先设定的"科学规范"的严格约束，但在建构研究结果的同时也不断尝试建构新的研究方法和思路。

第四，使用归纳法。归纳的方法决定了质的研究者在收集和分析资料时走的是自下而上的路线，在原始资源的基础上建立分析类别。资料呈现的主要手法是"深描"（thick description），通过缜密的细节表现被研究者的文化传统、价值观念、行为规范、兴趣、利

———————————

　　①　整理自与威斯康星大学麦迪逊分校质量改进办公室主任 Maury Cotter 女士的访谈内容。

　　②　陈向明：《质的研究方法与社会科学研究》，教育科学出版社 2006 年版，第 8 页。

益和动机。① 在对威斯康星大学麦迪逊分校内部质量改进机制的研究过程中，资料的收集一方面体现在学校网站信息、档案资料的检索，另一方面集中于半开放型访谈，访谈提纲因受访者个体身份、所处工作部门的差异而进行了有针对性的设计。资料的收集与分析同时进行，及时将英文的音频资料转录并翻译成中文，以便在研究现场及时补充研究预设外的其他重要的第一手资料。这种情况在研究中很常见，例如与学生学习成果测量办公室（Student Learning Assessment）主任 Mo Noonan Bischof 女士讨论到"通识教育测量要求"时，她提到学校成立了专门的组织和人员承担相应职能，于是笔者积极联系通识教育测量办公室（General Education Requirements）的负责人 Elaine M. Klein 女士，获取研究设计外的补充资料。本书通过自下而上的资料收集与分析方式，在不断演进的访谈和转录中进行，运用深描的资料呈现手法，在原始资料的基础上建构并归纳出散落在学校各组织机构中潜在的一套内部质量改进机制。由于质化研究的重点是采用归纳的方法理解特定情境下的具体事件，而不是对与该事件类似的情形进行推论，因此质化研究结果只适应于特定情境和条件，不能推论到样本以外的范围。

第五，重视研究关系。由于注重解释性理解，质的研究对研究者与被研究者之间的关系非常重视。质的研究不可能设想研究者可以脱离被研究者进行研究，因为正是由于双方之间的互动，研究者可能对对方进行探究。② 在访谈过程中，笔者依据受访者身份角色和所处工作部门的差异设计特定性访谈提纲，以适应受访者的认知情境和话语体系，使之有话可说。与此同时，受访者基于笔者作为"外国人、局外人、访问者、学生"个体身份的特殊性，给予了善意、友好的对话机会，并对访谈问题提供尽可能真实、有效的信息。

———————————

① 陈向明：《质的研究方法与社会科学研究》，教育科学出版社 2006 年版，第 8 页。

② 陈向明：《质的研究方法与社会科学研究》，教育科学出版社 2006 年版，第 9 页。

二　研究对象的抽样与研究现场的进入——找谁，如何建立关系？

1. 研究对象的抽样——找谁进行研究？

质化研究中使用最多的非概率抽样方式为"目的性抽样"，即按照研究的目的抽取能够为研究问题提供最大信息量的研究对象。[①] 根据 M. 米德的观点，在人类学的抽样逻辑中，研究结果的效度不在于样本数量的多少而在于样本的限定是否合适。[②] 本书注重对研究对象（特别是他们的内在经验）获得较为深入细致的解释性理解，因此在对研究对象进行抽样的过程中，采取非概率抽样的方式进行，样本选取标准为该样本能否较为完整地、相对准确地回答研究设计中提出的研究问题。笔者以研究对象的"身份角色"作为抽样因素，建立起"三重群体"抽样框：学生群体、教师群体、院校行政管理者群体。对学生、教师和院校行政管理者进行抽样，主要原因在于：一方面，这三类群体是高等教育质量的创建者，在教育教学互动中形塑教育质量，对质量评价具有难以替代的话语权；另一方面，高等教育质量作为一个利益相关者（stakeholder-relative）语境下的相对概念，对其理解和评价生成于多元视角（multiple perspectives）而非固定统一，这就意味着要尊重和考察不同利益相关者对于以人才培养为核心的教育教学质量的多维度的价值判断。

（1）学生群体（students）——"最大差异抽样"。使用"最大差异抽样"方式对学生群体进行抽样，以学生群体中具有最大异质性的"种族"为抽样标准对样本框进行筛选，最大限度地覆盖研究现象中的各种情况，以期了解在差异分布状况下，学生群体对于"高等教育质量""高等教育改进措施"的认知和理解具体存在何种

---

① Patton, M. Q., *Qualitative Evaluation and Research Methods* (*2nd Ed.*), Newbury Park：Sage，1990.

② Mead, M., "National Character", In A. L. Kroeber (ed.), *Anthropology Today*, Chicago：University of Chicago Press，1953.

同质或异质表现。笔者主要选取那些在威斯康星大学麦迪逊分校学习和生活了较长时间（一般为一年以上）、对学校内部教育教学制度形成一定的认知、具有比较敏锐的观察意识、性格比较外向且善于表达自己观点的学生。本书尽可能选取不同种族、不同专业领域和不同学习阶段的 10 名在读学生作为受访群体，以体现访谈声音的异质性，其具体情况详见表 2 - 1（注：为保证受访者的个人隐私，以下所有学生姓名均为化名）。

表 2 - 1　　　　　　　　　　**学生受访者基本情况**

序号	姓名	性别	种族	学习阶段	专业领域
1	Rose	女	白人	本科三年级	英语语言学
2	Lumi	男	西班牙裔	本科三年级	电子与计算机工程学
3	Eleni	女	犹太裔	本科四年级	会计学
4	Jake	男	白人	本科四年级	图书馆管理学
5	Andy	男	墨西哥裔	硕士二年级	不动产和城市土地经济学
6	Simon	女	巴西人	硕士二年级	消费者法学
7	Jie	女	中国人	硕士二年级	全球高等教育学
8	Ibrahim	男	土耳其人	博士二年级	生物医学工程学
9	Kartik	男	印度人	博士三年级	细胞与分子生物学
10	Thater	男	日裔	博士三年级	课程与教学论

（2）教师群体（faculties）——"分层目的性抽样"。运用"分层目的性抽样"方法，以教师所属学科为抽样标准进行分层，进而实施目的性抽样。通过了解每一个同质性较强的层次内部教师对于教育教学质量及校内质量改进措施的认知和理解情况，达到对总体异质性的把握。在以学科为标准分层的基础上，进一步关注教授（professor）、副教授（associate professor）、助理教授（assistant professor）等因职称等级不同而对教育质量做出价值判断的差异，从而尽可能全面地收集教师群体的观点。本书选取的 10 位在校任教教师相关信息如表 2 - 2 所示（注：为保证受访者的个人隐私，以下所有

教师姓名均为化名）。

表 2 - 2 　　　　　　　　　　教师受访者基本情况

序号	姓名	性别	种族	职称	所在学院
1	Michael	男	犹太裔	教授	教育学院
2	Cliff	男	白人	教授	教育学院
3	Maggie	女	犹太裔	副教授	文理学院
4	Steven	男	白人	助理教授	文理学院
5	Natalie	女	白人	教授	药物与公共健康学院
6	David	男	西班牙裔	教授	图书馆与信息研究学院
7	Angela	女	白人	副教授	商学院
8	Peter	男	白人	教授	工程学院
9	Leo	男	中国人	助理教授	语言学院
10	Vivian	女	白人	教授	法学院

（3）院校行政管理者群体（administrators and staff）——"强度抽样"。"强度抽样"方法指的是抽取具有较高信息密度和强度的个案进行研究，其目的在于寻找那些可以为研究问题提供非常密集、丰富信息的关键个案。通过对威斯康星大学麦迪逊分校校内组织机构及管理层的分析研究，笔者发现麦迪逊分校是在校长的领导下，以教务长兼主管学术事务副校长为核心、9位分管不同业务职能的副教务长为支柱、2位办公室主任（质量改进办公室、学生学习测量办公室）为辅助、16位学院院长为补充形成院校主要行政管理系统，这些管理人员共同承担着全校范围内有关教育教学质量改进的重要职责。他们在笔者的研究田野里工作多年，熟知并掌握学校发展的历史脉络、内部质量控制的关键节点，不仅是该校教育教学质量改进具体措施的制定者，部分成员还是重要历史事件的见证者。这种局内人的身份使他们对于高等教育质量形成较为深刻且极具说服力的"文化主体"解释，因而成为笔者所寻找的"主要信息提供者"。幸运的是，在冲破重重阻碍后，笔者对其中15位院校行政管

理者进行了一对一的深度访谈（大部分以面对面的形式展开，小部分通过邮件形式交流），并对于其中部分重要的行政管理者追加后续采访，每次对话时间平均 45 分钟（受预约时间限制）。受访者同意录音，并允许在本书中使用真实姓名。笔者所访谈到的院校行政管理者信息详见表 2-3。

表 2-3 院校行政管理者受访者基本情况

序号	姓名	性别	所在部门及职务	访谈形式
1	Sarah Mangelsdorf	女	教务长兼主管学术事务副校长	邮件交流
2	Jocelyn Milner	女	副教务长兼院校研究与学术规划办公室主任	邮件交流
3	Marty Gustafson	女	研究生院主管学术规划和测量助理院长	邮件交流
4	Bruce Maas	男	主管信息技术副教务长兼首席信息官	面谈（1 次）
5	Lori Berquam	女	主管学生生活副教务长兼教导主任	面谈（1 次）
6	Jeff Russell	男	主管终身学习副教务长兼继续教育办公室主任	面谈（2 次）
7	Ed Van Gemert	男	主管图书馆副教务长兼大学图书馆馆长	面谈（1 次）
8	Steve Hahn	男	主管招生事务副教务长	面谈（1 次）
9	Steve M. Cramer	男	主管教学事务副教务长	面谈（2 次）
10	Maury Cotter	女	质量改进办公室主任	面谈（2 次）
11	Mo Noonan Bischof	女	学生学习评估办公室主任	面谈（2 次）
12	Elaine M. Klein	女	通识教育管理办公室主任	面谈（1 次）
13	David Null	男	威斯康星大学档案和记录管理主任	面谈（1 次）
14	Jeffrey Hamm	男	教育学院本科生学术事务管理副院长	面谈（1 次）
15	Carolyn Kelley	女	教育学院学术项目管理高级副院长	面谈（2 次）

2. 研究现场的进入——如何与被研究者建立关系？

根据研究场域及研究问题的特定性，笔者采取直接与被研究者取得联系、征求对方是否愿意参加研究的行动方式。为了顺利进入研究现场，笔者开展以下四个方面的工作：进入现场前的准备工作、确定和接触"守门员"、进入现场的方式、接触研究对象的策略。

第一，进入现场前的准备工作。进行访谈前，笔者做了如下准备：一是与被研究者初步联系，增加自己身份的"可信度"。与不同国家、种族、专业的同学在课上课下交流交友，建立跨文化友谊；抓住访学所在教育学院及其他学院的听课机会，主动结识授课教师；通过学校官方网站了解学校内部组织架构、治理结构及人员关系，试图以邮件的方式与院校行政管理者取得联系。二是根据不同被研究者的身份特点，撰写具有学生、教师、院校行政管理者"三类群体"针对性的访谈提纲（每份提纲撰写中英文两套），以明确访谈内容及提问的先后顺序。三是邀请身边的中国朋友和外国朋友做"预访谈"。通过与中国朋友的"预访谈"审视访谈提纲设计中的缺陷和遗漏之处，通过与外国朋友的"预访谈"纠正提问用语以免产生理解分歧，并训练发音的准确性及表达的流畅性。

第二，确定和接触"守门员"。每一项研究因具体情况不同，其"守门员"的类型也不尽相同。在本研究中，最顽固的"守门员"不是某类人员，而是一项科研制度规范，即"教育和社会/行为科学（Education and Social/Behavioral Science）的伦理审查"。它由伦理审查委员会（Institutional Review Board，IRB）负责审查，当地人直接将此制度称为 IRB。在威斯康星大学麦迪逊分校人文社科领域开展研究的师生，当以访谈作为主要资料收集方式时，均需通过此伦理审查。伦理审查制度设置的初衷在于，该校致力于保护个体作为受试者参与研究的个人权利和福利。伦理审查委员会依据美国联邦法规、州法和当地大学政策对所有涉及人类学学科研究中需进行的实验、测试及访谈内容进行伦理审查，以检查研究及实验对受试者的身心健康是否产生伤害。起初，笔者计划按程序申请 IRB 审查，但由于审查周期短则三四个月、长达半年，而笔者访学期限仅为一年，在时间上不允许；再加上现实中通过 IRB 审查的学生多为在美国本土参加并通过综合考试（prelim）的博士生，笔者并不符合这一条件，故此，实施访谈前的伦理审查成为笔者进入研究现场最强劲的"守门员"。

第三，进入现场的方式。由于本研究主题生发于大场域之中，与学生、教师、院校行政管理者日常的学习和工作息息相关，且不涉及个人隐私和敏感话题，故笔者选择自然的、直接向被研究者说明意图的进入方式。

第四，接触研究对象的策略。接触学生群体并非难事，在日常的课程学习和生活接触中，通过与不同国家、种族、不同专业的学生沟通交流，建立彼此之间的信任关系。朋友式的真诚交往及和谐的人际关系成为顺利将具有异质文化的学生转化为笔者访谈对象的关键。与教师群体建立联系主要通过两种方式实现：一是笔者所选课程的直接授课教师；二是将已有部分学生受访者作为联系人，由他们将笔者本人及正在进行的研究介绍给其所在学院且满足抽样条件的教师，以帮助提高笔者身份的"可信度"和研究内容的"接受度"。建立与院校行政管理者群体的联系是最难的一关，所遇壁垒重重。由于笔者的外导阿普尔（Michael W. Apple）教授更关注学术事务，对学校行政事务的参与以及与行政管理人员的交往较少，因此他很难以"局内人"的身份将笔者及所做研究推荐给符合抽样条件的院校行政管理者。笔者只好直接给目标访谈者发邮件说明个人背景及研究设想，但邮件大多石沉大海，没有回音。再加上笔者的研究未参加"教育和社会行为科学研究伦理审查"，更使得笔者与院校行政管理者群体建立关系难上加难，迟迟难以推进。困顿之时，外导建议"你在联系行政管理人员时可以迂回一下，不要用'访谈（interview）'这个词，你可以使用'非正式对话（informal conversation）'作为替代，但实际上你所做的仍然是正式访谈"。这一思维方式的转变成为推进本研究的重要突破口。在外导的建议下，笔者秉承锲而不舍的精神，首先通过学校官网公布的组织结构图锁定目标受访者，进而深入研究每位目标受访者的个人信息及其承担的岗位职责，在做好充分准备的情况下，再次设计邮件内容、重组邮件用语：

一是以"短时间的非正式对话"代替"访谈"一词的使用；二是在邮件中突出笔者对目标受访者及其所在职能部门的了解和体会，并提出笔者作为研究者对于组织在建立、发展及现有工作中存在的一些疑问和困惑，希望作为组织负责人的他（或她）且唯有他（或她）能做出最权威、最官方的解答；三是进一步详细阐述本人情况、研究内容和目的、研究结果的去向、需要对方提供真实管理过程信息的期待，同时附上已设计好的、具有针对性的问题提纲。经修改完善再次发送的邮件内容清晰、问题合理，大部分院校行政管理者基于自身所处职位、加之笔者的问题不涉及敏感话题且恰好属于他（或她）们工作职责的范畴，最终笔者收到了全部目标受访者的回复。除了一些因出差等客观原因难以与笔者面谈而改为以邮件方式交流的部分管理者以外，其他 13 位院校行政管理者积极接受了笔者的访谈邀请，至此笔者成功与被研究者建立起研究关系。此次经历让我深刻领悟到"进入研究现场不是一个一次性的工作，也不是一件一劳永逸的事情，需要研究者坚持不懈地努力"[1]。

三　资料收集方法——如何从被研究者那里获得能够表现他们所思所想、所作所为的资料？如何从他们的角度理解他们的行为和意义建构？

质的研究是特定研究者以某种自己选择的方式将世界"打碎"，根据自己的需要从中挑选一些自己喜欢的"碎片"，然后将它们以某种特定的方式"拼凑"起来，展示给世人看的一种活动方式。[2] 运用质的研究方法进行资料收集，一条基本原则是只要这些"东西"可以为研究目的服务，可以用来回答研究问题，则可以视为研究资料。质的研究中收集资料的方法十分丰富，本书运用其中最主要的三种：访谈、观察、实物分析。

1. 访谈——如何了解被研究者的所思所想？

访谈是研究者"寻访""访问"被研究者，并且建立在特定目

---

① 陈向明：《质的研究方法与社会科学研究》，教育科学出版社 2006 年版，第149 页。

② 陈向明：《质的研究方法与社会科学研究》，教育科学出版社 2006 年版，第95 页。

的和一定规则的基础上，与被研究者进行"交谈"和"询问"的一种研究性活动。它不仅是研究者通过口头谈话的方式从被研究者那里收集第一手资料的一种研究方法，更重要的是交谈双方共同"建构"和共同"翻译"社会现实的过程，具有灵活性、即时性以及意义解释功能。本书以访谈方法为主，辅之以其他研究方法。以半开放型访谈为主要形式，即研究者以研究设计为框架、研究问题为核心，依据文献和个人经验提前准备好访谈提纲，起到访谈中的提示作用。半开放型访谈一方面允许研究者根据访谈中的具体情况对访谈的程序和内容进行灵活的调整，同时允许受访者积极参与，鼓励他们提出自己的反思问题，为受访者使用自己的语言，表达所思所想留有充分的余地。访谈针对学生、教师、院校行政管理者三类群体分别开展。为保证研究的有效性，访谈首先征得受访者的同意，在其完全自愿的情况下选择受访者认为舒适的访谈地点进行，如咖啡馆、图书馆小组讨论室、教师工作室、院校行政管理者办公室等。正式访谈前，笔者将访谈提纲发送至受访者邮箱，使之对访谈问题和时间形成基本预期，以便让受访者的回答更加有的放矢、访谈过程更加顺畅高效。

在访谈提纲的设计上，笔者根据受访群体的特质研制富有针对性的访谈问题。访谈提纲的结构共性在于：受访者基本情况、受访者对于教育质量的理解、受访者对于威斯康星大学麦迪逊分校内部质量改进措施的认知与评价。差异之处在于：以不同受访者的身份为出发点，设计适合受访者角色作答的访谈问题。特别是在院校行政管理者的访谈设计中，需要考虑到不同管理者所处职能部门的具体业务内容，对"内部质量改进制度主要由校内哪些组织机构构成""这些组织机构何时成立""组织机构建立的初衷和社会背景是什么""组织机构功能在历史上发生了那些变化""目前这些机构的功能是什么""组织机构是威斯康星大学麦迪逊分校所特有的还是普遍存在于美国大学内部""这些机构是如何运作的""组织机构如何与校内其他院系或行政管理办公室共同开展工作""组织机构与校外哪些组织并如何与之进行工作互动""组织机构内部工作结构、人员配备和规章制度如何""组织机构在学校教育教学质量改进与提升的过程中起到何种作用""组织机构所制定的内部质量改进制度的具体规则和流程是什么""组织机构是否是学校内部教育质量保障的关键环节"等问题采取"定制化"设计,突出访谈针对性,打开管理者的"话匣子"。

在访谈过程中,除受访者的语言信息之外,他们的面部表情、言谈举止、情绪变化、说话和沉默时间的长短等非语言行为更加有力地表现出受访者对于所谈问题的态度等信息。在征得受访者同意的前提下,笔者对访谈进行录音,以防信息的遗忘和访谈中部分内容的遗失,同时做好访谈笔记,这是下一步有效进行数据处理和资料分析的关键。在访谈提问时,笔者尽可能采用开放式、具体化、清晰型的问题以期客观、真实、准确地探寻受访者的内心世界,必要时也会对受访者所使用的一些本土化语言进一步追问。由于时间限制,部分非常友善、健谈且乐于接受访谈的院校行政管理者未能在预约时间内与笔者完成访谈内容,但他们通常会在访谈结束后立即与笔者约定第二次访谈的具体时间,访谈气氛十分融洽。这些宝贵的第一手访谈数据,成为本书中的精髓和最具价值的原始资料。

2. 观察——如何了解被研究者的所作所为?

观察是人类认识周围世界的一个最基本的方法,也是从事科学研究(包括自然科学、社会科学和人文学科)的一个重要的手段。[①] 质的研究方法主要以实地观察的方式进行,是在自然环境下对当时正在发生的事情进行观看、倾听和感受的一种活动。本书主要采取参与型观察,通过与部分被观察者一起生活、学习,在密切地相互接触和直接体验中倾听和观看他们的言行。由于参与性质,

——————————

① 陈向明:《质的研究方法与社会科学研究》,教育科学出版社 2006 年版,第 227 页。

笔者具有研究者和被研究者、局内人与局外人的双重身份。参与型观察的情境比较自然，笔者不仅可以对威斯康星大学麦迪逊分校内部的教育教学形式获得感性认识，而且可以深入到被观察者的文化内部，深刻了解他们对于自身言行意义的解释。本书中的观察主要在笔者日常的课程学习中进行，观察对象主要包括与老师和同学们的日常交流、外导常规组织的周五研讨会（Friday Seminar）、课外学生自发组织的小组团队学习活动、选修或旁听课程的课堂经历、期中和期末两次教学评价活动、学校组织的与教育教学质量改进相关的研讨会和成果展。具体而言，通过与当地学生课上、课下共同学习和生活的直接接触，观察他们对于课程学习的态度以及对教师授课方式的评价；通过与教师的日常交流和课后讨论，观察并了解他们对于教育质量的理解以及对学生学习成果的期待；通过亲身参与教学评价，观察课堂上教师和学生两大群体对于教学评价的重视程度及行动方式；通过参与校内一年一度的质量改进作品展（Quality Improvement Showcase）观察校内重要院系及组织机构在业务流程上进行质量改进的具体措施、方案以及所取得的成效和有益经验。

　　3. 实物分析——找到了什么？

　　将实物作为质的研究的资料来源是基于这样一个信念，即任何实物都是一定文化的产物，都是在一定情境下某些人对一定实物的看法的体现；因此这些实物可以被收集起来，作为特定文化中特定人群所持观念的物化形式进行分析。[①] 实物依赖于形象的召唤和联想，以及物品本身的使用方式，物品分析则依赖于一种联想模式，其意义主要来自人们日常生活中的"实践理性"。由于教育教学过程中实物的制作与特定的组织文化环境密切相关，因此在对教育教学所使用的实物进行分析时需将其置于被生产、被（重复）使用或被抛弃的历史和组

---

　　① 陈向明：《质的研究方法与社会科学研究》，教育科学出版社 2006 年版，第227 页。

织文化背景中加以考虑。本书中所收集到的实物资料主要包括两大类:"正式的官方类"资料和"非正式的个人类"资料。

"正式的官方类"资料是指那些被用于比较正式的、严肃的教学管理中的资料,记录了"文件类实现",为教育教学目标服务,需结合使用者的目的进行分析。主要包括:(1)官方文件资料。如威斯康星大学麦迪逊分校官方网站公布的统计资料及数据文摘(Data Digest)、战略规划全文、问责报告、预算报告、学校年度自我评估报告、学术项目评估报告、学校1999年及2000年参加外部院校认证所准备的相关纸质材料、专业及课程申报指南、学生基本学习目标设定手册、学生学习成果内部测量计划指南及模板等。(2)历史文献。如威斯康星大学校史文献、"威斯康星理念"发展史、威斯康星大学章程等。(3)报纸杂志。如"每日基要"(The Daily Cardinal)等报纸媒体中与威斯康星大学麦迪逊分校教学管理相关的新闻和报道等。笔者通过收集官方文件实物以获得该校教育教学质量的实际情况,以及实现质量改进过程中所采取的具体措施。

"非正式的个人类"资料通常指被研究者所写的东西,如信件、论文、个人备忘录等。本书所收集到的个人资料主要包括授课教师所撰写的教案、教师年度自我评价报告书、学生评教答题卡、部分行政管理者撰写的所在组织部门发展史、科研论文等。对学校内部教育教学及管理过程中实物资料进行收集,因为它们是一种"沉默的表达方式",所提供的环境背景和组织信息往往比研究者使用人为访谈和观察的方式所获得的资料更加"真实""可信"。此外,实物在某些情况下比受访者使用的语言更具说服力,表达出语言无法表达的思想和情感。从研究的"可靠性"考虑,实物分析还可以用来与其他渠道获得的材料进行相互补充和相关检验[1],判断被研究者在访谈和观察中的表现是否"真实"。

---

① 陈向明:《质的研究方法与社会科学研究》,教育科学出版社2006年版,第227页。

四　数据整理及资料分析过程——想到并能够做什么？

对于访谈数据的整理及初始资料的分析是本书的关键环节，两者同步进行，即在条件允许的前提下及时转录访谈数据，整理访谈笔记，回顾访谈细节，撰写访谈备忘录。数据整理及资料分析是一个将自己长期"沉浸"在研究田野并"重温"田野经历的过程，不仅要尊重原始资料"客观存在"的本身，还需要自下而上地从大量的事实数据中抽象出关于资料的本质知识。本书以"互动模式下的多次线性结构"作为数据整理及资料分析的基本思路（如图2-1所示），从总体上将质的研究中的资料分析视为一个圆圈，圈中资料收集、浓缩、展示、形成结论等部分相互关联、循环往复；从细节上将资料分析看作线性模式中一个自下而上、逐步上升的"抽象"阶梯，主要包括访谈录音转录重构、数据编码、建构分析矩阵、形成解释框架或扎根理论；从过程上线性分析结构可被看成资料分析过程中的一个环节，可多次无止境地循环下去形成互动模式。具体步骤如下。

第一步：资料收集。转录并阅读原始资料。笔者以"投降"的态度在转录与阅读中同原始资料进行互动，尽可能提高对资料的熟悉程度。通过对语言、话语、语义、语境、语用、主题、内容等层面的仔细琢磨，寻找资料中的意义和相关关系。

第二步：数据编码。质的研究依赖于深度访谈，编码依赖于对可靠数据的占有。编码意味着把数据片段贴上标签，同时对每一部分数据进行分类、概括和说明，是超越数据的具体陈述、进行分析性解释的第一步[1]。本书对于数据的编码主要包括初始编码、聚焦编码和保留本土代码三个阶段。

首先，在初始编码阶段，笔者以开放的思想扎根于数据，接着

---

[1]　[英]凯西·卡麦兹：《建构扎根理论：质性研究实践指南》，边国英译，陈向明校，重庆大学出版社2009年版，第56页。

通过对词、句子、段落以及时间等数据片段的审视，本着贴近数据的原则定义数据中的意义，以简短、生动、分析性的语言抽象并提炼代码，然后以动名词形式进行编码，保证所编代码抓住访谈数据的浓缩意义。本书中的初始编码具有比较性，包括在横向上学生群体、教师群体和院校行政管理者群体对于教育质量在理解差异上的对比，也包括纵向上此三大群体各自对于质量改进措施的认知以及质量改进态度等方面的比较。在初始编码的实践过程中，笔者以开放性思想激发思考，允许新观念的出现，尽量避免预设概念的干扰，运用受访者的经验逻辑理解资料并赋予其新的意义，使之挑战那些习以为常的理解。

其次，在聚焦编码阶段，以重要性和高出现频率为标准对初始代码进行筛选，判断并保留极具概念性和典型性的代码，再与一般数据进行比较检验。例如，在学生受访者对于"所接受的高等教育的期待"及"衡量高等教育质量好坏的标准"的回答中，反复出现"习得课程知识""动手操作实验""谋得实习机会""获得学位""找到满意毕业去向"等，因此这些代码被聚焦并筛选出来。

最后，在保留本土代码阶段，为体现资料的"原汁原味"性，笔者直接保留并使用了一些具有被研究者自身语言特色的词语作为本土代码。这些本土代码作为一种编码时的符号标志，有助于帮助分析被研究者的谈话观点和行动意义。例如，在与院校行政管理者的对话中，他们倾向于使用"全球化公民"（global citizen）来描述对学生的未来期待，"健康的张力"（healthy tense）表达教师和管理人员之间的权力博弈，"能力本位的教育"（competency-based education）呈现校级行政领导对高等教育质量的关注和追求。笔者以审慎的立场，运用分析性术语对资料进行抽象化表达，使代码在被描述事实和分析之间搭建起有效桥梁。

第三步：资料分析。笔者在对资料进行编码的基础上，进行类属分析和情境分析。类属分析是在资料中寻找反复出现的现象以及可以解释这些现象的重要概念的一个过程。类属分析基于一种"差异理论"，认为现实是由相同或不同类型的现象组成的，这些现象呈"点状"分布，需要研究者从资料中抽取并进一步概括。例如，在"院校行政管理者对于教育质量判断标准"的分析中，被使用到的重要概念包括"学生社会化""校友贡献性""雇主评价度"等。"学生社会化"这个类属下可以列出"学生毕业率""学生就业率""学生毕业去向"等；"校友贡献性"类属可列出"全球化公民""校友捐赠"等；"雇主评价度"类属可列出"雇主接收量""雇主满意度"等。情境分析基于一种"过程理论"，认为社会现实是由具体的事件和过程所组成的，具有连续性和动态性，因此资料必须复原到事物发展的进程之中，寻找处于特定情境中事件发生和发展的动态过程以及各个因素之间共时的联系。[①] 情境分析展现为一条逻辑"线"，将资料连接成叙事结构的关键线索。笔者在进行情境分析时特别注意资料的语言情境、社会文化情境、叙述者的说话意图、资料所表达的整体意义，以及各部分意义之间的相关联系。例如，在与质量改进办公室主任对话后，通过情境分析可得到以下线索：（1）质量改进办公室成立的时间；（2）质量改进办公室成立的社会文化背景及职能初衷；（3）质量改进办公室当前的组织机构、人员配备情况；（4）质量改进办公室与校内校外其他组织机构的联系及业务开展情况；（5）质量改进办公室职能调整的演变过程；（6）质量改进办公室对于学校内部教育教学质量改进所起到的实际作用等。情境分析可以为类属分析补充"血肉"，而类属分析可以帮助情境分析理清意义层次和结构。[②]

第四步：形成结论。由于质的研究比较重视对社会现象进行描述和"移情"式的理解，因此并不要求所有的研究项目都建立理论。[③]

---

① Maxwell, J., "Understanding and Validity in Qualitative Research", *Harvard Educational Review*, Vol. 62, No. 3, Fall 1992, pp. 279 – 300.

② 陈向明：《质的研究方法与社会科学研究》，教育科学出版社 2006 年版，第 297 页。

③ 陈向明：《质的研究方法与社会科学研究》，教育科学出版社 2006 年版，第 320 页。

本书一方面从多元利益相关者的多维度视角搭建起"高等教育质量"
的情境化认知基础，归纳出校内主要利益相关者对于高等教育质量
在认知层面的差异和共性；另一方面通过纯粹让受访者发声的方式，
收集第一手访谈数据，为下文对组织、制度、文化层面的分析提供
"线索"，其主要价值在于对该校内部质量改进的制度措施和行动策
略进行描述、剖析、提炼和概括。

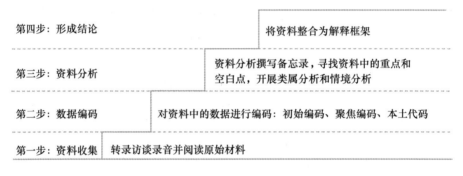

图 2-1　"互动模式下的多次线性结构"数据整理及资料分析基本思路

第二节　理论借鉴

一方面，理论作为人类存在与社会现实的概念架构中介，使研
究者得以检视信息、选择事实、研究现象、定义问题并发展可能的
解决之道；另一方面，理论是指导实践的基础，翔实的理论分析有
助于更深入、更全面地理解实践活动的内在动机与价值取向。因此，
恰当的理论工具的选取是扎实推进研究的第一步。以理论适切性为
标准，本书运用多元利益相关者理论、组织分析理论、理性选择制
度主义理论、质量文化理论，有针对性地剖析研究问题。

一　利益相关者理论

利益相关者理论是在美国、英国等长期奉行外部控制型公司治

理模式的国家中对主流企业理论的质疑和批判中逐步产生和发展起来的。① 利益相关者理论萌芽于 20 世纪 30 年代，发展于 20 世纪 50—60 年代。1932 年，哈佛法学院学者杜德（E. Merrick Dodd）在驳斥伯利（Adolf Berle）发表的论文 "Corporate Power On Trust" 中指出，公司董事必须成为真正的受托人，他们不仅要代表股东的利益，而且也要代表其他利益主体如员工、消费者，特别是社区整体的利益②。1959 年，潘罗斯（Penrose）在《企业成长理论》一书中提出了 "企业是人力资源和人际关系的集合" 的观念，构建了利益相关者理论的 "知识基础"。1963 年，斯坦福研究院的一些学者利用 "利益相关者" 来表示与企业有密切关系的所有人，并第一次明确提出了利益相关者的理论概念。1965 年，安索夫（Ansoff）将 "利益相关者" 一词第一次正式引入企业管理和经济学研究中，人们开始了对利益相关者理论的深入研究。③ 利益相关者观点经安索夫等学者的开创性研究，弗里曼（Freeman）、布莱尔（Blair）、米切尔（Mitchell）等学者的共同发展后，形成了比较完善的理论框架，并在实际应用中取得了较好的效果。④ 20 世纪 80 年代，弗里曼在其著作《战略管理——利益相关者的方法》中就利益相关者给出了一个广义的定义，他认为："利益相关者是那些能够影响企业目标实现的过程的任何个人和群体。"

从企业经营管理领域延伸到教育管理等其他领域，利益相关者理论同样具有重要的参考性和适用性。因为无论是企业还是学校，

---

① 贾生华、陈宏辉：《利益相关者的界定方法评述》，《外国经济与管理》2002年第 5 期。

② 李少华：《基于利益相关者分析的高等教育评估制度设计研究》，博士学位论文，北京航空航天大学，2012 年，第 24 页。

③ 刘利：《利益相关者理论的形成与缺陷》，《中国石油大学学报》（社会科学版）2009 年第 2 期。

④ 冯俊华、张龙：《利益相关者理论的发展与评述》，《决策管理》2009 年第 15 期。

都属于利益相关者组织，这在相关研究中已基本达成了共识。① 高等教育作为一个复杂而庞大的系统，其运行过程中与多维度、多层次的主体发生联系，其涉及的利益相关者包括学生（家长）、教师、行政领导、管理人员、校友、基金会、捐赠者、政府、产业界、社区、中介机构（认证与评估）、媒体、银行、保险、供应商等方。国内外诸多学者都对高等教育机构的利益相关者进行了解读。美国学者克拉克·科尔在其著作《大学的功用》中指出："多元化巨型大学是一种'多元的'机构——在若干意义上的多元：有若干个目标而不是一个目标，有若干权力中心而不是一个权力中心，服务于若干群客户而不是一群客户。它不崇敬单一上帝，它不构成单一的、统一的共同体，它没有分别界定的一些客户群。它标志着许多真、善、美的视野，以及达到这些视野的道路；它标志着权力斗争；它标志着服务于许多市场和关注许多公众。"② 伯顿·克拉克在其著作《高等教育系统——学术组织的跨国研究》中指出高等教育系统存在学术界、政府和市场三种力量③。我国学者张维迎在《大学的逻辑》一书中表示，大学作为一个非营利性组织，是一个典型的利益相关者组织，教授、校长、院长、行政人员还有学生以及毕业了的校友，当然也包括我们这个社会本身（纳税人）④。据此，高校作为利益相关者的联结体，其治理的本质是"高等教育中利益相关者"的协调机制，因此利益相关者分析模式可以运用于高等教育。

从学者对高校利益相关者的划分来看，在多重划分方式中，学生、教师、院校行政管理者都属于高校内部最重要的群体或核心利

---

① 李志平：《中外大学治理结构的比较研究——基于利益相关者理论的视角》，《湖南财经高等专科学校学报》2008 年第 2 期。

② ［美］克拉克·科尔：《大学之用》（第五版），高铦等译，北京大学出版社2008 年版，第 77 页。

③ ［美］伯顿·R. 克拉克：《高等教育系统——学术组织的跨国研究》，王承绪等译，杭州大学出版社 1994 年版。

④ 张维迎：《大学的逻辑》，北京大学出版社 2004 年版，第 19 页。

益相关者，详见表 2 - 4 所示。因此，本书将通过利益相关者理论，对学生、教师、院校行政管理者关于高等教育质量的情境化认知和价值诉求展开分析。

表 2 - 4 学者对高校利益相关者的划分①

研究者	划分依据	划分层次	利益相关者
罗索夫斯基	利益相关者与大学之间的重要性程度的不同	第一层次：最重要的群体	教师、行政主管和学生
		第二层次：重要利益相关者	董事、校友和捐赠
		第三层次：部分拥有者	如政府在向大学提供科研经费时
		第四层次：次要层次利益相关者	市民、社区、媒体等
胡赤弟	借鉴罗索夫斯基的利益相关者分析	权威利益相关者	教师、学生、出资者、政府等
		潜在利益相关者	校友、捐赠者和立法机构等
		第三层利益相关者	市民、媒体、企业界、银行等
杨谢秋、肖静	利益相关者与大学关系密切程度	核心利益相关者	老师、学生、政府及大学中以校长为代表的行政管理人员
		重要利益相关者	校友、捐赠者、出资者和学生家长等其他给大学提供经费帮助的个人或组织
		边缘利益相关者	媒体、社区和社会公众等

二 组织分析理论

组织理论的发展与演进，主要可以分为三个阶段：

一是古典组织理论阶段，形成于 19 世纪末至 20 世纪 30 年代。古典组织理论的核心是组织结构的合理化，它着重研究组织结构的设计、组织运行的基本原则和组织中管理的基本职能。在这个阶段，组织理论研究者多用静态的、结构的和规范的观点来分析研究组织的结构、分工、层次、责任、制度和职权等问题。古典组织理论的基本要点是：（1）组织存在明确的分工；（2）组织是一种多层次结

① 程卓蕾、胡振华、刘文斌：《利益相关者理论在高校绩效管理中的应用研究》，《湖南大学学报》（社会科学版）2011 年第 2 期。

构；（3）组织内部要权责分明；（4）组织是依据法规、制度而组成的；（5）组织具有目标性；（6）组织要有协调性。①

二是科学组织理论阶段。科学组织理论起始于 20 世纪 20 年代的行为科学理论，引入行为科学基本原理的组织理论，发生了不少变化：（1）"人性的"代替"机械的"。组织构成的基本和主要要素是人，只要研究组织必须要了解和研究人本身。（2）"动态的"代替"静态的"。在组织中，人员不仅处于正式的组织关系中，而且还经常处于非正式的接触中。（3）"功能的"代替"结构的"。组织结构研究只能了解组织的职位、层次，却不能知晓组织人员的技能及能力如何，只有功能研究才能剖析组织运行的内部状态。（4）"心理的"代替"生理的"。人的行为是其心理及动机的反映。（5）"描述的"代替"规范的"。行为科学着重于事实的描述，而不提及"好坏是非"等价值判断。对组织研究也应如此，只应指明组织"是什么"而不论断组织"应如何"。（6）"客观的"代替"主观的"。②

三是现代组织理论阶段。卡斯特·罗森茨韦克基于贝塔朗菲提出的一般系统论，并结合信息论、控制论而建立一种系统管理组织理论，强调组织是一个开放系统。现代组织理论不仅特别强调组织中各个子系统及其相互关系，而且还明确指出组织与外部环境的相互关系，即组织从外界接受资源、能源和信息，经过转换后又将生成物输送到外界去。以美国学者卢桑斯为代表的权变理论的主要观点是否认存在有普遍适用于所有环境的永恒原则，从而强调组织的多变量性，并力图了解组织在变化的环境中运营的实际状态。③

① ［法］H. 法约尔：《工业管理与一般管理》，转引自张文泉、李泓泽《组织理论的演进与发展》，《工业工程与管理》2000 年第 5 期。
② ［美］F. W. 泰罗：《管理科学原理》，转引自张文泉、李泓泽《组织理论的演进与发展》，《工业工程与管理》2000 年第 5 期。
③ 弗莱蒙特·E. 卡斯特、詹姆斯·E. 罗森茨韦克：《组织与管理——系统方法与权变方法》，转引自张文泉、李泓泽《组织理论的演进与发展》，《工业工程与管理》2000 年第 5 期。

　　组织分析（Organizational Analysis）是指通过分析研究，明确现行组织机构设置和运行中存在的问题和缺点，为提出组织咨询的具体课题内容和改进方案打下基础。组织分析从总体上说，可以归纳为以下四个方面：

　　第一，职能分析，主要包括：（1）组织需要增加哪些职能？组织需要减少哪些职能？组织需要合并哪些职能？（2）确定组织的关键职能，即对组织实现战略目标有关键作用的职能。（3）分析职能的性质和类别。这里所说的职能指的是产生成果的职能、支援职能和附属职能。

　　第二，决策分析，主要包括：（1）应该制定哪些决策？（2）这些决策应该由哪些管理层制定？（3）决策制定应该牵涉哪些有关业务？（4）决策制订后应该通知哪些部门的负责人？

　　第三，关系分析，即管理层次间、各管理职能间的相互关系的分析。主要包括：（1）分析某一部门应该包括多少职能和哪些职能？（2）有哪些部门之间的职能重复过多或搭接不够？（3）这些部门应当担负直接指挥还是参谋服务的职能？（4）这些部门的业务工作应当同什么单位和什么人员发生联系？（5）要求什么人为单位提供配合和服务？（6）本部门又该为外单位提供哪些配合和服务？（7）各部门之间的协调配合和综合工作组织得如何？

　　第四，运行分析，这是对组织的动态分析。主要包括：（1）人员配备状况分析。（2）管理人员的考核制度是否健全和得到贯彻。（3）奖惩制度是否完善和得到落实。本书将运用组织理论，从职能分析、决策分析、关系分析、运行分析四个维度，深入剖析威斯康星大学麦迪逊分校内部承担教育教学质量改进职能的实施主体。通过对各组织机构在组织创立、组织目标、组织机构与人员、组织职能、组织与校内外部门间相互关系的分析，深入理解各组织对于内部质量改进工作的推动机制。

三　理性选择制度主义理论

理性选择制度主义最初产生于对美国国会行为的研究，它吸收了传统理性选择理论的相关论点、新古典经济学"经济人"假设，又引入不完全信息（Incomplete Information）与交易成本（Transaction Cost）的概念，认为制度的设计是用来克服市场失灵（Market Failures）和有限理性的问题，并且提供规则、程序（Procedures）以减少不确定性的，理性且谋求利益的行动者在追求其目标与偏好时，必须考虑制度的制约与其他理性行动者的行动策略。① 理性选择制度主义的一个认知基础是"理性经济人假设"，它假定每一个活动于经济过程的个人都以追求个人的经济利益为动机，面临选择时总是倾向于选择能给自己带来最大收益的机会，每一个参与者都依据自己的偏好，用最有利于自己的方式活动。② 理性经济人假设被引入政治分析以后，政治学中的理性概念得到了进一步的延伸。"政治人"与"经济人"一样，是利己的、理性的，依据个人的偏好，以最有利于自己的方式进行活动。

理性选择制度主义将制度界定为"对理性构成限制的规则集合体"③，认为每个个体都是理性的，但这种理性又是有限的，如果没有统一规章制度的约束，自以为是的众多理性个体集中到一起，将导致集体困境。理性选择制度主义认为，制度可以被理解为一种规则和程序，是某种限制和机会，影响着个体的行动。该理论具有四个显著特征：第一，理性选择制度主义者采用了一套典型的行为假设。总体来讲，他们假定相关的行动者都有一套固定的偏好或口味，行为完全是偏好最大化的工具，且行动者在满足偏好过程中的行为，

---

① 张辉：《新制度主义理论略述》，《商业时代》2013 年第 16 期。

② 田侠：《新制度主义理论观点评析——历史唯物主义视角》，《学术探索》2009年第 4 期。

③ ［美］B. 盖伊·彼得斯：《政治科学中的制度理论："新制度主义"》（第二版），王向民等译，上海人民出版社 2011 年版，第 47 页。

具有通过算计而产生的高度策略性；第二，理性选择制度主义者往往将政治看成是一系列集体行动的困境，如当个体为最大限度地满足偏好而采取行动时，就很有可能在集体层面上产生出次优的后果；第三，理性选择制度主义强调了对政治结果起决定性作用的策略性行为的作用；第四，理性选择制度主义者建立起了一套独特的理论来解释制度的产生问题。在理论上，他们通过演绎的方式推导出某种具有模式化规范的制度功能。然后，他们通过指出对行动者产生影响的制度功能所具有的价值来解释制度的存在。①

威斯康星大学麦迪逊分校内部质量改进制度是为克服外部资金约束和内部大学管理有限理性问题而制定的一系列正式的、长期的、内在的规则和程序，其效能在于减少教育教学过程中的不确定性，是校内学生、教师和院校行政管理者在协商博弈基础上，实现教育教学质量最大化的理性行动策略。本书将运用此理论，对该校内部质量改进制度的内涵、要素、程序、特征和功能进行较为深入的剖析。

四　质量文化理论

"文化"一词来源于拉丁文，原意有耕作、培养、教育、发展、尊重的意思。② 被称为人类学之父的英国人类学家爱德华·泰勒，是公认的真正奠定"文化"定义的第一人，他对"文化"所下的定义是经典性的。③ 他在《原始文化》中提到："文化，或文明，就其广泛的民族学意义来说，是包括全部的知识、信仰、艺术、道德、法律、风俗以及作为社会成员的人所掌握和接受的任何其他的才能和习惯的

---

① 彼得·豪尔、罗斯玛丽·泰勒：《政治科学与三个新制度主义》，何俊智译，《经济社会体制比较》2003 年第 5 期。

② 申作青：《当代大学文化论：基于组织文化子系统视野的认知与探索》，浙江大学出版社 2006 年版，第 6 页。

③ 申作青：《当代大学文化论：基于组织文化子系统视野的认知与探索》，浙江大学出版社 2006 年版，第 7 页。

复合体。"① 美国社会学家戴维·波普诺在《社会学》一书中写道："许多社会学家和人类学家把'文化'定义为由一个社会或一些人共同承认的价值观和意义体系,包括使这些价值观和意义具体化的物质实体。"② 从分类的角度看,文化有广义和狭义之分,广义上的文化等同于"总体的人类社会遗产",包括人们创造的物质财富和精神财富;人们通常所说的文化是狭义文化,指社会的意识形态以及与之相适应的制度和组织机构,主要指人们的精神生活领域。③ 本书倾向于将文化视为一种存在于社会中的普遍信仰和共同遵守的规范及惯例。④

质量文化兴起于美国20世纪80年代初,最早在企业界受到人们的关注。2002年,美国质量学会召开第56届年会时将会议主题定为"质量文化——21世纪企业迈向成功的基石",进一步向全球企业界和质量界强调了质量文化的重要地位。在经济全球化的大环境下,质量已经成为企业的核心竞争力,是企业的战略问题,质量文化正是在这样背景下产生的。⑤ 美国学者道格拉斯指出:质量文化是企业整体文化中的重要组成部分,指的是企业在满足用户需求过程中所体现出的整体性的信念、价值观等特征,质量文化建设的核心目标是通过更好地满足用户需求而创造更大的价值,质量文化包括质量意识和质量管理两个方面,质量文化的发展基础在于人员意识和企业的质量生态环境。⑥

---

① [英]爱德华·伯纳特·泰勒:《原始文化》,连树声译,上海文艺出版社1992年版,第1页。

② [美]戴维·波普诺:《社会学》(上),刘云德等译,辽宁人民出版社1987年版,第97页。

③ 申作青:《当代大学文化论:基于组织文化子系统视野的认知与探索》,浙江大学出版社2006年版,第9页。

④ 丁钢:《大学:文化与内涵》,合肥工业大学出版社2006年版,第1页。

⑤ 戚维明、罗国英主编:《质量文化建设方略》,中国标准出版社2011年版,第29页。

⑥ 戚维明、罗国英主编:《质量文化建设方略》,中国标准出版社2011年版,第39页。

质量文化的发展从企业领域逐渐推广到高等教育领域。早在 1976 年，欧洲学者 Wieck①、Van Maanen 和 Barley② 就将文化的概念引入质量保障领域。随着研究历史的发展，Crosby 于 1986 年提出，"质量文化属于组织中的每个人对于质量的责任，不仅掌握在质量控制者手中"③。1991 年，Cameron 和 Freeman 在美国 334 所高等教育机构中广泛地开展了关于组织文化的研究和调查，研究发现人员事务模型（human relations model）被频繁使用，然而理性目标模型（rational goal model）的使用频率较低；更重要的是，研究发现没有任何一所高等教育机构内部只存在一种组织文化。1996 年学者 John A. Woods 在他的文章《质量文化的六种价值》中强烈支持将质量文化的观点融于全面质量管理理论。2002 年，随着博洛尼亚进程的推动，欧洲大学协会（European University Association，EUA）成为第一个为质量文化下权威性定义的组织，并有效地将其介绍到内部质量改进的制度当中。他们认为，"质量文化是一种以实现质量长久提升为目标的组织文化，其特征主要包括两种元素：一方面是组织的哲学元素，例如对于教育质量共同认可的价值追求、信仰、期待和承诺；另一方面是一种管理元素，目标在于定义质量改进的过程并协调个体的努力"④。学者 Daniel T. Seymour 认为，引起高等教育质量改进最本质的因素在于扎根于组织内部的文化，由于文化是一个情景化概念，受到利益相关者的形塑，因此每个大学的质量文化都

① Wieck, K., "Educational Organisations as Loosely Coupled Systems", *Administrative Science Quaterly*, Vol. 21, No. 1, 1976, pp. 1 – 19.

② Van Mannen, M. & Barley, S., "*Cultural Organisation：Fragments of a Theory*", *in Frost*, P. et al. (eds.), Beverly Hills：Organisational Culture Sage, 1985.

③ Lucien Bollaert, "A Manual for Internal Quality Assurance in Higher Education—with a Special Focus on Professional Higher Education", Dr. Josef Raabe Verlags-GmbH, Kaiser-Friedrich-Strafie 90, 10585 Berlin, Germany, 2014 by European Association of Institutions in Higher Education (EURASHE), 2014, p. 261.

④ (EUA) *Quality Culture in European Universities：A Bottom-Up Approach*, Report on the Three Rounds of the Quality Culture Project 2002 – 2006, Brussels, 2006, p. 10.

各不相同。德国学者 Lucien Bollaert 于 2014 年写道："质量文化是组织文化的一部分，它聚焦于对教育质量持续不断地改进，以及存在于组织内部、对教育质量的持续增强具有直接指导作用的深层次态度和价值观念。"① 本书运用质量文化的相关概念和理论要素，分析校内成员关于改进教育教学质量的意识、价值取向、思维方式等精神活动的总和，考察质量意识与质量管理、质量改进之间的相互作用关系。

第三节　分析框架

　　分析框架也被称为框架分析，框架的概念源自贝特森（Bateson），由高夫曼（Goffman）将此概念引入文化社会学，后来再被引入大众传播研究中，现已成为定性研究中的一个重要观点。高夫曼在其《框架分析》（"Frame Analysis"）一文中指出，假定"人们对某一情境的定义是建立在与组织原则协调一致基础上的，这种原则操纵着事件以及我们对这些事件的主观卷入"②。在我国，分析框架通常被视为一种帮助人们解释并了解周围世界的大体方案，将个人生活经验转变为进行认知时所依据的一套规则③。笔者认为，分析框架既是研究者用来感知和解释社会生活经验的一种认知结构，更是对所选研究问题的一套主观解释和思考结构。分析框架的制定以研究问题为导向，以理论工具做指导，旨在表达研究子问题之间的内

---

① Lucien Bollaert, "A Manual for Internal Quality Assurance in Higher Education—with a Special Focus on Professional Higher Education", Dr. Josef Raabe Verlags-GmbH, Kaiser-Friedrich-Strafie 90, 10585 Berlin, Germany, 2014 by European Association of Institutions in Higher Education（EURASHE）, 2014, p. 261.

② Erving Goffman, *Frame Analysis: An Essay on the Organization of Experience*，转引自高芳《简析框架理论》,《青年记者》2008 年第 17 期。

③ 高芳:《简析框架理论》,《青年记者》2008 年第 17 期。

在逻辑，向读者清晰地呈现笔者思考结构的解释性建构过程。基于此，本书的分析框架如图2-2所示。

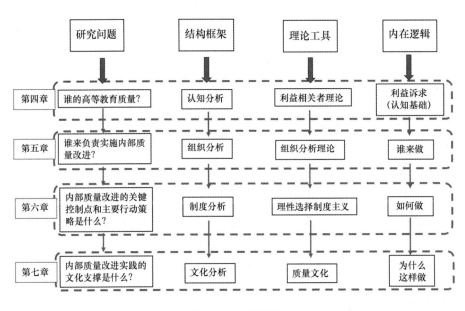

图2-2　分析框架

总体来看，整个行文逻辑以研究问题为根本，分别运用与子研究问题相匹配的理论工具进行较为深入地剖析和论述。结构框架可分为认知分析、组织分析、制度分析、文化分析四个部分，以利益相关者的利益诉求为认知基础，围绕"谁来做""如何做""为什么这样做"的内在逻辑展开。分析框架体现由浅入深、环环相扣、层层递进的逻辑关系。

具体来看，在本书第四章，主要运用利益相关者理论对威斯康星大学麦迪逊分校的内部质量改进进行认知分析，回答"谁的高等教育质量"的问题。笔者基于对该校校内学生、教师、院校行政管理者的深入访谈，系统梳理多元利益相关者对于高等教育质量的利益诉求。该认知分析的意义在于：第一，建构出在特定案例背景下，利益相关者对于高等教育质量的情境化理解，此为推动该校教育教学质量持续改进与提升工作的认知基础；第二，通过第一手访谈数据的收集，为研究过程中实物资料的收集，以及进一步进行关于组织、制度、文化层面的分析提供线索和方向。

第五章为组织分析，主要运用组织分析理论解决"谁来负责实施内部质量改进"的问题。笔者较为深入细致地分析内部质量改进工作的实施主体、组织创立历史、组织职能、组织机构设置及人员配备、管理层次、各管理职能间的相互关系、组织在内部质量改进工作中所扮演的角色等内容，厘清该校内部质量改进工作"由谁来做"的主体性问题。

第六章为制度分析，在对第五章"谁来做"进行研究的同时，挖掘该校提升高等教育教学质量的关键控制点和主要行动策略。依托 CIPP 评估模型，将校内所实施的质量改进划分为背景改进、投入改进、过程改进、产出改进四个维度。在此基础上，运用理性选择制度主义理论筛选出具有深远影响的重要改进制度，详细、全面地对所选制度的内涵和要素进行描述性分析，进而梳理出该校内部质量改进的演化路径，实现"如何做"的递进逻辑。

第七章为文化分析，探讨内部质量改进背后所蕴含的文化支撑问题。运用质量文化的相关理论和概念，探讨内部质量改进制度背后所蕴含的深层次价值理念，以及这些质量文化与内部质量改进实践之间产生了何种逻辑关联，两者如何相互作用以更高效地推动该校教育教学质量的改进和提升。本章建立在对"谁来做""如何做"进行事实描述分析的基础上，形成"为什么这样做"的解释性分析。

第四节　研究架构与基本思路

本书以院校内部质量保障为切入点，重在分析美国著名公立研究型大学威斯康星大学麦迪逊分校如何从学校内部提高教育教学质量的一系列相关问题。第三章为案例背景铺陈，笔者首先对研究个案的历史沿革、使命与愿景、战略规划、办学现状、治理体系进行较为详细地案例铺垫，这是本书的案例基础。

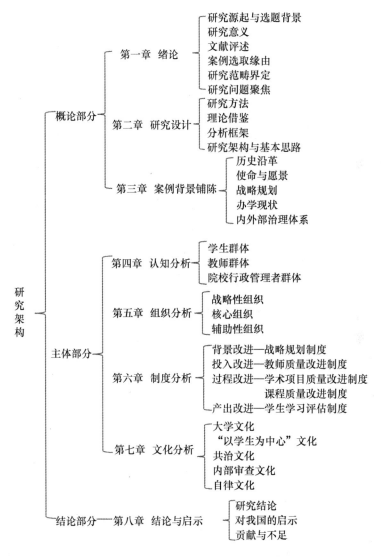

图 2 - 3　本书研究框架与章节安排示意

主体部分由以下内容构成：第四章认知分析，笔者通过对该校部分学生、教师、院校行政管理者三大教育教学活动主体的深度访谈及互动，试图从多元利益相关者的视角为"高等教育质量"的内涵和外延注入新的主体性解释，并以此情境化认知为基础，对多元利益相关者在价值诉求层面的博弈关系进行意义建构。同时，通过与受访者访谈，收集到第一手语音数据，为进一步开展实物资料的收集和内部质量改进主体性、路径性、文化性问题的分析提供重要"线索"和"指南"。第五章组织分析，从主体性层面分析实施内部质量改进的相关组织机构、各自承担的职能和扮演的角色，以及组织间的共性和特性。第六章制度分析，通过对相关组织机构的分析，挖掘该校内部质量改进的关键控制点和主要行动策略，进而从背景改进、投入改进、过程改进、产出改进四个维度对微观层面的制度文本和实操流程展开深入剖析，凝练内部质量改进行动策略的内在特征。第七章文化分析，挖掘制度背后所蕴含的深层次价值理念，探索质量文化与内部质量改进实践之间的逻辑关联，寻求文化如何反作用于内部质量改进实践策略。最终得出研究结论，尝试为我国高校内部质量保障的建设工作提供一定的参考和借鉴。

第 三 章

案例背景铺陈

威斯康星大学麦迪逊分校（University of Wisconsin-Madison，以下简称 UW-Madison），坐落于美国威斯康星州首府麦迪逊市，其创建最早可追溯到 1848 年，在赠地学院的基础上发展起来。美国南北战争后，高等教育史上具有划时代意义的《莫雷尔法案》（Morrill Act）规定，联邦政府向州和准州拨发土地，使他们开设重视农业和技术教育的学院，此后，对美国公立大学影响深远的"赠地运动"蓬勃兴起。威斯康星大学麦迪逊分校作为威斯康星大学系统（University of Wisconsin System）的旗帜性（flagship）学校，是世界一流的知名学府、美国著名公立研究型大学之一、北美顶尖大学学术联盟美国大学协会（Association of American Universities）创始会员之一、美国知名十大联盟的创始成员之一，被冠以"公立常春藤大学"的美誉，与加州大学伯克利分校和密歇根大学安娜堡分校共同代表了美国公立大学的最高水平①。

威斯康星大学麦迪逊分校是美国最受尊敬的名校之一，在政治学、经济学、社会学、教育学、自然科学以及工程学等各大领域皆享有盛名。到目前为止，威斯康星大学麦迪逊分校产生了 21 位诺贝

---

① 威斯康星大学麦迪逊分校：http：//docs. legis. wisconsin. gov/statutes/statutes/36/05https：//zh. wikipedia. org/wiki/。

尔奖获得者，38 位普利策奖获得者和 12 位美国国家科学奖章获得者。该校拥有 87 位美国国家科学院院士，26 位美国国家工程院院士，61 位美国艺术与科学院院士和 8 位美国国家医学院院士。威斯康星大学麦迪逊分校的研究经费常年高居全美前四位，近几年来每年更是高达 11 亿美元。[①] 一百六十多年来，威斯康星大学麦迪逊分校作为世界高等教育史上著名"威斯康星理念"的发源地，对美国乃至世界的教育、科技、经济及社会的发展做出了杰出贡献。[②] 其学校声誉卓著，学术氛围浓厚，科研实力一流，校友网络强大，校园文化生活多元，是美国公立研究型大学发展的榜样和标杆。

第一节 历史沿革

有两个重要概念需要首先加以区分：威斯康星大学系统和威斯康星大学麦迪逊分校。威斯康星大学系统是美国最大的公立高等教育系统之一，每年秋季为大约 18 万名学生提供高等教育服务，在州内招聘教职员工超过 4 万名。威斯康星系统由 13 所四年制大学、13 所两年制大学校园和州内扩展教育组成。整个高等教育机构为威斯康星州、国家和世界发展提供了丰富的学术、文化和经济资源。威斯康星大学麦迪逊分校是威斯康星系统内历史最悠久、社会声望最高、地位最重要的校区，也是除密尔沃基分校以外唯一可以授予博士学位的校区。

---

① 威斯康星大学麦迪逊分校：http：//baike. baidu. com/link？url＝kXNU2uCok_ saNpfUkuRI21hsKSF63aRTYXLaSS_ eiR-6JcozfxYOtZkzS1oksqyxC4tblZt2jjJw5Brtpf7fkEmTq DhRz-Tb4pSpT8KwHpW9SOZksA1EDPN-xfn9NBEMPG_ fHaFwg0Cw-gHUfex70KWh48vfk2B TW_ PCW-OIdWqmlGO_ m1si7oJZKdEdwv67M6ZBGFmo04FsmKEqghWdeK。

② 威斯康星大学麦迪逊分校：http：//baike. baidu. com/link？url＝kXNU2uCok_ saNpfUkuRI21hsKSF63aRTYXLaSS_ eiR-6JcozfxYOtZkzS1oksqyxC4tblZt2jjJw5Brtpf7fkEmTq DhRz-Tb4pSpT8KwHpW9SOZksA1EDPN-xfn9NBEMPG_ fHaFwg0Cw-gHUfex70KWh48vfk2B TW_ PCW-OIdWqmlGO_ m1si7oJZKdEdwv67M6ZBGFmo04FsmKEqghWdeK。

1. 前威斯康星大学（Former University of Wisconsin）。合并前的威斯康星大学于 1848 年在州法律（State Constitution and State Law）规定下被创建。在 1971 年合并时，其规模包括：最初在麦迪逊市建立的赠地大学（Original Land-grant University at Madison）；威斯康星大学密尔沃基校区（University of Wisconsin-Milwaukee）；威斯康星大学绿湾校区（UW-Green Bay）；威斯康星大学园畔校区（UW-Parkside）；外加 10 所两年制教育中心（Freshman-sophomore Centers），现升格为大学；一个州内教育拓展机构（Statewide Extension）。整个大学 1971 年的注册人数为 69554 人，由威斯康星大学校务委员会负责治理，董事会成员 10 位，其中 9 位成员由地方长官任命并经由参议员确认，任期为 9 年，第 10 位董事会成员作为州公共机构的监督人，在职权上既服务于前威斯康星大学董事会又服务于前威斯康星州立大学董事会。

2. 前威斯康星州立大学（Former Wisconsin State Universities）。前威斯康星州立大学起源于 1857 年，最初是根据州法创建校董事会下成立的师范学院（Normal Schools），后续 9 个此类学院中的第一个和最后一个分别于 1866 年在普拉特维尔（Platteville）和 1916 年在欧克莱尔（Eau Claire）创办。1927 年，师范学院收到授予学士学位的权限，并被更名为威斯康星州教师学院（State Teachers Colleges）。随着 1951 年人文科学、博雅教育项目（Liberal Arts Programs）的增加，这些学院被再次更名为威斯康星州立学院（Wisconsin State Colleges）。1964 年，学院进一步被命名为威斯康星州立大学（Wisconsin State Universities）。在 1971 年的合并时期，有校董事会成员 14 名，包括 1 位州公共机构的监督人，以及 13 位被地方长官任命经参议员确认的董事会成员，任期为 5 年。此时的威斯康星州立大学由校董事会治理，由 9 所大学和 4 所两年制分校区（现为学院）组成，总共招生人数为 64148 人。

3. 两个高等教育系统的合并。威斯康星大学系统创建于 1971 年 10 月 11 日，1971 年威斯康星州州法第 100 章表述，将州内两个公立

图 3 – 1 威斯康星大学系统校区分布

资料来源：威斯康星大学系统校区分布图：http：//legis. wisconsin. gov/lfb。

大学系统合并于一个统一的大学董事会领导。1971 年立法机构设立，1973 年 7 月 1 日作为完成合并的最后日期，1974 年 7 月 9 日威斯康星州参议院法案 2（Senate Bill 2）合并旧威斯康星州立法第 36 章（关于前威斯康星大学的规定）和第 37 章（关于前威斯康星州立大学的规定），创造出威斯康星州立法新 36 章（威斯康星大学系统）。自此，新 36 章作为州立法的同时也成为威斯康星大学章程，陈述了整个教育系统的使命和目标、董事会的权力和责任、教师和学生在共治（Shared Governance）中的角色，终身教职的任命与权利、学术人员的任免以及涉及威斯康星大学系统管理职责的其他方面。

4. 威斯康星大学教育系统。1971 年的合并法案在经过长时间激烈的辩论后，在参议院以一票的优势被批准通过，它将两个教育系统合并于统一的董事会管理之下。当前的威斯康星教育系统的组成有两个拥有博士项目的校区（Madison，Milwaukee）；11 个综合校区（Eau Claire、Green Bay、La Crosse、Oshkosh、Parkside、Platteville、River Falls、Stevens Point、Stout、Superior and Whitewater）；13 个被称为威斯康星学院的两年制校区（Baraboo/Sauk County、Barron County、Fond du Lac、Fox Valley、Manitowoc、Marathon County、Marinette、Marshfield/Wood County、Richland、Rock County、Sheboygan、Washington County and Waukesha）；1 个全州范围内在每个郡县设有办事处的扩展教育机构。每个教育机构均以"威斯康星大学—地点或名称"的方式命名（详见图 3－1）。威斯康星大学系统的教育使命在于开发人力资源，探索发现并传播科学知识，超越校园边界扩展知识及其应用范围，通过提高学生的知识、文化、人文价值以及科学化、专业化的技术专长服务并促进社会发展。

第二节　使命与愿景

威斯康星大学麦迪逊分校是最初的威斯康星大学，与威斯康星州同时创建于 1848 年。一直以来，它作为威斯康星州的综合性教学和研究型大学，肩负着本州、国家和国际高等教育的使命，在广泛的领域提供本科、研究生和专业水平的学科专业及教育项目。与此同时，它积极参与学术研究、成人继续教育和公共服务。

威斯康星大学麦迪逊分校的主要目标在于为教师、职工和学生提供一个学习环境，使其可以探索、批判性审视、保存和传递那些有助于确保这一代人和子孙后代的生存并改善所有人生活质量的知识、智慧和价值观。大学旨在培养学生对于复杂文化和物理世界的理解力、鉴别力，并实现他们在智力、体能和人类发展方面的最大潜力。

威斯康星大学麦迪逊分校致力于吸引和服务那些来自不同社会、经济和种族背景的学生，并对那些未接受高等教育的群体保持敏感性并做出及时反应。为实现使命与愿景，大学必须做到：

1. 提供广泛和均衡的学术项目（或专业），使之与本科教育、研究生教育、专业性教育和研究生后教育层级相辅相成，强调高等教育质量和教学创造性。

2. 通过广泛的学术研究和创造性努力生产新知识，为处理社会的直接和长期需要提供基础。

3. 实现每个学科的领导力，加强跨学科研究，开拓新的学习领域。

4. 依据赠地学院的既定大学地位，通过在全州范围内推行协同配套项目服务社会，使之满足继续教育的需求。

5. 广泛参与州际、国家和国际项目，鼓励威斯康星大学系统内的其他教育机构从大学独特的教育资源中获益。例如，教师和职工的专业知识、图书馆、档案馆、博物馆和研究设施。

6. 通过学习语言、文化和艺术的机会加强文化层面的理解；同时，通过鼓励在校外和海外的学习、研究和服务深化对于社会、政治、经济和技术变革的影响。

7. 在所有专业保持卓越水平和标准，使其在全州、国家和国际上具有重要意义。

8. 通过学校政策和开设专业体现对多元化理念以及多种族、开放和民主社会的尊重和承诺。[①]

（威斯康星大学系统董事会修订于 1988 年 6 月 10 日。）

---

① Mission Statement：http：//www.wisc.edu/about/mission/.

第三节 战略规划与年度进展

　　威斯康星大学麦迪逊分校自 1991 年起制定学校战略规划框架，战略规划的制定以配合院校认证所编写的最新自我研究报告（self-study）为基础，由教务长办公室负责撰写，教务长作为校长下的第二人担任战略规划制定的领导角色，质量促进办公室为其提供咨询和协助服务。学校每五年对学校的战略发展实行全盘规划和修订，以战略规划框架（Strategic Planning Framework）制度文本的形式发布，自 2009 年起，采取年度战略规划进展报告（Progress Report）的形式，对规划中的重点举措和任务实施状况进行扫描和自我监测，通过学校官方主页在社会范围内公开，提高学校工作透明度并征求各利益相关方的意见建议。本书搜集了威斯康星大学麦迪逊分校 2009—2014 年战略规划框架①、2015—2019 年战略规划框架②，以及第一年度进展报告（2009—2010 年）、第二年度进展报告（2010—2011 年）、第三年度进展报告（2011—2012 年）、第四年度进展报告（2012—2013 年）、第五年度进展报告（2013—2014 年），对七份制度文本进行对比分析，力求对学校的发展策略和布局调整做出整体把握，了解学校的战略动向和具体演进动态。

　　1. 2009—2014 年、2015—2019 年战略规划框架

　　通过对比分析学校发布的两份战略规划框架（详见附录六），可以发现，在学校过去、现在与未来的十年发展中，学校战略领导层在肯定和延续过去战略规划的同时，不断反思规划的实施和进步情况，并在前两个阶段工作的基础上，对未来五年的战略发展加以持

---

　　① 资料来源：https：//chancellor. wisc. edu/strategicplan/4_ wis_ and_ the_ world. php。

　　② 资料来源：https：//chancellor. wisc. edu/strategicplan2/。

续地推进和更新，趋势在于使学校和一切学校工作者更加国际化、具有创造性，服务世界，追求卓越。

第一，坚持学校定位不动摇："为了威斯康星与世界（For Wisconsin and the World）"——一所聚焦于自身核心使命、公共目标及全球影响力的大学。第二，2015—2019 年战略规划框架在肯定 2009—2014 年战略规划框架的基础上提出新的战略设计：跻身于世界一流大学之列，使威斯康星大学麦迪逊分校以其教育规模和广度、与所在社会之间的强关联度、承诺最广泛意义上的包容性而独具特色。这些属性的结合使该校具备了解决当今世界所面临复杂问题的能力。2015—2019 年的战略规划框架，不仅能保存该校研究、教学和公共服务方面的优秀传统，同时也鼓励新思想从校园各个角落迸发而出，实现改变国家、民族和世界的长远目标。此战略规划框架在 2009 年大学再认证项目的基础上经历了深刻地自我反思、重构和发展。第三，两部战略规划框架均包括三个主体部分：第一部分，发展愿景；第二部分，指导原则；第三部分，战略重点。

（1）对于学校的发展愿景和指导原则，两部战略规划框架总体上保持一致，并无任何改动，体现为"21 世纪公立大学的模型，作为一种资源为公众提供服务，并致力于提高州、国家以及全世界人民的生活质量"。

（2）对于战略重点，2015—2019 年战略规划框架一方面延续前五年的发展重点，同时在若干领域提出创新思路：从注重本科阶段的教育教学、提供本科教育的典范过渡到对研究生、专业学生和博士后的指导支持，增强其经历和未来成功的机会；从重振"为威斯康星州、国家服务，兑现公共使命和承诺"的威斯康星理念，到创新威斯康星理念以实现面向世界、推动国际化服务，例如"运用新科技和新型合作伙伴关系扩展教育使命，从威斯康星州走向世界""利用独特的跨学科优势来解决国家和世界的复杂问题"；在师资方面，从关注师资的质量（招募和保留最优秀的教师员工）和多元化程度（加强院系、部门文化，在招聘过程中确保人员构成多样性）

转向注重学校的整体工作者，以形成高水平的、兢兢业业的、多元化的人力资源系统，并为其在校园内工作职责的履行创造最佳环境；在科研和教学方面，除对现有的或具有潜在优势和影响力的学术领域加大投资，强化跨学科交叉和学科重组外，更关注于支持研究和教学的高度一致性，在校内所有部门的创造性活动中追求卓越，提倡工作方案的创新型发展；在社群构建维度，从较为温和的"构建开放的、动态的、相互尊重的学习和工作环境，完成多样性、平等和包容性的努力"，到追求更加积极的国际视野和观念，"毕业生具有创造性解决问题的能力，能够整合实证分析和激情，寻找和创造新的知识和技术，适应新形势，成为世界公民和领导者"；在资源管理方面，在追求合理资源配置、开创新的收入来源、提高技术基础设施建设、促进校内外环境的可持续发展的基础上，更加注重具体的、实际的、可操作化的模型实施，细节层面的管理方案不断被提出，例如"通过一套可转化预算模型的实施创建一个稳定的可持续发展的财务结构""通过我们的校园活动将教学与科研相统一，促进环境可持续发展""向教学和科研提供最好的图书馆资源和技术支持，提升学校产出效率"等。①

2. 五份年度进展报告

美国高等教育市场优胜劣汰的激烈竞争机制，要求高校必须面向社会需要、市场需求办学，只有保障了教育质量、获得利益相关者的满意，才能使学校的发展处于优势地位。威斯康星大学麦迪逊分校内部质量改进的特点之一在于其对于质量管理目标的重视。学校不仅按期制定五年战略发展规划，更为重要的是，学校、院系针对发展规划中提及的战略重点和具体发展目标进行每年度的评估、测量和评判，加强过程管理和目标导向。质量改进办公室自2010年起，对于学校战略发展规划的工作情况制定年度进展报告，由校长和教务长签署，报威斯康星大学系统董事会审阅通过后，向社会公

① 资料来源：https：//chancellor. wisc. edu/strategicplan2/。

众发布。五份年度进展报告主要针对《2009—2014 年战略发展规划》中六项战略重点的实施情况和相关数据展开统计分析，监测学校战略发展方向，审查学校的战略措施的实施效果，它既是对过往工作成果和经验的分析和总结，更是学校进行战略领导和宏观管理工作的有效参考和重要基石。研究发现，五份年度进展报告的撰写模式一脉相承，以战略规划框架提出的六大战略重点为分析框架（六大战略重点即提供本科教育的典范；重振威斯康星理念，更新对于公共使命的承诺；对现有的或具有潜在优势和影响力的学术领域加大投资；招募和保留最优秀的教师员工，对其功绩进行嘉奖；增强多样性以确保卓越的教育和研究；对资源进行有效管理），分析内容主要依据历年各项指标统计数据的更新而不断调整。年度进展报告以数字、图表等多样化形式为支持性材料，对各项战略重点和发展目标的实施情况展开分析，进而得出每一年度学校在发展过程中的优势劣势、目标达成情况的详细结论，目的在于对已完成的工作查漏补缺并继续提出下一年度的阶段性发展目标。

第四节　办学现状

根据威斯康星州州法 36.65 部分（Section 36.65，Wis. Stats.），作为公立大学的威斯康星大学麦迪逊分校必须将学校的办学情况以年度问责报告（Accountability Report）的形式向社会发布，接受政府和社会监督。基于学校在问责报告中所公布办学现状使用的描述指标，并结合其与内部质量改进措施的相关性，笔者通过以下五个部分呈现该校的办学现状：学生基本情况；本科教育情况；研究生及专业（或职业）教育情况；教师基本情况；财务基本情况。①

---

① 说明：本章涉及的统计数据，均来自截至 2019 年 12 月学校官网发布的相关文件，已更新至最新状态。

一 学生基本情况

1. 学生入学情况。截止到 2018 年，各类学生入学总数高达 44411 人，其中本科生占学生总数的 68.4%，研究生占 20.8%。学生总注册人数自 1953 年起急剧增长，创历史新高。2018 年的统计数

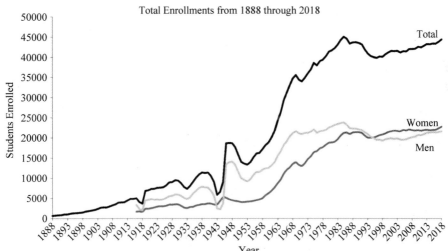

Total Enrollments from 1888 through 2018

Fall Semester Headcount Enrollment by Student Level

Student Level	2009	2010	2011	2012	2013	2014	2015	2016	2017	2018
Undergraduate	28690	28897	28737	29118	29504	29302	29580	29536	29931	30360
Freshmen	5129	5239	5027	5223	5208	4946	4685	4860	5022	4909
Sophomores	5825	6016	6174	6107	6276	6248	6540	6272	6471	6778
Juniors	7718	7292	7411	7630	7590	7580	7799	7746	7642	7941
Seniors	10018	10350	10125	10158	10430	10528	10556	10658	10796	10732
Special	1653	1658	1630	1745	1815	1987	2082	2174	2265	2288
Graduate	9241	9488	9470	9384	9430	9445	9247	9193	9190	9226
Clinical Doctorate	2515	2552	2604	2573	2526	2459	2480	2433	2434	2537
Total	42099	42595	42441	42820	43275	43193	43389	43336	43820	44411
Percent Undergraduate	68.1	67.8	67.7	68.0	68.2	67.8	68.2	68.2	68.3	68.4
Percent Graduate	22.0	22.3	22.3	21.9	21.8	21.9	21.3	21.2	21.0	20.8

Source: Frozen Enrollment Data Views. Graduate Student level includes master's and research doctorate students. See Technical Note #8 for information on enrollment category changes.

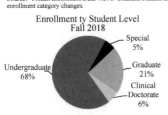

Enrollment ty Student Level Fall 2018

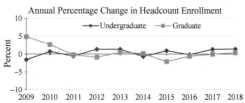

Annual Percentage Change in Headcount Enrollment

图 3 - 2 学生总体入学情况组图

资料来源：Data Digest 2018 - 2019，https：//apir. wisc. edu/data-digest/。

据表明，在本科生阶段，男生总数 14767 人，女生总数 15593 人（占比 51.4%）；在研究生阶段，男生总数 4641，女生总数 4585 人（占比 49.7%）。从性别比的入学趋势上看，女生占比自 1995 年起超过男生占比，在经历较大差距后趋平。①

2. 毕业生学位授予总量。在 2017—2018 年，威斯康星大学麦迪逊分校共授予 10746 个学位，包括 7078 个学士学位，这个数字为历史新高，学士学位授予量首次超过 7000，同时连续 8 年超过 10000 个学位授予量。② 在 2017—2018 年所授予的学位数量中，学士学位授予数量排名前五的专业依次为：经济学、生物学、计算机科学、心理学、商科（财政学、投资学和银行学）。硕士学位授予数量排名前五的专业依次为：社会工作学、经济学、商科（会计学）、计算机科学、商科（综合管理学）。科研型博士学位授予数量排名前五的专业依次为：化学、电子工程学、课程与教学论、历史学、音乐（演奏学）。

表 3 - 1　　　　　　　　　　**毕业生学位授予总量**　　　　　（单位：个）

	2013—2014	2014—2015	2015—2016	2016—2017	2017—2018
Bachelor's	6707	6949	6968	6840	7078
Master's	2049	2149	2188	2221	2213
Research Doctorate	818	860	851	875	802
Clinical Doctorate	674	648	621	617	653
Total	10248	10606	10536	10553	10746

资料来源：Includes：Doctor of Audiology, Doctor of Medicine, Law （JD）, Doctor of Pharmacy, Doctor of Physical Therapy, Doctor of Nursing Practice, and Doctor of Veterinary Medicine；*Legislated Accountability Report 2019*，https：//apir. wisc. edu/institution/accountability-reports/。

---

① 　Data Digest 2018 – 2019，https：//apir. wisc. edu/data-digest/.

② 　*Legislated Accountability Report 2019*，https：//apir. wisc. edu/institution/accountability-reports/.

表 3 - 2　　　　　　学位授予数量排名前五专业名称及数量　　　（单位：个）

2013—2014		2014—2015		2015—2016		2016—2017		2017—2018	
Major	#	Major	#	Major	#	Major	#	Major	#
Bachelor's									
Economics	553	Economics	549	Biology	573	Biology	504	Economics	559
Biology	509	Biology	516	Economics	550	Economics	482	Biology	479
Political Science	387	Political Science	337	Psychology	349	Computer Sciences	338	Computer Sciences	405
Psychology	379	Psychology	325	Political Science	336	Psychology	330	Psychology	376
Communication Arts	259	Communication Arts	292	Communication Arts	294	Business: Finance, Investment and Banking	316	Business: Finance, Investment and Banking	317
Master's									
Social Work	154	Social Work	173	Social Work	173	Social Work	178	Social Work	156
Business: Accounting	103	Electrical Engineering	133	Business: Accounting	125	Computer Sciences	136	Economics	133
Computer Sciences	98	Business: Accounting	88	Computer Sciences	101	Business: Accounting	106	Business: Accounting	132
Electrical Engineering	83	Library and Information Systems	86	Electrical Engineering	93	Economics	103	Computer Sciences	126
Business: General Management	81	Business: General Management	81	Business: General Management	89	Library and Information Systems	94	Business: General Management	96
Research Doctorate									
Chemistry	41	Chemistry	54	Chemistry	57	Chemistry	44	Chemistry	86
Curriculum and Instruction	30	Electrical Engineering	43	Computer Sciences	35	Electrical Engineering	37	Electrical Engineering	35
Physics	29	Physics	35	Curriculum and Instruction	30	Curriculum and Instruction	31	Curriculum and Instruction	25
Music: Performance	25	Chemical Engineering	30	Electrical Engineering	29	Mechanical Engineering	29	History	22

续表

2013—2014		2014—2015		2015—2016		2016—2017		2017—2018	
Major	#	Major	#	Major	#	Major	#	Major	#
Computer Sciences; English; and Medical Physics	23	Economics	27	Economics	26	Computer Sciences	26	Music: Performance	22

注：Retention Awards Dataviews. Inclueds degrees recorded as of October 1, 2018. Each degree recipient is counted in each major they earned.

资料来源：Data Digest 2018 – 2019, https：//apir. wisc. edu/data-digest/。

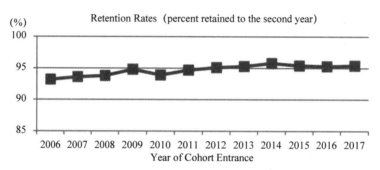

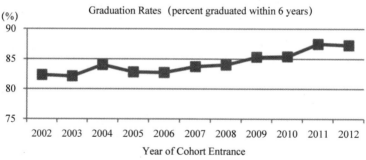

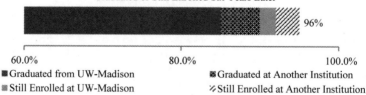

图 3 - 3　学生保留率及毕业率组图

资料来源：*Legislated Accountability Report 2019*, https：//apir. wisc. edu/institution/accountability-reports/。

3. 学生保留率和毕业率。关于学生保留率，2017 年秋入学的大一新生，保留率为 95.4%，这一比例超过全美平均水平（84%）11.4 个百分点。关于学生毕业率，2012 年秋季入学的大一新生，87.3% 的学生在 6 年内毕业，超过全美平均水平（63%）24.3 个百分点。95% 的毕业生仍在美国（包括威斯康星大学麦迪逊分校）继续读书深造。[①]

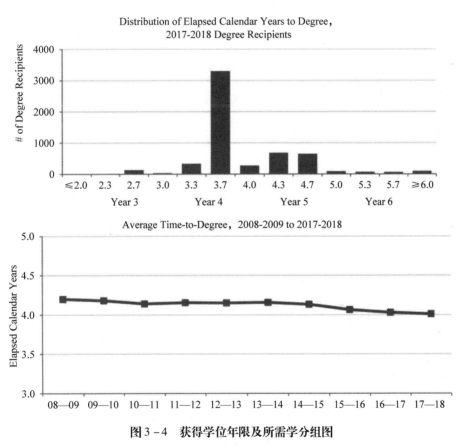

图 3-4 获得学位年限及所需学分组图

资料来源：*Legislated Accountability Report 2019*，https：//apir. wisc. edu/institution/accountability-reports/。

——————————

① *Legislated Accountability Report 2019*，https：//apir. wisc. edu/institution/accounta-bility-reports/.

4. 获得学位年限及所需学分。统计显示，2017—2018 年本科生学位获得年限平均为4.01 年（calendar years），其他公立研究型大学该项统计数据为平均4.03 年，与 2007—2008 年平均4.22 年相比，获取学位年限降低，教学成效不断改善。[1] 有些专业（如工程和教学）由于特殊学习要求（如校企合作学习和实习、实践教学经历），需要更长的时间完成专业学习。当前本科学生从一年级入学到毕业获得学士学位，所需学分平均为 117 个，较 2007—2008 年的平均122 个学分有所下降。

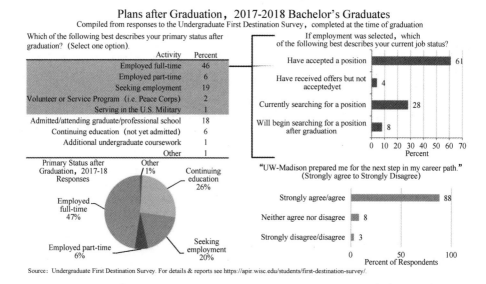

图 3 - 5   2017—2018 年毕业生就业规划调查组图

资料来源：Data Digest 2018 - 2019，https：//apir. wisc. edu/data-digest/。

5. 在高需求和前沿领域学位授予情况。高需求和前沿领域学位的重要地位在于要满足社会对于那些快速增长的岗位的劳动力需求，例如科学（science）、技术（technology）、工程（engineering）、数学

---

[1]   *Legislated Accountability Report 2019*，https：//apir. wisc. edu/institution/accountability-reports/.

（mathematics）和卫生领域。在 2017—2018 年，威斯康星大学麦迪逊分校在各教育层级里共授予 STEM 领域学位 4376 个，卫生领域学位 1158 个，它们占全年所有授予学位数量的 51.5%。

6. 本科毕业生的就业去向。本科学位获得者的就业规划。在每年的秋学期和春学期期末，学校对毕业生进行未来规划调查。在2017—2018 年参加此项调查并做出反馈的毕业生中，71% 计划工作，25% 计划进入研究生院或职业学院（professional school）继续深造。在计划工作的毕业生中，44% 打算毕业后留在威斯康星州内工作，其中 61% 的毕业生确定了就业岗位、4% 的毕业生被录取但未做出最终的岗位抉择。这项调查在 2017—2018 年的回收率为 65%。①

二 本科教育情况

1. 必修课开展情况。（1）学生对于参与必修课的认知。根据全国学生参与度调查（National Survey of Student Engagement，NSSE）②的数据显示，在 2017 年，78% 的大一学生和 85% 的大四学生表示，他们所学的专业课程总是（或是）在大部分时间内有效；78% 的大一学生和 79% 的大四学生表示，他们所学通识教育课程总是（或是）在大部分时间内有效。（2）2017—2018 年最大课容量。学校为500 余名学生提供 90 门可选课程，其中包括 26 门选课超过 1000 名学生的课程和 11 门选课超过 1500 名学生的课程（春秋学期合并在一起）。虽然这些课程的招收人数很高，但 2017 年秋的统计显示，平均每门课程的教学规模为 31 名学生。

---

① *Legislated Accountability Report 2019*，https：//apir. wisc. edu/institution/accountability-reports/.

② 说明：全美学生参与情况调查要求本科生回答他们参与必修课的学习经历。在 2017 年，威斯康星大学麦迪逊分校 29% 的学生参加了此项调查，调查对象为大一和大四在校生。

表 3 - 3   学生参与必修课认知情况

Percent of undergraduates reporting that courses for their majors are available most of the time of always

Student Level	2008	2011	2014	2017
First-Year Students	74%	76%	79%	78%
Seniors	79%	86%	86%	85%

Percent of undergraduates reporting that general education courses are available most of the time of always

Student Level	2008	2011	2014	2017
First-Year Students	73%	77%	75%	78%
Seniors	79%	81%	82%	79%

注：2017 National Survey of Student Engagement （NSSE）. NSSE is fielded every three years。

资料来源：*Legislated Accountability Report 2019*，https：//apir. wisc. edu/institution/accountability-reports/。

2. 专业开设及进入热门专业情况。学校提供 129 个本科专业，大三、大四在校生的专业选择情况在一定程度上反映了就业市场的人才需求方向。热门专业集中在工程、商科、生物科学和社会科学领域，这四门学科的学生选择率高于其他专业 10% 以上。在这些本科专业中，近一半面向所有对此专业感兴趣的学生开放，还有一部分专业设置了一系列特定的入学要求。

3. 整体学生学习经历的改善。NSSE 调查显示，该校大四学生对他们在校的整体学习经历感到高度满意：91% 的学生愿意再次入学，91% 的学生将其整个受教育过程视为良好或优秀，这两项数据分别高于同类大学调查数据显示的 84% 和 85%。参与威斯康星经历（Wisconsin Experience）是该校本科生践行威斯康星理念（Wisconsin Idea）、通过协作和探究式知识的运用对世界产生积极影响的方式。在 2017—2018 年度学士学位的获得者中，92% 的学生参与了至少一项"高影响活动"（High-Impact Activity），78% 的学生参与了两项或更多，此数据超过 2012—2013 年度的比例（89% 和 71%）。

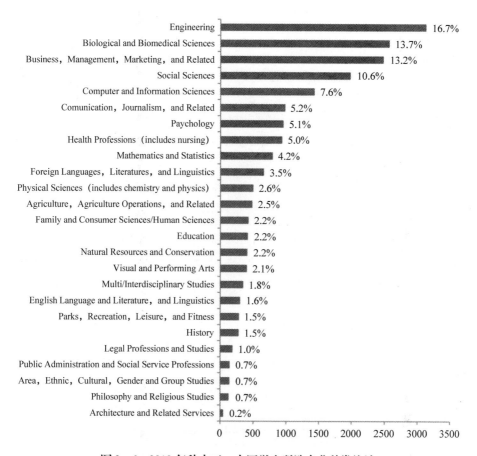

图 3 − 6 2018 年秋大三、大四学生所选专业种类统计

资料来源：*Legislated Accountability Report 2019*，https：//apir. wisc. edu/institution/accountability-reports/。

表 3 − 4 学生学习经历满意度

Students' College Experiences		2008	2011	2014	2017	peers − 2017
High-Impact Practices（HIPs）（Percent reporting participation）						
First-Year Students	Learning Communities	15%	24%	25%	27%	19% *
	Service Learning	30%	25%	34%	33%	46% *
Seniors	Research with Faculty	33%	36%	38%	38%	31% *
	Service Learning	38%	37%	44%	46%	47%
	Internship	62%	59%	63%	63%	60%
	Senior Experience	33%	39%	42%	43%	41% *

续表

Students' College Experiences		2008	2011	2014	2017	peers – 2017
Critical Thinking（Percent reporting UW experience contributed quite a bit to very much）						
Seniors	Thinking critically and analytically	92%	92%	92%	90%	84% *
	Application of theories or concepts	78%	80%	82%	81%	77%
	Analyzing basic elements of an ides **	85%	89%	77%	75%	72%
Overall Experience						
Seniors	Would attend again if starting over（probably or definitely yes）	88%	92%	92%	91%	84% *
	Entire experience good or excellent	91%	92%	94%	94%	85% *

注：2017 National Survey of Student Engagement（NSSE）. NSSE is fielded every three years。

* Significantly different from UW-Madison responses at 95% confidence interval. Peer data is based on 2017 NSSE responses for major public research universities（members of the American Association of Universities that participated in NSSE）.

** Due to rewording of the survey question for 2014，results prior to 2014 are not comparable to 2014 and later.

资料来源：*Legislated Accountability Report 2019*，https：//apir. wisc. edu/institution/accountability-reports/。

表 3 – 5   **本科学位获得者参与威斯康星经历比例数据表**

High Impact Practice	2013	2018
Capstone Course	43%	58%
Research Experience	15%	43%
Seminar Course	43%	37%
Independent Study Course	39%	33%
Honors Course	29%	30%
Study Abroad	25%	26%
Workplace Experience	25%	15%
Service Learning Course	4%	17%
Residential Learning Community	14%	16%
First-Year Interest Groups	7%	14%

续表

High Impact Practice	2013	2018
One or more experience of any type	89%	92%
Two or more experience of any type	71%	78%

注：Change in participation rate is due to the addition of experience working on grant funded research。

资料来源：*Legislated Accountability Report 2019*，https：//apir. wisc. edu/institution/accountability-reports/。

4. 毕业后成就。完成学士学位后考试（Post-Baccalaureate Examinations）是度量学生毕业后成就的方式之一，威斯康星大学麦迪逊分校的学生通常达到或超过各种考试的国家标准，详见表 3 - 6。还有一系列指标，标志着毕业生在公民生活和职业生活方面的持续成功：（1）在 2018—2019 学年，学校共有 18 位学生入选富布赖特美国学生计划（Fulbright U. S. Student Program），获得在海外学习、研究和教学的奖励（awards）。（2）在西雅图交易追踪机构关于《2018—2019 年 PitchBook 大学报告》（PitchBook Universities Report 2018 - 2019 Edition）中，威斯康星大学麦迪逊分校的本科生和 MBA 项目共有 461 名企业家，共筹集了 48.4 亿美元的风险投资，排名全球第 15 位。（3）在 2018 年，8 位毕业生获得"Forward"奖。这个奖项由威斯康星校友协会颁发，并颁发给 40 岁以下的校友，表彰他们秉承威斯康星理念而对世界产生重大影响。（4）根据 Kittleman & Associates 的统计，威斯康星大学麦迪逊分校目前拥有 14 位《财富》500 强首席执行官，在所有公立或私立大学中数量最多。（5）较低的学生贷款违约率表明学生找到工作并负担起财务责任，学校在联邦斯塔福德贷款计划（Federal Stafford Loan Program）的最新违约率为 1.2%，而全国范围内为 11.3%。① （6）在 2018 年，27 名威斯康星大学麦迪逊分校学生在激烈的竞争中胜出，获得由美国国家科学基金会（National

---

① *Legislated Accountability Report 2019*，https：//apir. wisc. edu/institution/accountability-reports/.

Science Foundation）资助的研究生研究奖学金（NSF Graduate Research Fellowship Awards）。以上资料表明，威斯康星大学麦迪逊分校毕业生在北美或全球的竞赛或评比中处于领先水平，积极为经济发展和社会进步贡献力量，这同时体现了学校教育产出有较高的成效。

表 3-6　　　　　　　校内及全美学生学士学位后考试情况比较

后学士学位考试（Post-Baccalaureate Examination）		威斯康星大学麦迪逊分校	全美
专业执照或证书的通过率	护理学（2017）	93%	87%
	注册会计师（2017）	76%	55%
	北美兽医执照（2018）	95%	95%
美国研究生入学考试（GRE）分数	语文（130—170）	155.4	150.5
	数学（130—170）	156.8	153.4
	写作（0—6）	4.1	3.6
医学院入学考试（MCAT）分数	生命系统的生物和生化基础（118—132）	126.5	125.4
	生物系统的化学和物理基础（118—132）	126.4	125.2
	行为心理、社会和生物学基础（118—132）	127.0	125.6
	批判性分析和推理能力（118—132）	125.7	124.8
	总分（472—528）	505.6	501.1

注：Pass rate for CPA National comparison is for state of Wisconsin graduates only。

Nursing and CPA pass rates are calculated based on count of test instances.

Figures for MCAT represent average scores. The MCAT was revised for 2015. Sections of the revised 2015 MCAT are：Biological and Biochemical Foundations of Living Systems（BBLS）；Chemical and Physical Foundations of Biological Systems（CPBS），Psychological, Social, and Biological Foundations of Behavior（PSBB）；and Critical Analysis and Reasoning Skills（CARS）.

资料来源：Legislated Accountability Report 2019，https：//apir.wisc.edu/institution/accountability-reports/。

三　研究生及专业教育情况

1. 研究生学位及专业学位授予数量。威斯康星大学麦迪逊分校提供多种研究生和专业学位。在 2017—2018 年度，该校授予 2213 个硕士研究生学位，802 个学术型博士学位以及 653 个专业/临床博士学位，具体类别及数量关系如表 3 - 7 所示。值得一提的是，该校在本年度所授予的学术型博士学位数量，在全美和十大学术联盟（Big Ten Academic Alliance）中均排名第一。

表 3 - 7　　　　　　2017—2018 年研究生及专业学位授予情况统计

Degree/Degree Level		Degrees Conferred
All Master's-Level Degrees		2213
Selected Professionally Oriented Master's	Master of Business Administration（MBA）	341
	Master of Engineering（MEngr）	35
	Master of Physician Assistant Studies	76
	Master of Public Health（MPH）	42
	Master of Social Work（MSW）	156
	MA in Library and Information Studies	79
	MA in Mathematics	25
	MS in Biotechnology	17
	MS in Computer Science	126
	MS in Curriculum and Instruction	68
	MS in Economics	133
	MS in Engineering Majors	247
	MS in Occupational Therapy	26
	MS in Statistics	53
Research Doctorates（PhD）		802
Professional/Clinical Doctorates		653
Clinical/Professional Doctorate	Doctor of Audiology（AuD）	14
	Law（JD）	185
	Medicine（MD）	166
	Doctor of Nursing Practice（DNP）	39
	Doctor of Pharmacy（PharmD）	121
	Doctor of Physical Therapy（DPT）	39
	Doctor of Veterinary Medicine（DVM）	89

资料来源：*Legislated Accountability Report 2019*，https：//apir.wisc.edu/institution/accountability-reports/。

2. 对毕业生留在威斯康星州的奖励措施。该校的部分研究和专业学位项目对毕业后留在威斯康星州工作的毕业生建立激励机制。（1）法学院毕业生在本州从事法律工作不需要参加律师资格考试。（2）医学博士专业设置独特的教育计划，La Crosse、Marshfield 和 Green Bay 的医疗系统作为医学生开展临床培训的实践基地，完成医学教育的绝大多数毕业生已成为为威斯康星州公民服务的医生。（3）医学博士、医师助理研究硕士、公共卫生硕士、遗传咨询研究硕士和物理治疗博士等专业有多个让学生参与威斯康星州范围内的社区项目或临床培训的机会。（4）商学院提供晚间的工商管理硕士专业，允许专业人士在工作的同时学习并获得工商管理硕士学位，这些专业中的大多数学生为威斯康星州居民，毕业后仍在威斯康星州工作。（5）社会工作学院为研究生和本科社会工作专业学生提供公共儿童福利培训项目，该项目与联邦基金共同为学生提供财政支持。（6）许多学术课程将研究和学习的重点聚焦于当地或本地区内事务，鼓励毕业生留在州内，例如生物科学和动物科学专业（植物学、园艺学、农学、植物病理学、动物科学、乳制品科学、昆虫学等），学生学习内容主要涉及威斯康星州发展所需要的专业知识从而为在州内工作做准备。

四　教师基本情况

1. 教师总人数及发展趋势。2017—2018 年，威斯康星大学麦迪逊分校教师共 2133 人，其中新聘任教师 105 人，退休教师 59 人，出于其他原因离开的教师 51 人，共计离开 110 人。可见，教师的流动性较强，但由于新聘与离职人数相差不大，所以近十年间的教师总数在 2220 上下平稳波动。

纵观该校教师留聘史，大规模教职数量扩充存在于以下四个关键节点：（1）1985 年 7 月首次采取扩大教师队伍的行动；（2）1989—1991 年经州立法授权，该校获得 100 个新聘教师职位；（3）1999—2003 年，集群招聘项目（Cluster Hire Program）授权 150 个新教师岗位；（4）2010—2014 年，在多媒体信息用户（MIU）的资助下扩展 76 个新教师岗位。

Trends in Faculty FIE and Headcount

Faculty Headcount	2009—2010	2010—2011	2011—2012	2012—2013	2013—2014	2014—2015	2015—2016	2016—2017	2017—2018	2018—2019
New Hires	93	105	119	129	110	101	82	83	105	—
Retirements	47	106	31	52	35	48	66	81	59	—
Left for Other Reasons	43	45	51	57	47	37	52	48	51	—
Total Leavers	90	151	82	109	82	85	118	129	110	—
Total Faculty	2175	2177	2136	2173	2189	2220	2205	2154	2133	2140
Faculty FIE	2022	2027	1986	2039	2057	2085	2064	2017	2001	2009

Source: IADS appointrment system, October Payroll, HRS. Notes: FTE are calculated from October payroll in each year. New hires are counted from May 16 to May 15 in each year. Retirements and resignations are counted from July 1 to June 30.

Headcount of Faculty at UW-Madison

（图中文字）
July 1985: Extension faculty joined UW-Madison
1989-91: Legislature authorized 100 new faculty positions
1999-2003: Cluster Hire program authorized 150 new faculty
2010-14: Funded 76 new faculty positions from MIU

图 3 - 7　教师总人数及发展趋势组图

资料来源：Data Digest 2018 - 2019, https://apir.wisc.edu/data-digest/。

2. 教师教学工作量。教师教学的平均工作量通过各种指标来测量，包括教师授课数量、在定向任务中管理学生数量、在学术研究中"一对一"指导的学生人数。平均而言，威斯康星大学麦迪逊分校的教师每学期开设 2.2 门课程、对 4.6 名学生进行直接教学或科研指导。当这项教学活动转化为学生学分时（学生所有学分总和被视为在一个既定教员的指导下获得的），平均每个教师需要指导学生 194 个学时。教师除了参与课程教学活动之外，还需参加各种其他活动，包括教学设计、课程准备与评估、咨询、社会服务以及管理和共同治理。与之相匹配的是，当教师参与的这些活动对于学生成就和经济发展产生积极影响时，教师将有机会获得声望、赞誉和奖励。

表 3 - 8   教师秋季教学工作量

Fall Instructional Workload * at UW-Madison	Fall	2015	2016	2017	2018
Average Student Credit Hours per Instructor	Faculty	194	191	194	194
	Instructional Academic Staff	184	196	192	203
Average Group Instruction Sections Taught per Instructor (Primary Section)	Faculty	2.0	2.0	2.2	2.2
	Instructional Academic Staff	2.3	2.3	2.5	2.6
Average Individual Instruction Sections Taught per Instructor (Enrollment)	Faculty	5.2	5.2	5.0	4.6
	Instructional Academic Staff	3.4	3.2	3.0	3.4

注: * State-funded activity only。

Excludes UW-Madison's Law School, School of Medicine and Public Health, and School of Veterinary Medicine.

资料来源: Credits Follow the Instructor; *Legislated Accountability Report 2019*, https://apir.wisc.edu/institution/accountability-reports/。

3. 教师的招聘与保留。威斯康星大学麦迪逊分校在国际范围内招聘教职和其他学者，也从其他研究型大学、研究机构和商业领域积极招募符合特定要求的教师。(1) 在招聘方面，在 2017—2018 年，该校为 176 位候选人提供教职岗位，其中 112 人 (43%) 接受了工作邀请。在过去的十年间，平均 69% 的工作邀请被教师候选人接受。(2) 教师保留和外部工作岗位邀请：在 2017—2018 年，64 位（占全部的 3.1%）教师受到外部的工作邀请。截至 2018 年 9 月，其中 44 位教师选择留在学校继续任教，15 位教师选择离开，余下 5 位教师尚未做出决定。关于这些案例中教师的薪资情况，外部工作岗位所提供薪资的中位数大约超过威斯康星大学麦迪逊分校当前薪资的 36%，正教授薪资低于同行大学中位数的 11%。在接受外部工作邀请的教师中，去往公立或私立大学任教、在工业界或其他非学术组织任职的比例共为 84%，其余状态不明。平均每年约 5% 的教师因为退休、辞职、死亡、未续约（nonrenewal）或其他原因离开威斯康星大学麦迪逊分校，退休教师占离开总人数的 54%。①

五 财务基本情况

1. 2017—2018 财政年度（Fiscal Year）预算收入来源情况。威斯康星大学麦迪逊分校从多方来源获得 30 亿美元（$3 billion）财务预算，大学使命受到威斯康星州和联邦政府的投资、学费、研究补助和校友的资助的支持。首先，大学预算中最大部分来源于联邦政府补助，约为 8.9 亿美元（$890 million），占比 29%，其中大多数为竞争所得，联邦基于该校特定研究项目分配奖励经费用以支持教师、工作人员、学生以及研究设施。其次，第二大收益来源为学生的学费和管理费，约 6 亿美元（$600 million），占预算比例的 20%。再次，私人捐赠约为 5.12 亿美元（$512 million），占预算的 17%。复次，来自州政府拨款总计 4.45 亿美元（$445 million），为总体预算的 15%。其中包括一般性目的收入 2.29 亿美元（$229 million），大学对这笔收入的使用拥有自由裁量权；特定用途收入 2.16 亿美元（$216 million），用于预定的项目和服务。最后，辅助性商业收入，例如来自大学住房（University Housing）和威斯康星联合会（Wisconsin Union）的收入，约为 4.17 亿美元（$417 million），占总预算的 13%，这些经费的收集和花费完全用于这些单元内部，不可用于其他目的。②

2. 财务预算变化图景。在过去的几十年里，该校的资金来源发生了巨大变化。图 3-9 表明，该校所收到州内的资金支持金额相对于总体预算而言正在大幅度下降，大学的发展已经变得越来越依赖于私人捐助、联邦资金和学生学费。例如，在 1974 年，威斯康星大学麦迪逊分校合并入威斯康星大学系统，当时州内拨款占总资金来

① *Legislated Accountability Report 2019*，https：//apir. wisc. edu/institution/accountability-reports/.

② Budget Report 2017 - 2018，https：//chancellor. wisc. edu/content/uploads/2018/02/Budget-in-Brief-2017-18-pdf. pdf.

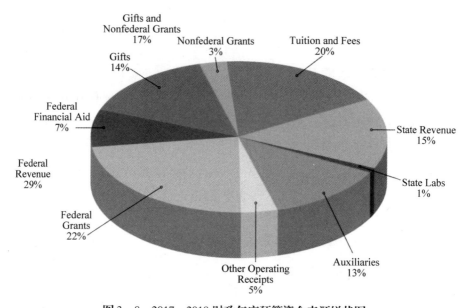

图 3 - 8   2017—2018 财政年度预算资金来源饼状图
资料来源：Budget Report 2017 - 2018，https：//chancellor. wisc. edu/content/uploads/2018/02/
Budget-in-Brief-2017-18-pdf. pdf。

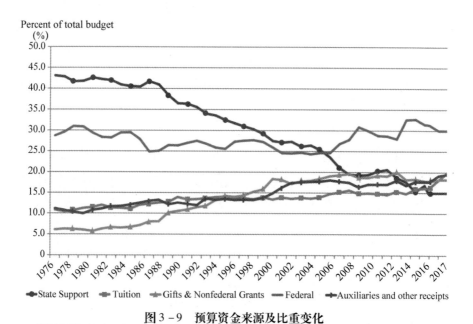

图 3 - 9   预算资金来源及比重变化
资料来源：Budget Report 2017 - 2018，https：//chancellor. wisc. edu/content/uploads/2018/02/
Budget-in-Brief-2017-18-pdf. pdf。

源的 43% ，而如今已下降到 15% 。相比于 1974 年，学费占预算的比例由 11% 上升到今天的 20% ；私人捐赠和非联邦补助金由 6% 上升到 17% 。

3. 联邦研究经费的来源与分配。威斯康星大学麦迪逊分校的研究企业（research enterprise）是全美最大的研究团体之一，这些校园研究在提供科学和医学进步的同时，也起到刺激经济发展的作用，有助于为全州及商业领域提供就业机会。在 2016 财政年度，该校的科研经费支出约 12 亿美元（＄1.2 billion），主要源自联邦政府、州政府和私人提供的研究经费。这些研究经费将通过博弈的方式用于特定的科研项目。为获得资助，校内教师需积极申请并与全美各地

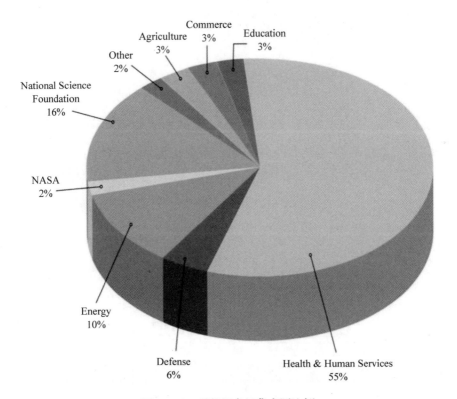

图 3-10　联邦研究经费来源比例

资料来源：Budget Report 2017 - 2018，https：//chancellor. wisc. edu/content/uploads/2018/02/ Budget-in-Brief-2017-18-pdf. pdf。

研究人员展开激烈竞争。在科学、工程、医学、商业、教育、社会科学、艺术和人类学领域的教职人员竞争所得的联邦研究经费，是使威斯康星大学麦迪逊分校成为全美一流研究机构的关键。这些研究成果犹如"燃料"，促进经济增长和社会发展，同时支持州内研究的基础设施建设。该校的研究声誉吸引商业投资并产生新的创业公司。

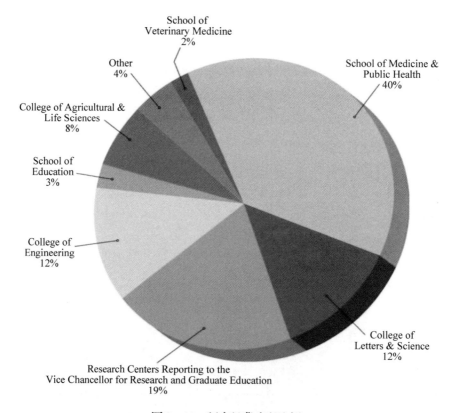

图 3 - 11   研究经费分配比例

资料来源：Budget Report 2017 - 2018，https：//chancellor. wisc. edu/content/uploads/2018/02/Budget-in-Brief-2017-18-pdf. pdf。

4. 2016—2017 财政年度校内各部门财务支出及使用情况。财务支出及使用情况反映出该校教育、研究、服务的核心使命。2016—

2017 学年最新统计数据（详见图 3 – 12）显示，近 18 亿美元（占总开支的 60.4% 左右）分配给了校内的学术单位。此外，12% 的资金花费在教辅单位，教辅单位服务于整个大学，且自负盈亏。另外 16.2% 的经费用于为实现大学学术和研究使命所必需的支持性单位，如图书馆系统、警察服务和信息技术等单位。

UW-Madison Expenditures by Unit
(In Millions)

All Revenue Sources

Academic Units	All Funds	% of Total	Support Units	All Funds	% of Total
School of Medicine & Public Health	$518.2	16.9	Facilities Planning & Management	$212.5	6.9
College of Letters & Science	$370.1	12.1	General Services	$118.2	3.9
College of Agricultural & Life Sci	$192.3	6.3	Information Technology	$65.1	2.1
College of Engineering	$188.8	6.1	General Libraty System	$34.2	1.1
Vice Chan for Research & Grad Ed	$156.2	5.1	Division of Student Life	$18.0	0.6
School of Education	$128.9	4.2	Business Services	$14.1	0.5
Wisconsin School of Business	$69.7	2.3	Enrollment Management	$14.0	0.5
School of Veterinary Medicine	$66.8	2.2	Police Department	$12.0	0.4
International Division	$27.7	0.9	General Administration	$8.0	0.3
Law School	$26.9	0.9	Subtotal	$496.0	16.3
School of Pharmacy	$25.5	0.8			
Division of Continuing Studies	$24.9	0.8	Student Financial Aid (Loans)	$170.4	5.6
School of Nursing	$18.5	0.6	Debt Service	$96.1	3.1
School of Human Ecology	$17.6	0.6	Other	$83.1	2.7
Nelson Institute	$9.6	0.3	Subtotal	$349.6	11.4
Collab for Adv Learning & Teaching	$5.6	0.2			
Arts Institute	$1.9	0.1	TOTAL	$3063.8	100
Subtotal	$1849.3	60.4			

Auxiliary Units

Athletics	$127.1	4.1
University Housing	$98.4	3.2
Wisconsin Union	$52.7	1.7
State Laborototy of Hygiene	$41.7	1.4
University Health Services	$28.6	0.9
Wis Veterinary Diagnostic Lab	$10.6	0.3
Recreational Sports	$9.9	0.3
Subtotal	$368.8	11.9

图 3 – 12 各部门财务支出及使用情况

资料来源：Budget Report 2017 – 2018，https：//chancellor. wisc. edu/content/uploads/2018/02/Budget-in-Brief-2017-18-pdf. pdf。

5. 用于师生的预算情况。（1）用于教职员人的预算：教职人员（Faculty and Staff）被视为学校最主要的资产，预算中最大的部分（约 50%）用于支持学校教育和研究使命的教师、学术人员以及大学员工。（2）用于本科生助学金的预算：尽管该校坚持实施学生和家庭负担得起的高等教育，但仍然有部分群体需要帮助。在 2016—2017 年，有 60% 的本科生收到不同形式的助学金和学生贷款援助。该年度学生助学金总额为 252672697 美元，分别来自联邦政府（占

45%）、威斯康星大学麦迪逊分校（占 34%）、私人贷款与奖学金（占 15%）、州政府（占 6%）。① 实际上，大约一半的学生在毕业时就不再留有任何学生贷款债务。

第五节　治理体系

威斯康星大学麦迪逊分校作为一所公立大学，一方面，由于其办学经费主要来源于政府，所以政府作为大学最重要的外部利益相关者参与外部治理，政府与大学的关系是大学外部治理的重要研究内容。另一方面，由于美国大学普遍自治程度较高，再加上威斯康星大学麦迪逊分校独具特色的"教授治校"传统形成的非集权化的组织氛围，大学内部利益相关者参与大学重大事务决策的结构和过程是大学内部治理的核心。

一　外部治理：大学与政府的对立与统一

1. 意识形态层面的相斥关系。在美国政治方面，存在民主党和共和党之分；与之相对应，在意识形态方面，可分为左派和右派。被人们视为左派的民主党奉行新自由主义的政治主张，推崇自由平等、容忍革新、种族平等与社会公平；被理解为右派的共和党具有保守主义的意识观念，强调文化延续性，注重传统价值、社会稳定与宗教的作用。在对高等教育的认知层面，左派和右派存在显著分歧。左派认为，高等教育是一种公共产品（public good），应该由国家和政府出钱供养；而右派则认为，高等教育的作用在于对个体的提升（private promotion），属于私人需求的范畴，应以用户支付成本为原则。位于美国北部的威斯康星州以畜牧业和林业为特色产业，

① Budget Report 2017 – 2018, https：//chancellor. wisc. edu/content/uploads/2018/02/Budget-in-Brief-2017-18-pdf. pdf.

具有"乳牛之州""植林造纸之州"的称号，州内从事农业生产的居民比重较大。因此，他们大多支持共和党的政治主张，在意识形态方面向右倾斜，颇为保守。而威斯康星首府麦迪逊市和州内第一大工业城市密尔沃基的城市化进程显著，市民接受高等教育水平普遍较高，其思想更加先进（或激进），对平等、自由和公平的呼声更强烈。因此，以该校教职员工为代表的大部分麦迪逊市市民赞同民主党的政治主张，意识形态偏左。甚至有人曾提出，威斯康星大学麦迪逊分校就是美国知识分子领域中左派的大本营，在知识界所有持左派激进思想的学者几乎都与这所学校有关。

在美国，威斯康星州附近的几个州的意识形态方面，在城市生活的人都是极左的，郊区则是极右的。在大选的时候，如果你在市里开车，你可以看到很多人家门口写着支持民主党如希拉里、克林顿等。但你从这往南开，15 分钟到郊区了，每家都插着支持共和党的牌子。这是历史造成的，因为郊区都是农场，农场主、农民、蓝领工人，他们都是支持共和党的。城市里的人因为比较接受激进的思想，比如种族平等、反对贫富悬殊啊。不过，还有一个原因，城里的穷人也多，穷人自然会投反对贫富悬殊的票，所以一般城里都是支持民主党的……现在政府缩减对大学的拨款不光是整个经济形势造成的，也是一种意识形态，因为凡是在砍大学预算的基本上都是右派在做州长或者把持议会的州，那么美国左派和右派在这个问题上最大的区别在于，他们对于高等教育在意识形态上的理解不同。（Cliff 语）

简言之，在以州长为首的整体政治氛围偏向保守的州内社会背景下，该校教职员工及城市市民的意识形态"左"倾，这就造成了大学与政府之间意识形态层面的相斥，即大学教职人员普遍认为在高等教育发展过程中，州政府应加大预算经费的拨款力度；而作为具有共和党主张的现任州长斯科特·沃克（Scott Walker）及其政府组成人员则倾向于将高等教育视为私人产品，应由受教育者个人及家庭支付成本，政府财政应配置到农业、卫生、医疗和社会保险等公共事业中。在这种意识形态的支配下，州政府对学校的财政经费支出正在逐年缩减，这对该校的终身教职制度形成威胁，部分教授因经费短缺等原因主动选择离开或被解雇的情况时有发生。在 2016 年初，由校内部分教授牵头、联合了系统内其他分校的教师，"校领导不作为、难以保障教授权益"为由，自发地对威斯康星董事会和系统总校长进行不信任投票（a no-confidence vote），欲罢免系统总校长，但最终并未如愿。一个值得关注的普遍趋势是，随着州政府对美国公立大学预算拨款大多处于缩减状态，大学与政府间的关系更加紧张和对立，美国公立大学越发重视大学内部教育质量、强调大学效能、积极打造国内国际声誉以吸引更多的海内外学生，增加学费在预算中的比重，从而推动公立大学的生存与发展。

2. 立法层面的统一关系。大学章程作为州法的组成部分，具有公法效力。威斯康星州法律的第 36 章（Wisconsin State Legislature Chapter 36）即威斯康星大学系统的大学章程（Wisconsin Statute 36），章程内容的设置并非一成不变，它经历了自始至今的不断演变（最早的条款可追溯到 1973 年），章节条目的相关规定也在社会和历史变革中不断删减和增补，根据州和学校发展的实际需要及时调整修订，再经州内最高法院协商辩论通过后向社会发布。

州法第 36 章主要规定了大学办学过程中需明确和理顺的 65 项内容：使命与愿景陈述；教育系统；定义；机构名称、行政长官、会议、纪录；责任；董事会的权力与义务；人员系统；禁止学生歧视；威斯康星州杰出教授；学术人员的任命；有限期的任命；其他任命；由于某些预算或变化而终止项目；由于某些预算或项目变化而解雇或终止教职人员；利益冲突；特殊项目；学费；捐赠；高尔夫课程；因病离开；与其他教育机构合作；学生身份号码；农业土地；出售其他土地；建筑和结构；少数族裔学生项目；不当行为与校园安全；资助出国留学；唐纳森林和建筑物保存；出于研究目的之动物利用；宗教信仰的调和；专项资格奖学金；研究经费；酒精和其他药物滥用的预防和干预项目；环境项目助学金和奖学金；老年人的营养改善；支付成本的报销；环境教育委员会和赠款；报告就业骚扰和歧视索赔；林业合作社的赠款；兽医诊断实验室；电信和信息技术服务；信息技术；医生和牙医贷款援助计划；卫生保健提供者贷款援助计划；农村卫生发展委员会；农村医生居住援助计划；教育机会办公室；年度报告。① 威斯康星大学系统章程作为州法的一部分，是一项具有公法效力的规章制度，用于约束大学与政府、大学与社会之间的权责关系，同时规范大学内部招生、财务等行政部门的工作流程。它为大学各部门的管理实践及内部质量改进提供纲领和指导，是大学依法治校的基础，是实现大学自治和办学资助的规范保证，是大学举办者和管理者对学校进行管理、监控、监督的依据和手段。

CHAPTER 36
UNIVERSITY OF WISCONSIN SYSTEM

36.01 Statement of purpose and mission.
36.03 System.
36.05 Definitions.
36.07 Corporate title, officers, meetings, records.
36.08 Responsibilities.
36.11 Powers and duties of the board of regents.
36.115 Personnel systems.
36.12 Student discrimination prohibited.
36.14 Wisconsin distinguished professorships.
36.15 Academic staff appointments.
36.17 Limited appointments.
36.19 Other appointments.
36.21 Termination due to certain budget or program changes.
36.22 Layoff or termination of faculty member due to certain budget or program changes.
36.23 Conflict of interest.
36.25 Special programs.
36.27 Tuition.
36.29 Gifts; golf course.
36.30 Sick leave.
36.31 Coordination with other educational agencies.
36.32 Student identification numbers.
36.33 Agricultural lands.
36.335 Sale of other land, buildings and structures.
36.34 Minority student programs.
36.35 Misconduct; campus security.
36.36 Grants for study abroad.
36.37 Downer Woods and buildings preservation.
36.40 Use of animals for research purposes.
36.43 Accommodation of religious beliefs.
36.44 License plate scholarship programs.
36.45 Research funding.
36.48 Alcohol and other drug abuse prevention and intervention programs.
36.49 Environmental program grants and scholarships.
36.51 Nutritional improvement for elderly.
36.52 Reimbursement of pay supplements.
36.54 Environmental education board and grants.
36.55 Reporting employment harassment and discrimination claims.
36.56 Grants for forestry cooperatives.
36.58 Veterinary diagnostic laboratory.
36.585 Telecommunications and information technology services.
36.59 Information technology.
36.60 Physician and dentist loan assistance program.
36.61 Health care provider loan assistance program.
36.62 Rural health development council.
36.63 Rural physician residency assistance program.
36.64 Office of educational opportunity.
36.65 Annual reports.

图3－13　大学章程目录

资料来源：Chapter 36 University of Wisconsin System，http：//docs. legis. wisconsin. gov/statutes/statutes/36/01。

① Chapter 36 University of Wisconsin System，http：//docs. legis. wisconsin. gov/statutes/statutes/36/01.

二　内部治理——内部治理主体间的博弈与制衡

威斯康星大学麦迪逊分校自建校以来便形成"教师治校"的治理理念，这意味着教授在学校学术事务的治理方面拥有至高无上的权力（在学术事务方面，学术权力远超过行政权力，但在单纯的行政管理事务方面，教授便无能为力，如教授很难控制大学预算）。对于决策制定过程，教授们推崇以协商讨论为主要形式的民主投票制度，形成了当前"非集权制""去中心化"的组织治理环境。值得关注的是，在该校内部治理演进过程中，"教授治校"逐渐发展为"共治"（Shared Governance），大学章程规定教师、行政管理人员、学生均有参与大学事务治理的责任和义务。故此，一些共治主体以"合作伙伴"的形式出现，共同参与到学校的内部治理过程之中。

> 我们有很多对话和讨论，有很多的委员会议。这样人们才能保持一致的意见，而且只有我们的看法统一了，我们才会继续下一步。所有学院共同参与，形成一致意见，这更像是一种"政治"协定，在工作中我们遵守共同的准则并且展开合作。显然这种做法是不同于中央集权式的、从上至下的管理方式的，是我们协商一致的结果。（Elaine M. Klein 语）

与美国其他公立大学的管理结构相似，威斯康星大学麦迪逊分校的内部管理呈正金字塔结构，顶部松散而底部沉重。具体来看，校内的管理层级分为校级（institutional level）—院级（school level）—系级（department level）。校级组织机构相对松散，部门设置较小、人员构成较少，对外主要负责社会活动的参与、与政府命令相协调等任务，对内主要负责财政预算、种族政策、学生生活多样性、向董事会提交议案等工作。院级组织介于学校和系科之间，它一方面主要负责将校级制定的政策、工作要求向学院的系科进行传达，另一方面将各系形成的报告、材料向上递交至相对应的校级组织。院级组织的权力较为空泛，扮演着业务层面"上传下达"的角色，曾有受访者提到"学院基本上不起什么决定性作用，如果没有钱的话，院长几乎指挥不动任何人"。系级组织的权力最大，基层学术组织拥有非常强大的学术自主权，他们有权决定专业的创设和撤销、学术项目的招生人数、教职人员的选聘、课程内容的设置、教学质量的评价等。与此同时，在充分民主的环境中，系里教职人员之间的利益博弈与协商对话表现得更为激烈，而其弊端在于决策的形成周期较长、时效性较差。

1. 大学内部治理主体及结构

从教育教学活动的参与主体来看，根据大学章程的规定，董事会、总校长和"威斯康星大学系统管理"、分校区校长、教职人员、学术人员、学生均有参与大学内部治理的责任和义务。

（1）董事会（Board of Regents）。董事会对整个教育系统及其子教育机构的治理承担首要责任，董事会有权任命威斯康星大学系统总校长、13 所大学校区的校长和副校长、各县级教育拓展机构负责人，以及两年制学院的院长，并对具备资格的教师授予终身教职，所有被任命者要服务于董事会并对其负责。董事会的主要职责在于，制定政策和颁布整个教育系统的管理规则、为未来州对大学教育的需求制定规划、确定本科教育项目的质量和多样性、同时保证研究生培训和研究中心的优势、在教育系统政策和董事会作出战略决策的范围内最大限度地保证大学自治权。董事会还负责设置入学标准、审查和批准预算、设立治理框架以保障各部门在制度规范内运行。当前董事会由 18 位成员组成：14 位普通成员由地方长官任命后经参议员确认批准，任期 7 年、交错受任；两位学生成员，其中之一年龄必须超过 24 岁并代表非传统学生的意见，由地方长官任命，任期两年；两位具有行政职权的成员，即州公共机构的监督人及威斯康星州技术学院系统（Wisconsin Technical College System）董事长或其指定的董事会成员。董事会成员的服务是自愿的、义务的，董事会不对成员的工作支付任何费用。董事会每年举行 8 次正式会议，如有需要可制定额外特别会议。每年 6 月的年度会议选举董事长、副董事长、1 个全职秘书以及 1 个信任官（Trust Officer），执行委员会由董事长、副董事长、5 个常务理事会主席和 1 个董事长委任人员组成。董事会下设 8 个常务理事会，分别为：教育常务理事会；商业与经济常务理事会；资本规划与预算常务理事会；科研、经济发展与创新常务理事会（2012 年 8 月成立）；审计常务理事会（2013 年 7 月成立）；人员事务审查常务理事会；教师和学术人员集体谈判常务理事会；学生纪律和学生治理上诉常务理事会。董事会负责建立每个机构的教育使命，并确定教育项目的供给情况，州立法第 36 章赋予董事会"除了一些具体章节限制外必要的或便于整个系统运行的所有权力"，董事会被授予的特殊权力包括：第一，学位授予权；第二，招生政策确立权；第三，为所有威斯康星大学机构分配资金、编制预算权；第四，募捐和辅助基金管理权；第五，行政当局配置大学资产的管理权；第六，不正当大学资产使用的定罪权；第七，教师假期准予权。

（2）总校长和"威斯康星大学系统管理"（President and UW System Administration）。威斯康星大学系统每年在整个大学系统内服务超过 17 万名学生，大学系统年度总预算为 41 亿美元，其中 9.9 亿来自州的财政拨款。威斯康星大学系统总校长和各校区校长们负责执行董事会制定的政策并对系统内的教育机构实施管理。"威斯康星系统管理"设立在麦迪逊市主校区，接受总校长的指导，其成立目的在于协助董事会和总校长实现以下职责：第一，制定教育政策，并对这些政策定期监督、审查和评估；第二，协调机构内部教育项目的开发和运行；第三，从程序上、财务上规划整个教育系统的发展；第四，保持经济管理；第五，为董事会编写并推荐教育项目、运营预算以及建设方案。除一位总校长以外，"威斯康星系统管理"还包括一位高级行政管理副总校长作为威斯康星大学系统的首席运营官、一位负责学术和学生事务的高级副总校长、一位财务领域副总校长、一位负责处理大学组织关系副总校长。总校长有权任命和解散系统内每一位高级副总校长（Senior Vice President）、副总校长（Vice President）、助理副总校长（Assistant Vice President），董事会为这些职业管理人设置工资和职责。

（3）分校区校长（Chancellors）。整个威斯康星大学教育系统共有14位校长，其中13位来自每个四年制大学，1位是来自两年制学院与扩展教育机构的联合校长。作为教师和教育机构的行政领导，这些校长在总校长的任命和指导下执行董事会制定的各项政策，向董事会及总校长做工作报告并对其负责。在董事会政策和教授治校的双重约束下，校长职责还涉及：课程设计；学位要求设置；学术标准确定；评分体系建立；院校任命教师标准的定义和管理；对于终身教职的评估、晋升和推荐；辅助服务和预算管理。

（4）教职人员（Faculty）。根据州法第36章（即大学章程）36.09（4）的规定，院校每位教师在学校治理层面的责任和权利从属于董事会、总校长及所在机构校长，每位教师均有责任参与院校的直接治理（immediate governance），同时有权积极参与院校政策的发展与规划。例如，教师的主要责任在于向校长提出关于学术和教育活动以及教师人员事务的建议。院校教师有权决定自身组织机构设置并选举代表参加院校治理，每个教育机构应当确保科学、技术、工程和数学学科在教师组织结构方面有充足的代表数量。[①]

（5）学术人员（Academic Staff）。根据州法第36章（即大学章程）36.09（4m）的规定，院校每位学术人员在学校治理层面的责任和权利从属于董事会、总校长、校长和教师，院校内的每位学术人员均有权积极参与直接治理及院校内部的政策发展。学术人员在治理层面的主要责任在于，向校长提出所有与学术人员事务相关政策、程序的构想和评价。每位院校的学术人员有权决定自身组织机构并选举代表参与院校治理。

（6）学生（Students）根据州法第36章（即大学章程）36.09

---

① 资料来源：http：//docs. legis. wisconsin. gov/statutes/statutes/36/05。

（5）的规定，院校或校区内的每位学生在学校治理层面的责任和权利从属于董事会、总校长、校长和教师。学生在治理层面的主要责任在于，向校长提出所有与学生生活、服务和利益相关政策的构想和评价。经与校长磋商并在董事会最终确认后，学生的治理责任在于处理那些对校内学生活动起到实质性支持作用的学生费用。每位校内学生均有权决定自身组织机构并选举代表参与院校治理。

　　从威斯康星大学麦迪逊分校内部的行政领导力结构来看，主要包括校长（Chancellor，向威斯康星大学系统总校长做报告）；教务长/主管学术事务副校长（Provost and Vice Chancellor for Academic Affairs，作为首席运营官负责大学的学术领导和行政管理）；财务和管理副校长（Vice Chancellor for Finance and Administration，向校长作报告，作为首席预算官对大学的财务部分负责监督和管理）；大学公共关系副校长（Vice Chancellor for University Relations，新设职位，承担战略合作伙伴管理建立、市场和品牌战略创设、对外交流、公共纪录等官方职能）。另外还设立了研究生院院长兼主管研究副校长（Vice Chancellor for Research and Graduate Education）、医药与公共健康学院院长兼主管医药事务副校长（Vice Chancellor for Medical Affairs and Dean, School of Medicine and Public Health）、法律事务副校长（Vice Chancellor for Legal Affairs）和大学体育运动负责人（Athletics）。学校主要学院包括：农业与生命科学学院（College of Agricultural and Life Sciences）、艺术学院（Arts Institute）、音乐学院（School of Music）、商学院（Wisconsin School of Business）、教育学院（School of Education）、工程学院（College of Engineering）、环境研究院（Nelson Institute for Environmental Studies）、人类生态学学院（School of Human Ecology）、法学院（School of Law）、文理学院（College of Letters & Science）、医药与公共健康学院（School of Medicine and Public Health）、护理学学院（School of Nursing）、药剂学学院（School of Pharmacy）、兽医药物学学院（School of Pharmacy）、语言学院（School of Languages）、公共事务学院（School of Public Affairs）、社会工作学院（School of Social Work）、新闻和大众传播学院（School of Journalism & Mass Communication）、图书馆与信息研究学院（School of Library & Information Studies）、研究生院（Graduate School）、继续研究部（Division of Continuing Studies）、国际部（International Division）。组织结构及行政领导力关系详见图 3-14。

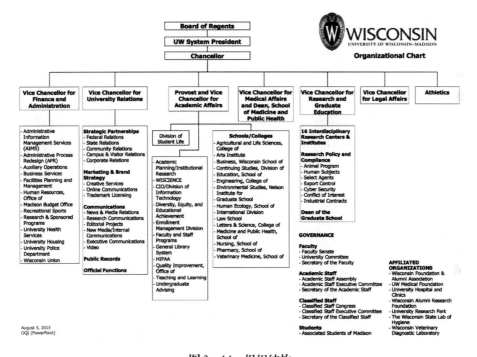

图 3-14 组织结构

资料来源：University of Wisconsin-Madison Organizational Chart，http：//news. wisc. edu/system/assets/107/original/Org_ Chart_ 20150805. pdf？1438973492。

2. 教授治校的治理主体及结构

威斯康星大学麦迪逊分校拥有一套结构完善的治理结构及共治程序，当遇到需要对校内重大事务进行决策的情况时，校级和院级相关部门均规定了明确的决策程序。以教师治校为主要特征的教师治理结构主要包括：教授评议会、校务委员会、教师秘书处、学部委员会、大学学术规划理事会、大学课程委员会、大学学术事务与评估委员会、研究生教师执行委员会。在具体的治理体系中，教授评议会是学校的首要治理主体，评议会代表该校教职人员。校务委员会作为教授评议会的执行委员会而存在。教师秘书处负责支持教授评议会、校务委员会以及其他治理委员会的工作，并监督实践活动中教师主要职责的发挥。

（1）教授评议会（The Faculty Senate）。作为首要治理主体，教授评议会通过民主选举代表，对学术、教育、人员，以及影响大学福利等事项提出建议的方式参与治理，目前已有220名评议员（senator），代表了2200多位教师。[①] 教授评议会在每月的第一个星期一下午于巴斯科姆主楼召开例会，9月和1月除外。校长有权召集教授评议会。评议员的职责有：第一，评议员在评议会代表系部教师的声音；第二，评议员代表本系内同事（1位评议员代表10位教师）；第三，评议员应有一个召开系内会议并组织讨论评议事项和议程的正式场所；第四，评议员应鼓励其同事理解新问题对教师发展的重要性。

（2）校务委员会（The University Committee）。校长和（或）教务长几乎每周会见一次作为教授评议会执行委员会的校务委员会，商讨教育教学过程中存在的问题。校务委员会由6位教职人员组成，每年选举两位，任期为3年。委员会成员不能有超过3位是来自相同学院的教师，且每个学部至少有1位教师进入委员会。校务委员会的主要功能是：第一，考虑涉及大学教育利益或政策的重要问题；第二，委员们提出的建议应偏向于与教师或管理相关的教育政策；第三，对跨部门组织重组、跨学科的教学、研究和服务项目、创建新学院或新机构以及涉及大学发展的重大教育项目给出建议；第四，检查任何涉及董事会、监事会、各种教师委员会或其他与大学发展相关机构和个人的活动；第五，适当地对行政领导在预算方面的事

①　The Faculty Senate，https：//www. secfac. wisc. edu/Faculty-Senate. htm.

宜向教师报告并提供咨询；第六，为全体委员会成员考虑的或部分教师感兴趣的事项准备议程；第七，及时向教师报告完成、正在处理或准备讨论的事项；第八，与校长协商后任命教师委员会成员；第九，在教师和其他治理主体之间保持联络。

（3）教师秘书处（Secretary of the Faculty）。教师秘书处负责支持教授评议会、校务委员会以及其他治理委员会的相关工作，并监督实践活动中教师主要职责的发挥。教师秘书处也可以与任何教职人员讨论他们所关心的问题，并对这些问题做出方向性指引和给出最佳解决方案。当前教师秘书处由 5 位成员组成，他们分别为教师秘书长、教师副秘书长、学部委员会协调员、教师服务人员和办公室管理者，主要负责支持校内与教师相关的委员会事务。

（4）学部委员会（Divisional Committees）。威斯康星大学麦迪逊分校在学术治理方面存在 4 个学部委员会，即人文与艺术学部委员会（Arts & Humanities Divisional Committees）、生物科学学部委员会（Biological Science Divisional Committees）、物理科学学部委员会（Physical Science Divisional Committees）、社会研究学部委员会（Social Studies Divisional Committees）。学部委员会在学术治理方面的功能主要包括：第一，推荐教职人员在"终身教职"程序方面的晋升或任命；第二，任命学部教员进入校务委员会；第三，选举 Hilldale 奖获得者①和 Hilldale 讲座系列的演讲者；第四，选举 Genevieve Gorst Herfurth 奖项获奖者②；第五，批准用敬语修饰的教授头衔的使用（授予在研究方面具有成就和贡献的学术人员，头衔包括助理研究教授和研究教授）。所有委员会讨论的项目议程需在会议召开前至少三周提出行动请求。如果案例事项较多，可由学部委员会主席结合审查员可参与性和决策紧迫性等因素综合考虑，决定案例讨论的

---

① 说明：Hilldale 奖授予在教学、科研和社会服务方面具有杰出贡献的教师，每个学部选举一名，获奖者将获得 7500 美元现金奖励并参与教师评议会的春季会议。

② 说明：Genevieve Gorst Herfurth 奖授予在社会科学研究方面展现出卓越研究和学术写作成就的博士研究生。

先后顺序。学部委员会会议在学术年内每月召开一次，均在巴斯科姆主楼举行。

（5）大学学术规划理事会（University Academic Planning Council）。在史料中，并未明确记载学校学术规划理事会的具体成立时间，但历史上有关第一届学术规划理事会成员信息最早可追溯到1973年。学术规划理事会在重大学术项目决策、长远学术规划以及相关学术发展问题上为教务长提供意见和建议，辅助教务长做出有利于学校教育教学及学术发展的关键举措。学术规划理事会组织会议讨论、投票并审议通过校内各学校、研究中心等学术单位各自的学术规划与制度设计方案。相关规划和方案通过电子邮件的形式由院长办公室直接提交至教务长办公室，院长或各研究中心主任需要撰写并签署总结说明报告，这意味着学院层面已经完成管理审查，院长接受预算和学术提案。理事会所讨论的议题微观具体，每项议案内容涉及特定学院的特定学位及研究项目。研究发现，理事会所讨论并实施的学术行动大致涉及以下目标主体：专业和学位、资格证书教育、学术部门、中心和机构、院/系、依研究主题而建立的临时部门。针对每个目标主体所采取的行动事项主要分为：规划建立、授权实施、重组/更名、暂停招生、计划停止。总体来看，学术规划理事会的组织功能主要体现在以下五个方面：第一，提供教师、员工和学生可参与的学生学术事务规划；第二，确保对新学术项目（专业、学位或资格证书）建立及已有学术项目变更的提案实行适当审查；第三，对涉及重组或学术结构（中心/机构、部门、学院/系）终止的提案做出建议；第四，提出关于学术项目评估或审查的建议；第五，根据通识教育和学生学习测量的相关要求对校内学术相关行动进行治理和监督。①

学术规划理事会由 11 人构成，其中固定成员 3 人，分别为校

---

① 资料来源：https：//apir. wisc. edu/uapc/UAPC_ Annual_ Report_ 2014 – 15_ FacDoc2580UAPC. pdf。

长、教务长和研究生院院长，此外由教务长任命行政议员 1 人，大学委员会代表 1 人，教学人员执行委员会代表 1 人，大学职员执行委员会代表 1 人，学部委员会代表 1 人（任命制，任期 1 年），教师委员会兼校园规划委员会代表 1 人（任命制，任期 1 年），学生特派员 1 人（无投票权，任期 1 年），学术规划与院校研究中心顾问 1 人。①

（6）大学课程委员会（University Curriculum Committee）。依据威斯康星大学麦迪逊分校教师政策和程序（Faculty Policies and Procedures）第六章第 53 款规定，大学课程委员会由来自校内的 4 个学部（人文与艺术学部、生物科学学部、物理科学学部、社会研究学部委员会）分别推选出学部内的 3 位代表共 12 名教学人员组成。委员会成员任期为三年，并优先任命近期曾工作于学院一级课程委员会的成员。委员会的功能包括：第一，批准课程。对于新增学分课程、现有学分课程修订或终止的申请方案，将先后被课程所在系、学院和大学课程委员会批准。第二，审查课程。审查和建议变更或终止现有学分课程并建立新课程。第三，对于教育政策和规划提出建议。依教学举措或实际需求，大学课程委员会可以对校长、教务长、院长或其他行政管理成员在大学教育政策、规划和实施等方面的工作提出辅助建议。大学课程委员会是一个只有少量教学人员和专业工作人员组成的讨论有关课程建设内容的委员会，它对于大学教学事务的治理、教学生命力的促进发挥着重要作用。

课程委员会由 1 位主席、1 位副主席、1 位课程协调人和 9 位委员会成员组成，其各自工作职责如下：主席代表委员会发言、主持委员会会议、批准会议议程、为委员会成员和课程协调人（coordinator）委派工作任务；课程协调人是教务长办公室的工作成员之一，接受大学规划与院校发展办公室主任对其在工作上的指导和监督，特殊情况下可作为主席或委员会的代表协助主席的工作，对于校内

---

① 资料来源：https：//apir. wisc. edu/uapcmembers. htm。

各课程方案申请流程提供组织机构间的联系，辅助主席设定大学课程委员会的会议议程，并为此收集课程申请方案和其他必要材料，纪录并对外公布委员会所做出的会议决定；委员会成员需出席所有会议，大学课程委员会于春学期和秋学期每双月的第一个周五召开会议，若有时间冲突需提前通知主席和协调人是否可以缺席，也可提前申请参加远程会议，委员会成员可以咨询校内所有成员课程申请情况或教学相关政策。委员会主席和副主席的选举程序：每年五月，由所有委员会成员投票选举产生一位新任副主席，每位委员会成员在他们两年的任期内均有资格参选。通常情况下，处于第一年任期的成员由于时间短、经验少等因素没有参选的机会。因此，副主席的选举常在已经完成一年任期的委员会成员中选出。对于候选人的会议讨论完成后，主席将作出提案，提案一旦被制定和附议，委员会成员通过举手表决进行投票，遵循少数服从多数的原则。副主席的任期为一年，期满后的下一年自动转为主席；在主席空缺的情况下，副主席将承担主席的工作。委员会对于重要政策的讨论程序：通常至少需要两次会议，第一次会议提出委员会成员们所关注的某些政策问题，在第一次会议后，政策将被草拟并在下一次会议上递呈；经过第二次会议的讨论后，由某位委员会成员提出"议案"，其他成员进行举手表决，"议案"的通过采取简单的多数通过原则，一般达到7位委员会成员支持时政策即为通过。

（7）大学学术事务与评估理事会（University Council for Academic Affairs and Assessment）。大学学术事务与评估理事会成员主要由各学院负责管理学术事务和制定相关学术政策的学术副院长组成。其他成员包括校内主要学术单元的管理者和代表跨校区组织或项目的学术事务联络人。学术事务与评估理事会的首要目标是跨校区支持、加强和协调学术、课外项目和教育成就，聚焦于学生学习、有效教学并改进所有学生的受教育经历。学术事务与评估理事会在每学年举行周期性会议，针对学术政策、规划和测量展开讨论并提出建议。

（8）研究生教师执行委员会（Graduate Faculty Executive Committee）。由研究生部行使有关建立、审查、修改研究生学位项目、命名权、特色博士点、研究生或专业认证和顶点证书（capstone certificates）的相关权利。研究生教师执行委员会也包括以下责任：第一，对录取和学位要求制定标准；第二，对学生的诉求进行评估和建议；第三，参与战略规划的讨论，如研究生招生、职业发展和学习成果；第四，聚焦于其他相关的研究生教育政策问题。研究生教师执行委员会的成员以组织任命的形式确立，具有较强的决策权力。

3. 作为合作伙伴的共治主体及共治关系

学术人员常理会、大学员工代表大会和麦迪逊学生联合会作为三大主要被选举机构，满足教师、学术人员、学生代表以正式程序参与大学内部的共同治理，扮演治理过程中的主要合作伙伴角色的要求。[①]

（1）学术人员常理会（Academic Staff Assembly）。学术人员常理会是一个由选举产生的机构，当前由 112 个选区组成，代表着威斯康星大学麦迪逊分校在治理和政策制定方面学术人员的利益。常理会的执行委员会针对影响学术人员利益关系的相关政策进行辩论和投票。作为向校长提供建议的治理机构之一，教务长有权召集学术人员常理会。每位学术人员被分配到一个选区，分组方式通常依据相似的职务和头衔，也有可能是地理位置，每个选区有 35—75 位学术成员。代表由选举产生，任期为两年；对他们可服务的任期数量没有限制。学术人员常理会会议于每学术年度的每月第二个星期一在巴斯科姆主楼举行，也可以根据需要召开临时特殊会议。在常委会代表参会的同时，任何感兴趣的学术人员也被鼓励列席会议，所有学术人员常委会向公众开放。

（2）大学员工代表大会（University Staff Congress）。大学员工代表大会是威斯康星大学麦迪逊分校最大的、具有代表性的共治主体，

---

① 2009 Self-Study for Reaccreditation, For Wisconsin and the World: A Great Public University, https://greatu. wisc. edu/process/.

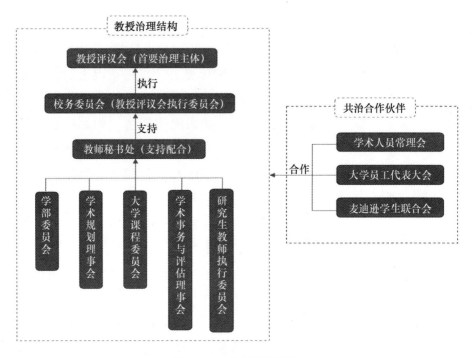

图 3 - 15　内部治理结构

大会是大学员工共治过程的最终决策机构。其决策结果将提交至大学员工中央委员会或其他共治委员会。大会每个成员应定期征集其所在区域的意见，提供共治发展的最新情况，并告知大学员工即将举行的活动、论坛、听证会、焦点小组访谈和选举集会。此外，鼓励大学员工积极向所在区域代表提供反馈意见，大会成员应积极吸收所在地区的人才和他们的专业知识，并结合自己的专业训练和知识对所提出的事项和提案进行批判性分析。

（3）麦迪逊学生联合会（Associated Students of Madison）。麦迪逊学生联合会由大学中 50 名被选举或任命的学生、50 名学生雇员、12 名专业化工作人员和 200 名学生委员组成，委员会拥有对大学政策、预算和大学任命管理候选人进行协商和建议的法律权利。学生联合会每年被分配约 4300 万美元用于独立运行，负责管理学生活动中心、分配学生公交卡、学生打印程序等日常运作。学生联合会不是一个注册的学生组织，其职能表现为直接行动、治理和服务。第一，直接行动。麦迪逊学生联合会最初是一个基层草根组织，通过鼓励学生参与战略决策活动，致力于改进学生的学习和生活质量。通过此项工作，学生可以学习如何有效地承担公民角色，以更好地提升自己。这一功能在学生联合会招聘期间通过公开的委员会活动以及实习项目内容中表现得最为突出。学生联合会取得最成功的直接行动包括：建立24小时图书馆、总统大选时大学生选民登记、董事会里两个学生席位、制定学费增长上限、学生控制的校园空间管理。第二，治理。学生联合会也是威斯康星州政府的官方组成部分，是一个具有法律效力的机构。它可以分配学生活动费用，与校长进行协商，针对校园政策中关于学生生活、服务和兴趣的政策变更提出审查和建议。威斯康星州是美国唯一一个将学生联合会写入法律的州，州法规定大学在某些政策生效之前需获得学生的许可。第三，服务。主要指对学生学习和生活方面的服务，如学生公交卡、学生活动中心、学生打印和其他外部服务。

第六节　本章小结

1848年威斯康星州创建之初，在《莫雷尔法案》所兴起"赠地运动"的美国社会大背景下，威斯康星大学以"赠地学院"的身份进入美国高等教育机构阵营。在120多年合并与发展的历史进程中，威斯康星大学系统成为美国最大的公立高等教育系统之一。威斯康星大学麦迪逊分校作为该教育系统的旗舰学校，是全美著名的公立研究型大学，被赋予"公立常春藤大学"的美誉。该校秉承着"为教师、职工和学生提供一个学习环境，使其可以探索、批判性审视、保存和传递那些有助于确保这一代人和子孙后代的生存并改善所有人生活质量的知识、智慧和价值观；旨在培养学生对于复杂文化和物理世界的理解力、鉴别力，并实现他们在智力、体能和人类发展方面最大的潜力"的使命与愿景。为达到学校的教育目标,威斯康星大学麦迪逊分校于 2009 年和 2015 年分别制订了两份为期 5 年的战略规划框架和每年度的进展报告。战略规划框架主要包括威斯康星理念,教育教学经历、研究和学识,员工的招募、保留和发展,增强员工多样性,资源管理五个部分,并对每个部分提出实践过程中的具体原则、规划和发展目标。年度进展报告与战略规划框架相配套,用于检验战略规划框架所设目标的达成情况和实施进度,为下一年的发展及时提出改进意见和反馈信息。战略规划框架和年度进展报告作为学校未来发展的整体发展蓝图,对于内部教育教学质量的改进与提升具有指导性意义,引领着教育教学的发展方向和路径。

对于威斯康星大学麦迪逊分校的办学现状,可通过学生基本情况、本科教育情况、研究生及专业(或职业)教育情况、教师基本情况、财务基本情况五个维度进行描述,得出以下结论:第一,学生入学人数和学位授予数量达到历史高峰。第二,本科教育质量和水平得到在校生的广泛认可,学生对于整体学习经历感到高度满意,并将整个受教育过程视为优秀。第三,学生在毕业后的国家标准性考试以及公民生活和职业生活方面表现出持续成功。第四,研究生及专业(或职业)教育情况表明毕业人数增多、大部分毕业生留在本州工作,促进地方经济发展。第五,教师总人数的变动量较小,教师工作量较大,保留率较低。第六,预算收入主要来源于联邦政府补助,州政府的经费支持自 1976 年以来持续走低,学生学费和私人捐赠比重逐渐上升。第七,该校的研究成果犹如"燃料",促进经济增长和社会发展,支持州内研究的基础设施建设,吸引商业并生成新的创业公司。总体而言,本科和研究生阶段的教育教学质量在全美处于领先地位。

关于威斯康星大学麦迪逊分校的治理体系。

一方面,在大学与政府的外部治理关系层面。第一,意识形态层面的相斥导致州政府与大学教职人员之间的关系相斥,使得两者对于高等教育成本支付方的认识不同，导致州政府采取了对大学预算拨款比重持续缩减、将终身教职政策从州立法中剥离等政策措施。第二，大学章程作为州法的组成部分，具有公法效力，用于约束大学与政府、大学与社会之间的权责关系，规范大学内部招生、财务等行政部门的工作流程，为大学各部门的管理实践及内部质量改进提供纲领和指导，是大学依法治校的基础，是实现大学自治和办学资助的规范保证，是大学举办者和管理者对学校进行管理、监控、监督的依据和手段。

另一方面，在大学内部治理层面，"教授治校"的治理理念作为该校的悠久历史传统得以传承并保留至今，逐渐演化为教师、学术人员、学生共同参与治理的"共治"文化。与美国其他公立大学的管理结构相似，威斯康星大学麦迪逊分校的内部管理呈正金字塔结构，顶部松散、底部沉重，基层学术组织具有较大的学术自治权。就大学内部管理主体而言，管理责任依权限自高到低排列依次为：董事会、总校长和"威斯康星大学系统管理"、分校区校长、教职人员、学术人员、学生。在教授治校的治理主体方面，治理主体主要包括教授评议会、校务委员会、教师秘书处、学部委员会、大学学术规划理事会、大学课程委员会、大学学术事务与评估委员会、研究生教师执行委员会。在具体治理程序中，教授评议会是学校的首要治理主体，评议会代表威斯康星大学麦迪逊分校教职人员。校务委员会作为教授评议会的执行委员会而存在。教师秘书处负责支持教授评议会、校务委员会以及其他治理委员会的相关工作，并监督实践活动中教师主要职责的发挥。学术人员常理会、大学员工代表大会和麦迪逊学生联合会是共治中的主体，以正式程序参与大学内部治理。可见，威斯康星大学麦迪逊分校的治理主体明确、职责分配清晰、权力依法行使、整个治理程序遵循民主讨论、协商共治的原则，为治理、改进和提升学校内部教育教学质量提供了明晰而有效的管理机构及治理程序。

第 四 章

认知分析：利益相关者对高等教育质量的情境化认知

　　自学者们对教育质量定义的价值判断转向实用主义的态度后，质量便被视为情境化（contextual）和利益相关者（stakeholder-relative）的概念。换句话说，高等教育质量不再是一元化的（unitary），它可以从多元化视角加以界定，不同的利益主体具有不同的价值诉求。笔者认为，高等教育质量可以被定义为多元利益相关者对于各自关注的高等教育问题的价值期待和利益诉求，它们表现出时而统一、时而博弈的双重属性。高等教育机构需最大限度地实现那些期待和需求，并向多元利益相关者展示其目标达成的方式。

　　在某一特定案例中，为更好地理解和探讨教育教学质量的相关问题，首先应以高等教育质量的内涵为基础，尽可能厘清每个利益相关者所持的价值判断标准。然后，在对质量进行测量和评估时，需要将这些具有相互竞争性的观点加以充分考虑，而并非从一个单一的质量定义出发为一个复杂的哲学问题提供一个可能的实践性解决方法。在高等教育系统中，内部利益相关者主要指与教育教学过程直接相关的学生、教师和院校行政管理者；外部利益相关者主要由政府和社会上的市场雇主组成。在不同价值诉求的驱使下，他们分别关注高等教育质量的不同维度，详见表 4-1

所示。

本章旨在回答"谁的高等教育质量"问题。在研究过程中，笔者通过对威斯康星大学麦迪逊分校学生、教师、院校行政管理者三大内部利益相关者的实证调查，倾听他们真实的"心声"，基于与异文化人群的深入交流和对研究场域生活的亲身参与和体验，以解释者的身份对他们关于高等教育质量认知所使用的语言符号分别进行解码，以厘清其对于高等教育质量的利益诉求和价值期待。本章的意义在于：第一，建构多元利益相关者在特定案例背景下对于高等教育质量的情境化理解，归纳出他们对于高等教育质量在认知层面的差异和共性，此为推动该校教育教学质量持续改进与提升工作的认知基础；第二，通过纯粹让当事人自己说话的方式，收集第一手访谈数据，为研究过程中实物资料的收集以及进一步关于组织、制度、文化层面的分析提供线索和方向。

表 4-1　　　　　多元利益相关者关注高等教育质量的不同维度

高等教育质量的维度		利益相关者				
		教师	学生	院校行政管理者	政府	市场雇主
投入质量	学生进入量			*	*	
	挑选		*	*	*	
	预算			*	*	
	学术人员	*	*			
过程质量	教育目标	*	*	*	*	
	教育过程	*	*	*		
	教育组织	*	*	*		
	教育内容	*	*		*	
	教育咨询	*				
产出质量	成功/失败率		*	*	*	
	毕业生	*				*

注："*"表示此维度被关注，空格表示此维度不被关注。

第一节　消费者视角：学生群体的
高等教育质量内涵认知

在预调研中，笔者曾直接向学生发问："你认为什么是高等教育质量？""你判断高等教育质量优劣的标准是什么？"笔者至今依然清晰地记得在星巴克咖啡馆里，那位大学三年级的美国白人小姑娘听到这个问题时一脸茫然的表情，她绞尽脑汁地反复组织语言，努力搜寻着这个问题的答案。很显然，她对"质量"这个概念的意涵并不清晰。笔者试图为她解释，但依旧效果不佳，于是笔者由浅入深、由具体到抽象地将上述问题转化为以下子问题：（1）从在校学习经历的角度，您对学校哪些方面（或条件）满意，对哪些方面（或条件）不满意（例如师生关系、课程设计、实习机会等)？（2）您对高等教育的期待是什么？或者您期望从大学和受教育过程中获得什么（知识、文凭、技能、工作)？（3）您认为您当前所习得的知识是否是专业的、科学的、实用且有价值的？（4）您所接受的高等教育是否将在您未来的成长和生活中起到指引性作用？（5）作为学生（高等教育的消费者)，您认为什么是好的高等教育？您衡量高等教育质量好坏的标准是什么？（6）根据您的衡量标准，您认为威斯康星大学麦迪逊分校是否提供了好的高等教育？

在进一步解构访谈问题之后，研究发现，不同种族、不同专业、不同学习阶段的学生对高等教育质量的理解虽然不尽相同，但总体集中在四个方面：第一，理论知识和操作技能的习得程度；第二，以学生为中心的教育理念；第三，以课程设计和教学目标为主的受教育过程；第四，学习成果能否转化为未来的职业准备。换句话说，高等教育必须与学生的个人利益紧密相关，学生相对于其他利益相关者更关注教育过程和知识、技能本身，且教育过程也必须在既定时间内以他们能够完成的学习方式来组织，最终直接作用于学生个人发展，并为未来从事社会职业做好准备。

1. 习得有价值的知识和技能是高等教育质量的核心。访谈中关于"你对高等教育的期待以及你期望从大学和受教育过程中获得什么"的问题，学生们的回答大都提及"知识"和"技能"。在"知识""文凭""技能"和"工作"四种高等教育的附加产物中，有8位受访者将"知识"排在第一位，6位受访者将"技能"排在第二位，"工作"次之，"文凭"排在最后：

> 我认为，从普遍意义上来讲，教育质量意味着在多大程度上教育可以帮助你达到你想要达到的目标。这样的目标可以是获得一个工作，或仅仅只是学到些什么。对我来说，对于什么是好的高等教育这个问题，如果根据优先级排序，我的判断标准首先是看它是否给予我有价值的知识；其次是看它是否教会我实用的技能，包括技术上和知识上的技能；接下来是我能否找到好的工作；最后才是文凭。我现在还是博士早期阶段，我觉得学术研究带给我的满足感比工作更重要，如果我对目前所做的一切很满意，工作将自然而然地成为教育的产物。我不是认为工作不重要，但我更关注的是获得知识和技能这个过程本身，然后自然就会有工作。一些大学的问题在于，没有好的教师提供有价值的知识，不能有效地提供技能和方法，最终结果就是学生没有好的工作。（Kartik 语，印度人）

> 对我来说，我在这里接受高等教育最重要的是英语这一语言技能，我来自巴西，英语不是我的母语，我希望硕士毕业后我的英语能达到读书和表达都很顺畅的程度。对于美国人而言，我们都是外国人，在课上，真正用英语表达自己的观点是很难的一件事。当听到美国人表达的时候，他们总是很有自己的观点，而且整个逻辑都是很顺畅的，是一个完整的论证。而我常常就是说两句话然后卡住了，某个意思用自己本国的语言都能说得很好，但用到英文就难了很多，而且法律这个领域有很多

专业名词，课堂辩论起来我觉得很吃力。此外，我们课程所讲的案例、理论这些学科基础知识也非常重要，如果你学得不好，以后就很难从事相关领域的工作，所以我觉得学到的知识较获得文凭而言更重要，因为文凭都是给别人看的，而学到的知识是自己的，而且也是以后工作中需要的。（Simon 语，巴西人）

2. "学生中心"是高等教育质量的基本原则。在与学生的访谈对话中，通过学生对师生关系的描述和神情中所透露出的满足感，笔者深刻感受到学生在威斯康星大学麦迪逊分校有被充分尊重的主体地位。很多学生表达出学校、院系、教师和管理者对他们的重视，以及在教学关系中学生的平等地位。有些学生谈到，院系实行以学生个人发展计划为主的项目学习；也有学生表示与教师之间平等、融洽的师生关系使他们享受学习的氛围，热爱学习和研究的过程。笔者在研究田野里所参与的课程观察也可以对此做出支撑。教师会在第一堂课征求学生的学习期待，收集学生的学习目标，通过了解学生的真实想法和需求调整自己的教学计划和课程安排，这是美国课堂中的普遍情况。另外，笔者在美国的身份只是访问博士生，并非获取学位的正式国际学生，但在美国学习和研究期间，导师和同学们并未将笔者特殊对待。在选修课程和 Friday Seminar 研讨会上，他们更倾向于将笔者视为潜在的学者，且十分尊重中国的文化传统和我的研究内容。"学生中心"的教育理念是中美高等教育的共识，但这一理念如何真实地体现在实践教学过程中，有赖于学校教育教学的整体氛围，以及教师和管理者对待学生的观念和态度。

在威斯康星大学麦迪逊分校读书，我最满意的地方就是老师和学生的地位真的很平等，他们很把学生当回事儿。而且课程上就是以学生表达为主导，甚至很多教授，像 Cliff 教授也是直接上课就会问学生想要学什么，根据学生想要学的东西来确定这个学期的教案。甚至 Mark 老师在这学期刚刚开学的时候给了我们一个讲义，后来上课的时候我们说老师我们想学这个这个这个，他说那好，我改我的讲义。他的讲义改了三四遍的样子，都快到期中了他的讲义才有个定稿，就说明他这门课很灵活，学生想学什么，就根据学生的需求来确定教学内容。你真正能感觉到他们以学生为中心、以学生的个人发展为主导，如果你在学习过程中遇到困难，寻求帮助的过程很通畅，而且问题大多能得到很好的解答……老师们想要兼顾每一个学生，他们的思想理念就是这样的，至于他们能不能做到那是另外一个问题，至少他们是想做到的。包括在课堂上也是，就算话多的老师，在课堂上说半节课也已经算是够多的了，剩下的半节课一定是给学生说的，当然这只是研究生教学的特点，我感觉本科生的教学可能还是因学科而异、因老师而异，但他们尊重学生的价值理念是一致的。(Jie 语，中国人)

我觉得好的高等教育就是要能够激发学生的兴趣，或者是能够发现学生的闪光点，帮助每个学生找到最适合他发展的那条路。对我个人而言，我很喜欢图书馆管理学这个专业，我喜欢把杂乱无章的东西以固定的规则摆放整齐，所以我向学校申请做图书馆管理员，老师们积极地帮我联系，我在 Merit Library 已经兼职两个学期了，我感觉我越来越喜欢这个专业了，而且我能把操作中的经验和课上学的知识相结合，这对我来说简直是太棒了！(Jake 语)

到目前为止，我对在威斯康星大学麦迪逊分校学习最满意的一点是导师的指导。我的导师很聪慧，我曾与 9—10 名教授一起工作过，她是我见过的最好的教授！她给了我很多研究方面的自由。她很有礼貌，理解我的不足和缺陷，她也理解我并不知道所有的知识，而非批评我的无知，她常常鼓励我，看到我的长处和优势，给我更多的自信！我们几乎每天都能见到，每两周进行一次正式的会议，讨论我目前的研究进度。在我们的项目学习过程中，教学内容以个人发展计划为主，老师们都很尊重我的研究意愿，如果我的实验有误，他们也会及时纠正我，他们的研究态度非常严谨。教授们对待我本人和我所做研究的态度是分开的，这让我感到很舒服。（Ibrahim 语，土耳其人）

3. 高效的课程设计和可量化的教学目标是高等教育质量的过程表现。对于学生而言，课程是其受教内容，课堂是其受教场域，学习目标和任务是其受教对象。学生认知中的高等教育质量与学科的课程设计、有针对性的学习目标制定、教师的授课形式紧密相关，因为这是学生们最直接、最容易感知高等教育质量的途径，因此学生对课程和受教育水平的评价，往往逃不开对这三方面的描述和价值判断。

在我看来，教育质量主要体现在课程学习和课堂组织模式上。我个人不喜欢那种太长的讲座，也不喜欢太散的学生讨论，我希望课堂是一种讲座和讨论的有机结合，而且是精心设计的内容。从我所学的专业课程与教学论的角度，我对高等教育质量的评价标准就是课程设计是否是有效率的、老师所制定的学习目标是否能够被量化。比如，一门长达两个半小时的课程，如果在教学法上没有一点精心设计，那么无论这个教授有多有名望，无论授课形式是他自己讲了两个半小时还是让学生讨论了两个半小时，对我来讲，很多东西就是无效率的。老师需要在课程设计上有些可量化的教学目标，即使我们是社会科学，但每节课我们依然应该有一些既定的学习目标需要达成，并且老师应该让每个学生都了解它。比如说，第一个目标是让所有同学都了解到什么是这个案例，第二个目标是让同学们学习到本节课的知识点，第三个目标是激发同学们对潜在问题的延伸思考。无论我听课的时候是否走神，下了课我就都能知道老师讲的这些课程目标我是否都学习到了，即使错过了一些细节，我也不担心了。而不是课上大家讨论得非常热闹，但课后回想起来并没有学到什么实质性的知识点，我觉得这样的课程效率并不高……我认为教学目标可量化非常重要，比如教师有三点教学目标，结果一点也没达到，那就是一堂没有质量的课，它对我就是无效的。因为从本质上说，学生的首要任务其实就是学习，而在学习过程中学生最看重的就是他到底学到的是什么东西，所以上课的教学法和教学目标设置最能体现教育的质量。（Thater 语，日裔）

4. 学习成果与未来职业准备之间转换程度是高等教育质量的评价方式。研究发现，无论在哪个学历层面，高年级或即将毕业的学生对于高等教育质量的认知更侧重于学习成果与未来职业准备之间的转换程度，体现在对于所学知识的专业性能否与未来职业发展需求达到有效衔接的实际性评价。在此阶段，理工科和语言学背景的学生常谈及"实操能力""实用知识""课外实习"等字眼，强烈地表现出对未来职业发展的热忱和憧憬。

我们本科生需要 120 多个学分才能毕业，大一、大二需要完成通识课程，大三、大四以专业课程和实习为主。像我所学的英语语言文学这个专业，我希望在获得学士学位之后能够在全世界范围内的不同国家教授英语。即将到来的这个暑假，我报名参加了学校的一个社团组织，准备去非洲教两个月英语，能将我所学到的知识和文化传播到其他国家和传播给具有不同文化背景的人们，我感到太兴奋了！鉴于此，我觉得，我所接受高等教育的质量体现为非常有价值的、实用的知识。（Rose 语）

我利用这个暑假在亚马逊总部实习，负责计算机网络编程与设计相关工作，正是我所学的电子与计算机工程专业让我进入这个行业，可以说我所学 80% 的知识和技能已经用在我的实习过程中了。在面试这个实习岗位的时候，考试内容就是给你一个程序，在 40 分钟之内运用你的所学求解。如果在学校所学的知识和操作技能不扎实，恐怕难以满足这个岗位的需求。所以，我觉得高等教育质量就是给你提供你所希望的产品，你买了这个产品以后对你真的有用，而且你对产品质量是满意的，这个满意可以从是否为职业发展做好准备来判断。（Lumi 语，西班牙裔）

第二节　生产者视角：教师群体的高等教育质量内涵认知

高校教师群体作为高等教育的生产者和提供者，他们是科学研究和课堂教学的核心主体，对于科研质量、课堂教学质量、学生学习知识内容和质量的高低起到决定性作用。因此，从教师主体出发，透过他们的思想观念理解高等教育质量，有助于对高等教育质量形成更加深入和全面的认识。在对威斯康星大学麦迪逊分校的教师群体进行访谈之前，笔者以分层目的型抽样的方法，首先以学科为标准对受访群体进行分层，进而在不同层面上以职称为目标，实施目的性抽样，根据学科和职称的不同，整合出教师关于高等教育质量认知的差异化价值判断。对教师的访谈主要围绕以下问题展开：（1）您认为高等教育的意义和作用是什么？（2）作为教师（高等教育的生产者和提供者），您如何理解高等教育教学质量这一概念？高等教育教学质量对您而言意味着什么？（3）您认为什么是好的高等教育（或优质的高等教育）？您衡量高等教育质量的标准是什么？（4）您认为在教学和科研方面，学校或学院是否赋予了您充足的学术自由和学术权力？在不断对访谈材料进行转录的基础上，笔者试图对不同教师的认知观点整合建构，继而得出以下五个方面的解释意义：

1. 学术自由是培育优秀的教育质量的土壤。学术自由作为西方高等教育基本价值取向之一，为教师的研究和科研过程搭建最基础的文化氛围，它决定了教师能否按照自己的兴趣、意愿开展科研和教学工作，教师作为教学科研主体地位的基本权利是否被尊重。教师们在访谈中普遍谈到威斯康星大学麦迪逊分校具有很强大"教授治校"的历史文化传统，教师可以非常有尊严和体面地在校园里工作。正是由于这种宽松的文化氛围，吸引了大量顶级和著名的教授从研从教于此，使之成为一所受到世界高度尊重的大学，在社会声望不断提升的同时，也在全球范围内吸引着优秀的学生。教师们常常用"strong""faculty governance""freedom""respective"等字眼，兴奋而又热情洋溢地描述他们所工作和生活的、具有极强自由度的学术环境。

> 我已经在这里从教 50 多年了，在这期间很多学校，例如伯克利、密歇根、纽约州立等大学提供了很多优渥的条件引诱我离开，但我依然选择留下来。为什么？这里政治环境和威斯康星特有的"教授治校"传统支撑着我拒绝离开的决定。而这一强大的大学自治和学术自由的文化根源于威斯康星州激进的（progressive）政治文化遗产。（Michael 语，教育学院教授）
>
> 在这里工作整十年了，对我而言，在教学科研的工作环境方面我最满意的就是我教什么、怎么教、教谁还是有很大自由的。我喜欢自由和独立，喜欢根据自己的兴趣和热情开展研究。我每年会申请几十万美元的科研经费投入到我实施的研究项目当中。我很享受这种教学和科研上的自由，我想这应该就是你所提到的学术自由吧。（David 语，图书馆与信息研究学院教授）

2. 教师质量的高低直接决定教育质量的优劣。教师作为高等教育的主体，将学科领域内最具价值的前沿知识纳入课程体系，再将其有效地传授给学生，是传播学科先进知识的重要载体。教师质量的高低通过以下两方面体现：第一，教师从事教学和科研所必备的研究能力和专业能力。若教师自身的研究和授课能力不足，难以向学生传授前沿且有价值的知识，也就难以产出优质的高等教育。第二，科研结果与教学内容相融合是提高课程教学质量的重要途径，也是研究型大学最初的创办理念。换句话说，即科教融合的程度决定了课堂教学质量，进一步制约高等教育质量。

> 我觉得这所大学的教育质量是非常高的，至少它还保留了美国研究型大学兴起时的传统理念。教授的主要职责是做研究，研究和教学衔接在一起，即你教的是你正在研究的东西，那这样才更有意义。这个学校大部分教授都有这个条件和可能性教自己正在研究的东西，因为这是一所研究型大学，本身教授们做的研究已经是全国甚至世界的前沿，然后他们又把这些知识放在教学课堂上。所以，总体而言，纯粹从教学角度，它的教学质量还是相当高的。因为这就是当年美国建立研究型大学的一个原始理念，迄今还在这所大学起作用。（Cliff 语，教育学院教授）

> 如果我们没有高质量的教师，我们就没有高质量的课程，很难想象我们能形成高质量的专业，更不可能培养出高质量的毕业生。所以，我们教师的专业性和研究性很重要，我们必须要想方设法把所研究的内容与教学相结合，这样才能确保课程上所讲述的内容是与时俱进且有用的，我们的学生才有可能在专业领域脱颖而出，才意味着教育质量的提高。（Angela 语，商学院副教授）

3. 根据市场对人才的需求，培养学生是有效衡量高等教育质量的标准之一。部分理工科的教师强调高等教育要面向市场、面向行业、面向雇主，这是由于这些教师所属研究领域多为应用技术型专业，学生的出路大多面向企业和技术部门，接受劳动力市场的合格性检验。部分理工科的教师作为学科或专业的负责人在专业和课程创设之初便在相关的公司和雇主之间进行过调研，通过收集劳动力市场对于雇员能力的需求和期待，以面向行业为导向，设计专业内具体课程和学习目标，进而确保培养出的学生毕业后可与市场对人才的需求有效对接，达到社会雇主对人才的期望。这种面向市场、面向行业、面向雇主的办学方式，以社会实际需求为目标导向，以人才产出能力作为衡量高等教育质量的标准。

> 我们专业是应用型的，学生们需要外出工作，在企业中，有一些是他们的雇佣者期望他们能做到的。有些学生由他们的雇佣者资助，他们支付部分学生学费，虽然不是全部的，但是资助的学生很多。雇佣者也有他们的期望，我们在培养学生的时候需要符合所有的期望。这就是为什么我们要把每个学习目标和学生们能做什么捆绑起来，使之能应用到工作中去。（Peter语，工程学院教授）

> 我们这个专业的人才培养怎么开始呢？基于培养在生物技术行业工作的合格人才。因此在专业一开始的时候，我们组织专业人员做了调查，在生物技术领域企业家们需要他们的雇员能做什么以及他们需要掌握、熟悉、使用什么样的信息。比如说，我们会问雇主（通常是负责招聘的人事经理），你们招聘的雇员需要具备哪些能力？或是，什么样的毕业生是你们公司需要的？通过这种方式我们可以弄清楚教育项目应该开设哪些课程、教学内容应该覆盖什么话题。雇主说，我们希望雇员更全面，希望他们理解科学，还要理解一些经济决策是怎么制定的，还有理解法律和监管怎么影响企业。所以现在我们开设了科学、经济、法律和监管部分的课程内容。出于公司的实际要求，我们设计专业，教授这些事情，训练学生做这些事，使雇员在公司更成功、更有影响。（Natalie语，药物与公共健康学院教授）

4. 高等教育质量是学生实现自我提升的程度，表现为个体素养和能力两方面。在美国政治层面的意识形态领域有"左派"和"右派"之分，尽管本书不以"左右之争"为重点，但不可回避的是，这两种意识形态扎根于教师的思维观念，影响着教师对于学生成长成才标准的认知和判断，形成对于高等教育质量的具有对立特点的不同理解。具有"左派"观念的教师认为，教育是实现学生自我提升的过程，是升华受教育者人格的有效方式。"如果把高等教育简单视为赚更多的钱和获得稳定工作的途径，那么我们对于教育重要性的理解就是一种帮倒忙的伤害。"[①] 因此，这派教师大多认同高等教育质量以学生实现自我提升的程度来衡量，主要通过个人素养和个人能力两方面体现。个人素养主要包括人文素养、道德修养、内在求知欲等方面；个人能力具体指以批判性思考能力、团队合作能力、人际交往能力、书面表达能力为核心的学习能力，以及实际工作、动手操作技能。

　　我所理解的高等教育质量是通过学生个人素养的提升来评判的。例如，人文情怀、社会道德感、羞耻心和求知欲。高质量的高等教育应该是从内而外激发学生内在的一些东西，比方说求知欲。高等教育不只是教给学生知识，更是推动学生去探索他们想要学的内容；它也为学生提供了教育环境，不仅在课堂内，也在课堂外，传授给他们一套自我学习方法，不给学生问题和答案，需要他们通过课后的自我学习，找到自己感兴趣的问题和答案。(Vivian 语，法学院教授)

　　我想高等教育质量首先应该是培养学生具有批判性思维，教会学生如何思考。学生在这里接受高等教育的时间是短暂的，

---

① Michael W. Apple：Why I Stay at the UW，http：//host. madison. con/ct/news/o-pinion/column/Michael-w-apple-why-i-stay-at-the-uw-article_ 2a794c36-5e07-987a-e884137d 8959. html.

他们不可能记得所有讨论的话题，但如果他们记住怎么思考，怎么去批判，他们会学得更多。其次我觉得是各种学习能力和技能的提升。在美国，学生会接触到不同文化，与来自不同国家、不同种族、不同地方的人交流、学习和工作。所以高等教育需要教会你如何尊重他人、理解多元文化、实现与他人的合作。学生不仅需要学习书本上的知识，还需要学习一些实际技能。例如交流技能、书写技能和小组合作技能，以便在未来使用。（Steven 语，文理学院助理教授）

5. 高等教育质量通过学生长远发展成就和实际生活质量体现。具有"右派"观念的教师认为，高等教育具有功利性目标，是帮助学生获得稳定工作和收入的有效工具。首先通过接受高等教育，使学生拥有一技之长，为其就业求职打下扎实的基础，进而获得源源不断的稳定的经济收入；进而长期跟踪他们的工作情况，如是否升迁、换岗、加薪，取得事业上的成功；最终是否切实有效地提升个体和家庭的生活质量与水平。这类教师认为，不仅要关注毕业生的就业去向，更应关注学生的未来和长远发展，高质量的高等教育就是使学生获得成功的教育，应以对学生未来工作和生活质量的实际效用程度作为衡量高等教育质量的标准。

我比较功利，我常对学生说，好的教育就是让你毕业能找好工作，有个体面的工作（decent job）、体面的工资（decent salary）和快乐的家庭（happy family）。我跟我的学生说过，如果十年后我们在街上偶然见面，你告诉我说你现在有体面的工作、体面的工资和快乐的家庭，你已经有了丈夫或妻子和漂亮的孩子，但是你已经一句德语都不会说了，我会跟你说恭喜。我不想在一个快餐店里看你在烙汉堡饼，然后打三份零工都不够付房租，但是你告诉我你的德语语法还背得滚瓜烂熟，我说我会羞于做你的老师。（Leo 语，语言学院助理教授）

　　我认为可以通过学生毕业后的去向、学生的成就、学生在未来是否成功来判断教育质量。因为，学生的成功与他们受到的教育的质量直接相关，优秀的教师、完善的教学资源、高效率的课程任务安排，等等，学校里所学的对学生们的职业发展非常重要，你很难想象使学生成功的教育是低质量……要判断教育质量如何，要看学生们在之后的教育中有多成功，本科生有多少能进入研究生院，或者其他更高的层面，他们在继续教育中有多成功。我们会对学生的发展进行跟踪，我们可以跟踪学生的成就情况，还可以采访学生，这个教育是不是对你有价值的，有没有帮助你获得你没有的专业知识，有没有使你从事一个你无法做的职业……我们会通过 linkedIn[①] 跟踪学生们的发展，我们想知道他们是不是升职了，换工作了，等等，毕竟这些都是重要的校友资源。（Maggie 语，文理学院副教授）

第三节　举办者视角：院校行政管理者群体的高等教育质量内涵认知

　　院校行政管理者是参与大学质量管理的第三大重要主体，他们作为高等教育的举办者从事高等教育活动中的相关管理过程，从顶层设计的角度负责制定和实施关于教学、科研、社会服务的具体政策，对高等教育质量的测量与改进起到宏观指导和协调的作用。笔者在田野调查的过程中，通过与校内教育质量改进部门负责人的访谈，分析院校行政管理者对于高等教育质量概念内涵的理解。他们大多在威斯康星大学麦迪逊分校工作多年，掌握并熟知学校发展的

---

　　① 说明：LinkedIn，中文译为"领英"，是全球最大的职业社交网站，一家面向商业客户的社交网络，成立于 2002 年 12 月并于 2003 年启动，于 2011 年 5 月 20 日在美上市，总部位于美国加利福尼亚州山景城。

历史脉络、内部质量控制的关键节点，不仅是威斯康星大学麦迪逊分校教育教学质量改进具体措施的见证者，其中一些还是典型事件的发起人。因此，站在局内人的立场倾听他们的声音，有助于笔者对高等教育质量概念形成更加多维度、系统化的认知建构。

访谈问题主要包括：（1）作为学校的行政管理人员，您认为什么是好的教育？什么是高质量的教育？您如何理解高等教育质量这一概念？（2）为了提高教学水平、提升教育质量，您认为从一名行政管理者的角度，应该做些什么？（3）您觉得威斯康星大学麦迪逊分校的教育教学质量（水平）如何？是高质量，中等质量，还是低质量？为什么？您的评价标准是什么？访谈过程中笔者发现，院校行政管理者相较于学生和教师群体，对高等教育质量的概念内涵有着更加深入且更具理论性的认知，这可能是由于他们日常主要从事校内教育教学事务管理，对教育质量问题进行了更多思考所致。其中，最显著的特点在于，院校行政管理者倾向于从自己所在的工作岗位和工作内容的角度出发对高等教育质量进行概念描述。因此，每位院校行政管理者的观点都各不相同，但共同之处在于大多观点集中在学生的学习经历、受教育过程和教育产出部分。具体来说，主要包括以下方面：

1. 高等教育质量即满足不同学生群体对于学习经历的需求。受教育者是高等教育的重要主体，学生作为受教育者的另一代名词，根据年龄阶段、学历层级的不同，对于所学知识、技能等方面也有多元需求。例如，本科生需要侧重通识教育方面对交流、写作、演讲等基本知识和技能的学习；研究生则需要培养一定的学术能力，如学术兴趣、批判性思维、辩证逻辑等；成人接受继续教育，相较于具体领域的知识获取而言，学位的获得处于次要地位，他们更专注于自己所需要的特定知识和技能。因此，高等教育质量的内涵建立在识别学生群体内在特征的基础上，通过有效的课程设计，为学生创造合适的学习环境，满足学生对于学习经历的需求和期待。

　　什么是高等教育质量，这是一个很好的问题。我的想法是，首先你得弄清楚你的教育受众。因为教一群 18 岁的人、一群 25 岁的人、一群 35 岁的人或是一群 50 岁的人，你需要有不同的教育设计，因为他们的学习经验不同，他们对于学习的需求和期待自然也是不同的。很多成年人，你肯定知道，例如，你在研究生院看到很多成年人不是为了获得学位而进修。他们上课是因为他们想学习、感兴趣、关注它，他们需要可以解决实践问题的知识而不仅仅是学位。谈到质量，对我来说，开始于理解学生是谁，他们的学习经验如何，怎样设计课程学习，创造学习环境，帮助他们成功。（Jeff Russell 语，终身学习副教务长兼继续教育办公室主任）

　　我认为谈论高等教育质量首先要弄清楚不同学生的不同学习需求，经过我们的培养，在学生毕业的时候判断我们的培养经历是否满足了学生个体对于学习的需求，是否达到了他们理想的目标，是否学到了他们希望学习到的知识。当然这对于研究生阶段的学生来说更具操作性。（Ed Van Gemert 语，图书馆副教务长兼大学图书馆馆长）

　　2. 高等教育质量可体现为大学人才培养效能，包括学生学习增值和出口质量两方面。首先，关于学生学习增值：第一，可理解为教育投入与产出之间的增加值，是未入学的学生学习基础与成功毕业的学生获得之间的差值，可通过学生学习终点质量减去学习起点质量进行测量。第二，对于学生学习成果测量，以"基于学习能力"而非"基于学习成绩"为教育质量的落脚点。越来越多的美国大学在内部倾向于运用学习成果测量的方式考察本校的教育教学质量，如直接测量和间接测量、形成性测量和总结性测量等。院校行政管理者认为，威斯康星大学麦迪逊分校实行的是一种基于能力的教育，对学生学习成果的测量侧重于考察学生的学习能力、知识的运用能力，而非取得的成绩数字。其次，关于学生出口质量：第一，需要关注学生能否在规定的时间内完成学业，学生无限期地推延毕业是对教育资源的浪费，是教育无效率的表现。第二，关注学生的毕业数量（或毕业率）。学生每年的毕业情况是社会、政府向大学实施问责的绩效指标之一，大学通过毕业率这一直观数据展现自身的教育水平。第三，学生的毕业去向和就业情况。所学和所知不等同于所做，学校通过实施学生出口测量反馈学生的知识运用程度，实施跟踪调查检验学生毕业后在工作和生活方面的成功性。毕业生的发展情况是反映高等教育质量的有效途径之一。

　　在我看来，高等教育质量简单地说，就是学生学了什么，学了多少，他们去了哪里？难点在于，学生在考试后得了 A、B 或者 F 不一定能回答这些问题。我们所追求的是基于能力的教育，能力是特殊的技能，你或拥有它，或没有，我们期待用学生所获得的能力衡量教育质量而不是简单地以考试成绩 A、B、C、D 来衡量……高等教育质量就像一个黑箱，我将它视为学生学习（student learning）和学生出口（student pathways）两方面：在学生学习方面，你需要找到学生的学习起点（start point）和学习终点（end point），然后在它们之间做减法，提高教育质量就是如何使这个差值变大而不是变小……比如说，你去斯坦福读本科，你学到了所有的东西，然后你来到了这里，你再次作为本科生入学了，你每门课程都得到了 A，这能说明我们的教育是高质量的吗？显然不能，因为你已经知道了，你不是在这里学的，是之前在斯坦福学的。所以高等教育质量必须要考虑学生入学起点。我们通过摸底考试（placement test）检验学生的学习起点和学习的终点，考察这个过程的有效程度，这个附加值越高，说明我们的教育质量越高……关于学生出口，我们衡量教育质量的另一个办法是看我们的学生能做什么。这不仅仅是学生学到了什么，而是学生真正能做些什么，能否有效地使用这些知识。例如，学生毕业后是否继续进入名校追求更高学位，或者是否进入 X、Y、Z 工厂或公司运用所学去工作。职业岗位对于学生能力的考察是我们教育质量的象征。（Steve M. Cramer 语，主管教学事务副教务长）

对学生学习质量的测量是我们提高高等教育质量的动力。当我们谈论高等教育质量的时候，不论是现在或是 50 年、100 年还是 300 年之前，实际上，人们都是通过询问的评估方式去了解学生是否学到了知识。50 年前，人们会以分数进行评价。他们会说我们给了分数，分数已经足够说明一切。然而现在，我们知道分数并不能完全代表学生学习和做事的能力，尤其是他们是否做到了我们要求的事。100 年前，当你身处于只有最受激励的人和最富有的人才能享有的高等教育的体系时，你可能不会关心学生是否学到了东西。但是随着高等教育的普及，更多的人可以去学校接受教育，这里我指的是美国的高等教育，随着越来越多来自不同背景，拥有不同目标的人进入大学，为了满足他们的要求，保证他们接受我们想让他们接受的教育，我们就必须更加认真负责。这是他们解决目前困难的唯一途径。他们需要知识，我们不能懈怠。（Elaine M. Klein 语，通识教育管理办公室主任）

在我看来，高等教育质量有四个标准：第一，我希望我们招募到的学生具有很高的天赋或者说具有较高的入口质量，这是高等教育质量的起点；第二，他们在受教育期间可以按时毕业，这说明了我们教育过程的质量；第三，在学生们毕业后他们能在自己的学习领域找到满意的工作，这意味着我们教育结果的质量；第四，对于像你一样的国际生，我希望在国际生毕业后，他们能够带着知识离开，不管他们未来在哪里生活和工作，我们希望他们成为国际化人才，在各方面都能取得成功，这是我们对于高等教育的期待和关于质量的理解。（Steve Hahn 语，主管招生事务副教务长）

3. 高等教育质量取决于教师质量和对优质师资的吸引两方面。没有一流的师资队伍，就难以培养出一流的学生，更难以打造一流的教育质量，教师的质量是决定教育质量的关键。而学校如何形成对优质师资强大的吸引力、为优秀教师和研究人员在入校后带来丰厚的研究经费，并使之服务于全州和全世界科学研究事业的发展，以推动"威斯康星理念"的实现，是高等教育质量在威斯康星大学麦迪逊分校产生的本土化内涵。

> 我们作为管理者必须考虑这个问题，因为学生有权选择是否来这里读书，我们也希望有高质量（highly qualified）的学生（当然你也是这样的学生）来这里学习、获得成就、顺利毕业等，这也让我们更成功。我想我的第一个回答是让学生找到你，你知道你是否有教育质量、有能力去吸引高质量的学生。我想高等教育质量就是教学、科研、社会服务的联合（combination），而从本质上讲，在于我们能否吸引非常好的教师。教师能得到非常多的专利、津贴，如果你做到这些，学生就可以从著名思想家（leading thinkers）那里受到教育，他们才能真正获得新知识。因此，质量、教育、经历都是连在一起的，公共服务就是我们所指的威斯康星理念，学生也有机会参与为公众服务。我们认为一个高质量的公立大学可以为使社区、威斯康星州、整个世界变得更好做贡献……可以说，教师的质量决定了教学、科研和社会服务的质量。我想教师的质量、学生的质量，以及我们所获得专利的数量都是非常重要的。它表明我们是否解决了现实世界中存在的问题，能否让我们的世界变得更加美好。（Maury Cotter 语，质量改进办公室主任）
>
> 我所理解的高等教育质量是教学、科研和社会服务质量的联合体。教师的质量是核心，因为它决定着教学、科研和社会服务的质量。另外，优秀的教职员工更有可能培养出具有创造力、批判精神、问题解决能力的学生，激发学生的潜能。使我

们的学生更成功就是提高了我们的教育质量。（Jeffrey Hamm 语，教育学院本科生学术事务管理副院长）

4. 校内相关评估制度和措施是改进教育质量的有效方式。威斯康星大学麦迪逊分校校内存在一系列与教育评估相关的制度和措施，如威斯康星经历、项目规划与评估、自我评估、教育创新、通识教育需求、教学评估、教职审核等。这些测量制度和改进措施如璀璨繁星遍布在威斯康星大学麦迪逊分校的各个角落，形成一张内部质量保障的工作网，持续改进和提高其教育质量。

> 几乎每位与我一起工作的领导都认为，他们的工作是改善和维护教育质量。我们每个部门都有自己的目标和使命，都致力于提高教育质量，使学生获得成功。同时，每个部门都有自己的测量项目，这些措施都源于教学实践，与课堂教育和课外教育紧密衔接，收集教育教学相关数据、发现教育教学过程中潜在的问题。一方面，回应社会上的教育问责；另一方面，在掌握教育教学具体信息的基础上探求有效渠道，提高教学质量。例如，我们的质量改进办公室为学校的所有行政和学术单元提供定制化的专属服务，帮助校内学术组织完成机构重组、效能提高等任务；我们的学术规划与院校研究办公室主要负责收集校内教学运行的相关数据，为校内和整个教育系统相关部门其他措施的制定和报告的撰写提供数据支撑；我们的学生学习测量办公室负责收集、发布各学院各专业的基本学习目标，并为本科、硕士、博士等项目提供测量模板和学习成果测量辅助工作……另外，我们的"威斯康星经历"是对高等教育教学质量最好的总结。"威斯康星经历"描述了学生在威斯康星大学麦迪逊分校获取学位的过程中，接触到的将课程学习与课外经历相整合的独特的教学模式，致力于将世界变得更加美好。（Sarah Mangelsdorf 语，教务长兼主管学术事务副校长）

第四节　本章小结

从本质上讲，绝对的高等教育质量是不存在的，因为不同利益相关者基于不同的利益诉求所形成的认知和意义建构是不尽相同的。它是一个复杂、多层面、多维度、动态性、发展性的概念，具有情境化和利益相关主体认知差异化的特点，脱离认知主体讨论高等教育质量是不科学的、片面的。换言之，高等教育质量具有相对性，它表现在不能简单孤立地讨论"质量"或"教育质量"，必须指明"谁的高等教育质量""高等教育质量的哪些方面"。唯有全面考量校内利益相关群体对于教育质量的利益诉求和价值判断，才能在特定情境下，辩证统一地、批判性地理解高等教育质量的本质和内涵，为下文的分析打下扎实的认知基础。

笔者结合在威斯康星大学麦迪逊分校的实际调研，研究发现该校学生、教师和院校行政管理者三大主体对于高等教育质量的认知和理解存在一定的差异。首先，学生作为消费者，其视角下的高等教育质量主要包括四个维度：第一，习得有价值的知识和技能是高等教育质量的核心；第二，"学生中心"是高等教育质量的基本原则；第三，高效的课程设计和可量化的教学目标是高等教育质量的过程表现；第四，学习成果与未来职业准备之间转换程度是高等教育质量的评价方式。其次，教师作为生产者，其视角下的高等教育质量主要包括五个维度：第一，学术自由是培育优质教育质量的土壤；第二，教师质量的高低直接决定教育质量的优劣；第三，根据市场对人才的需求培养学生是有效衡量高等教育质量的标准之一；第四，高等教育质量是学生实现自我提升的程度，表现为个体素养和能力两方面；第五，高等教育质量通过学生长远发展成就和实际生活质量体现。再次，院校行政管理者作为举办者，其视角下的高等教育质量主要包括四个维度：第一，高等教育质量即满足不同学生群体对于学习经历的需求；第二，高等教育质量可体现为大学人才培养效能，包括学生学习增值和出口质量两方面；第三，高等教育质量取决于教师质量和对优质师资的吸引两方面；第四，校内相关测量制度和措施是改进教育质量的有效方式。

研究发现，三大主体对于高等教育质量理论内涵的理解也具有很多共识，它们成为该校开展内部质量改进工作的情境化认知基础，推动着教育教学质量的持续改进与提升，主要包括以下四个方面：

第一，"学生中心"的教学和管理理念深入人心。在受访者中，尤其是院校行政管理者普遍认同学生作为顾客和消费者的身份定位，同时他们非常尊重多元化学生群体对于高等教育的差异化期待和需求。教师和行政管理者普遍表示，高等教育质量是在识别学生主体特征的基础上，尽可能达到消费者的满意和需求。故此，教师的授课内容和形式、管理的理念和操作规章均遵循"学生中心"原则，使学生切实感受到自身拥有被充分尊重的主体地位。

第二，基于能力的教育。威斯康星大学麦迪逊分校注重基于能力的教育，以学生学习能力而非成绩作为评判教育质量的重要指标，重视学生能否且如何将所学到的知识和技能运用到实际工作当中。教师和行政管理者普遍关注毕业生的毕业去向和长远发展。其培养理念表现在，课程学习的效能不仅在于引起学生对某领域相关问题的讨论和反思，更在于培养学生的批判能力、解决问题能力、团队合作能力，这些能力将转化为个人素质，与学生相伴始终，支持他们未来在职业生涯和现实生活中获得成功并获得长远发展。

第三，教师质量对教育质量起到决定性作用。学生、教师和院校行政管理者无一否认教师质量的决定性作用。教师是教学科研活动的主体，知识、技能、思想的重要传播者，教师的质量直接决定了以课堂教学、科学研究、社会服务为构成要素的高等教育质量，因此提高教师质量是提升高等教育质量的重中之重。

第四，增值评价是大学测量人才培养效能的有效方法。将"高等教育质量视为一种教育投入与教育产出之间的增值"是威斯康星大学麦迪逊分校院校行政管理者对于高等教育质量理论内涵认知的重点和亮点。威斯康星大学麦迪逊分校实施增值评价的具体操作流程是，首先，在开学时对每位入学新生组织"摸底考试"，以考试成绩决定通识教育课程的分班情况。此做法一方面有助于摸清学生学习的起点质量，另一方面秉承因材施教的理念，将学生依据不同的能力水平分配至适合自身学习条件的课程。其次，各院系教师通过定期实施学生学习成果评估，掌握各教育教学过程的培养质量和学习效果的支持性证据，获得阶段性教学质量。再次，学校以组织毕业生参加出口调查、制定面向社会雇主的满意度调查、学生参与全国性统一考试等方式全面收集学生学习的终点质量。最后，学校通过整合并计算学生学习的起点质量、阶段性教学质量和终点质量，测算出教育过程的增值以反映大学在人才培养方面的效能。但如何准确、科学地测算出学生学习起点质量与终点质量之间的增量，仍是一项世界性难题，该校的教师和行政管理者通过各种测量性实践活动，在教育教学过程中不断探索，寻求解决之道、应对之策。

第 五 章

组织分析：内部质量改进的实践主体

　　本章以案例背景分析和校内利益相关者对"高等教育质量"内涵的情境化认知为基础，将研究镜头逐步深入到内部教育教学质量的实践层面。研究威斯康星大学麦迪逊分校内部质量改进实践工作的首要任务是辨清行动主体，进而分析这些行动主体在校内治理体系中的地位，以及它们在内部质量改进实践过程中扮演的角色、承担的责任、发挥的作用。因此，笔者以组织理论为视角，对该校内部承担教育教学质量改进职责的组织机构展开分析。依据组织机构实施改进制度的数量及其对提升教育质量的重要性程度，可将其分为三大类：战略性组织、核心组织和辅助性组织。

　　本章采用实物分析和访谈分析相结合的方法，通过搜集到的"正式的官方类"文件实物资料，初步掌握被研究组织的概况；再将与组织负责人进行"一对一"半结构化访谈所收集的第一手资料作为补充，以全面深入地把握组织的创办历史、运行模式以及对内部教育教学质量改进工作发挥的效能。研究关注以下问题：这些组织机构在何种社会背景下被建立起来？组织机构设立的初衷是什么？其功能在历史上发生了哪些变化？组织机构当前的使命和责任是什么？如何运转？为实现改进教育教学质量的目标，组织与校内外相关组织间的工作模式是什么？在对上述问题寻求解答的基础上，尝试归纳出组织视角下的内部质量改进的实践特征，并探索这些组织机构形成何种内部质量改进主体关系网络，它们能否通过协商共治的方式建立一套较为完善的内部质量改进体系，以及这一内部质量改进体系与外部高等教育认证如何互动。

第一节　战略性组织：全面统筹

1. 组织概况

教务长办公室（Office of the Provost）为整个大学的学术领导和有关学术事务的行政管理工作提供指南、导向和框架，其使命和任务在于管理学术项目并制定学术事务管理政策，使之有益于学术人员、教师和学生，通过促进校内同事之间的协作，加强和拓宽大学的学术生活。该办公室和教务长本人为校内大量学术项目及相关管理举措的实施承担主要责任。

2. 组织的人员构成及机构设置

教务长兼主管学术事务副校长莎拉女士（Sarah Mangelsdorf）是大学的首席运行官（chief operating officer），是校长下的第一人，对整个大学的学术领导和学术项目管理承担副校长职责，当校长空缺时，教务长扮演大学首席执行官（chief executive officer）的角色。教务长的主要责任包括：12 个学院（schools and colleges）的学术项目（或专业）规划；教职人员发展和人事监管、学术事务管理、预算规划与管理、招生管理、平等与多样化办公室、通用图书馆系统、信息技术、质量改进办公室、多样性措施、扩展和延伸项目以及与其他副教务长在设施规划与管理、法律和政策管理等领域的合作。教务长与学院院长、教职人员、管理人员以及行使大学共治职责的学生委员会具有密切的工作联系。

教务长办公室除教务长之外，还包括副教务长和副教务长助理（详见图 5-1），具体包括 8 位业务主管副教务长（主管信息技术副教务长兼首席信息官，主管学生生活副教务长兼教导主任，主管终身学习副教务长兼继续教育办公室主任，主管图书馆副教务长兼大学图书馆馆长，主管教职员工事务副教务长，主管招生事务副教务长，主管教学事务副教务长，主管多样化、平等和教育成就副教务长），3位副教务长兼核心工作办公室主任（院校研究与学术规划办公室主任、质量改进办公室主任、学生学习测量办公室主任），以及15位学术组织负责人（各学院院长）。他们的基本职责在于广泛地促进和支持校内的学术项目，不断加强和改进教育教学质量，回应社会问责，并配合由高等教育委员会（Higher Learning Commission，简称 HLC）实行的教育认证和再认证项目。

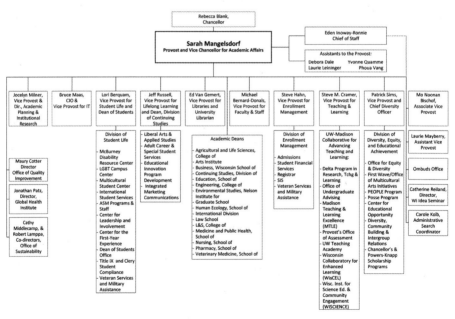

图 5 - 1　教务长办公室组织机构

资料来源：Office of the Provost Organizational Chart，https：//provost. wisc. edu/documents/Provost%20Org%20Chart%202017 - 02 - 01. pdf。

3. 组织的主要职能及其在内部质量改进实践中的角色定位

教务长办公室是校级学术领导和管理机构，是在校长办公室下管理全校学术事务的核心部门，属于校内顶层组织机构设计，负责宏观层面对学科、专业、课程以及其他学术项目制定全局性和普遍性的学术管理规则，并对校内本科及研究生教育教学质量承担主要责任。办公室内各副教务长承担其业务范围内的相关职责，具体内容将在核心组织部分展开。对于内部质量改进实践而言，教务长办公室被视为校内实施内部质量改进行动的重要组织机构的集合。换言之，校内一切与教育教学质量改进相关的组织机构都与教务长办公室密切相关、紧密合作。每位副教务长和办公室主任承担教务长助手的角色，将各自分管的业务内容向教务长总结汇报以配合教务长的工作，并协助其做出科学合理的治理决策。

> 作为教务长，我认为，几乎从每项度量指标来评价，我们威斯康星大学麦迪逊分校的教育教学工作都是非常成功的，但我们仍然努力追求更好。我认为，我们现有的学术专业和学术单元组织都是非常有效并且成功的，我们的外部教育认证结论很好地支持了这一点……我们教务长办公室对于这一教育成就的产生而言功不可没，起了非常重要的作用，应该说几乎每一位与我一起工作的副教务长、主任和助理们都在为改善和维护教育质量而不懈奋斗着。我们的工作涉及学校教育教学的各个领域，我们研发改进措施、制定学术管理政策，为校内各基本学术单元提供指南、支持和向导，我们的最终目标是实现学校的教育使命与愿景。（Sarah Mangelsdorf 笔述，教务长兼主管学术事务副校长）

第二节　核心组织：分工协作

虽然教务长办公室的工作内容包罗万象，涉及校内教育教学质量改进工作的方方面面，但通过对部门网站信息的分析，以及与教务长、副教务长等重要院校行政管理者的访谈得知，具体质量改进措施的制度设计和方案实施最终落脚于质量改进办公室、学术规划与院校研究办公室、学生学习评估办公室、教学副教务长办公室这四个核心组织。笔者将从组织的创立、使命与愿景、人员构成及机构设置、主要职能及其在内部质量改进实践中的角色定位、组织与校内外相关组织间的工作模式五个维度对核心组织进行解构，在较为全面掌握组织基本概况信息的基础上，分析这些核心组织为何而建、如何运转，并探究其在内部质量改进过程中扮演的角色、发挥的作用。

一 质量改进办公室：项目咨询专家

1. 组织的创立

全面质量管理理念助推质量改进办公室的组建。质量改进办公室（Office of Quality Improvement，以下简称 OQI）于 1990 年在时任校长 Donna Shalala 的领导和研究生院主任 John Wiley 的资助和支持下成立。首先，办公室组建之初的工作重点聚焦于流程改进（Process Improvement），原因在于，时任校长受到了全面质量管理理论以及招生过程中各高等教育机构对于优质生源激烈竞争的启发。

1990 年，企业界正在盛行着一股强大的全面质量管理运动（Total Quality Management）。全面质量管理理论有很多原则，其中最首要的原则是你要理解你的服务对象的具体需求，并且促使这些需求成为目标，进而不断提升和实现这些目标。所以当时的校长 Donna Shalala 受到这一思想的影响，她认为学生应该像"顾客"一样被对待。她发现，学生在申请研究生入学时需要排队等待很长时间才能得到研究生院是否录取的结果，并且发现为了获得学位，学生们要学习一些对他们自身而言没有意义的课程。她认为学校的录取结果不应该让学生等待如此之久，学生应该选择那些他们需要的、有兴趣的课程来学习，学生作为顾客的需求应该被理解和满足，这就是当时的校长决定建立质量改进办公室的原动力。于是，我们的第一个项目就是关注研究生申请入学程序（admission process for graduate students），我们的目标是缩短整个流程，尽快对申请者做出反馈，更重要的是我们也在和其他教育机构竞争，由于我们可以给学生更快的回复结果，使我们有机会获得更好的生源。研究生院主任John Wiley 作为团队成员之一参与到这个流程改进项目当中，使研究生入学录取结果速度从平均 99 天缩短到 9 天以内，赢得了"今日美国质量认可奖"（USA Today Quality Recognition Award）。（Maury Cotter 语，质量改进办公室主任）

其次，1991 年质量改进办公室的工作职能在副校长兼教务长David Ward 的领导下扩展到战略规划领域（Strategic Planning），他带领学校管理者重新编写"未来的方向"（Future Directions）——基于 1989 年由学校教职员工编写的作为学校认证的重要文件，定义了大学未来发展的工作重点。时任教务长 David Ward 后来指出，"我做过的最激进的事就是重拾学校战略规划并实施它"。从那时起，质量改进办公室紧密协助校长、教务长开展有关校内教学和发展的各项工作，配合制定校园战略规划以及工作重点的开展和实施。例如，每五年更新一次战略规划、制定年度进展报告、在 1999 年和 2009年学校认证项目中设计并促进基于教师视角相关文件的制定。在这一时期，质量改进办公室的工作也包括处理全校范围内一些院系的咨询需求，历史学院是第一个寻求协助的学术单位，"集群招聘"（Cluster Hiring）是第一个校园范围内的学术活动。

最后，质量改进办公室在发展过程中逐步把握为学校提供最佳服务的机会，新增项目管理（Project Management）职能，解决了更多更复杂、更具挑战性的项目。截止到 2000 年，校内已有 100 多个学术组织提出咨询请求，时至今日，办公室三分之二的工作服务于校内学术组织。

2. 组织的使命与愿景

（1）组织的使命——成为持续促进大学卓越发展的催化剂。OQI协助校内各组织单元实现自己的目标，使各组织单元之间相互连接、实现资源利用最大化，激励创新并分享最佳工作实践。OQI的核心竞争力是为校内各组织提供咨询和支持性服务以实现如下目标：第一，战略性地思考各组织自身的发展目标及实现路径；第二，清晰地表述各组织的核心价值，并把脉期望和需求的变化；第三，厘清并简化组织的工作流程，使之更加高效。

（2）组织的愿景——被越来越多的客户信任和重视，成为他们在组织设计、组织目标转型和实现过程中不可或缺的伙伴。OQI通过以下三个方面衡量组织愿景的实现程度：第一，在制定、实施或测量校内组织单元战略决策及其影响方面寻求帮助的数量；第二，协助校内组织单元的数量和范围；第三，提供的核心服务与客户所需的支持是否无缝衔接。

3. 组织的人员构成及机构设置

质量改进办公室共有15位工作人员。其中包括8位内部咨询顾问、1位行政管理者、1位兼职行政管理助理、1位兼职学生、3位退休的工作人员和1位可以在工作高峰期临时从事工作的兼职人员。组织中的每位工作人员均有各自业务强项，有的擅长战略规划、有的擅长流程改进、有的擅长协调沟通，当成员退休或离职时，组织才会招聘替代的工作人员。组织没有书面的工作规则或行动指南，工作人员多为具有极高工作热情和专业工作能力的资深咨询顾问，从而保证以少量的核心成员高效完成校内每年100多项质量咨询请求的工作。

　　我们没有成文规则规定员工的行为和工作，所以很多时候员工的工作都超出我们的预期，我们给员工更灵活的工作时间反而更有利于他们创造出更多的价值。因为他们都很在意并愿意为他们的顾客服务。我们的工作都很有趣，能够吸引那些真正对这份工作感兴趣的人，所以员工有很大的工作积极性。（Maury Cotter 语，质量改进办公室主任）

4. 组织的主要职能及其在内部质量改进实践中的角色定位

（1）组织的工作重点

第一，推进校园战略重点：将组织的专业知识和技术贡献于校内战略重点，以帮助学校获取最佳利益并对学校发展产生深远影响。第二，帮助客户实现预期结果：设计服务、界定参与，进而执行并实现结果。第三，激发卓越：为最佳实践案例提供机会使其得以发展、捕捉、学习、扩大影响力，从而实现最佳效果。第四，支持领导者：理解领导者工作中的需求，支持他们的领导力发展，助其实现成功。第五，提升组织服务以满足客户需求：持续不断地保持需求、挑战和机会的调整，在需求不断增长的背景下提升内在能力、优化资源配置。

（2）组织所提供的服务

OQI 为校内所有学术和管理组织所提需求提供定制化的咨询和指导服务。办公室的工作始于深入倾听每位顾客的需求，进而专项制定工作方案，协助各组织定义他们的组织目标，然后为这些目标的实现提供有效的方法和措施。办公室最有效的工作是，有能力向顾客提出关键问题，以此帮助他们发现难题的症结所在，并且寻找最妥善的解决途径。OQI 的专家顾问熟悉各种规划设计和改进的方法，从外部视角帮助校内各组织识别发展中的核心问题。OQI 专家顾问的协助范围包括：设计和实施项目、战略规划和长期规划、识别年度目标并制定行动计划、改善工作流程、识别和事先预计学生的学习成果、创建数据采集系统来确定教学或服务的需求、为院系行政管理提供支持、提高会议的有效性和生产力、发掘长期存在的问题根源、考虑和设计替代性的组织结构、建立项目管理的工具和流程。

我们相信，我们的工作是要去发现人们的需求，然后为客户的需求提供定制化（customizing）的服务。我们做很多事情，制定规划（planning）、流程重组（reconstructing）和当产生争议时的调解仲裁（mediating）。我们也做一些项目管理（project management），有时也有一些合并项目（merging departments），有时也帮助领导分析一些实际困难。随着时间的推移，人们的需求和感兴趣的事物变了，于是我们就随着客户需求的变化而变革了，尝试服务于他们准备做的新事物。所以，尽管 5 年前，人们没有想过要合并院系（merging departments），但现在我们有预算限制（budget restrictions），人们就开始想做这件事情了，所以这就是我们功能变革的一个新案例。我们现在就在帮助那些受限制的组织和个人，这也是我们之前没有遇到过的。我们发现，最近越来越多的人关注"领导力咨询"（leadership coaching），这也是一些新的变革，或是改变管理方式（change management）等。在项目管理上（project management），我们常常帮助一些负责小型项目管理的人转向更大型的项目管理，所以说项目管理也是很重要的。（Maury Cotter 语，质量改进办公室主任）

（3）组织在内部质量改进实践中的角色定位

在 26 年的发展历程中，质量改进办公室作为一个内部咨询组织，运用大量的专业知识和测量工具为校内所有学术组织和行政管理单位提供咨询和辅助服务以促进和提高其工作有效性，扮演着项目咨询专家的角色。在 2014—2015 年的工作中，OQI 协助了 54 个院系等学术组织、30 个行政管理组织、14 项校内项目、5 个校外组织、3 个威斯康星系统（UW System）组织①，更新至 2015—2016 年，

---

① 资料来源：https：//oqi. wisc. edu/resourcelibrary/uploads/resources/OQI-Annual-Report-2014-15. pdf。

OQI 所提供的咨询服务已超过 193 项。OQI 在 26 年间所帮助过的校内组织单位超过 275 个，其中超过 200 个学术组织（学院、系、项目、研究中心等）向其提出咨询需求，作为顾客的学术组织数量比例约占 2/3，OQI 为全校教育质量的提升和促进工作起到宏观的战略指导作用。校内领导或组织获悉 OQI 提供服务的方式通常是校内同行（campus peer）基于 OQI 咨询效果满意度的口口相传和同事之间的相互推荐，此同行推荐系统（peer referral system）对 OQI 的工作持续不断地提出高标准、高要求。

第一，在学校战略规划的制定和执行过程中，OQI 扮演的角色主要包括：协助教务长及其办公室撰写战略规划，界定和实施重要事项及创新活动，协助学院、部门和校内行政组织的发展计划与全校战略规划保持一致，协助撰写年度进展报告，协助自我研究报告撰写过程中的广泛参与和主题研究。

第二，在流程改进领域，OQI 提出了"加速改进"（Accelerated Improvement）这一已被证实有效的方法，包括系统的先进的规划、明确的目标、进步的措施和可操作的重点解决方案，协助校内组织实现流程改进。OQI 提供了诸多工具和模板以协助校内学术和行政组织有效开展项目规划（如项目管理、项目追问），理解流程（如流程图指南、焦点小组指南、帕累托图、头脑风暴技巧、五个为什么根源分析方法"Five Why's" Method of Root Cause Analysis 等），决策制定（标准度量、场域分析、点投票等），测量影响（功能影响测量 Functions of Impact Measures、为什么测量系统失败 Why Measurement Systems Fail、测量系统的有限性 Limitations of Measurement Systems、校园度量 Metrics on Campus 等），实施变革（执行战略规划 Executing Your Strategic Plan、行政管理过程重塑 Administrative Process Redesign 等）。这些工作方法十分具体、形象、易懂和实用，是校内组织提高教育教学质量的有效管理手段。

第三，在组织重塑领域，OQI 为校内工作团体提供分析组织结构、工作流程和评估组织功能的常用工具。例如，SWOT 优劣势分析、团队共创法（Consensus Workshop）、激励法（Appreciative Approach）、功能分析法（Functional Analysis）、角色和任务度量模型（Roles and Responsibilities Matrix Template）等。OQI 帮助顾客在不断变革的环境中，创建一个循序渐进的过程，改善组织的工作流程和团队结构。

第四，在项目管理领域，OQI 为组织项目管理质量的提高提供多样化的工具和模板，包括交流规划模板（Communication Plan Template）、甘特图模板（Gantt Chart Example）、项目合同概述模板（Project Charter Overview）、项目单元小型研讨会模板（Project Charter Mini-Session）、项目收尾报告模板（Project Closeout Report Example）、项目管理框架（Project Management Framework）、风险评估模板（Risk Assessment Template）、状态报告模板（Status Report Template）、项目管理顾问模板（Project Management Advisor Templates）、工作分解结构模板（Work Breakdown Structure）以及其他用于了解项目需求的可视化工具。

5. 组织与校内外相关组织间的工作模式

（1）与校内相关组织的工作模式

第一，宏观管理。从校内科层制管理模式来看，OQI 属于校内宏观管理层级，其咨询和服务角色覆盖所有校内组织，是校内教务长与学术事务部门（Provost and Vice Chancellor for Academic Affairs）下设的办公室之一，其工作内容直接向教务长汇报，对教务长负责。

> 我们办公室直接对教务长作报告，对教务长负责。我想应该算是宏观管理，因为我们的工作贯穿于整个校园（our role across the whole campus）。（Maury Cotter 语，质量改进办公室主任）

第二，与校内诸多领导和组织协同合作。OQI 的多项工作属于学术领域，与校长、院长、系主任、学术项目负责人合作密切，协同解决学校发展面临的诸多困境。可以说，OQI 会与校内所有需要协助的组织部门建立工作联系，通过案例展示（Showcase）、领导人论坛（Chair Chats）等形式在问题相近领域共享资源、分享工作经验。

> 我们为校内所有向我们寻求帮助的组织单元提供服务，所以可以说我们为我们大学的每个组织单元工作。我们提供的是一个内部咨询的服务，通过申请的方式向每个人开放（internal consulting service available to everybody by request），而不是命令的形式。我们和校内其他组织之间就是一种咨询关系（consultant relationship），常常是一些领导要求帮助，可能是护理学院的主任（the dean of nursing），也可能是副校长（the vice chancellor for university relations）。也就是说，谁向我们提出需求我们就去帮助谁。学院和系所也会常常向我们寻求帮助，我们办公室超过 2/3 是关于学术组织的，我们为此感到非常骄傲和自豪，因为这在其他大学是几乎不可能实现的，比起我所知道的其他组织，我们有一个非常强大的联盟，特别是在学术领域这块。（Maury Cotter 语，质量改进办公室主任）

第三，与学术规划院校研究办公室（Academic Planning and Institutional Research，简称 APIR）和管理过程重组办公室（Administrative Process Redesign，简称 APR）建立重要工作伙伴关系。一方面，OQI 与 APIR 和 APR 呈合作伙伴关系，共同帮助其他校内组织。APIR 为 OQI 工作过程中制定决策、重塑学术组织单元提供必要数据支持，APR 为 OQI 筛选工作范围、推荐校内顾客，使 OQI 的工作与顾客的需求相匹配。另一方面，APIR 和 APR 也是 OQI 的客户，OQI 协助二者解决战略规划、组织设计、领导力促进等现实难题。三者间的工作关系依具体项目和特定工作内容而定。

　　我们和 APIR 是合作伙伴关系，他们非常重要，他们有数据，我们和他们像合作伙伴一样工作。但我们也不总是合作伙伴，那取决于我们做的是什么工作，我们为 Diversity，CIO 提供咨询，我们也常和 Enrollment Management Division 一起工作，协助 Library 的基础设施建设，我们帮助 Teaching and Learning 组织重组，我们也帮助过 Undergraduate Advising，我们为类似的很多组织提供过咨询。（Maury Cotter 语，质量改进办公室主任）

　　第四，通过"案例展"（showcase）的形式为校内组织搭建典型案例和成功经验交流的平台。OQI 的案例展自 2000 年起，每年 3 月举办一次，是校园内的传统活动，为那些在学术和行政双重领域渴望分享成功案例经验、与别人相互学习以提升和改进工作流程、学习环境和校园氛围的人提供机会。案例展对校园内所有成员免费开放，所有校领导、学术人员、教职人员、行政人员、学生均被鼓励参与其中。这一实践活动的工作宗旨在于"最聪明的人在一起，学习和分享最佳的工作实践，促进校园最大程度的提升和进步，领导卓越和创新之路"。2016 年，很多学院、学术组织参与了案例展，展示本部门在教育教学活动中的创新和成功经验，例如教务长办公室在全校范围内推广的"教育创新计划"（Educational Innovation Initiative）、天文系的"本科生招聘策略"（Undergraduate Recruitment Strategies）、同伴学习组织的"教学模式学习"（Learning by Teaching Model）、医学院的"学术项目混合取向提高学生学习产出"（Academic Programs Blended Orientation Improves Student Outcomes）等。校内各教育组织基本单元可借助 OQI 的业务协助获得教育质量促进工作的最大成效，具体影响过程如图 5 - 2 所示。

　　（2）与校外相关质量促进组织的主要工作模式

　　第一，作为美国国内"改进与持续创新协会"（Network for Change and Continuous Innovation，简称 NCCI）的共同创立者和重要

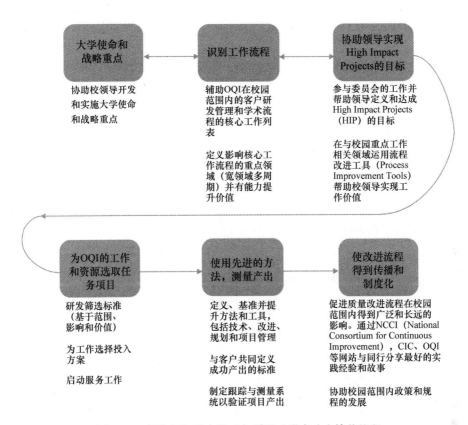

图 5 - 2　教育组织基本单元与质量改进办公室协作流程

资料来源：http://oqi. wisc. edu/resourcelibrary/uploads/resources/leveraging%20for%20impact%20chart. pdf。

成员之一。① OQI 作为共建者之一，自 1999 年起参与了 NCCI 的筹建，OQI 的工作人员曾担任 NCCI 的主席（OQI 的主任 Maury Cotter

————————

①　说明：NCCI 于 1999 年在高等教育质量促进领域专业工作人员的发起下成立，作为一个非营利团体，它致力于改善美国国内高等教育质量，并在国际范围内通过提供一个专业化的合作网络，促进学校管理领导力的变革。NCCI 的使命和宗旨在于通过定义、提升、支持和共享成员间有效的质量促进实践案例的方式来提升高等教育中学术和行政事务的发展，为协会中成员（高等教育部门及其他从事质量促进工作的专业人员）创造彼此交流、相互吸取成功经验的学习机会，最大限度地实现创新所带来的成效，发挥高等教育管理变革和质量提升工作中领导者和推动者的角色，以合作的模式为实现高等教育质量提升的目标提供最优解。

女士于 2005—2007 年担任 NCCI 主席）、副主席、秘书或理事会成
员，主要承担与美国高等教育协会以及其他大学同行的联络
工作。

> NCCI 是一个自发成立的组织，你可以参加并通过它向其他
> 大学学习。它就好像是一个合作网络可以分享交流思想（share
> ideas）。它不像是一个政府组织，它不指挥任何事。我们是 NC-
> CI 的成员和创建者之一，积极协助这个组织的成立和发展。
> （Maury Cotter 语，质量改进办公室主任）

第二，作为其他高等教育机构和同行们借鉴和学习的基准与标
杆。仅从工作流程角度讲，OQI 与其他高等教育机构在业务上无过
多交集，因为各个高校的质量促进工作都聚焦于本校的实际案例，
基本不受他人制约。但与其他学校从事质量改进的工作机构相比而
言，OQI 成立较早，且善于解决学术方面的质量改进问题，在同群
机构中工作内容丰富、工作效果和优势突出，常为其他高校的工作
伙伴提供成功实践的案例，分享成功经验，是同行们效仿的标杆和
基准。美国国内和世界上已有许多大学访问并学习 OQI 的组织结构、
工作模式和方法，并效仿 OQI 的"案例展示"（Showcase）以分享交
流成功经验。[①]

二　学术规划与院校研究办公室：基础数据分析者

1. 组织的创立

学术规划与院校研究办公室（Academic Planning and Institutional
Research，简称 APIR）作为教务长办公室下设的重要职能部门之一，
承担学术规划和院校研究两项最基础、最核心的职能，通过统计数

---

① 资料来源：Office of Quality Improvement（OQI）—26 Years of University Service
Positioning for the Future，June 20，2016。

据、问责报告、认证报告等关键项目和研究结果的发布，对全校教育发展方向、教学实践指标完成情况加以描述，有助于校内校外利益相关者获悉学校教育教学过程的基本情况，使校内相关组织机构在此基础上找到改进教育质量的突破口。APIR 的创立可追溯到 20世纪 70 年代，它由预算办公室和学术规划与分析办公室合并而成，主要分为四个阶段：（1）70 年代预算办公室作为 APIR 的雏形而存在，负责为校领导的决策提供数据支持、协助产出联邦报告（federal reporting）或其他外部报告；（2）90 年代初期作为 APIR 前身的学术规划与分析办公室成立，为教务长提供有关教育教学的数据报告，包括学生进步和学生成就；（3）随着统计职能的专业化和多元化，在 2003 年，APIR 转向只承担为教务长提供报告的职能；（4）2011年组织被更名为学术规划与院校研究办公室。

　　对于 APIR 的成立史并没有具体详细的文件记录。大致过程是，早在 20 世纪 70 年代，APIR 的雏形是作为现在的财务和管理副校长办公室（the office of the Vice Chancellor for Finance and Administration）中的一部分存在，工作的主要职能是服务于预算办公室（Budget Office）。它为院校事务提供分析（analysis for matters of institutional），为校领导的决策提供数据支持、协助产出联邦报告或其他外部报告。在 20 世纪 90 年代初期，作为 APIR 前身的学术规划与分析办公室（office of Academic Planning and Analysis）成立，职责是为教务长和管理副校长（the Vice Chancellor for Administration and the Provost）提供有关学术规划与分析（Academic Planning and Analysis）等数据报告，工作内容越发聚焦于对学术事务的考量，包括学生进步和学生成就等。2003 年，随着统计职能的专业化和多元化，APIR 转向只承担为教务长提供报告的职能。到了 2011 年，组织被更名为学术规划与院校研究办公室。成立 APIR 的社会背景也没有正式的记录，我想，一方面，应该是基于社会问责和学校管理的实际需求；

另一方面，随着计算运用能力的增长和数据的积累，学校对于教育教学过程中的统计数据需求显著，在20世纪70年代，为配合联邦政府制定院校报告，APIR中的部分职能开始形成。APIR在2011年更名是因为当时的教务长 Paul DeLuca 认为，如果仅是学术规划与分析办公室这个名字则很难让别人通过名称搞清楚我们还有院校研究的职能，因此他要求我们做这个改变。(Jocelyn Milner 笔述，副教务长兼院校研究与学术规划办公室主任)

2. 组织的使命与愿景

APIR 的工作使命在于，为校内领导和学术组织负责人做出与教育教学相关的决策提供专业的分析和数据支持。具体而言，第一，作为院校研究办公室，对校内决策制定、政策发展和评估进行研究分析，为内部和外部"观众"提供官方数据。在院校研究过程中，APIR 提供的数据和政策资源聚焦于四大主体：(1) 学术人员和其他职员；(2) 学位、专业、以获得资格证书为目标的学习项目；(3) 学院、系、研究中心；(4) 课程。APIR 所涉及的主要研究和分析活动包括：招生建模和招生预测；统计学生保留/毕业率和获取学位所用年限；追踪教师招聘、保留、流动和学术活动；教职和行政管理人员工资的比较；课程产出（包括分级模式 grading pattern）；以项目制为基础的学生招生模式和产出。第二，作为学术规划办公室，APIR 是高等教育认证委员会 (the Higher Learning Commission for Accreditation) 的联络机构，提供与学术规划相关的支持性和辅助性活动。

我们工作的指导思想是努力工作，推进大学在教学、科研和社会服务领域的工作使命，协助他人完成相关工作。为推动学校教育质量的提升，我们尽自身最大努力跟随全美院校发展趋势，做好数据管理和分析工作，并保持领先地位。数据和分

析的作用一方面在于证明对一个政策或项目的需求，另一方面
在于证明政策或项目的有效性。（Jocelyn Milner 笔述，副教务长
兼院校研究与学术规划办公室主任）

3. 组织的人员构成及机构设置

APIR 共有 8 名正式工作人员，成员精简、分工明确、工作内容
涉及全校范围内与学术发展相关的一切管理活动，详见表 5-1。

表 5-1 　　　　　学术规划与院校研究办公室人员配置及工作职责

负责人	工作职责	工作领域及重点内容
Jocelyn Milner	主任兼副教务长	（1）向教务长作报告、监督整个 APIR 的工作；（2）从属于大学学术规划理事会，负责学术规划、项目审查、学术政策制定、校内数据管理和分析等相关工作
McKinney Austin	政策规划分析师	（1）问责制报告；（2）校内大数据（Data Digest）和实事（Fast Facts）等出版物制作；（3）学分数据系统报告分析；（4）课程产出和年级趋势分析；（5）本科生在威斯康星经历（Wisconsin Experience）活动中的参与率；（6）为教育创新（Educational Innovation）学术项目提供辅助支持
Margaret Harrigan	杰出政策规划分析师	（1）教职员工问题，包括薪酬公平、招聘和保留、岗位晋升评审、终身教职数据等问题；（2）本科生调查，包括学生参与的全国性调查（NSSE）；（3）与人力资源管理系统（EPM）合作，提高数据访问的有效性；（4）委员会参与：大学女性委员会、女性领导科学与工程研究所
Clare Huhn	高级政策规划分析师	（1）本科招生及与招生相关问题，例如入学渠道分析；（2）财政资助趋势；（3）课程成就差异和本科生课程成功，包括学术建议；（4）学生保留和毕业模式、比例；（5）招生建模；（6）预算再分配项目；（7）学分数据系统报告分析；（8）在数据相关的问题上，与威斯康星大学管理系统建立联系；（9）参与数据完整性咨询小组（Data Integrity Group）的工作；（10）委员会参与：信息技术委员会、本科通识教育委员会
Sarah Kuba	副学术规划师	（1）国家远程教育授权；（2）资格证书项目；（3）辅助支持大学学术规划理事会
Allison La Tarte	政策规划分析师	（1）问责制报告；（2）学术分析；（3）教师和新员工招聘，员工保留和外部供给；（4）美国大学教授协会（AAUP）教师薪资；（5）院系规划文件

续表

负责人	工作职责	工作领域及重点内容
Sara Lazenby	政策规划分析师	（1）学位和资格证书趋势；（2）获得学位时限；（3）比较行政薪资对等数据；（4）整合毕业后规划问卷；（5）在数据库中维护学术规划和学术辅助方案归因数据；（6）为出版商和排名调查机构提供数据的主要联系人；（7）参与委员会：校园多样性和氛围委员会
Michelle Young	学术规划师	（1）课程审批流程；（2）学术规划和学术政策的辅助支持

资料来源：https：//apir. wisc. edu/about. htm。

　　我们的组织结构很简单，我是主任，另有5个政策分析专家和两个学术规划师，他们都向我作工作汇报。我们的工作人员尽可能多地完成工作任务，并依据工作的重要性和紧迫度对工作排序，每个人都有各自的专长领域，在某些重大工作项目中，员工的工作任务有所重叠。我们的工作受政策环境和行政管理规则指导。例如，大学章程（Ch 36 of the WI State Statutes）、董事会规程（Board of Regent policy）、教师政策和程序（Faculty Policies and Procedures）、APIR 网站上的政策，高等教育委员会（Higher Learning Commission）政策等。（Jocelyn Milner 笔述，副教务长兼院校研究与学术规划办公室主任）

4. 组织的主要职能及其在内部质量改进实践中的角色定位
（1）组织的主要职能
　　APIR 的主要职能包括：第一，通过调查、研究和分析为学校战略、学术和预算规划等决策的制定提供支持，具体工作形式可分为主题报告、及时发布相关信息、政策分析以及对未来趋势进行预测；第二，对威斯康星大学麦迪逊分校与其他同类大学进行比较性分析，为校内规划的制定做背景准备；第三，分析威斯康星大学麦迪逊分校有关学术人员、项目、结构和课程的相关信息以回应内部和外部的数据需求；第四，促进与教育教学、学术相关的信息流动以辅助教务长办公室、威斯康星大学系统的管理、校董事会和校内行政管理办公室之间的治理。

具体来看，APIR 承担学术规划职责的工作任务包括：批准通过新学术项目（学位、专业、资格证书）的规划，对教育项目的更名、合并、暂停招生、终止等做实质性修改，审查学术部门、研究机构/中心的规划，以及审批与学科和课程相关的重大调整。在制定某些特定的学术规划时，需多方参考校内外的政策文本，如教师政策和程序（Faculty Policies and Procedures）、威斯康星大学系统和董事会政策（System and Board of Regent Policy）、州立法（威斯康星州法条第 36 章，Chapter 36 of the WI State Statutes）、大学认证要求、联邦法律规范等。

从工作产出维度来看，APIR 实施的关键项目以及发布的统计数据报告包括：教育创新项目（Educational Innovation）、学习成果分析项目（Learning Analytics）、先决条件检查项目（Prerequisite Review Project）、慕课（MOOCs）、数据完整性组群项目（Data Integrity Group）、数组服务项目（Tableau Server Project）、教育认证与再认证项目（Accreditation and Reaccreditation）；成绩差距分析（Achievement Gap）、数据摘要报告（Data Digest）、快速事实报告（Fast Facts）、公用数据设置与排名（Common Data Set and Rankings）、问责报告（Accountability Reports）、威斯康星大学麦迪逊分校集成性高等教育数据系统报告（IPEDS Reports）等。

（2）在内部质量改进实践中的角色定位

第一，为全校的学术规划和院校研究工作提供专业的数据分析和事实支撑；第二，通过对学术项目的新建、发展评估、规划测量、院校自我研究、配合外部教育认证等措施做顶层制度设计，形成学校内部质量改进实践，以具体项目和统计数据的形式呈现出教育教学基本状态，并在此基础上推动教育教学质量的提升。总体来看，APIR 在内部质量改进实践中扮演数据分析师和项目推动者的关键角色。

　　学术规划和院校研究的功能很早就有，并且在持续进化和细化，工作内容越来越深入细致。由于科技的发展、数据的增加、领导需求的多元、外部机构的问责，我们所做的工作越来越比20年前多。校内大多有关院校发展的关键决策、重要项目和职责都基于院校研究办公室的专业数据分析……几乎所有美国大学都有院校研究和数据分析的职能……将院校研究与学术规划职能联系到一起不是一个常见的安排，但对我们学校而言非常有用，因为我们大部分有效数据都是与学术组织紧密连接的，例如与学生、教师、课程和学术项目相关的趋势和分析……我们的工作与校领导（例如教务长、校长、副校长、系主任）对于数据的需求密切相关，我们尽最大可能用数据支持学术组织，我们用电子信息技术产出数据……无论何时我们所从事的学校范围内的项目都涉及扩展学生的学习经历或改善学术服务、学术项目、课程运行与产出。（Jocelyn Milner 笔述，副教务长兼院校研究与学术规划办公室主任）

5. 组织与校内外相关组织间的工作模式
（1）与校内相关组织的工作模式

第一，宏观管理。组织负责数据统计和学术项目报告的分析与发布工作。一方面，制定学术项目的创建、评估宏观政策在校内学术组织的实施情况；另一方面，从各学术组织收集教育教学相关数据信息，加以汇总并发布。

　　我既是APIR主任，同时也是副教务长，我的工作职责是总领APIR管理事务，对教务长负责，向教务长作报告，教务长对校长负责，向校长作报告。就大学管理体系的层级而言，我认为APIR应属于宏观院校管理。在我之下有7名员工向我作工作汇报，其他副校长、院长（或副院长）、系主任（或副系主任）以及其他学术管理者都是我的同事。（Jocelyn Milner 笔述，副教

务长兼院校研究与学术规划办公室主任）

第二，与大学学术规划理事会、大学课程委员会、教授评议会和校务委员会达成紧密的合作关系，合作方式为：通过正式例会或临时会议的沟通方式推进重点项目运行，协作共治。

> 与大学学术规划理事会的工作关系：我们 8 个人是这个委员会的工作人员，并与教务长共同工作。教务长是 UAPC 的主席，负责设置工作议程。我们与校内教师和院系主任办公室共同合作，准备学术项目提案。与大学课程委员会的工作关系：我们作为委员会的工作人员并与委员会主席共同设置工作议程，我们与校内教师和院系主任办公室一起准备相关提案。与教授评议会的工作关系：向教师评议会提交 UAPC 和 UCC 的年度报告。与校务委员会的工作关系：我们以他们要求的方式与他们合作，如果我们认为自己正在从事的工作他们有必要知道，我们会联系他们……我们与校园内的同事是工作伙伴关系，协同合作，不属于自上而下的命令方式。工作主要通过电子邮件、电话、正式会议、非正式会议等形式开展。（Jocelyn Milner 笔述，副教务长兼学术规划与院校研究办公室主任）

（2）与校外相关组织的工作模式

APIR 作为高等教育委员会实施外部教育认证和再认证的联络机构，是认证所需文件——自我研究报告的核心撰写部门。威斯康星大学麦迪逊分校于 1999 年参加由美国六大教育认证机构之一的中北部院校协会（North Central Association of Colleges and Schools）组织的院校认证，并于 2009 年参加由美国中北部区域认证机构之一的高等教育委员会（Higher Learning Commission，简称 HLC）组织的院校再认证工作。院校认证每十年举办一次，学术规划与院校研究办公室作为直接对接机构，扮演重要的协调和配合角色。学术规划与院校研究办公室目前正在为 2019 年的第三次院校认证做准备。

> APIR 与其他校外组织的工作联系主要就是 HLC，我是院校认证工作的联络人，领导学校认证项目，主要负责配合 HLC 的认证工作，也向 HLC 做年度数据报告。面对 HLC 的院校认证，在学校层面，APIR 不直接创造自我研究报告，校内组织领导团队负责报告的撰写，我是作者之一。在学院层面，负责项目评估和专业认证的教职员工就教育项目准备各自的自我研究报告。2019 年自我研究报告的汇编将依据 HLC 的认证制度，目前团队仍在筹建中，将于 2016 年秋公示，下次认证将以"教育创新项目"为最大的亮点。（Jocelyn Milner 笔述，副教务长兼院校研究与学术规划办公室主任）

三 学生学习评估办公室：教学证据采集者

1. 组织的创立

学生学习评估办公室（Student Learning Assessment，简称 SLA）是教务长办公室下设机构之一，以提高学生学习产出为目标，负责系统化收集有关学生学习效果的数据。对于该办公室的创立没有正式的纸质历史文档资料可查，相关内容源于与办公室主任 Mo Noonan Bischof 女士的访谈。

> 学生学习评估办公室的建立，需追溯到 20 世纪 90 年代，大学在内外部双重压力下所制定的通识教育要求（General Education Requirements）。过去几十年，评估已成为一个关键问题，挑战着大学和学院的教育教学，社会对学校问责的加强成为大学内部关注学生成绩的重要外部驱动力。从大学内部来看，80 年代后期校内一个教师委员会发现了学生学习过程中存在缺少

包容性的问题，对于种族问题的研究涉及较少。于是教师委员会发声：我们应该将教会学生关注多样性话题作为通识教育的一部分。因此在 1988 年制定的《霍利报告》（Holley Report）中提出种族研究要求（Ethnic Studies Requirement）。在 1987 年发布的《威斯康星大学未来报告》（UW Futures Report）中，威斯康星州州长 Tommy Thompson 和威斯康星系统总校长 Kenneth Shaw "同意建立评估项目，制定最低标准，在威斯康星大学系统机构的学生大学二年级结束时评估其口头表达和量化技能"。1990—1991 年，校内教师委员会正式讨论对大一至大二的学生实行通识教育，并对学生的学习成果实行评估活动。1992 年 10 月，教务长 David Ward 任命本科教育教师委员会制定通识教育，要求对教育结果进行评估，除种族、口头表达和量化技巧要求外，重点检查以下两种能力——读写能力（涉及听说读写）和计算能力（数学运算和定量推理）。1993 年，本科教育教师委员会提交了一项关于通识教育要求的报告至教授评议会，1994 年，该报告得以通过。从此，学校对自 1996 年 5 月 20 日入校的学生实施通识教育和年度评估。1999 年，一组认证专家驻校考察，对通识教育要求和评估活动非常满意，评估活动逐渐为校领导们所重视，评估办公室开始形成。2000 年左右，由于大学受到外部对教学价值的质疑、内部预算缩减以及新教学技术的挑战三重压力，迫使其不得不将学生学习成果作为证明教学效果的依据，学生学习评估办公室越来越受到校领导们的重视。（Mo 语，学生学习评估办公室主任）

2. 组织的使命与愿景

SLA 为学校层面、专业层面、课程层面的学生学习成果评估提供支持、辅助和指导，鼓励并协助校内教师立足于所在专业和课程，评估学生学习成果，为教育教学过程提供证据，进而使用评估结果指导学术项目的发展、优化制度决策、提升和改进学生学习表现。

在"杰出评估"项目①评选中，威斯康星大学麦迪逊分校被认为通过测量学生学习成就和努力程度实现了院校培养承诺，通过基于证据的方法（evidence-based methods）持续改进和提升学生学习评估工作带来的影响，并且为其他院校更好地学习和追随自己的脚步以推动教学改进提供了有益的交流平台。

3. 组织的人员构成及机构设置

SLA 组仅由两人组成，分别为副教务长兼大学学术事务与评估理事会（University Council for Academic Affairs and Assessment，简称 UCAAA）联合主席 Mo Noonan Bischof 和评估协调员 Regina A. Lowery。她们负责学院和系关于评估计划、评估措施、评估资源和评估经费使用方面的咨询与协助工作。她们在学校层面和学术组织单元协调评估活动，以确保学生学习评估有助于专业项目和课程的改进与提升。学生学习评估办公室不再设下属职能部门。

4. 组织的主要职能及其在内部质量改进实践中的角色定位

（1）主要职能

第一，制定校级评估规划、教育教学目标、实施步骤以及对规划实施情况进行追踪评价。例如，执行"基础学习成果""威斯康星经历""课外教育项目""整体评估规划"等内部教育教学质量改进的重要措施。负责追踪并监督评估规划的实施及进展情况，为教务长和相关治理委员会（如大学课程委员会、学术事务与评估委员会、大学学术规划理事会）提供评估报告，辅助决策的制定。

第二，指导和协助在学术项目、课程层面的学生学习成果评估工作。为保证大学自治和学术自由，SLA 并不直接介入学术项目和课程层面的具体评估工作，而是采取间接的指导和帮助，即当授课教师在

---

① 2016 年 8 月 22 日，基于学生学习评估办公室的卓越表现，威斯康星大学麦迪逊分校被评为首届"杰出评估"（Excellence in Assessment，EIA）项目获得者。"杰出评估"项目是第一个美国全国性指定项目，其评定过程聚焦于院校能否在校园内成功地整合评估实践，提供学生学习成果的相关证据，使用评估结果指导院校决策并改善学生学习表现。

评估过程中遇到困惑和质疑时，可以向办公室寻求咨询和帮助。

第三，组织开展校内评估培训工作。SLA 通过定期举办工作坊等方式在全校范围内开展评估讲座或培训。培训对象为校内教师以及各学院负责评估工作的管理人员，以自愿参与为原则。培训内容则包括评估计划的制定、评估方法的选取和运用、数据的收集和分析方法、评估结果的应用等。

第四，参与和准备学校的专业认证、院校认证、问责报告等。问责报告是对大学办学情况的总体描述用以应对政府和社会公众对于高等教育教学质量的关注和问责。为应对社会第三方组织的专业认证和院校认证，学生学习成果评估是认证过程中必不可少的认证材料。因此，学生学习评估办公室除了制定校级评估规划外，还参与学校战略规划框架的制定、问责报告的撰写、为专业认证以及院校认证提供学生学习成果的数据支撑，即承担支持和协调外部认证机构的相关工作。

（2）在内部质量改进实践中的角色定位

SLA 在内部质量改进实践中扮演教学证据采集者的角色。办公室通过收集和发布学校层面的调查结果及相关数据（例如 NSSE 调查、学生毕业去向计划调查）支持并协助各学院、各系的教师制定适用于自己学术项目的评估计划。同时，办公室也在全校范围内为本科教育、研究生教育提供评估工作指南、模板以及评估过程中常使用的评估工具和方法。学生学习评估办公室在宏观层面上指导、协调学术项目层面和课程层面的学生学习成果评估，进而通过评估结果对内部教育教学情况获取摸底数据，为教育质量和水平提供重要、真实的证据支撑。总体来说，SLA 协助学校、学院、系、学术项目等各级学术组织制定评估计划、开发评估工具、实施评估举措、筹集评估经费和资源；协调学校与基层学术组织之间的评估活动以确保学生学习成果评估被充分应用于学术项目和课程教学的改进与提升。

我们办公室在很大程度上起到协调的作用，在学生学习评

估这项工作上与各学院、各系相联系。从某种程度上讲，我是
一个学习评估指导者，即使这不完全是我的职位名称，但我的
工作与学生学习成果直接相关。我的一部分工作职责在于代替
教务长帮助学院、系、部去收集、协调、配合并且报告学生的
学习评估结果。另外，我需要将各学院、各系提交上来的评估
结果报告给大学学术规划理事会和大学课程委员会，以协助和
支持这些治理委员会更高效地做出下一年度有关教育教学的政
策和决议。（Mo 语，学生学习评估办公室主任）

5. 组织与校内外相关组织间的工作模式

（1）与校内相关组织间的工作模式

SLA 与校内相关组织之间表现为一种相互合作、支持和辅助的
关系。教职人员、学院院长、大学评估理事会、教务长办公室共
同承担学术项目评估和学生学习的责任，校内各组织单元通过协
商共治的方式支持评估、促进合作，以确保评估活动在最佳时机、
以最有效的方法实现改进学生学习效果的目标。因此，学生学习
评估办公室与校内诸多组织机构存在合作关系，包括威斯康星系
统和董事会、与教师治校相关的治理委员会、教育资源辅助单元、
各院系、专业和教育项目、学生、校友、雇主等。图5-3通过双
向箭头直观体现了 SLA 与校内其他组织机构间的合作关系。具体
模式为：第一，SLA 办公室接受大学学术事务与评估委员会的指导
和监督，并在其授权下开展评估工作；第二，指导和协助学术项
目或专业、课程层面评估计划的制定；第三，为校内共治委员会
提供学生学习评估报告，为委员会决策的制定提供数据支持和治
理建议。

（2）与校外相关组织间的工作模式

与 SLA 办公室产生工作联系的校外组织主要有四个：美国学院
和大学协会（Association of American Colleges and Universities，简称
AAC&U）、公立大学与政府赠地大学协会（Association of Public and

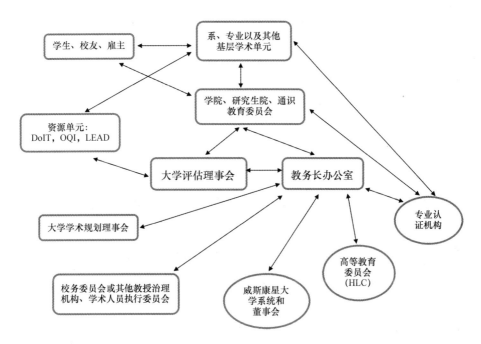

图 5 - 3　学生学习评估参与主体及其相互关系

资料来源：整理自与学生学习评估办公室主任的访谈内容。

Land-Grant Universities，简称 APLU）、美国院校研究协会（Association of Institutional Research，简称 AIR）、高等教育委员会（Higher Learning Committee，简称 HLC），学生学习评估办公室与这四大组织之间通过沟通、交流与合作的方式建立联系。

与 AAC&U 的合作方面，SLA 采用 AAC&U 制定的"基础学习成果（ELOs）"作为威斯康星大学麦迪逊分校本土化"基本学习成果"的制定范本，并参与由 AAC&U 发起的"博雅教育和美国的承诺"项目（Liberal Education and America's Promise，简称 LEAP）。①

与 APLU 的合作方面，APLU 是美国州立大学和政府赠地大学自

---

　　①　"博雅教育和美国的承诺"项目（Liberal Education and America's Promise）是一项国家性的公共宣传和校园行动倡议，于 2005 年由美国学院和大学协会发起，它旨在捍卫 21 世纪博雅教育的重要性——为了学生个体以及国家发展所依赖经济的创造力和民主活力。

愿组成的非营利性公立大学协会，其主要职责是提高高等教育研究质量，帮助大学提升学生学习成绩以及学习参与程度①。威斯康星大学麦迪逊分校参与了 APLU 研发于 2007 年的主要成果"自愿问责体系（Voluntary System of Accountability，简称 VSA）"，SLA 参与了该体系在威斯康星大学麦迪逊内部的构建与数据发布工作。

与 AIR 的合作方面，SLA 时常参与 AIR 召开的年会、举办的培训班、学习如何提高评估技能和应用能力，并支持大学提高数据质量，促进校内与校外关于学生学习评估工作的交流和研究。

与 HLC 的合作方面，为 HLC 组织的每十年一次的院校认证提供学生学习成果在学校层面、学术项目层面和课程层面的评估报告，为外部的院校认证和专业认证提供有力的证据性支持。

四　教学副教务长办公室：教学技能传播者

1. 组织创立

关于教学副教务长办公室（Vice Provost for Teaching and Learning，简称 VPTL）的创立时间和历史没有确切的书面记载。根据在此工作十余年的副教务长 Steven Cramer 回忆，该办公室成立于 2000年左右，由于教学技术的更新换代，大学教师的教学和学生的学习经历产生激烈的矛盾。此办公室成立的主要目的在于通过提升教师的教学技术改进教育质量，以缓和师生间的教学矛盾。

2. 组织的使命与愿景

教学副教务长与各学院院长以及校内其他学术组织领导者展开合作，通过领导、协作和管理等方法支持威斯康星大学麦迪逊分校的教学使命。教学副教务长立足于"威斯康星经历"（Wisconsin Experience）这一校园文化，在全校范围内领导评估、咨询和学术改进。教学副教务长支持外部教育认证、关注教职员工的教学改进以

---

① 黄海涛：《学生学习成果评估：美国高等教育质量保障研究》，教育科学出版社 2014 年版，第 80 页。

及多元化学生群体的学术成就。另外，教学副教务长也是教育创新项目的联合发起者，领导并支持校内各项关于改进教学环境的战略规划方案和重点任务。

3. 组织的人员构成及机构设置

组织的人员构成及机构设置较为精简，共 8 人。其中，主管教学副教务长 1 人、协同部门（The UW-Madison Collaborative）负责人共 7 人，具体包括专注教师研究和教学的 Delta 项目负责人、麦迪逊教学杰出 MTLE 项目负责人、学生学习评估项目负责人、本科生咨询办公室负责人、威斯康星教学学院负责人、威斯康星改进教学合作实验室 WisCEL 负责人、威斯康星科学教育和社区参与研究所 WI-SCIENCE 负责人。7 位组织负责人向教学副教务长报告工作，对其负责。

4. 组织的主要职能及其在内部质量改进实践中的角色定位

（1）主要职责

教学副教务长的主要职责是通过与校内学术组织领导者的积极合作，广泛支持有利于改进教学环境的方案举措和年度活动，目标在于丰富学生的学习经历、促进校园文化、鼓励大学教学环境创新。当前，教学副教务长所参与教学环境改进方案和年度活动包括：教育创新项目[1]、Canvas 学习管理系统项目[2]、教学研讨会[3]、Show-case 最佳实践展[4]等。

---

① 说明：由校长和教务长支持，目标在于激发学生的学习热情、改进其学习经历，建立创新、专业化的学术项目和其他终身学习机会。通过新技术的应用、新合作伙伴的参与扩展大学对于威斯康星州和全世界的教育使命与愿景。

② 说明：2016 年 2 月教务长签署文件通过使用 Canvas 学习管理系统作为威斯康星大学麦迪逊分校的学生信息系统，该系统在学校试用期两年，该系统有利于促进教师、学生和治理主体提高和改进教学电子生态系统。

③ 说明：每年春季举办的年度讨论会，汇集数百名教职人员和学生，讨论教学领域的前沿研究、分享最佳教学实践活动，致力于丰富学生的学习经验。

④ 说明：年度展示活动，为校园内多样化的学术和管理的最佳实践方法提供分享、交流和相互学习的机会，包括工作流程、学习环境和校园氛围的改进等方面。

（2）在内部质量改进实践中的角色定位

教学副教务长存在的目的和意义在于：第一，改善教师教学和学生学习的技术环境，为教学过程和教育质量的持续改进提供优质的电子技术支持，扮演教学环境保障者的角色；第二，为校内教职人员提供专业、先进的教学方法，在教与学相互促进的过程中改进教育教学质量，扮演先进教学技能传播者的角色。

> 我和我团队的工作主要是为了实现教育革新，包括教学技术、学习环境、学习管理信息系统等方面的革新。换句话说，就是一切与教和学相关的技术、环境和管理方面的工作都由我们来负责。我们成立这个办公室的原因是，竞争不断推动我们向前，尤其是教育技术的不断创新。20世纪60、70年代可能有1000多名学生同时坐在教室里听一位教师讲课的场面，那种形式的学习效率是低下的，这在教学技术改进的现在几乎不可能再出现。我们现在可以通过慕课教学，下课后如果学生对于课程有任何想法和意见都可以通过电子邮件的方式向我反馈，学生之间也可以通过我们的教学管理软件 Desire to Learn 进行交流，所以教学技术的更新换代对于提高教育教学质量而言非常重要，我们的工作直接聚焦于教育的技术环境……我的办公室需要帮助教师改进教学技术，让他们用他们需要的方法来教学，我们认为技术是个很重要的提高教育质量的方法。（Steven Cramer 语，主管教学副教务长）

另外，协同部门（The UW-Madison Collaborative）由7个原本独立的组织整合而成，为跨校区合作、校内战略性教学方法改进、教职人员与研究生专业化发展、支持学生学习的课外项目提供新的发展机遇。教学副教务长组建此协同部门的目标主要在于，以组织协同管理的模式改进学校内部教育教学质量，具体表现在：（1）对学生强化"威斯康星经历"、改进学生学习过程；（2）使教职人员的专业化发展与学生学习保持一致，使教和学的过程在有限的资源条件下取得最优效果；（3）为教学环境打造一个卓越、创新的电子信息系统；（4）提供专业的、先进的教学方法，并促进以证据为基础的最佳教学实践；（5）使教学活动与大学的战略目标相一致。

5. 组织与校内外相关组织间的工作模式

由于教学副教务长办公室与校外其他组织的合作不多，故分析重点落在其与校内相关组织间的工作模式上。首先，教学副教务长与校内学术组织在教学技术提高与教学环境改善方面开展广泛合作，其校内主要合作者可分为四个类别：专业性发展组织、教务长办公室附属组织、其他校内教学合作者和学院一级合作者。具体来看，（1）专业性发展组织包括：混合学习项目、The Blend@ UW 项目、Delta 研究教学项目、MTLE 项目、The Teach Online@ UW 项目、专业化教学发展项目等；（2）教务长办公室附属组织包括：荣誉和奖学金项目、学生学习评估项目、本科咨询办公室、威斯康星科学教育和社区参与研究所等；（3）其他校内教学合作者包括：第一年学习经历中心（The Center for the First-Year Experience，CFYE）、社区教育技术支持（The Community of Educational Technology Support，ComETS）、继续教育部门、DoIT 学术技术、通识教育项目、国际学生部门、图书馆、教育研究中心、写作中心等；（4）院级合作者在各自学科为大学教学提供支持，主要包括化学学习中心、工程学学习中心、文理学院学习支持服务、数学导师项目、物理学学习中心等。

其次，教学副教务长与校内某些治理委员会开展合作。相关委员会包括，大学学术事务与评估理事会、教学技术委员会、信息技术委员会、大学课程委员会、荣誉委员会、学习空间改进特别委员会，他们对教学副教务长的工作进行监督和指导，教学副教务长办公室制定的政策、发布的报告需提交给相关治理委员会审批。教学副教务长与治理委员会协作共治的目标在于改进教学环境，丰富教育创新，为学术和课程的政策、指南和实践提供领导力。

从我的工作内容而言，教学办公室并不是完全独立的，需要与其他部门进行合作，关于合作紧密程度，我想最紧密的有信息技术副教务长，就是首席信息运营官，我和他一起开发教育创新项目；除此之外还有学生学习评估办公室，我们需要他们的测量结果；还有学术规划与院校研究办公室，他们帮助我们建立入学、录取等数据分析；相关的治理主体最主要的就是学术事务与评估理事会，他们对我们的工作进行讨论和监督；当然还有一些其他的组织团体，它们都比较小、比较专业；当然我们还与学院、系的部门主管有工作上的联系，在我们的网站上有非常详细的介绍。（Steven Cramer语，主管教学副教务长）

第三节　辅助性组织：协同配合

质量改进办公室、学术规划与院校研究办公室、学生学习评估办公室、教学副教务长办公室分别承担战略规划制定、数据分析与院校研究、学生学习成果评估、重塑教学技术环境等重要职能，对威斯康星大学麦迪逊分校的内部教育教学质量改进发挥关键作用。其工作职能的实现离不开教职人员副教务长、招生管理副教务长、信息技术副教务长、图书馆副教务长办公室等组织的辅助与配合。这四大辅助性组织对于提升和改进学校的教育教学质量起着不可忽视的支持性作用，下文将从组织概况、组织主要职能、组织在内部质量改进实践中承担的作用等方面进行组织分析。

一　教职人员副教务长办公室：教师发展协助者

1. 组织概况

教职人员副教务长办公室（Vice Provost for Faculty and Staff）与各学院院长、系主任以及其他校内组织单元中所有关注教职员工工作和生活问题的管理者密切合作。

2. 组织主要职能

教职人员副教务长办公室通过与校内组织部门的合作，致力于解决校内所有教职员工在工作和生活中遇到的问题，制定并发布有关教师选聘、教师终身轨制度、教师多元化发展、教师薪资公平性审查、教师出口调查等政策。从整体上看，教职人员副教务长办公室的工作职责包括从教师入口规划、教师职业生涯发展、教师福利、直到教师出口调查全过程中的各种事务管理。具体而言有，（1）教师入口：学术领导力项目、集群招聘计划（Cluster Hiring Initiative）、战略性招聘（双职工、有色人种教师、自然科学领域的女性教师）等。（2）教师职业生涯发展：系级行政人员培训研讨会、教职员工辅助计划、教师多样性举措（研究领域多样性、交叉学科发展多样性、种族背景多样性、社会和知识的相互作用的多样性等）、新进教师支持计划、新员工培训和教师绩效管理制度、教师终身轨评选与晋升制度、后终身教职增量制度、女性教师辅导计划等。（3）教师福利：杰出学术人员奖项、双职工夫妇协助计划、杰出教师奖项、教师发展津贴、教师研究服务津贴、教师学术休假制度、教师薪资公平性审查、教师申诉制度等。（4）教师出口：教师出口访谈、教师出口后的追踪调查等。

3. 组织在内部质量改进实践中承担的作用

教职人员副教务长办公室扮演教职人员发展协助者的角色，对于校内的教师、学术人员、行政管理人员从招聘入口、职业生涯发展规划、福利与申诉到出口后追踪制定了全面详细的制度和政策措施，以改善教职人员的生活福利和工作环境。由于教师和学术人员的质量在宏观层面影响着学校的大学排名和声誉，在微观层面直接决定着课堂上的教学质量，因此教职人员副教务长办公室协助教师发展、提高教师质量，也间接改进了学校的内部教育教学质量。

二　招生管理副教务长办公室：学生选录守门员

1. 组织概况

关于招生管理副教务长办公室（Vice Provost for Enrollment Management）的创立没有正式而详细的书面记载，通过与副教务长的访谈得知，该办公室在 2003 年左右由 4 个独立的办公室，即招生和招聘办公室、学生资助办公室、注册办公室、综合学生信息系统办公室合并而成。合并的动机有三个：第一，自 2000 年起，本科生数量的激增使得招生、注册、教室管理、课程规划等相关部门的管理者需要共享学生数据，以达到最优招生效果；第二，时任招生管理副教务长的离开为新上任副教务长做出合并措施提供了时间，使其得以创新性思考招生管理办公室的组织结构和发展走向；第三，其他公立研究型大学具有相似的合并趋势。该组织的使命与愿景在于，为入学申请者和校内其他部门的合作伙伴所遇到的招生管理困惑提供有效的、创造性的解决方案，致力于以最高的标准服务校内的学生、同事、访问者和其他顾客。

　　我们这个部门是在 2002—2003 年重组的，之前是 4 个独立的部门，我所在的招生管理办公室负责本科生招生、注册办公室负责打分、学位颁发等事务，资助办公室是一个很小的办公室，为学生提供经济资助，学生信息系统办公室是我们的校园学生中心，或者说是网上学生系统。起初这 4 个办公室是独立运行的，互相之间并不关心各自做了什么，他们分别向巴斯科姆主楼里的校领导汇报工作。但是从 2000 年开始，本科学生的人数尤其是国际学生的人数开始增加，出现课容量过大、教室座位不够用、学生资助金不足的情况。当时，其他大学也是这么组织的，我们受同行影响很大，比如密西根大学。当时的主管学生事务的副教务长离开后，教务长决定学习其他大学，创建了这样一个录取管理部门，推动了 4 个独立部门间的

合作。我是第二任副教务长。（Steve Hahn 语，主管招生事务副教务长）

2. 组织主要职能

招生管理副教务长办公室的首要职能是将自身的工作内容与预算实践、人力资源开发、战略规划、项目管理和流程改进等校园治理工作相融合，以支持校内每个学术组织、跨部门的团队和项目。招生管理副教务长办公室的主要工作任务是与校内其他管理者合作以确保学生的学习成就，服务于校内学术基础设施建设，并将此贯穿于学生的整个学习周期。

3. 组织机构设置

招生管理副教务长办公室由 4 个内设部门组成，分别为：招生和招聘办公室（the Office of Admissions and Recruitment）、学生资助办公室（the Office of Student Financial Aid）、注册办公室（the Office of the Registrar）、综合学生信息系统办公室（the Student Information Systems Office）。其具体职责如下：（1）招生和招聘办公室：负责寻求和招募有天赋的大学新生和转学生，鼓励申请者和即将入学者在保证学习成绩优异的同时培养广泛的兴趣爱好。（2）学生资助办公室：资助那些入学后因个人和家庭经济资本不足而难以支付学习成本的学生，以助学金、贷款和勤工助学等方式提供经费资助。（3）注册办公室：向校内相关组织机构提供必要的招生、课程和学生服务纪录。（4）综合学生信息系统办公室：研发综合学生信息系统，数据统计范围包括招生过程、入学类别到毕业生和校友纪录，以支持行政管理者的管理、教师的教学、学生的学习和发展。

4. 组织在内部质量改进实践中的作用

招生管理副教务长办公室在学校内部质量改进实践中扮演学生选录守门员的角色，主要承担以下三方面的作用：第一，提前制定招生规模和种族多元化规划，保障教学资源、教辅设备、奖助学金的合理分配，以确保学生的入口质量、提高资源配置的有效性。

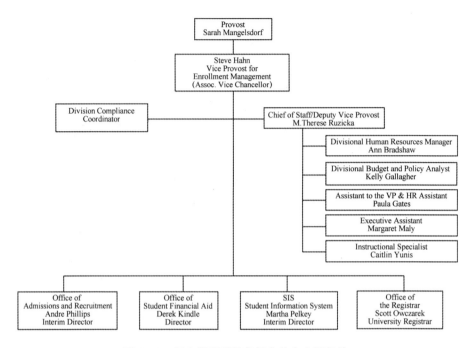

图5-4   招生管理副教务长办公室内设机构
资料来源：招生管理副教务长提供给笔者的第一手纸质资料。

　　我们招收潜在的有意愿来这里读书的学生，我们希望从整体质量上看待他们，不止关注绩点，或者考试分数。我们会综合考评每位学生。可能一个人有很高的绩点，但有很低的 ACT 考试分数，高的绩点可以弥补低考试分数，我们会说这是个好学生。也许他们有运动能力，或者有音乐才能，或者能很好地写作，而这些才能都是我们所需要的。我们需要橄榄球运动员，我们需要乐队演奏者，我们需要舞者，这些人都可以进入我们的课堂。录取办公室的工作就是要找到他们当中最好的……我们至少提前一年为未来的录取做计划，不只是盲目地接受录取部门提供给我们的人。比如我们需要 X 美元的学费来运行学校，因而不能招收少于某个数量的学生。同时，我们也不能招收太多的学生，因为如果人数超过课程容量、宿舍容量，就没有学生可以上课了，我们也难以提供足够的食物。所以学生招录是一个需要平衡的步骤，通过这一步骤最优化我们的录取，使每个人得到教育时感到舒适。而且我们只能在有经济资源、有学生申请、有充足的课程空间、学生信息系统正常工作的情况下，才能确保我们的教育教学质量。（Steve Hahn 语，主管招生事务副教务长）

第二，整合入学、经济援助、注册管理、学生学习等信息，使校内相关部门掌握学生入学和发展的基本数据，从而有助于校内组织、课程教师更科学地做出教学管理决策。

我们有黑人、白人、印第安人、亚裔美国人等各类学生，我们有各种学生成绩，我们可以和教师一起研究它，让我们的教师知道什么对教学有用，什么对教学没用。我们也可以研究不同的课程、方法，并与教师讨论它们的有效性……如果用一种新的方法讲授一门课程，我们可以通过在课程中收集学生成绩的方式，测算出这种方法是不是有用的。如果这种新方法对提高学生课程成绩有帮助，我们就知道它是有用的；然而如果成绩下降了，我们知道有些事没用，要改变教学的方法。（Steve Hahn 语，主管招生事务副教务长）

第三，将学生培养视为一个完整的周期过程。教育教学过程被视为学生管理的生命周期，从招募、入学、培养、获得学位、成为校友到吸引下一代学生，这不仅体现了完整的学生培养过程，更蕴含着对优质生源的理性"争夺"，从而更好地提高教育教学质量。

我们将 4 个独立的部门合并在一起，有利于我们进行学生生命周期管理。你听说过学生生命周期管理吗？……我们把工作想成一个循环，从招生开始，假如有一个潜在的有意愿成为我们学校学生的人，我们的工作是使他从意愿人变成申请人，从申请人变为一个学生，对他进行培养，使他获得学位离开大学、成为一名校友。校友不但给大学捐款，把钱回馈给大学，也把他们的孩子送回我们大学，我们又对他们的孩子进行培养。有时他们的孩子也会这么做，我们将此循环称为学生生命周期管理，这有助于我们获得优秀的学生群体。这是一个非常重要的保证教育质量的理念。（Steve Hahn 语，主管招生事务副教务长）

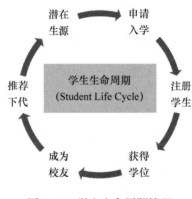

图 5-5　学生生命周期管理

三　图书馆副教务长办公室：馆藏资源提供者

1. 组织概况

图书馆副教务长办公室（Vice Provost for Libraries and University Librarian）监督校园图书馆的运行并为战略规划和政策发展方向提供资源支持，协调校园图书馆馆藏和服务人员，承担校园合作者和"探路者"的角色，并积极为大学筹款，促进大学发展。威斯康星大学麦迪逊分校图书馆是北美顶级的图书馆系统之一，提供世界级的收藏和服务，包括上网、打印设备等，更可以通过在全球范围内的馆际互借系统支持大学实现教学、科研和公共服务的使命。另外，从高科技媒体实验室到个人研究电子环境空间，图书馆为全校师生提供优质的教学、科研和工作环境。

2. 组织主要职能

图书馆副教务长办公室的主要职能如下。（1）收集与收藏：实体和虚拟图书馆收藏了近 800 万册书籍、超过 620 万部微电影、上万组数据库、期刊、政府文件、地图、乐谱、试听材料等。收集广度超过 425 种语言和 120 英里长的书架。（2）特殊收集和档案：图书馆在较为广泛的领域保留了许多特殊且罕见的收藏，如科学史和自然史、女性作家史、欧洲和意大利的历史和文化以及一个世界级的小杂志收藏（Little Magazine Collection）。威斯康星大学档案保存着大学发展纪录、有价值的历史信息、重要的报纸收藏（如 Badger Yearbook、the Daily Cardinal、the Badger Herald）以及杰出的教师和学生论文。（3）电子数字化收藏：自 2000 年以来，图书馆将数百万的文本和图片，进行电子数字化收藏，这些收藏的主题涉及艺术、历史、音乐、科学等领域。（4）服务：利用图书馆服务辅助教学和科研，如开设图书馆学、研究生研究辅助、研讨会和馆际互借，另外图书馆提供开放出版和版权（open-access publishing and copyright）帮助。（5）技术：开发并持续更新检索软件、搜索技术和数据分析工具，为全校师生提供多种设备以支持教学和研究。

3. 组织在内部质量改进实践中的作用

图书馆副教务长办公室扮演馆藏资料提供者的角色，以校内图书馆为平台，从三个方面对改进教育教学质量发挥积极作用：第一，通过图书馆的馆藏、书籍、杂志、论文、视频和影像资料为全校师生的教和学、科研、社会服务提供物理和电子数字化信息基础，为师生提供所需文献和历史档案等资源，是教育教学过程中的重要信息源之一。第二，以校内图书馆为场所，为教师教学、学生间的研讨提供物理空间，有助于学生在课后和考试前在舒适的环境中自学、小组讨论和考前复习，为教育教学提供辅助物理空间。第三，不仅在馆内为全校师生提供教学设备，还允许在规定时间内外借学习设备。家庭条件较差的学生，可以向图书馆外借学习设备离馆学习，例如手提电脑、录影设备等，从而为教育教学提供基础设备支持。

四　信息技术副教务长办公室：信息技术支持者

1. 组织概况

信息技术副教务长办公室（Vice Provost for Information Technology）在校内通过"信息技术部"（Division of Information Technology，简称 DoIT）开展工作。其使命与愿景在于通过革新的、具有创造性的信息技术服务支持学校教学、科研、社会服务的使命，积极改进信息技术本身和服务供给水平。DoIT 作为当前校内信息技术管理中心，积极参与校内学术事务管理，例如校园网入口网站（My UW），学生软件使用方法培训，课程设计、评估和分析等。其组织的机构和人员设置如图 5 -6 所示。

> 我是威斯康星大学麦迪逊分校第一代大学毕业生，获得了管理信息系统的学士学位，并在行政领导力专业获得硕士学位。我在这所学校工作半辈子了，在这个岗位上工作了 30 余年。我所从事的工作使我成为一个使命导向型（mission-focused）的人，将支持和改进威斯康星大学在教学、科研和公共服务视为我毕生的工作使命。我的整个职业生涯和我所在办公室的工作核心就是基于我们专业的、先进的信息技术知识为学校的预算和财务服务、为学生学习服务、为教师的学术服务，这是我们工作的基础内容，也是我们为改进教育质量能做的贡献。更重要的是，30 余年的工作经历使我直接与 5 位不同的教务长共事，使我对学术文化的本质有着深刻的洞察和理解，并让我适应了如何在一个共治的环境里开展信息技术服务工作，同时推动学校使命与愿景的实现。当然，其中包括改进教育质量。（Bruce Maas 语，主管信息技术副教务长兼首席信息官）

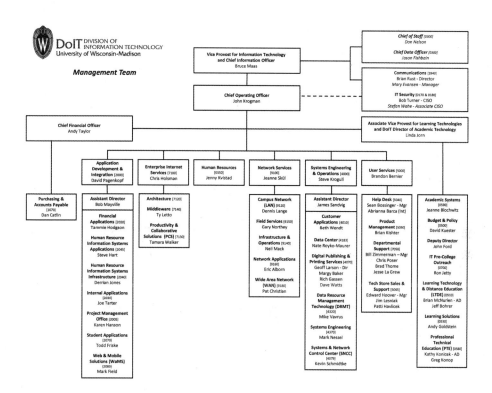

图 5 - 6　信息技术副教务长办公室组织结构和人员设置

资料来源：DoIT Division of Information Technology Management Team，https：//it. wisc. edu/wp-content/uploads/DoITorgchart. pdf。

2. 组织主要职能

信息技术副教务长办公室积极从事将先进的信息技术资源引入校园管理，以促进大学的卓越发展。具体来看，信息技术副教务长办公室负责制定校园信息技术规划、执行与信息技术相关的项目、发布信息技术政策、保障校园信息安全，与各院系内部信息系统办公室工作联系紧密，部分校内技术咨询小组协助信息技术副教务长办公室的工作。具体举措包括：信息技术管理和治理审查、个人设备和云服务、威斯康星大学云服务系统、威斯康星大学信息技术连接（UW-IT Connects）、教育创新项目、企业信息技术决策项目、校园计算机基础设施等。

3. 组织在内部质量改进实践中的作用

信息技术副教务长办公室在学校内部教育教学质量改进实践中主要扮演信息技术支持者的角色。校内所有教师、管理人员、学生的工作、学习和生活均难以独立于信息技术网络之外，基础课程学习软件、先进教学方法、远程教育技术、丰富教学科研资源、可视化国际会议等任务的实现都需要稳固的信息技术的支持。坚实的信息技术服务便利了先进教学方法和教学技术的引进、缩短了教学科研资源获取时间、拉近了威斯康星大学麦迪逊分校与世界其他大学和组织的距离，为有效提高和改进内部教育教学质量打下扎实的信息基础和技术基础。

第四节　内部质量改进主体间的结构与特征

学校内部教育教学质量改进实践由具体的改进举措和保障活动构成，而这些改进措施和活动作为相关部门的组织职能在校内发挥着积极的作用。教务长办公室作为学校层面直接参与教育教学活动的重要组织，负责制定和发布与改进教育教学条件、提升教育教学质量相关的制度和措施，下设各副教务长办公室分管教育质量改进的不同方面，并向其汇报工作、对其负责。为更好地理解威斯康星大学麦迪逊分校内部教育质量改进的具体实践活动，对以教务长办公室为中心的校级组织主体从组织创立、使命与愿景、人员构成等维度进行深入细致的剖析是第一步。学校教育质量的改进，不仅需要部门之间的通力合作，更是这些质量改进主体与校内各共治委员会、院系学术管理单位博弈下的产物。笔者对内部质量改进实践主体间的结构网络、工作关系及实践特征进行分析。

1. 组织创立和职能形成主要受到社会问责、大学间竞争、外部认证、教学技术改进的影响。总体来看，一方面，每个组织机构的产生并非凭空而来，而是基于大学内部开展管理工作的现实需求；但另一方面，各办公室的创立主要受到美国高等教育领域发展趋势的影响。例如，20世纪80年代以来社会问责的兴起迫使学校以问责报告的形式向社会公布教育教学统计数据、1999年参与外部教育认证的工作使得学校组建团队制定自我研究报告，学术规划与院校研究办公室便是基于这些现实工作的需要而创立和合并形成的。

2. 各组织立足于部门职责，专注教育质量改进的不同要素。教育质量由教师质量、学生入口与出口质量（起点与终点）、课程质量、学术项目与专业质量、教学环境质量等要素构成。各组织分管教育质量的不同方面，组织职能与质量改进的相关要素紧密联结，使内部质量改进工作有序开展、富有成效。

3. 采取去中心化的组织管理体制，以协同合作为组织的首要工作方式。在与教务长、副教务长们的访谈中，几乎每个人都提到了"decentralized"这个词语，中文为"去中心化、分权化"之意。多位受访者向笔者介绍他们分权制的管理体制。这种管理体制与美国宣扬"民主""平等"的社会文化不可割裂，同时也基于该校自建校以来便形成并延续至今强烈的"教授治校"的历史传统。校级行政管理组织和管理人员以实现大学的教学、科研和公共服务职能而存在，其部门规划和管理政策制定的最终目标是为教师的讲授、学生的学习提供优质的教学环境，进而改善教育教学质量。因此，在教师和学生占主导地位的大学场域中，校级行政管理组织主要表现为一种"去中心化"的体制。虽然副教务长的工作由教务长分配，对教务长负责，也存在一定的科层制管理模式，但这是行政组织的内在属性。从决策的形成和工作的开展情况看，组织机构间的工作方式以协同合作为主导，而非自上而下的行政命令模式。

4. 各组织的部门设置条理清晰、职能分工明确、人员配置精简、避免人浮于事。经过上文对内部质量改进实践主体的描述分析可知，各组织内部的管理层级和管理幅度不大，属于扁平化组织结构，组织内部的部门设置条理较为清晰、各下设部门的职能分工明确。最为突出的特点是，教务长和各副教务长办公室的人员配置均极为精简，但工作总量较大、项目任务较重，每个行政管理者的工作内容较多，他们各司其职，避免了人浮于事的现象发生。例如，质量改进办公室的组成人员最多 15 人，其中有 1 位兼职学生、3 位退休的工作人员和 1 位可以在工作高峰期临时从事工作的兼职人员；学生学习评估办公室只有两位工作人员，1 位办公室主任和 1 位评估协调人员；学术规划与院校研究办公室有 8 位工作人员（这个数字是上文被分析组织的中位数），他们的岗位及职能分工非常明确。

5. 各组织以实现大学使命与愿景为最终目标、在学校总体战略规划框架下制定各部门的具体战略规划。教务长办公室和各副教务长办公室尽管职能和属性不同、专注于自己领域内的业务和职责，但都以实现大学使命与愿景作为组织发展的最终目标，这几乎统一成为在每个办公室网页介绍组织使命与目标的最后一句表述。各部门内部战略规划均以学校总体战略规划框架为统领，并在总体战略规划的要求下制定适合各部门发展的战略规划，各组织在此基础上制定业务工作、安排项目举措的实施。因此，尽管各组织处于去中心化的大学组织环境之下，但其运行并没有过度分散或各自为政。可见以学校发展的总体目标为共同前进的动力和方向，不仅有助于增加组织间的凝聚力和协作力，更有助于促进大学使命与愿景、学校总体战略规划的稳步实现。

6. 校级行政管理组织与基层学术组织之间遵循平等协商的共治逻辑。以教务长办公室、副教务长办公室为首的校级行政管理组织，与院系所设的基层学术或行政组织之间，并非自上而下的管理逻辑，即不采取由校级组织制定决策、研发教育教学质量改进项目、再下达至基层组织具体执行和实施的方式。相反地，校级组织决策的制定需要基层教师和学生代表充分参与讨论和协商，以体现民主、共治的治理逻辑。新管理项目的研发来自基层学术或行政组织对于改进教育教学管理方式的实际需求，以满足校内师生在教育教学、科学研究、社会服务方面的需求为目标。在访谈中，受访者们常常使用"support""service"即"支持""服务"等字眼描述自己部门在校内的工作模式，以及对教育教学质量改进发挥的作用。总体来看，校级行政管理组织作为教育教学的辅助性机构，主要职责在于为教学、科研等学术部门提供改进咨询、客观数据等服务，并非凌驾于基层学术组织之上对其"发号施令"。例如，质量改进办公室秉承以顾客需求为中心的工作理念，为校内学术组织或行政单元提供定制化服务。学生学习评估办公室关于"评估工作在研究生阶段的推广""评估工具的使用"等问题与教授之间存在激烈的博弈和讨论，但他们认为那是一种"healthy tension"（健康的张力），虽然讨论耗费一定的时间和精力，但有利于政策的实施和项目的顺利开展。

7. 组织职能的实现、政策和项目的实施在相应治理委员会的监督和指导下推进。质量改进实践主体在履职时，重要规划和政策的制定除需征得校内教师和学生代表的意见外，还需经由相应治理委员会的民主讨论和协商，最终以民主投票的形式决定政策和项目能否通过并在校园中施行。另外，教务长办公室、副教务长办公室等组织机构需定期向对应的治理委员会汇报工作，治理委员会有权召开常规或临时会议，监督和指导校级行政办公室工作的开展，以此保证校内政策和项目实施的公开、公正和公平。例如，学术规划和院校研究办公室接受校内学术规划理事会、大学课程委员会的监督和指导；学生学习评估委员会接受校内大学学术事务与评估委员会的监督和指导；教学副教务长办公室接受学术咨询理事会、学术规划理事会、大学课程委员会、学术事务与评估委员会的监督和指导；信息技术副教务长办公室接受信息技术委员会的监督和指导；研究生院接受研究生教师执行委员会的监督和指导等。

8. 各组织积极与校外相关机构建立联系、参与市场合作与竞争。教务长办公室、副教务长办公室的设置并非威斯康星大学麦迪逊分校所特有，而是普遍存在于美国各公立大学内部。为了给全美大学校内行政管理部门搭建相互研讨学习、分享成功实践经验的交流平台，美国高等教育界组建了许多社会第三方大学协会，这些大学或学院联盟常以年度会议、主题研讨会或工作坊的形式召集各校相关组织的负责人，共同讨论如何优化组织流程以更好地改进教育教学和科学研究质量。威斯康星大学麦迪逊分校的校级行政管理组织积极参与相应协会或联盟组织的活动，与其他大学广泛建立伙伴关系，洞悉高等教育市场竞争形势。该校部分组织负责人在社会组织中承担领导职务，时刻关注并引领组织的发展、努力实现制度创新。例如，学术规划与院校研究办公室积极参与高等教育委员会（HLC）、美国院校研究协会（AIR）、国家教育统计中心（NCES）开展的认证和数据统计工作；质量改进办公室积极参与变革和持续改进联盟（NCCI）的主题讨论；学生学习评估办公室积极参与全美大学和学院协会（AAC&U）开展的"博雅教育和美国的承诺"项目，并将其研发的"基本学习成果（ELOs）"和"测量量表（Rubric）"运用到校内教育教学质量改进的实践工作当中；信息技术副教务长办公室积极参与 EDUCAUSE 组织的基于信息技术的使用提高高等教育管理质量的活动。

有关内部教育质量改进的具体实践措施将在下一章展开论述。图 5-7 勾勒出威斯康星大学麦迪逊分校内部质量改进实践主体间的结构关系，同时呈现了组织间的实践特征。

第五节　本章小结

本章从组织视角对内部质量改进的实践主体进行剖析，此为研究内部教育质量改进行动的第一步。笔者运用实物分析和个案访谈相结合的分析方法，尝试对具有教育质量改进职能的组织实体展开分析，主要包括两个步骤。首先是对涉及内部质量改进活动的实践主体进行较为深入的组织解构，弄清楚每个组织的创立与发展、人员设置与机构设置、职能与运行模式等问题；其次是在对组织进行

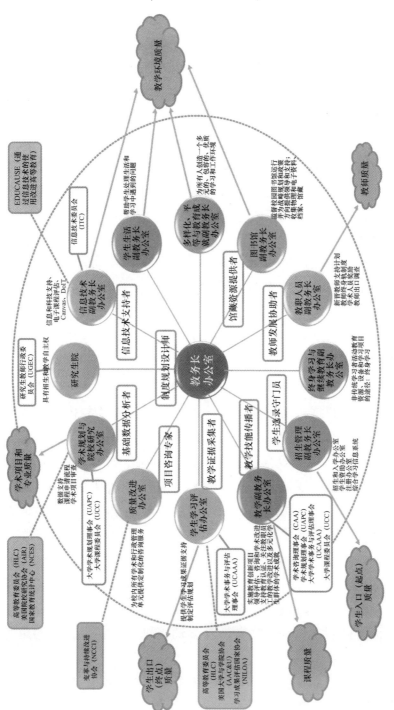

图5-7　内部质量改进实践主体职能及工作模式网络关系

描述分析的基础上，试图归纳出组织间的共性以及美国公立研究型大学开展内部质量改进工作的实践特征，回答这些组织机构形成何种内部质量改进主体关系网络、它们能否通过协商共治的方式建立一套较为完善的内部质量改进体系、这一内部质量改进体系与外部高等教育认证如何互动等问题。

研究发现，根据参与教育质量改进工作的重要性，可将实践主体分为战略性组织、核心组织和辅助性组织三个层面。

教务长办公室为战略性组织，统筹规划校内的学术事务，并为其治理提供指引和方向。教务长作为校长下的第一人，是校内教育教学质量改进工作中的"制度规划设计师"。所有副教务长均作为她的助手，对其工作负责。

核心组织主要由质量改进办公室、学术规划与院校研究办公室、学生学习评估办公室、教学副教务长办公室构成。其中，质量改进办公室主要负责战略规划、流程改进、组织设计与重组、项目管理等工作，在教育质量改进工作中承担"项目咨询专家"的职能。学术规划与院校研究办公室以学术规划和院校研究为主要职责，通过提供校内统计数据、问责报告、认证报告等方式为校内领导和学术组织负责人作出的教育教学决策提供专业分析和数据支持，并积极参与社会问责和外部教育认证等工作，扮演了"基础数据分析师"的角色。学生学习评估办公室以提高学生学习成效为目标，运用各种评估工具和方法，协助基层学术组织有效测量和评估学生的学习成果，并将其视为证明教育质量的重要依据，它肩负着"教学证据采集者"的责任。教学副教务长办公室以提升教学技术、改进教育教学质量为使命，通过与校内学术组织领导者的积极合作，广泛支持有利于改进教学环境的方案举措和年度活动，达到丰富学生学习经历、促进校园文化、鼓励大学教学环境创新的目标，它的角色是"先进教学技能传播者"。

辅助性组织主要包括教职人员副教务长办公室、招生管理副教务长办公室、图书馆副教务长办公室和信息技术副教务长办公室。

其中，教职人员副教务长办公室通过对教师质量的提升，实现改善学校内部教育教学质量的目标，在改进教育质量方面承担"教师发展协助者"的责任；招生管理副教务长办公室以选拔优质学生的方式，提升学生的入口质量，通过整合学生入学、资助、培养、出口等一系列基本数据，为校内组织、课程教师更科学地做出教育教学管理决策提供有力帮助，肩负着"学生选录守门员"的职责；图书馆副教务长办公室以图书馆为载体，通过丰富的实体和电子馆藏为教师教学和科研提供信息和数据来源、为学生的学习提供基础设备，扮演了"馆藏资源提供者"的角色；信息技术副教务长办公室通过引入先进的信息技术帮助改善教师的授课技巧和学生的学习方式，为改进教育教学质量打下坚实的信息和技术基础，实现"信息技术支持者"的功能。

在进一步的研究中，笔者发现，上述组织机构并非"孤军奋战"，教育教学质量的改进和提升，不仅需要部门之间的通力合作，更需要与校内各共治委员会、院系学术管理单位进行博弈。这些组织之间形成一套结构网络，在质量改进实践中呈现以下八大特征：第一，组织创立和职能形成主要受到社会问责、大学间竞争、外部认证、教学技术改进的影响；第二，各组织立足于部门职责，专注于教育质量改进的不同要素；第三，采取去中心化的组织管理体制，以协同合作为首要工作方式；第四，各组织内部门设置条理清晰、职能分工明确、人员配置精简、避免人浮于事；第五，各组织以实现大学使命与愿景为最终目标、在学校总体战略规划框架下制定各部门的具体战略规划；第六，校级行政管理组织与基层学术组织之间遵循平等协商的共治逻辑；第七，组织职能的实现、政策和项目的实施在相应治理委员会的监督和指导下推进；第八，各组织积极与校外相关机构建立联系、参与市场合作与竞争。

第 六 章

制度分析：内部质量改进的行动策略

　　美国高等教育市场化程度较高，大学必须面向社会发展、市场需求和学生期待办学，如果某大学向社会输出的人才质量较差，那么该校将面临被激烈的市场竞争淘汰的危险。从美国教育部国家教育统计中心（National Center for Education Statistics，NCES）发布的年度《教育统计数据摘要》（Digest of Education Statistics）中可发现，美国大学的数量每年有增有减，严峻的市场竞争使美国大学的"兴衰成败"成为常态。为了更好地生存和发展，大学将采取各种方式来保障和改进教育质量，以获得学生和社会对它的满意评价，打造社会声誉，吸引更多的优质生源，促进学校的长远发展。从外部而言，教育认证和教育再认证是由经国家认可的社会第三方评估机构以驻校考察、同行评议的方式，对大学的组织环境、自我研究报告、组织的使命与愿景、对未来教育教学的准备、学生学习和教学的有效性、知识的获取、探索和应用等方面进行的客观的、中立的、全方位的考察和评价。可以说，外部教育认证的目标是对高等教育机构能否达到外界所设定的最低标准进行的价值判断，对高校办学资质起到基础性识别和筛选的作用。然而仅仅依赖外部的教育认证难以实现大学卓越发展的长远目标，推动内部质量改进（在我国语境下为内部质量保障）则成为大学脱颖而出、吸引更多优质师生的重要方法。大学的内部质量改进，一方面体现了西方大学作为学者行会组织的自律传统和自治文化，另一方面，大学以"自律"换取"自主和自由"，通过质量承诺和全面质量管理，使政府和社会相信大学致力于提高自身质量，从而免受他们干预，因此也是一种自我保护的手段。①

分析大学的内部质量改进实践，其本质在于探究大学形成了何种自我教育教学质量持续改进与提高的机制，也就是通过对高等教育质量构成要素及其生成过程的系统分析，找到教育教学质量的关键控制点，挖掘校内制度、程序、规范等质量改进措施的运用，获得实现教育质量持续改进与提高的基本路径。因此，本章的研究聚焦于大学自身所采取的质量改进行动策略，探讨威斯康星大学麦迪逊分校在改进教育教学质量方面的具体实践路径，剖析教育过程关键控制点的外在制度表现。制度是一种秩序、一种规则、一种规范，是一种可操作、可把握、可遵循的准绳。

具体而言，本章的研究以教育教学管理的多重要素为分析框架（具体包括教师、学术专业、课程、学术学习成果等维度），分别描述在每个分析框架内，该校运用了何种制度（具体包括制度的内涵、要素、规则、程序）、开展了哪些实践活动、这些多维度的内部质量改进措施蕴含了哪些特点。由于学术界尚未对内部质量保障体系达成共识，中美学者关于质量保障、质量评估、质量改进的理解存在一定差异，因此难以选取一套"放之四海而皆准"的质量改进框架进行分析。但为使本章的分析更具系统性和逻辑性，笔者结合美国学者斯塔弗尔比姆（Daniel L. Stufflebeam）提出的 CIPP 评估模式②

---

① 戚业国：《高校内部本科教学质量保障体系建设的理论框架》，《江苏高教》2009 年第 2 期。

② Daniel L. Stufflebeam, "The Relevance of the CIPP Evaluation Model for Educational Accountability", *Journal of Research and Development in Education*, Vol. 5, 1971, pp. 19 – 25.

及国内学者关于内部质量保障体系①的研究结果②，提出本书的分析框架，并立足于威斯康星大学麦迪逊分校校内具体实践措施，将分析框架与校内质量改进的制度性行动策略相匹配，绘制出表6-1，从整体视角更加直观地呈现即将分析的内容。由于中美在语境和语义方面存在差异，本书对于同样表达"质量保证、质量提升"之意的"质量保障"和"质量改进"的两种表述方式不做区分，交替使用。

表6-1　　　　　　　　　　内部质量改进制度分析

四大质量改进体系	子维度	校内质量改进实践措施
背景改进（Context）	办学定位评价	大学使命与愿景、学校战略规划框架等
	人才培养目标确立	基本学习成果（ELOs）、"博雅教育和美国的承诺"项目、"威斯康星经历"、教育创新项目、通识教育要求等
	各级质量保障标准	各级学习目标、各专业学习产出标准等
	发展规划与执行评估	学校战略规划框架、年度进展报告等
	背景性文件报告	自我研究报告、问责报告、财务预算报告
投入改进（Input）	生源质量改进	基本招生条件、入学报告、摸底考试（placement test）等
	教师质量改进	教师终身教职竞选流程、教师学术指南、新晋教师"导师听课"制度、教师教学绩效考核制度等
	教学条件改进	图书馆、教室、信息技术、Canvas、DoIT、Desire to Learn 等
	教学经费改进	年度预算报告、教学经费来源等
	专业、课程、教材建设	课程申请过程等
过程改进（Process）	教学过程管理	学术规划、新建/重命名/暂停专业或学位申请流程、综合学生信息系统、教学研讨会、Delta 研究教学项目、跨学院学术指导项目等
	教学质量监控	学术项目审查、VALUE 量表项目、课程申请审查、教案审查、自我研究报告等

---

① 魏红、钟秉林：《我国高校内部质量保障体系的现状分析与未来展望——基于96 所高校内部质量保障体系文本的研究》，《高等工程教育研究》2009 年第 6 期。

② 戚业国：《高校内部本科教学质量保障体系建设的理论框架》，《江苏高教》2009 年第 2 期。

续表

四大质量改进体系	子维度	校内质量改进实践措施
过程改进（Process）	教学基本数据库	数据摘要、IPEDS 报告、院校描述（College Portrait）、自愿问责体系等
	反馈和持续改进	Showcase 质量改进案例展、卓越思想讨论会、多元化论坛、教师申诉制度等
产出改进（Product）	课程考试考核控制	课程成绩分布、课程嵌入式评估、测验和考试、绩效评估、初测/后测评估（Pre-test/Post-test Evaluation）等
	院系教学工作评估	专业项目评估、课程评估、年度评估报告等
	学生学习效果评估	学生学习评估规划、院校评估、项目评估（本科生评估、研究生评估）、毕业生评估、课程评估（团队合作评估、讨论评估、报告评估、写作评估）、课外学习评估等
	毕业设计或毕业论文控制	硕士/博士毕业论文评估、学位审计报告系统等
	学生评教	课程评估、课程和教案分析等
	毕业生满意度调查	毕业后问卷调查计划、NSSE、学生出口调查等
	毕业生追踪调查	校友调查
	教学评优奖励	校长杰出教学奖、教学优秀奖、Van Hise Outreach 教学奖

　　根据表 6-1 的分析可知，威斯康星大学麦迪逊分校所开展的用于教育教学质量改进的制度和实践活动多如繁星，不胜枚举。受本书篇幅所限，对每项质量改进措施逐一列举和分析是不切实际的，因此，笔者基于对院校行政管理者的访谈（访谈问题为"校内开展关于质量改进的活动是什么？"），辅以在研究田野中的实地观察，坚持去粗取精的原则，筛选出那些影响深远、具有决定性作用的改进制度和实践活动，并呈现于此。下文将从背景改进、投入改进、过程改进、产出改进四个维度，选取作为关键控制点和具有重要意义的战略规划制度、教师质量改进制度、学术项目质量改进制度、课程质量改进制度、学生学习评估制度，进行较为深入的剖析。

第一节　背景改进：战略规划制度

背景改进是在特定的环境下通过诊断院校的需求、问题、资源和机会改进教育质量的重要维度。"需要"主要指为实现院校发展使命与愿景所必需的、有用的事物；"问题"是指在院校发展过程中必须克服的困难和障碍；"资源"是指学校办学可调动的一切物质和非物质条件；"机会"则是满足需要和解决相关问题的时机。背景改进的主要目标在于（1）描述大学办学的背景情况；（2）界定利益相关者并评定其需求；（3）弄清楚满足需要需克服的问题和障碍；（4）找准本地资源和发展时机；（5）决定院校发展过程中重大事项的先后发展顺序。本书认为背景改进维度应该包括以下五大要素：办学定位评价、人才培养目标确立、各级质量保障标准、发展规划与执行评估、背景性文件报告。其中，战略规划制度对于威斯康星大学麦迪逊分校背景改进的实施影响深远。

1. 战略规划的相关概念（Strategic Planning）

战略规划是为大学（university）、学院（college/school）、系部（department）创设重要发展方向的主要手段。通过战略规划，教育资源被集中在学校有限的重大优先发展事项上，以实现利益相关者的收益最大化。在高等教育中，这些利益相关者包括学生、毕业生的雇主、资助机构和社会，以及内部教职员工等利益相关者。战略规划以一套结构化的方法预测未来并开拓学校发展，它应为学校的阶段性发展提供可视化的指导蓝图，是确保预算按照计划配置而非随意滥用的严格过程。战略规划不仅是一项学校发展的扩张计划，同时也是指导学校财政紧缩、节省经费并对资源重新分配的有效方案。麦克恩（McConkey）表示，战略的本质是区分和差异化。[①] 是什么使得这所大学、学院或系部区别于其他同类？教育机构可以像其他服务型组织一样，可以基于独特的教育培养项目类型、人才输送系统、学生客户群体等特质使自身实现差异化。同样，各个学院或行政管理单元均可通过战略规划的设定，明确各自在整个大学社群体系中的地位和作用，将有限资源聚焦在核心的战略努力上，放弃那些潜在的、可能的或可以由他人操作的无效工作内容。战略规划的主要特征在于：首先，战略规划对外部环境具有敏感的反应；其次，战略规划以学校内外部多元利益相关主体对于大学发展的需求和期待等相关信息作为规划设定的基础；再次，战略规划的设计以一个成功的或被广泛期待的愿景为发起点，战略规划帮助这个共同的愿景成为现实；最后，战略规划更关注问题的识别和解决。凯勒认为，战略规划决定着大学的命运，其地位和作用高于一切。战略规划是大学或学院追求卓越进程中的强大生命力，它关心大学传统、教师福利、教学项目等内容，但它更关注机构的生存与发展，所以才会吸引从事不同学科领域的学者集聚于此讲学、做研究，成为学者共同体。[②]

2. 战略规划运动的兴起

战略规划运动于 20 世纪 50 年代从美国的预算实践中生发并迅速蔓延开来。从 60 年代中期到整个 70 年代，战略规划（以多种形式表现出来）出现在大多数大型营利性公司。这一时期，甚至联邦政府都在使用战略规划系统——Planning-Programming-Budgeting System（PPBS）。直到 20 世纪 80 年代，在公共和非营利组织广泛认可和接受市场的概念之后，它们才认识到制定战略规划的重要性和有效性。最著名的公共和非营利组织战略规划模型是哈佛商学院（Harvard Business School）的政策发展模型。系统化的 SWOT

---

① McConkey, D., "Strategic Planning in Nonprofit Organizations", *Business Quarterly* (School of Business, University of Western Ontario), Vol. 46, No. 2, 1981, pp. 24 – 33.

② Keller, G., *Academic Strategy: The Management Revolution in American Higher Education*, Baltimore: Johns Hopkins University Press, 1983, p. 151.

（Strengths，Weaknesses，Opportunities，Threats）分析是哈佛大学战略规划模型的基础，威斯康星大学麦迪逊分校借用这一模型创造出适合自身发展的战略规划模型。战略规划随着时代的快速变革，对美国大学的发展起到越发重要的指导作用，正如罗杰斯（Will Rogers）所说，"即使你已经行进在正确的轨道上，如果你只是在原地停留，你将很快被别人超越"。没有任何大学、学院或系部可以长期保持静态发展，也没有任何一个机构可以在对社会变革仅限于微弱的下意识反应状态下长期生存。战略规划应该是一套使危机最小化的决策模型。

3. 战略规划的效能

（1）战略规划使大学的发展与社会环境接轨。这是一个社会和文化复杂多变的时代，如果没有战略规划作为前期的研究投入，大学内部顶层的少数管理者很难充分掌握学生、社会雇主和其他利益相关者的实际需求，也很难判断外部环境所发生的一切变革将对大学或学院产生积极还是消极的影响。这也是一个相互依存的时代，大学办学难以摆脱环境的约束而独立发展，外界环境模糊度的增加对高等教育机构和其他公共组织采取战略性思考和行动提出了前所未有的要求和期待。

（2）预算经费的削减倒逼公立大学通过战略规划设定任务优先级。对于美国高等教育而言，传统的、充足的经济资源资助难以持续增长，削减教育财政是美国高校尤其是公立大学不得不面对的一种新常态，然而对大学服务社会的需求却在不断扩张。战略规划赋予大学、学院、系部和所有行政管理单元一个审视当前现状、勾画未来发展的宝贵机会。凯勒（Keller）谈到，有意识的学术战略是恰当应对社会动荡的方式……作为一个散漫的、无政府状态的、以具有自我修正意识的学者共同体扮演学术庄严守护者的大学，在商业和经济发展的边缘不可避免地变得摇摇欲坠。有意识的学术策略新时代正在诞生，现代大学和学院的标志之一在于不再忽视经济和财务规划的声音或对战略管理付之一笑。教师和学校管理者正团结一致、凝聚力量于设计规划、开发项目、设定任务优先级、限定经费支出，以保证大学未来发展，保持美国的高等教育在世界范围内处于领先地位。[①]

（3）有效的战略规划可以为大学赢取诸多利益。首先，它促使大学积极主动地审思、塑造自身命运。因为战略规划的制定过程需要关注外部环境的发展并对趋势进行预测，大学或学院则降低了被新问题或危机突袭的可能性。其次，对于大学组织有影响作用的利益相关者参与到战略规划的制定过程中，因此大学或院系可以在办学的成功之处和需要持续改进的领域收到有双重价值的反馈，并在日后的发展过程中兼顾利益相关者的意见，制定容易被各方接纳的有效政策制度。再次，来自教师、学术人员和不同类型的员工在参与战略规划制定的过程中带有各自的特定视角，不同主体参与整个制定过程，有助于确保那些对执行战略规划负有重要责任的主体更深刻地理解规划本身及其背后的深层次原因。参与规划制定的过程将大大有助于大学雇员为学校的共同目标效力且树立组织的团结意识。最后，利益相关者积极参与战略规划的制定过程是对组织进行外部宣传的有效方式。例如，社会雇主如果在规划制定过程中被充分考虑参与进来，他们就更易于支持新的教育改革，如新的学位项目或课程改革。外部利益相关者历来有以教育企业家担任学校发展顾问的传统，吸纳他们参与战略规划比起简单地作咨询对大学的发展而言更具实质性作用。他们的参与行为为外部利益相关者持续支持、推动大学的良性发展奠定了基础。

对于威斯康星大学麦迪逊分校而言，实施战略规划的一个主要好处在于，它为组织发展提供了稳定的支撑，无论领导层的更替是否越发频繁。西蒙斯和波尔（Simmons and Pohl）发现，从 1980 年到 1994 年，威斯康星大学麦迪逊分校平均院长任期为五年，他

---

① Keller, G., *Academic Strategy*: *The Management Revolution in American Higher Education*, Baltimore: Johns Hopkins University Press, 1983, pp. viii - ix.

们进一步指出领导任期的平均长度在急剧下降。这个发现意味着战略规划的制定通过学校中层管理者的积极参与，形成了一个广泛而稳定的决策群体。通过决策权的下放、决策重心的下移，战略规划系统可以在领导的变革期帮助组织维护既定的核心发展目标和方向，使其不受决策者变更的不稳定影响。① 西蒙斯和波尔还指出，即使在领导阶层发生剧烈变革的时期，一个基础广泛的参与性战略规划制定过程可以将新晋领导的外部观念和校内稳定的核心内部群体进行耦合，致力于学校发展的共同目标、打造成功未来的共同愿景。

4. 威斯康星大学麦迪逊分校的战略规划制度

受来自大学外部办学资源缩减的限制，学校每五年制定一次校级战略规划框架，并提倡各行政组织及学术组织都应制定阶段性战略规划。院系可根据学校战略规划框架的总体要求，结合自身特色、学科背景、目标导向、经费约束，因地制宜地制定各自的战略规划，明确院系发展的目标和战略事项的优先部署情况。具体实践过程中，威斯康星大学麦迪逊分校质量改进办公室制定了一套相对完善的战略规划模型，此战略规划模型已经被运用到校内各学院、系部、行政管理办公室的工作之中。通过对战略规划模型的分析可以发现，长远的战略思维是战略规划的灵魂和成功的关键。

（1）威斯康星大学麦迪逊分校战略规划模型的创建过程

该校的战略规划制定流程主要可以分为七个阶段，每个阶段以各组织在发展中所面临的实际问题为导向，不断进行反思、审视和改进，以提升组织管理效能。第一阶段：明确组织使命。思考组织为何存在、受到组织工作影响的客体是谁，这些客体的利益诉求是

---

① Simmons & Pohl. , Leveraging Areas for Strategic Planning in a University Setting, Unpublished Manuscript, Office of Quality Improvement, University of Wisconsin-Madison, 1994, p. 2.

什么，大学总体战略规划是什么，组织执行使命的首要功能是什么。第二阶段：设定指导原则。组织成员在协商讨论的基础上，找到组织存在的价值和指导工作的具体原则。第三阶段：展望组织愿景。组织管理者需结合组织的自身情况，展望组织在未来3—5年的发展目标以及组织所涉及利益相关者的实际需求。第四阶段：分析组织情境。此步骤贯穿于战略规划创建的整个流程，具体分析过程中应考量以下问题：组织所处现实情境、相关测量数据的统计意义、组织所处情境的SWOT分析、外部环境的发展趋势。第五阶段：选排战略重点。厘清组织发展的战略优先级需深入分析以下问题：组织的工作重点是否有助于推进组织愿景的实现，战略重点是否支持了大学和学院的发展，实现战略目标的主要合作者是谁，战略重点的推进情况以及未来新的工作领域是什么。第六阶段：制定年度规划、预算和流程改进方案。基于前五个阶段的基础性分析和全方位考察，制定初步的战略规划方案文本。第七阶段：开展周期性检查。以每周、每月、每季度为周期，审查战略规划方案是否实现组织使命以及具体实现程度。详见图6-1所示。

（2）制定预算决策：根据学校发展的战略重点调整资源的优先分配顺序。预算是为了实现政策目标而衍生于经济资源和人类行为之间的最基础的联系，换句话说，预算是附着于一系列政策目标上的价格标签。当战略规划被"兑现"于预算实践之中，其有限的经济价值可以被最大限度地发挥。威斯康星大学麦迪逊分校为校内组织设定了一套项目计划与预算需求匹配表，每个项目需要完成少量的自我评估和年度目标达成报告。这些目标表明项目活动的实施帮助组织部门朝着既定的战略规划方向行进。在项目预算制法中，传统的增量预算编制法（Traditional Incremental Budgeting）将目标需求与预算标准相核算，而非简单地将供应、维护、人员等内容单项呈现。项目预算是一种与组织发展紧密连接的有效方式，强化了预算在政策中的影响。威斯康星大学麦迪逊分校的预算流程是一项非常

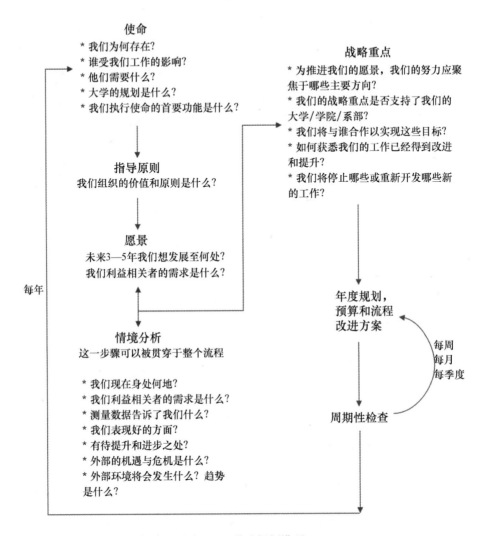

图6-1　战略规划模型

资料来源：http：//oqi. wisc. edu/resourcelibrary/uploads/resources/Strategic% 20Planning% 20in% 20the% 20University. pdf。

公开的且可识别的活动，它有助于缓和创建预算所带来的冲突，因为在战略规划和目标优先级设定的前期，利益相关者都直接或间接地参与其中。总体预算一定要留出部分数额用于创新创业活动，它可以不与战略规划保持一致。这种弹性预算在大多数以教师工资为主要预算构成方式的高等教育机构当中占据相对较小的比例，主要用于创业活动。在威斯康星大学麦迪逊分校的行政管理过程中，如果一个新的专业、教育项目或职位没有正式的战略规划，该项目将不被予以批准成立。在设计项目计划与预算需求时，需要对以下问题清晰阐释。①主要成果：学期结束的预期状态。列出与去年计划相关的数据或项目成就。②优势和机会：项目的主要优势是什么？这些优势创造出哪些机遇？何种外部因素导致了这些优势和机遇？③局限、障碍和缺陷：什么因素限制了项目进展？项目未来发展的壁垒是什么？识别和预测制约项目未来发展的弱点和缺陷。④此项目3—5年的目标是什么？⑤未来几年的课程或项目改革是什么？⑥项目的招生计划是什么？⑦所需要的新师资。⑧所需主要实验设备等。①

　　（3）如何调整、保持具体项目的工作计划，使之与威斯康星大学麦迪逊分校的整体战略规划步调一致，是项目计划制定过程的重要靶向。质量改进办公室提供一些文件作为指南，帮助全校的学院、系部、中心或组织单元推进他们的具体项目计划与学校的整体战略规划相协调。一方面，对于已有的项目计划，回顾查看学校整体战略规划，并识别以下内容：第一，已有的项目计划是否有助于学校的优先发展事项；第二，根据学校发展的优先事项增加或调整已有项目的事项；第三，项目方案潜在的合作机会；第四，如有必要，更新已有项目计划。另一方面，对于正在制定的项目计划。第一，回顾查看学校整体战略规划，识别出那些与项目单元（组织）相一致的重要问题；第二，识别出项目所需要解决的特定问题；第三，完善正在制定的项目计划，考虑使用与学校整体战略规划类似的框架进行计划设计；第四，通过完成以下矩阵表格（表6-2）说明所制定的项目计划与学校整体战略规划之间的关联度。

---

　　①　资料来源：http：//quality. wisc. edu/creating-your-strategic-plan. htm。

表6-2 **项目计划与学校整体战略规划之间的关联度**

单位（组织）：
填表日期：

学校战略优先事项	本项目计划中哪些具体措施有助于学校战略优先事项的实现
1. 本科生教育	由相关部门根据项目的实际情况填写
2. 威斯康星理念	由相关部门根据项目的实际情况填写
3. 研究的优势及焦点	由相关部门根据项目的实际情况填写
4. 招募和保留最优秀的教职员工	由相关部门根据项目的实际情况填写
5. 增强多样性以促进卓越	由相关部门根据项目的实际情况填写
6. 对我们的资源管理负责	由相关部门根据项目的实际情况填写

资料来源：http：//quality. wisc. edu/creating-your-strategic-plan. htm。

（4）战略规划的执行与测量。战略规划的基本内容确定后，接下来需要实施、执行和评估战略规划。威斯康星大学麦迪逊分校质量改进办公室提供以下工作模板，供校内各项目机构借鉴使用。

表6-3 **战略规划执行模板**

起草准备	生成战略规划（或项目计划）文件 生成一份1—4页、受众涉及最广泛的（包括潜在资助者）的规划文件，应体现内部细节、行动计划 沟通交流 制定沟通计划（什么信息？对谁？以何种方式？何时？）
开始发行	定义和计划行动 为每项重要举措专门创建章节加以说明 安排领导和团队 团队制定实施方案 使资源的分配与任务执行的优先顺序相匹配 为完成任务确定所需时间 人员，资金，设备，空间，培训/发展 制定相应子计划 如果你的计划涵盖多个子单元，为每个子单元制定相应的子计划以使整体计划更有意义

续表

执行实施	管理实施 监督和报告实施进度 突出成就：故事、照片、图表、进度报告 保持动力 沟通：网页、博客、会谈、出版物 网址——链接计划、邀请互动、展示进步 融入会议议程，招聘决策，融资等 识别，庆祝进步
检查评估	评估和更新 每年审查进展（或者更频繁），如果需要更新计划 正式结束已完成的项目 识别，庆祝成果 总结经验教训以更好地实施下一个计划

资料来源：http://quality. wisc. edu/creating-your-strategic-plan. htm。

（5）战略规划过程的自我评估。威斯康星大学麦迪逊分校质量改进办公室为校内负责规划工作的学院、系部、办公室设计了14个问题，以便于他们执行年度或战略计划过程的自我评估。这些问题被回答得越肯定、越积极，表明计划被实施得越有效。

表6-4　　　　　　**战略规划执行过程的自我评估模板**

1. 任务和使命是否简洁地陈述为谁做什么？

2. 愿景是否是一个陈述性语句描述组织未来发展方向？

3. 是否有证据表明各级员工代表（教师、学术人员、后勤人员、管理人员）都以积极有效的方式参与到战略规划或年度计划过程当中？

4. 是否有数据表明所有利益相关者的需求，特别是那些来自外部的需求被搜寻到并运用于规划过程中？

5. 是否每年对目标的优先级进行设置？

6. 目标设定过程中是否存在局限、障碍和缺陷？

7. 是否有证据表明在规划设定的过程中，规划者对未来发展具有前瞻性和预见性而不仅局限于眼前框桔？

8. 规划是否显示在服务或活动类型、教育输送系统、服务主体、地理范围、使用流程等方面作出抉择？

9. 成功性测试（measures of success）能否检测关于因果关系的潜在假设？

续表

10. 年度计划中是否有证据表明合作或资源的有效整合？
11. 每年是否至少有一次正式的进度报告公开呈现？
12. 是否有战略规划的复印本（或摘要）被传递至每个全职工作者的手中？
13. 当必须作出一项重大决策时，是否以战略规划作为咨询和指南？
14. 预算是否依据规划执行？

资料来源：根据质量改进办公室网站资料整理而成。

（6）战略目标的达成情况测量。在行政组织和学术部门确定特定战略发展目标后，对于目标达成情况的测量常被忽视。目标被制定出台的同时，测量成功的标准也应随之被设定。正是这些对目标达成情况的测量显示出组织和部门所做工作的成绩和产生的影响。测量措施可以量化或定性，总之必须是可观测的。若没有组织计划完成情况的数据，组织便缺失了决策和改进的基础，依靠常识所做出的决策是最不值得相信的。学术部门可以通过较高的学业通过率和令人满意的课业进步情况作为衡量学生和学术工作成功的标志。对成功进行测量就像在做假设检验，体现组织假设与实施情况之间的因果关系。通过建立测量，将组织假设可能发生的与真实形成的情况进行对比，得到结果数据，回答"如果现实情况与组织设想不尽相同，应思考如何改变它，是否应该继续"的问题。质量改进办公室提供由 Dolence，Rowley，Lujan 创立的关键绩效指标法①对大学的成功情况进行测量，其中包括本科招生情况、研究生招生情况、学费收入、毕业率、种族多样化招生情况、生师比、就业率、招聘产量、保留率、盈亏平衡情况、平均债务负担、学生满意度、平均SAT 成绩、捐助价值、延期维护等指标。一些有效的测量工具、样本指南和数据模型，如流程图（flowcharts）、因果图（cause and effect diagrams）、检查表（check sheets）、柱状图（histograms）、直

---

① Dolence, Michael G., Rowley, Daniel J., and Lujan, Herman, D., *Working Toward Strategic Change*, San Francisco：Jossey-Bass, Inc. 1997.

方图（pareto charts）、控制图（control charts）和散点图（scatter diagrams）可以衡量校内组织部门目标达成的真实情况。

第二节　投入改进：教师质量改进制度

投入改进是在背景改进的基础上，对达到高校人才培养目标、战略规划和院校发展的使命与愿景所需的条件、资源等投入要素的优化和改进，实质是对教育资源投入方案的可行性和有效性进行判断，所要回答的问题包括：第一，学校以何种条件、资源和方案来满足发展需求，其实现目标的可能性有多大？第二，为什么选择这些方案，其对于改进投入质量的独特效用如何？第三，所选方案在校园内的实施范围、影响程度如何？第四，各种人员的利用以及对外界资源的需要情况怎样？本书认为投入改进维度应该包括生源质量改进，教师质量改进，教学条件改进，教学经费改进和专业、课程、教材改进五大要素，根据要素的重要程度和该校的制度特色，在此笔者将重点讨论教师质量改进制度。

根据前文学生、教师和行政管理者对于高等教育质量概念的认识，教师的质量直接影响课堂教学和学术研究的质量，是决定和改进教育质量的关键因素。因此，威斯康星大学麦迪逊分校内部形成了一套较为科学的、灵活的、严格的和民主的教师质量改进制度。该制度从教师队伍的入口质量、教师的职称评定、教师教育职责（教学、科研和社会服务）的质量、教师技能发展的质量等方面对教师自身及其教学科学能力进行评估与审查。笔者着重从终身教职制度和教师年度审查制度两方面进行分析。

1. 终身教职制度（Tenure Track System）

（1）终身教职制度概述。威斯康星大学麦迪逊分校的教师职称评定等级与美国大多数高校的教师职称评定等级相一致，主要包括助理教授（assistant professor）、副教授（associate professor）、正教授

（full professor）三个等级，杰出教授（distinguished professor）作为一种荣誉称谓而存在。每位新入职教师在通过试用期后首先转为助理教授，经过 6—9 年终身轨计时系统（tenure clock system）的发展，通过相应学部委员会的考核评定后晋升为副教授，这是教师晋升过程中最艰难的一环，也是考察最严格的环节，一旦通过意味着从此获得终身轨教职，学校不能随意解聘。学部委员会是评判教师能否进入终身轨的评选主体。从副教授到教授的晋升是个顺理成章的过程，只要达到了规定的时限和相应的学术标准便可直接晋升，不存在非升即走的压力。

（2）终身轨教师制度的源起。从历史视角看，威斯康星大学麦迪逊分校的终身教职制度有着悠久的历史，最早源于 1942 年大学委员会提出建立 4 个学部委员会（Divisional Committee）治理结构的设想，其作用在于为院长或校长提供教师职称晋升的相关建议。第二次世界大战结束后，随着美国大学的扩张、新兴专业的兴起，跨文化研究和交叉学科的协作成为院校发展的新需求和新期待，学部委员会被视为基层学术自治组织与大型单一制管理大学之间的桥梁。事实上这一设想的提出引发了校内激烈的争论，1945 年物理科学学院的教师投票解散了学部委员会，1948 年教师们又反过来支持学部委员会治理结构，但恢复过程非常缓慢，1959 年实行麦迪逊分校与密尔沃基分校混合学部委员会治理，委员会主席依靠任命而非选举产生，当前学部委员会治理结构直到 20 世纪 70 年代才得以初步形成。

（3）创建终身教职制度的原因。第一，在卓越的大学建立一套运行良好、有价值的终身教职制度有助于证明大学在办学严谨性方面表现出对卓越标准的需求，在多学科领域表现出教师发展的灵活性，体现出教师在世界范围内应对学术知识和科研工作变革与挑战的能力。第二，终身教职制度有利于培养学术自由和敢于突破创新的意识形态，保证真正具有原创性的思想家不被埋没、不受流行风气或"主流思想"的动摇、不用担心因一个大胆创新的实验失败而失去工作，鼓励他们"无所畏惧"地生产知识。第三，对教师质量的问责存在一套终身教职计时系统，要求助理教师在有限的时间内展现出卓越的成就以获得终身职位，它要求招聘教师的基层学术组织将教师的成就记录存档，部分文件和评估结果需要提交给校外专家进行同行评议。第四，一套合理的终身教职制度不仅规范了教师在科研方面应达到的高标准和杰出条件，体现出追求创新思想的无畏和坚守，还能够促进良好教学质量的稳定。它鼓励教师长期关注有利于社会和学生的、持久而有价值的知识需求，而非努力寻找下一个临时工作。第五，完善的终身教职制度可以促进优质师资及其所创造的经济价值的保留，这意味着对于试用期教师的初始投资和辅导投入具有转化为科研发展、经济产出的机会，"旋转门式"的教师文化是成本极高且对学生有害的，它会浪费初始投资成本以及学校对于新聘教师的辅导成本。

（4）终身教职制度的质量改进作用。第一，体现教师问责制。学部委员会的评选过程以一种学科专家投票的形式帮助大学和院系维持教职人员的高标准，是对教师质量加强问责的重要渠道。整个评选过程在连续的、多级评审程序下做出教师终身轨决定，从教师所属院系到学校层面的教师委员会，以及其他相近学科的学术主任均在整个评审过程中扮演着重要的角色，体现了校内广泛的共治的原则。第二，行动主体具有责任心。涉及指导和评估终身教职制度的许多行动主体具有极强的责任心，严肃地对待此项工作。学部委员会成员将其视为一项极为重要的学术工作；院系一级的院长和系主任将此评定过程作为改进教师质量的重要举措；校内的教师治理层面形成了例如女性教师指导项目（Women Faculty Mentoring Program）、教师立法（保护因合法理由而暂时中止的终身轨周期）、主题工作坊（帮助试用期内的教师加强从考察期开始到评定当年的责任意识）等辅助措施。第三，学部委员会的非政治风气。学部委员会成员在此过程中通常是非政治化的，只针对教师的个人教学、科研和社会服务的能力，避免对某一学术单元的支持或反对意识，避免"讨价还价"的政治动力。第四，基于结果角度的真实性。终身教职评选结果是真实的，这需要校内大多数已经获取终身教职身份教师的投票通过，逐步经过系—院—校三级，讨论从本学科内部延展到相近交叉学科，从各个层级得到各学科教师们的认可。

（5）终身教职制度的评选过程及条件。威斯康星大学麦迪逊分校是教授治校理念的发源地，教师质量改进制度中各个环节均体现出极其浓厚的决策民主化色彩，教师雇佣、晋升、评估等一切行动决定的形成均依赖作为学术共同体的教授会或教师委员会的民主投票，院长、副院长等行政管理人员对于上述事务的决策权几乎为零。由于学术共同体作出学术决策的过程民主公正，因此这一治理理念稳定地扎根于教师群体意识之中，变革速度缓慢。具体而言，终身教职制度的评选过程可分为三个步骤。

第一步，招聘与雇佣，教师质量改进制度的预备阶段。威斯康星大学麦迪逊分校的各基层学术组织（如系、研究单位）具有招募教师的自主权，尽管各基层学术组织的招募细节不完全相同，但通过各系所发布的相关文件来看，仍有一些共性可循：系所的招聘部门将从众多的教师应聘者中筛选出 3—4 位候选人进入面试阶段，整个面试过程集中于一年中的 2 天完成，应聘者将被系内所有教师共同面试并通过全体投票的形式决定去留，每位教师均有一次投票权，与职称的高低无关，当教师投票结果超过 2/3（并非过半）时，该应聘者获得工作机会。依据管理流程，教师委员会将招聘结果上报至院长办公室，征得行政管理者的同意。通常而言，院长将支持投票结果，尽管院长可持反对意见，但这一情况是非常罕见的。研究发现，基层学术组织以平等的民主投票方式做出招募决定，教师的入口质量掌握在每一个教师手中。

第二步，从助理教授到副教授，教师质量改进制度的正式阶段。一旦入职成为助理教授，意味着此教师正式进入教师质量的保障与改进阶段。这一步自下而上主要包括系、院、校三个层面。

在系的层面，教师入职后将签订一份 3 年期的试用合同（appointment），期满后在系内讨论其去留。系所将为每位新进助理教授提供教学、科研方面的辅导和帮助，这主要表现为两种制度。一种是教授导师教学辅助制度（Mentoring）。每位新进助理教授将被分配给一位教授导师（美国模式不同于英国和欧洲模式，威斯康星大学麦迪逊分校的雇佣假设是，所招募的每位助理教授都有最终晋升为教授的潜在可能性），每位教授导师最多指导 3 位新进助理教授，该导师仅负责助理教授的教学质量，不关注科研和社会服务质量。由于助理教授作为新手教师，缺乏授课经验，因此教授导师将通过进入课程、观察助理教授授课的方法对其教学业务进行指导，提出教学过程中的不足和改进建议，不对助理教授做评估或审核等价值判断。总之，助理教授在教学过程中遇到任何问题或困难，教授导师是其寻求帮助的第一人。另一种是 3 人审查委员会制度（Three Person Review Committee）。3 人审查委员会由 3 人组成，委员会成员将依据助理教授提交的年度自我评价报告，结合实际考察分别对助理教授的教学、科研和社会服务三个方面的质量每年进行一次深入、细致的审查和评价。对于教学质量，3 人审查委员会中的负责成员将综合教师的自我评价报告、学生评教成绩（1—5 分，1 分为最低，5 分为最高）、课堂教学观察三种方式对助理教授的教学情况进行定性评价；对于科研质量，委员会负责成员将阅读助理教授当年所发布的所有研究成果，描述和评判其科研水平和知识生产能力；对于公共服务，委员会负责成员需要掌握助理教授在社区、大学或国家层面的任职和服务情况，并对服务质量做出评价。教师质量的基本判断标准是，助理教授的教学、科研和社会服务必须有两项是杰出的、一项是优秀的（you must be excellent in two and very good in one）。通常而言，由于威斯康星大学麦迪逊分校作为公立研究型大学，教师的科研质量是最重要的、教学质量次之、公共服务质量再次之。

如果你的科研质量非常卓越，你的教学能力又是非常显著的，那么你很有可能获得教学奖项；即使科研质量很重要，但如果你是个教学能力很差的老师，你的学生不喜欢你的课，当

你的同事进入课程观察发现你不是个合格的讲师时，你将不能
获得终身教职。(Michael 语，教育学院，教授)

3 人审查委员会通过考察撰写详细的年度评价报告，指出助理
教授在当年工作中的优缺点及需要进一步改进的意见，这些评价报
告作为全方位、专业化体现助理教授教学、科研、社会服务质量的
证据而存在，并将在整个系所的范围内被公示。更重要的是，它们
将作为重要的文件档案跟随助理教授的整个职业生涯，决定着其能
否通过试用期以及最终能否晋升为副教授获得终身教职的身份。在 3
年完成上述两项辅助性制度之后，助理教授将接受系内人事委员会
(Personnel Committee) 的考核。该委员会由 6 名成员组成，由系内
每位教师在全系范围内选举产生，每年选举一次，委员会成员作为
教师代表行使职权，系内所有人事决定需首先经过该委员会的民主
投票。人事委员会的 6 位成员在收到 3 人审查委员会提交的 3 年累
积评价报告之后，每个人都需要非常详细、认真地阅读并熟知每位
助理教授的教学、科研和公共服务情况，并在委员会成员间进行讨
论，然后结合助理教授 3 年间的整体表现，向整个系做出助理教授
教育教学质量优劣的总结性建议 (recommendation)。该委员会对于
教师质量的保证和提升起到至关重要的导向性作用。此后，系里的
每位教师将对助理教授能否通过 3 年试用期进行投票，若票数超过
2/3，意味着该助理教授将得到额外 3 年的工作期限；否则，他 (或
她) 将有 1—2 年的时间去就业市场重新寻找工作。可见，整个考察
过程是非常民主的。助理教授通过 3 年的考察期后，3 人审查委员会
将持续对助理教授每年的教育教学质量进行评述，人事委员会在期
满后 6 年，依据助理教授本人的申请向系内行政委员会 (Executive
Committee) 提供是否推荐其晋升为副教授的意向性说明。系内行政
委员会由学院所有正教授和杰出教授组成，他们将整合助理教授的
所有材料，并将其寄送给助理教授所属研究领域中其他知名大学的
知名教授，外部知名教授将围绕教学、科研和公共服务三个方面对

助理教授进行同行评议，外部同行将以信件的形式对助理教授是否有资格晋升为副教授做出评价。由此可知，威斯康星大学麦迪逊分校的终身教职制度是内外部质量保障活动共同作用的结果，内部质量控制是外部同行评议的基础，外部同行评价为教师质量的高低提供客观中立的评估意见，二者对于助理教授的晋升过程起到交叉影响。外部同行评议的人数最多为 6 位，评议结果非常重要，若回信为积极的结果，那么证明助理教授的能力得到了同行的认可，他（或她）将很容易进入下一阶段；若回信为消极结果，将有可能推翻系内人事委员会的推荐意向。与此同时，系内行政委员会将对助理教授能否晋升进行集体投票，若票数超过 2/3 则为通过，那么该委员会主席将结合人事委员会的推荐意见、外部同行评议的回信以及 6 年中自己对于助理教授的观察和接触，撰写总结性报告，给出该助理教授能否进一步晋升的理由。

在学院层面，在完成系内所有程序后，所有与职称晋升相关的文件，如评价报告（自我评价报告、委员会审查报告、外部同行评议报告、行政委员会主席评价报告等）、委员会投票结果、学生评教成绩、课程教案、发表科研成果将被统一整理归档，提交给学院院长，征得院长的同意。

在学校层面，得到院长的同意后，职称晋升材料将由院长提交至学院从属的学部委员会，接受学部委员会的考察和审议。各学部委员会成员在其所属院系的教授成员中选举产生，大约由 10 人组成，任期 3 年，代表学部各院系的所有教授行使学术权利。学部委员会成员收到所有与助理教授职称晋升的材料后，将立足于自己所在的学科对助理教授 6 年中的科研、教学和公共服务情况作出严苛、公正的评价，有时甚至产生激烈的讨论。这是决定助理教授能否获得终身教职的最终环节，同时也是最艰难的环节，因为其科研质量须得到跨学科、交叉学科教授的广泛认可。学部委员会的评议结果将反馈至院长，获得院长的认可后，助理教授的职称晋升正式通过，大部分情况下院长将支持学部委员会的评议结果，推翻的情况极为罕见。院长认可后，将终身教职任命书提交至校内主管学术事务的教务长，教务长将每年汇总教师晋升情况的数据上呈至董事会进行讨论，教务长和董事会层面的商议均属于行政象征性活动，通常不会推翻之前的讨论结果。未能获得终身教职的助理教授将被保留2—3年，在此期间去就业市场寻找其他工作。

第三步，从副教授到正教授，教师质量改进制度的最后阶段。在威斯康星大学麦迪逊分校，由副教授晋升到正教授是各系内部的工作程序，无须经过学部委员会的讨论。新晋副教授经过3年的工作，在通过一系列的评估后可以晋升为教授，这不是个非升即走的过程，晋升时间依据教师个人从事教学、科研和公共服务的情况而定。在此阶段无须3人审查委员会的审查（它仅针对助理教授的审查），但需接受人事委员会两年的考察，在第3年，人事委员会将基于副教授的教学和科研能力对其是否达到晋升为正教授的标准做出判断，并向全系提出推荐意见。通过人事委员会的考察后，晋升事项将提交到系内行政委员会讨论，由委员会所有正教授和杰出教授讨论并投票决定该副教授能否顺利晋升为正教授。民主投票后的结果将提交至学院院长，院长通常支持投票结果。

（6）终身教职制度的计时周期。新入职教师进入院系后首先需签订为期3年的试用合同，并在第3年接受全系所有教师的投票以决定去留；通过试用期的助理教授通常还需要3年的时间以自己的教学、科研和公共服务质量向学校证明自己具备评选终身教职的能力，此阶段非升即走；晋升为副教授后通常至少还需3年时间晋升为正教授。由于某些具有合理性的突发事件而造成的整个终身教职制度的计时周期在一定时间内被迫延长，称为计时周期的自动暂停，这意味着计时周期可额外延长1—2年。例如教师生病、教师父母生病或离世、女性怀孕或男性休"产假"在家照顾新生儿、同性恋教师收养子女等。

2. 教师年度审查制度（Faculty Review）

除终身教职制度之外，威斯康星大学麦迪逊分校的教师质量改进制度还包括教师年度审查制度，该制度主要包括教师年度自我评估制度和基层学术委员会年度审查制度两个层面。

（1）教师年度自我评估制度

校内包括助理教授、副教授、正教授、杰出教授在内的所有教师都需要参与教师年度自我评估，每个教师都被同等对待。年度自我评估以个人自评报告的形式提交给相应的基层学术委员会，作为接受委员会审查的书面材料。评估报告具有固定的格式和模板，主要包括个人所得预算、教室和实验室教学情况、非正式教学和指导工作、学术产出、专业性公共服务、特殊贡献陈述六个部分。在教学情况部分需要列出以下内容：春夏秋三个学期所开设的课程（课程号、课程名称、课程助教、听课人数、相关教案）、所指导的硕博研究生数量、答辩通过的硕博毕业论文数量、所指导的其他类型的学生及数量等。在科研情况部分需分类别列出本年度已经出版完成的、正在印刷过程中的、正在评审过程中的、正在写作过程中的学术成果，需具体列出学术产出的时间、名称、内容和自我评价。在公共服务部分需阐述教师个人本年度在系、学院、大学、本州和当地社区、国家、国际等领域的专业性任职及活动情况，以及公共服务获奖情况。每位教师年度自我评估以自然年为一个周期，开始时间依教师被录用的时间而定，但大部分教师会在每年的1—3月将自己的年度自我评估提交至所在系的相关学术委员会，接受其审查和评估。

　　每年的1月我要给他们写一个长达3—4页的报告，告诉他们在过去的12个月里，我在研究方面做了什么，教学方面教了什么课，教了多少学生，学生的评价怎么样，然后服务方面我都做了些什么，比如说我在国际上做什么，国内做什么，院里做什么，系里做什么，这样一层一层地写下来。这个报告也包含一些附件，比如说如果有发表东西我要附上我发表成果的复印件，如果我上了课我要把我上课的教案，还有一两个具有代表性的作业，或者是设计的活动附上，就是说你要有一些支持

性材料来证明你在做这些东西，准备一沓厚厚的材料交给委员会。（Peter 语，工程学院教授）

（2）基层学术委员会年度审查制度

基层学术委员会审查制度按照审查主体可分为 3 人审查委员会、人事委员会和行政委员会三种，审查内容主要是教师教学、科研和公共服务三个方面，审查形式包括教学过程实际观察、学生对于课程评教的打分结果、对科研情况的优缺点评价等，审查结果以审查报告的形式呈现，并记录在教师的职业生涯档案中。3 人审查委员会只负责对助理教授的教学、科研、社会服务情况进行细致入微的考察和评价，由于前文已进行了详细分析，在此不再赘述；人事委员会负责对所有教师（不论职称）的年度工作情况进行审查；行政委员会将对所有教师的审查结果进行打分和排名，5 为最高分、1 为最低分，并在全系范围内公示。总之，3 人审查委员会审查的主要功能在于对助理教授质量进行全面深入的评估，人事委员会审查的作用在于对所有教师的综合质量展开比较性评价，行政委员会在对助理教授和副教授审查的基础上进行投票表决，对终身教职和正教授的职称晋升行使民主决策权。

　　我认为我们的终身教职制度是非常民主的，它真真正正是由教师委员会民主投票的结果，这意味着做决定的是教师而不是行政人员。由于是你的同事评价你，尽管可能存在嫉妒的心理，但总好过于行政人员做出的无知决策。以前人事委员会的打分和排名结果伴随着金钱奖励，但现在没有了，那个分数只代表着教师的声誉，但这些制度的确实实在在地促进教师教学、科研、公共服务质量的改进。（Cliff 语，教育学院教授）

　　你所在的系主任会给你发一个正式的信，那是带着这个大学抬头的硬纸信不是邮件，告诉你今年这个委员会将讨论你的个人情况，就是你这一年有多少进步，然后请你递交一下材料。

我是根据这封信准备所要递交材料的，这个事情每年都要做一遍。然后这个委员会一般会在3月初起，用将近两个月的时间，因为他们需要花费大量的时间看，然后他们每个人要写报告，一个教授负责写在过去一年里我的研究，不光是陈述我做了什么，他还要提供评价。比如说我过去一年里发表了两篇文章，他要说这两篇是在哪儿发表的，发表的内容是什么水平，这个文章里有什么优点有什么缺点，他们需要把我所发表的文章都读一遍。然后需要说这个文章在业界有什么影响力，他还要给个评价。一个教授负责写我的教学，负责写教学的老师需要去听我的一堂课，就是课程观察，他要根据我写的和他的课程观察提出我教学的优点和缺点。那么负责写我社会服务的老师相对而言容易一点，他得写写我做了什么，是否符合系里对于我这个年龄的年轻教师的职业期待。他们整合起来的报告要交给系里的行政委员会，就是真正系里面元老们行使决定权的地方，他们会在会上讨论我的个人报告和人事委员会写的评价报告，然后系主任在这个时候会告诉我某年某月某日某时我们全系的行政委员会将会讨论对你过去一年的评价，你可以要求列席但是也可以不列席……经过行政委员会讨论的最终的评估报告会给我一份，里面会有表扬或批评，告诉我哪些做得好、哪些做得不好，再告诉我明年这个时候要做到以下这几点才有可能通过，相当于是给我提出了未来努力的方向……在这个报告完成以后，要等两三个月，院长会给我来信，说恭喜你通过了你们系的审核，请继续努力，这封信也是非常正式的抬头带有学校标识的信。这是这个大学做得比较好的一点，就是说他们真的在看你每年教学、科研、社会服务这三个方面做得怎么样，会有个非常详细的反馈、汇报、讨论，最后还有一个建议。整个过程都是非常民主的，所有结果都需要委员会举手一致通过才行。（Leo语，语言学院助理教授）

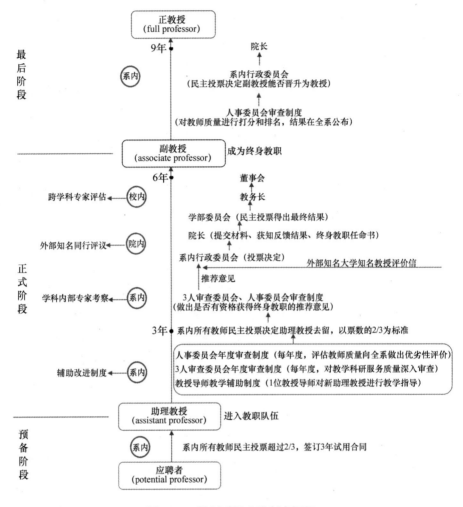

图 6 - 2　教师质量改进制度框架

第三节　过程改进：学术项目与
课程质量改进制度

　　过程改进是指对院校教学过程、学术项目、课程内容等教育教学方案在实施过程中做出连续不断的监督、审查、反馈、调整和改进。其目的在于：第一，为方案制定者、管理人员、项目参与教师提供反馈信息，以便使其了解方案、学术项目、课程的实施进度和效果，确定是否按照预期进行，资源利用是否合理有效；第二，由于决策方案、学术项目、课程内容难以在事先设计时做到面面俱到、十全十美，因此过程改进可用于发现教育教学方案实施过程中潜在的问题，为及时修改和调整方案提供基础信息。过程改进需要回答一些基本问题：（1）项目方案实施的程序如何？（2）项目方案本身及实施过程是否需要调整或修改？如何修改？本书认为，过程改进维度应该包括以下四大要素：教学过程管理、教学质量监控、教学基本数据库、反馈和持续改进，在众多的过程改进制度和措施中，学术项目质量改进制度和课程质量改进制度对全校教育教学质量的改进与提升起到决定性作用，下文将着重分析。

一 学术项目质量改进制度：核准与审查项目水平

激烈的世界经济竞争和人才竞争使得美国院校的发展在高度市场化的社会背景下面临优胜劣汰的办学压力，再加上美国经济衰退给公立大学带来政府预算削减的发展危机，美国大学内部院系、学术项目、研究单位因经费枯竭、教育项目培养水平低下而造成组织解体、人员被解雇的现象屡见不鲜。为保障和改进校内各院系学术项目（如学位项目、专业）和研究单位的教育教学质量，威斯康星大学麦迪逊分校设立学术项目质量改进制度，一方面，对校内基础学术项目的新建、更名、重组等改进过程形成一套系统、完善的自下而上的申请核准制度；另一方面，对于开展五年及以上的学术项目实行定期质量审查。威斯康星大学麦迪逊分校学术项目质量改进制度以威斯康星经历和基本学习产出为导向，参考学术规划与院校研究办公室制定的核准指南和模板，进行五年期、十年期项目审查，报学术规划理事会、威斯康星系统、校董事会讨论通过，最后经过院校或专业认证，接受社会检验。

1. 学术项目核准制度（Academic Program Approval）

威斯康星大学麦迪逊分校每个学术项目（主要指本科专业、研究生专业及其他学术单位组织的科研项目）所开展的主要学术行动从其建立、实施、重组、审查、暂停招生和终止都需经过麦迪逊分校和威斯康星系统两个层次的核准。在麦迪逊分校层面，自下而上的学术活动核准流程为基础院系、研究生教师行政委员会、大学学术规划理事会和教师评议会；在威斯康星系统层面，从威斯康星系统管理行动准备到董事会行动准备，再到系统管理部门和董事会正式采取决议，详见表6–5所示。对于学术项目核准制度的分析具体可以包括：第一，新建专业或学位项目的申请条件和核准程序；第二，学位/专业或学术项目的更名（rename）流程和条件；第三，学位/专业或学术项目的暂停和永久终止。

表6–5　　　　　　　　学术项目建立或变革核准程序概览

学术行动	威斯康星大学麦迪逊分校				威斯康星系统			
	院长和研究中心主要负责人	研究生教师行政委员会	大学学术规划理事会	教师评议会	威斯康星系统管理行动准备	董事会行动准备	威斯康星系统管理行动决议	董事会行动决议
建立或变更院校使命	·	·	A	A	·	·	A	A
院校项目评议报告	A	A	IO	·	夏季报告	12月	IO	IO
外部认证评测报告	A	·	IO	·	夏季报告	12月	IO	IO
建立学院/系/部门	A	·	A	A	12周以上	·	A	A
更名或取消学院/系/部门	A	·	A	A	12周以上	·	A	A
建立新的学术项目（专业/学位）								
第一步，通知确立	A	A	A	IO	任何时间	A	IO	
第二步，授权实施	A	A	A	IO	8周以上	只要会议时间允许	A	A
第三步，执行	A	A	A	IO	4周以上	·	IO	IO
第四步，五年一次审查	A	A	A	·	夏季报告	12月	IO	IO
现存面对面学位/专业项目改为远程在线教育	A	A	A	IO	4周以上	·	IO	IO
现存学位/专业扩展到校外（威斯康星州其他物理位置）	A	IO	A	IO	12周以上	·	A	IO

续表

学术行动	威斯康星大学麦迪逊分校				威斯康星系统			
	院长和研究中心主要负责人	研究生教师行政委员会	大学学术规划理事会	教师评议会	威斯康星系统管理行动准备	董事会行动准备	威斯康星系统管理行动决议	董事会行动决议
现存学位/专业扩展到校外（威斯康星州以外）	A	IO	A	IO	4周以上	·	A	A
对于学位项目建立基于学习能力输出为基础的直接评估方法	A	A	A	IO	12周以上	·	A	IO
重组或终止直接评估方法	A	A	A	IO	12周以上	·	A	IO
建立一个新的联合性学位项目	A	A	A	IO	8周以上	·	A	IO
重组或终止新的联合性学位项目	A	A	A	IO	8周以上	·	A	A
更名或终止一个学位/专业	A	A	A	IO	4周以上	·	IO	IO
对某一学位/专业暂停招生	A	A	A	IO	4周以上	·	IO	IO
对某一学位/专业大幅度持续调整	A	A	A	IO	4周以上	·	IO	IO
建立一个新的资格证书教育项目	A	A	A	IO	任何时间	·	IO	IO
更名、停止招生或终止一个资格证书教育项目	A	A	A	IO	·	·	·	·
建立一个双学位项目	A	A	A	IO	·	·	,	·
建立、更名、重组或取消一个系	A	IO	A	讨论	·	·	·	·
创立、修改或取消一个课程	A	A	IO	·	·	·	,	·
建立一个学术研究中心或机构	A	IO或A	A	IO	·	·	·	·
更名、改组或取消一个学术研究中心或机构	A	IO或A	A	IO	·	·	·	·

注：1.“A”表示开展此项学术行动，需获得麦迪逊分校或威斯康星系统内相关治理主体的核准通过；

2.“IO”表示开展此项学术行动，麦迪逊分校或威斯康星系统内相关治理主体的核准意见仅供参考；

3.“·”表示开展此项学术行动，无须征得麦迪逊分校或威斯康星系统内相关治理主体的核准。

资料来源：https：//apir. wisc. edu/uapc/Academic_ Program_ Approval_ Overview_ 2016. pdf。

（1）新建专业或学位项目的申请条件和核准程序

学术项目的新建和核准，是学校内部学术质量改进的初始环节。新专业和学位项目的创设代表了教师和院长对于教育创新原则的重大承诺。为授权实施新学术项目而设立的核准程序，保障了项目在全校范围内的广泛讨论和交流，并确保项目在面向学生使用时已经做好充分的准备和规划，保障项目设置的有效性和可行性。在最基础的学院一级审核通过后，交由研究生教师行政委员会、学术规划理事会讨论，最终由校董事会正式批准新专业或新学位。

首先，对于新学术项目管理政策而言，2008 年 4 月，规划理事会支持将"威斯康星经历"作为描述学生在校学习经历的框架，将"基本学习产出"视为学生学习的目标和预期。换句话说，所有新制本科学术项目方案都要与"威斯康星经历"的基本框架保持一致，以"基本学习产出"评估学生学业进步程度。

其次，对于新建学位/专业申请设立要求和具体条件而言，新项目的设计通常开始于教师、系主任、院长等基本教育单元成员间的非正式讨论，该非正式征求意见阶段对项目获得广泛的支持基础、发现潜在问题十分关键。在项目设计初期，负责教师应尽早联系学术规划和院校研究办公室主任，该主任将提供建议并帮助指导申请流程。对于研究生项目而言，项目负责教师应尽早联系研究生院。专业或项目负责教师需要对新建项目准备两份文件：一是简短的"项目说明"（The Notice of Intent），二是详尽的"待授权方案"（Authorization Proposal）。"待授权方案"的作用在于向大学内部组织传递与新建项目相关的信息，实现与利益相关方的交流、达到同行评议的标准，为学生入学做准备。其结构和具体内容如表 6 - 6 所示。

表6-6　　　　　　　　**新学位/专业"待授权方案"模板**

摘要	对项目的描述在 50 字以内
项目 鉴定	1. 机构名称；2. 项目标题；3. 项目/专业名称；4. 教学模式（社区内/面授，远程授课，混合模式）；5. 独立机构或联合机构；6. 项目在第一个五年的招生规划；7. 学费结构（例如标准学费，差别化学费等）；8. 所属院系或等价部门；9. 项目实施日期
项目 简介	1. 为什么要设计该项目？项目与院校使命的关系（广泛考虑作为一所重要研究型大学在教学、研究、社会服务和威斯康星理念方面的大学使命）；2. 项目如何与大学整体规划相契合？3. 当前学生是否需要该项目？4. 通过市场调研是否反映出对项目的需求？5. 项目如何体现新兴知识、或专业和学科的新方向？
项目 描述	对于项目总体结构的描述，包括：1. 项目匹配院校项目集群和学术规划的方法；2. 在多大程度上新建项目与威斯康星大学教育系统现存项目具有重复性；3. 项目的属性特征，包括特色部分或承担的组织使命；4. 项目为学生能够更好融入复杂多元的社会所做的多方面准备（包括课程中的多样化问题或其他途径）；5. 治理和领导结构
	项目的课程描述，包括：1. 提供课程将如何被开设的具体细节，对于博士生项目，为如何实现项目广度和宽度（breadth）提供具体细节；2. 通常本科项目课程需要学生在四个学年中完成 120 个学分，具体院系对于课程的不同标准和要求应详细阐明。通常硕士阶段的项目将包括 30 个必修学分；3. 如有新课程被添加，在课程审批流程中提供新课程的具体信息；4. 项目的入学标准是什么？提供有关招生和入学的具体信息；5. 学位进度，包括取得学位的预期年限需要被讨论，描述影响按时获得学位的潜在障碍以及解决这些问题的方法
	简要解释项目对于测量学生学习产出的计划，包括：1. 项目的学习目标；2. 项目将如何跟踪测量学习产出的完成情况；3. 描述使用测量证据提高项目质量的过程
	描述为学生提供指导和咨询服务的计划：1. 描述项目所需的指导服务（advising services）以及服务被提供的方式，包括学术和职业规划两方面的指导信息；2. 项目是否规定了一系列其他程序和学生支持服务，例如与学校注册办公室和相关主任办公室的沟通交流，针对研究生的专业发展机会，以及其他相关的学生支持服务
	制定项目教授、教学人员和其他关键人员列表：提供一套项目教授、教学人员和其他关键人员列表，指明工作人员应对项目投入的估算工作时间
	描述项目的资助方式，如提供总体规划，包括但不限于项目管理，课程设置，技术需求和项目评估。1. 项目教授、教学人员和其他关键人员是已经存在的还是新招聘的？如果他们已经工作于已有项目则如何能够增加这一新项目的工作量？如果需要新增教职人员，他们将如何被提供资金？2. 什么影响这个项目人员配备需求超出当前项目？如何使这些需求得到满足？3. 对于研究生项目，描述学生资助规划，内容包括但不限于经费来源和如何配置经费的过程
	总结项目评估流程，包括：1. 项目何时以及怎样被评估。（注意：根据学术规划理事会的项目评估政策，新项目应在其第一次实施的五年后被评估，院系主任主导评估，教务长办公室提供辅助帮助）；2. 对于评估哪些方面以决定项目质量进行讨论，具体遵循威斯康星大学麦迪逊分校项目评估指南标准；3. 评估如何审查项目是否满足多样性、平等和大学氛围的问题；4. 需要外部认证
	支持信：1. 支持信必须附同新项目方案一起；2. 信的封面内容来自院系主任的支持，这意味着学院一级对于项目的课程、学生服务、测量和项目评估达成一致意见；3. 其他支持信应包括所有影响新项目，为其提供课程或其他帮助的所有系部或基础教学单元。这也包括由于新项目的成立，具有类似名称或内容的其他项目可能增加或减少招生的结果

资料来源：https：//apir. wisc. edu/uapc/Guidelines_ newmajorsdegrees_ Dec. 21. 2012. F. pdf。

最后，对于新建学位/专业核准流程而言，核准过程具有一定的灵活性。提供新学位/专业项目意味着对学生做出重大教育承诺，学校需要通过正规的核准程序确保教育承诺的实现。新学位/专业项目的设立需要得到董事会的最终批准，董事会在项目筹建前期赋予教师（与项目相关）、院长、系主任、教务长自由的创设权力和责任。核准流程用来保障全校范围内与新学位/专业项目相关的一切组织机构对其创建展开交流协商；新学位/专业项目方案通过结构化的治理流程被同行评估；所有程序需要在学生入学前准备就绪。

具体而言，整个核准流程为双周期（详见图6-3所示）。在第一周期中有8个步骤：①新项目的设计成员需要准备一个简短的"项目说明"。②"项目说明"必须通过所在院系或基础学术单元的讨论，进而项目主要负责人将方案发送给相关院领导。③院长或院长指派人员安排学校或学院的学术规划委员会研讨新项目，如果通过，学院领导将新项目方案发送至教务长并在方案封面附上具有他们签字的封面信（cover letter），同时抄送给学术规划与院校研究办公室主任。该封面信意味着院长作为学院首席学术长官支持此新项目。对于研究生项目而言，院长应将相应文件发送至研究生院院长。④学术规划与院校研究办公室主任将在教务长（或研究生院院长）收到新项目方案之前对其进行评估。此次评估的目的在于确认方案是否涵盖了所有规定的必备内容。⑤教务长可以在某些特定情境下任命一个项目审查委员会，委员会将由一个来自大学学术规划委员会的成员担任主席和两个额外的教职人员组成。对于研究生项目，其中一个额外的教职人员需是研究生教职行政委员会（Graduate Faculty Executive Committee）成员。新建项目中要选出一位教师作为代表加入委员会会议，回答所提出的相关问题。战略规划和院校研究办公室主任为咨询顾问。对新项目方案讨论过后，评估委员会将为教务长准备一份评估报告（1—3页），内容包括对项目计划的观察并对项目是否应该被实施提出建议。在这一阶段，评估委员会任命并非惯例之举，只有当新建项目不同于标准的学术项目（例如项目呈现出新模式、需要与其他大学合作或项目本身存有争议）时，评估委员会才会被使用。评估委员会的评估被院系主任、研究生院主任、教务长或学术规划与院校发展主任视为制定艰难管理决策时的有效方式。⑥学术规划和院校研究办公室主任将与分管财务和行政管理工作的副校长和教务长进行商讨，在新项目方案被提交到大学学术规划理事会之前必须得到分管财务和行政管理工作副校长的签署通过。这一规定有助于确保项目制定初期的资源需求和预算规划。⑦当所有的文件均被准备齐全，学校管理层将考虑通过"项目说明"方案。研究生"项目说明"将由研究生教师行政委员会（Graduate Faculty Executive Committee，GFEC）讨论，经批准后提交大学学术规划委员会再次讨论。本科生和专业项目方案仅由学术规划委员会讨论批准。⑧一旦获得了这些管理层的批准，学术规划与院校研究办公室主任将开始准备向威斯康星教育系统管理层（UW System Admin）提交的材料，包括长度限制在两页纸的"项目说明"及其他评估所必备的材料。⑨"项目说明"将被提交到威斯康星系统管理层和其他所有威斯康星教育机构（all of the UWs）。其他威斯康星教育机构需要作出的评论包括：一是具有潜在合作的机会；二是具有严重问题；三是对于其他方面的宽泛评论，例如项目与大学使命之间的匹配度。威斯康星系统也会就新项目是否适应整个教育系统项目群的发展作出评论。⑩在评论最后阶段，学术规划与院校研究办公室主任汇总处理所有评论信息并发送相关报告反馈至教育系统管理层及威斯康星所有其他教育机构。如果没有反对意见，学术规划与院校研究办公室主任将与新项目负责教师一起准备完整的"待授权方案"，接受威斯康星系统和董事会的核准。如果存有异议，则项目负责人和学术规划与院校研究办公室主任将进一步研究讨论。

　　在第二周期中有四个步骤：①当已被校内认可授权的新项目方案被提交至威斯康星系统的总校长时，校内教务长需要同时附上一份"承诺信"。需承诺以下四点：一是，已经被设计出的新项目将达到学校对于教育质量的定义和标准，并且将对校内其他学术规划和项目组群带来有价值的贡献；二是，新项目在麦迪逊分校范围内已经得到支持，包括教授治理层面的支持；三是，具备必要的财政和人力资源条件并且承诺维持项目实施运转；四是，项目审查完成并承诺在其实施五年后再次对项目进行评估。②通过校内授权的新项目需要被威斯康星系统的工作人员再次评估，这些工作人员将通知教务长是否将新项目方案推荐给董事会核准。董事会将对是否批准该项目作出最终决定。③通过最终核准后，教务长通知威斯康星管理系统已获认可的新建学位/专业项目的实施日期。④项目实施第一个五年后，教务长办公室将通知项目所在学院的院长（或系主任），并在其支持下实施五年内部评估。

（2）学位/专业或学术项目的更名（rename）流程和条件

经大学学术规划理事会讨论，校内学位/专业或学术项目的更名应符合并遵循以下流程和条件。第一，由学术项目负责教师对学位/专业的更名提出申请。第二，项目负责教师需准备一份简短的方案，提出项目更名请求并给出支持性理由。主动提出项目更名的常见理由是：新名称相较于旧名称而言可以更准确地反映课程；新名称可以更准确地反映项目教师所提供的培训活动；当学科名称发生更改时，专业项目名称应随之更改。方案应阐述该学位就读的学生接受项目更名的情况。如果项目名称与现有其他专业、项目类似或相关，清晰明确地表达项目间的重合问题非常重要。一旦项目间重合问题出现，只有获得所有受影响的现存项目、院系的支持，提供支持信，项目更名行为才能发生，更名方案应指明具体的实施日期。第三，项目更名的获准流程是，项目负责教师向学院一级的学术规划委员会提交更名方案，院系主任将所通过的方案发送至教务长。对于本科生项目而言，大学学术规划理事会负责讨论方案；对于研究生项目而言，研究生教师执行委员会对方案展开讨论，进而提交到大学学术规划理事会审核。最终，教务长办公室将与注册办公室（Registrar's Office）和威斯康星系统管理层就项目更名问题交换意见。

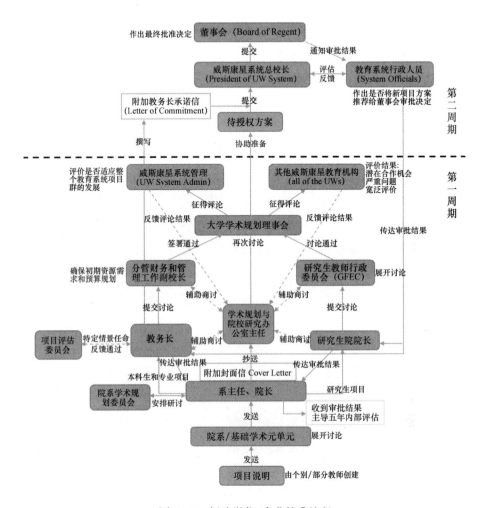

图 6 - 3 新建学位/专业核准流程

（3）学位/专业或学术项目的暂停和永久终止

第一，学术项目暂停或终止产生于多种情境，最常见的原因如下：①项目的招生数量低（low-enrollment）且无法持续满足学生、教师和大学使命的需求。在五年期内部评估中，一旦达到威斯康星大学麦迪逊分校项目审查规则设定的低招生数额的标准，项目应被考虑暂停或终止。②项目作为重组规划的一部分，将与其他学术项目合并或重组。例如当项目负责教师认为将与其他现存学术项目组合可以更有效实现项目目标时，项目将可能被终止。③由于经费预算或资源配置问题迫使项目负责教师和院系主任不得不暂停招生或终止项目。④项目为同名博士生项目的硕士阶段联合项目，但不授予硕士学位。

第二，学术项目暂停或终止的程序：无论在任何情况下，学术项目的暂停或终止需秉承公开透明的流程、广泛的交流，项目暂停或终止方案应得到相关学术部门、管理部门和学生组织部门等共治主体的讨论意见。在这一阶段，学术项目成为其他学术项目和学生服务的一部分，学术项目的终止必须被充分讨论，以降低对项目申请者、在校生、教职员工带来的潜在负面影响。必须及时通知所有相关组织，如院系主任办公室、学术规划与院校研究办公室、学生注册办公室、研究生院、本科生辅导办公室及其他学生治理群体。①得到院系层面学术规划委员会或等价治理主体的评论和批准，项目暂停或终止报告提交到教务长。②对于本科专业和学位而言，项目暂停或终止报告需得到大学学术规划理事会的评论和批准，研究生项目暂停或终止报告需得到研究生教师行政委员会的评论和批准，进而提交给大学学术规划理事会审核。③教务长办公室向所有与项目暂停或终止相关联的办公室发布通知，并依据相关政策要求，向威斯康星系统管理层提交项目暂停或终止报告。

2. 学术项目质量审查制度（Academic Program Review）

（1）新建学术项目第一个五年期内部评估（five-year review）

所有新建学术项目在其被实施的第一个五年必须进行周期性评估。院系主任办公室和项目负责教师在收到教务长办公室的通知后开展评估工作。学术规划与院校研究办公室将监督整个评估过程。

五年期内部评估的目标：a. 判断该学术项目建立之初所陈述的教育目标是否达成，评估项目是否实现初始设计时所期望的质量标准；b. 证实学术项目对学校发展的重要性以及理解该项目与校内其他项目之间的联系，反思项目实施过程中产生的积极和消极影响；c. 判断资源的持续投入是否合理；d. 提供给项目教师、院系主任、教务长有关项目改进的建议，计划下一步工作行动。

五年期内部评估的流程：

①评估日期定于项目最初批准实施的五年后，确认和规划评估是项目提案过程的一部分。

②以五年为期，教务长要求院系主任启动评估程序并要求项目负责教师展开自我研究（self-study）。自我研究应聚焦于上述内部评估目标，参照原始项目提案，遵循威斯康星大学麦迪逊分校的自我研究指南。教务长规定完成项目自我研究的时间通常在6—12个月。

③项目教师负责完成自我研究，并被鼓励向院系主任办公室、学术规划与院校研究办公室及其他校内项目部门寻求咨询或相关支持信息。

④自我研究需形成自我研究报告，项目负责教师正式签署该文件并提交给院系主任（在极少情况下，项目负责教师不参与自我研究且中断项目的进行）。

⑤院系主任收到自我研究报告时，他（她）要求对自我研究进行初步的学院内评估。通常，评估主要是以学院一级的学术规划委员会或等价治理主体对自我研究报告的讨论为核心。讨论会的目的在于确认自我研究报告是否真实准确地反映项目发展情况，是否满足五年评估的目标要求，项目是否得到学院的支持。如果问题是显而易见的，院系主任可能会选择在学院一级开展深度评估，或要求推迟项目的发展进度，或建议项目终止。

⑥当学院一级讨论完成且达到院系主任的满意时，院系主任将提交自我研究报告至教务长。自我研究报告应附带学院内部评估的相关记录（cover memo），此记录应总结项目的优势、劣势以及未来发展方向。如果在自我研究过程中暴露出严重的资源问题（resource issues），院系主任应向评估委员会提供足够的背景信息，方便评估委员会全面审视这些问题。

⑦自我研究报告和院系主任的评估记录（cover memo）需同步抄送给学术规划与院校研究主任，若是研究生项目则应抄送给研究

生院院长。

⑧教务长与学术规划与院校研究主任一起组织并召集正式的校级评估委员会，委员会至少由 3 个教职人员和两个咨询顾问组成：a. 主席是大学学术规划理事会成员；b. 对于研究生项目，成员之一来自研究生教师行政委员会；c. 1—2 个由教务长任命的与项目不直接相关的校内教职员工，他们通常是评估过其他项目的评估委员会成员，或是与当前所需评估学术项目相关领域的专家；d. 1 个来自项目所在学院学术规划委员会的成员，院系主任具有自主选择权；e. 1 个项目教师代表，用以回答与项目相关的问题，提供相关信息；f. 学术规划与院校研究办公室主任作为咨询顾问的角色，提供连续五年项目回顾，并可以提供关于项目的其他附加信息。

⑨校级评估委员会开展评估工作需要院系评估报告、院系主任的封面信（cover letter）、自我研究报告以及被董事会批准的初始项目方案。

⑩校级评估委员会的工作在委员会主席的领导下开展，主席召开会议，设定评估方案，决定会议议题，与其他委员会成员共同拟定评估报告。一般而言，校级评估委员会的报告主要涉及项目的优劣势，为院系主任或教务长改进项目提供参考意见，并具体指出必要的跟进措施。只有在极少数情况下，评估委员会认为终止项目是合适的建议，评估报告完成后由委员会主席提交至教务长。

⑪校级评估委员会的评估报告将在被提交到治理委员会（governance committees）之前在教务长、学术规划与院校研究主任、院系主任之间传递，以及时获得反馈意见。

⑫对于研究生项目而言，评估报告需呈递给研究生教师行政委员会，他们负责对相关材料进行商讨。研究生教师行政委员会的正式程序是接受评估报告并签署反馈意见，可能会在评估委员会报告之外提供附加意见，也可能驳回报告并以另一种行动方式替代报告，但这是一种很罕见的情况。

⑬对于所有项目而言，评估报告由校级评估委员会主席（大学

学术规划理事会成员之一）提交给大学学术规划理事会。项目代表和院系主任被邀请列席大学学术规划理事会会议。大学学术规划理事会的正式程序是接受评估报告并签署反馈意见，它可能提出附加意见，也可能驳回报告，但这情况罕见。当校级评估委员会、研究生教师行政委员会、大学学术规划理事会的意见存在冲突时，所有利益相关者将秉承解决问题的原则共同讨论作出决定，目标是服务于学生、项目教职员工以及更广泛的院校层面的需求。

⑭总结项目审查，教务长将向院系主任和项目教师发送报告以感谢他们在评估过程中的参与。此后，项目将进入常规的十年周期评估。

⑮在项目审查的年度报告中，教务长将通知威斯康星系统管理层新项目的五年期内部评估已经完成。

（2）十年期学术项目审查（Academic Program Review）

每个学术项目在大学学术规划理事会、董事会政策和联邦财政资助条例的相关规定下每十年至少被审查一次，学术项目审查为项目主导教师提供一个特定期限以分析其学术项目的整体质量，判断学术项目是否处于良好运转状态以及如何实施改进措施。学术项目审查的目的在于检验项目的优势和挑战、肯定成就的取得、反思运行过程中暴露的问题，并为未来发展做进一步规划。学术项目审查是探讨如何维持和加强学术活动质量的关键平台。大学学术规划理事会作为治理主体负责学术项目审查政策的修订，学术规划与院校研究主任代表教务长监督具体执行情况。学术项目所在学院院长对项目审查工作的具体实施承担主要责任，主导教师有义务撰写自我研究报告并确保学生学习经历的质量。学术规划与院校研究办公室主任要求院长提交与评估活动相关的项目年度进展报告，这些信息将被报告给大学学术规划理事会、董事会，并为日后达到院校认证的要求做准备。学术项目审查被视为一项校内常规的学术质量改进工作，定期对学术项目进行自我审查有助于了解、保障和提高学术项目质量。

　　首先，学术项目审查报告。每年院长办公室（deans' offices）需要制定学术项目审查报告以提供学院内部项目审查活动的最新情况，审查报告需回应教务长办公室对于评估信息的相关要求，列出不同项目下次开展评估的截止日期以示提醒，同时需要指出十年内未被评估的项目以及低产出项目。学术项目审查报告作为强制性年度报告被编定、提交给大学学术规划理事会，理事会在对院长报告总结归纳的基础上形成年度学术项目审查总结报告，进而提交给威斯康星教育系统管理层和董事会。另外，学术规划与院校研究办公室作为教务长办公室的子部门，负责跟踪所有学术项目的审查状态，他们从院长办公室收集项目审查相关信息，储存所有项目审查总结材料，为院长提供关于即将到来、截止或过期的项目审查年度总结。学术项目审查年度总结报告经大学学术规划理事会广泛讨论商议后，对项目中存在的问题提出进一步解决方案。学术规划与院校研究办公室制定年度学术项目审查报告时，需要从院长办公室至少获得以下信息：上一年度完成的项目审查列表；院长对于每个项目审查的最终总结，院级审查委员会的报告、项目自我研究报告以及项目主导教师的反馈；上一年度被定义为低产出项目的审查状态报告；八年或十年的项目审查状态报告，包括审查进展信息、自我研究报告更新情况、审查委员会的进度、审查委员会向院长提交审查报告的预期日期、院长最终报告的时间进度表；任何所需的其他信息。

　　其次，学术项目审查规则。大学学术规划理事会于1995年5月首次制定学术项目审查规则，分别于2010年6月、2013年2月21日、2016年6月16日进行了3次修订，不断完善管理条目，并将本科生和研究生两阶段的学术项目审查规则合并到一起。审查规则主要包括以下三个方面。

　　第一，学术项目审查的目标。威斯康星大学麦迪逊分校长久以来执行正规的学术项目审查程序，其目标在于审视项目的优势和面临的挑战，在肯定成绩的同时反思项目存在的缺陷，为未来发展做进一步规划。项目审查为探索维持和强化学术项目质量的方式提供平台，提供制定项目发展任务优先级的机会，调整项目发展战略使之在任何预算环境下始终保持该领域前沿地位。有时，项目审查提供一个契机以考量停止或重组学术项目。作为整合院系学术战略发展任务的有效方式，它需要教师和管理者投入巨大的时间和精力。无论在何种情境下，学术项目审查应以学生为中心，旨在发现并报告学生学习过程中出现的问题。项目审查都应包括为成立项目所制定的学习目标的相关信息，项目的学习目标如何与学校对于本科生、研究生和职业等级所设定的学习目标相联系。项目审查更深层次的目标在于推进大学和学院战略重点的实施。第二，学术项目审查规则的适用范围。项目审查的总体结构适用于校内所有学术项目。作为基层学术组织的每个院长办公室也可成立学院一级的审查委员会，运用适合的方法自主审查。作为院系层面的学术项目审查，只有当审查以学生学习产出为焦点而非以教师工作考核为中心时，才会被认定有效。第三，学术项目审查治理主体。依据教师政策与程序（Faculty Policies and Procedures）第三章第一节和第八节的相关规定，项目审核责任由项目所在学院主管院长（作为学院首席执行官和首席学术官）承担。董事会要求威斯康星系统的各教育机构依照正规流程开展项目审查工作，并向威斯康星系统管理层提交年度报告。高等教育委员会（the Higher Learning Commission）作为威斯康星大学麦迪逊分校的院校认证主体，依据认证标准要求学校保持定期项目审查的实践。学术规划与院校研究办公室代表教务长办公室协调项目审核工作，教务长办公室和研究生院共同负责研究生学术项目，研究生教师行政委员会承担监督治理角色（教师政策与程序第三章第七节），大学学术规划理事会作为大学共治委员会成员负责制定与学术项目审核相关的政策（教师政策与程序第六章第五节）。

　　再次，学术项目审查流程。威斯康星大学麦迪逊分校建立了一套相对完善的内部年度学术项目审查工作机制，具体流程如图6－4所示。

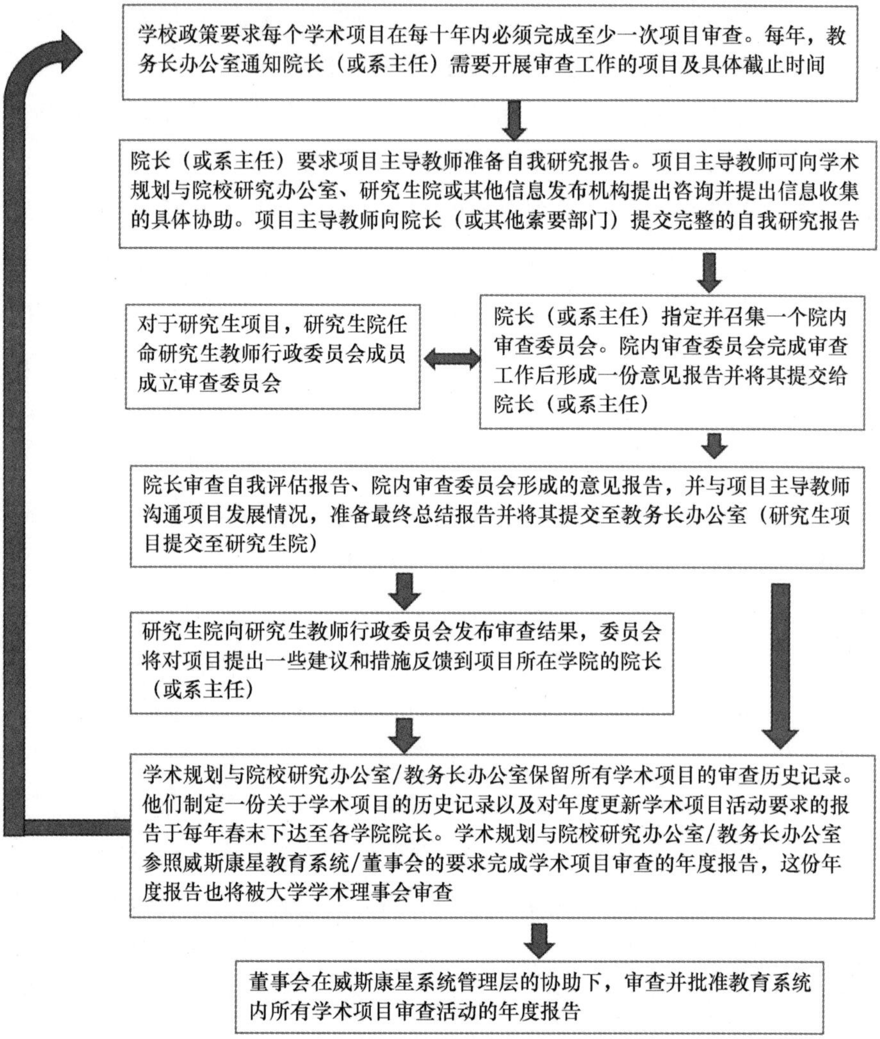

学校政策要求每个学术项目在每十年内必须完成至少一次项目审查。每年，教务长办公室通知院长（或系主任）需要开展审查工作的项目及具体截止时间

院长（或系主任）要求项目主导教师准备自我研究报告。项目主导教师可向学术规划与院校研究办公室、研究生院或其他信息发布机构提出咨询并提出信息收集的具体协助。项目主导教师向院长（或其他索要部门）提交完整的自我研究报告

对于研究生项目，研究生院任命研究生教师行政委员会成员成立审查委员会

院长（或系主任）指定并召集一个院内审查委员会。院内审查委员会完成审查工作后形成一份意见报告并将其提交给院长（或系主任）

院长审查自我评估报告、院内审查委员会形成的意见报告，并与项目主导教师沟通项目发展情况，准备最终总结报告并将其提交至教务长办公室（研究生项目提交至研究生院）

研究生院向研究生教师行政委员会发布审查结果，委员会将对项目提出一些建议和措施反馈到项目所在学院的院长（或系主任）

学术规划与院校研究办公室/教务长办公室保留所有学术项目的审查历史记录。他们制定一份关于学术项目的历史记录以及对年度更新学术项目活动要求的报告于每年春末下达至各学院院长。学术规划与院校研究办公室/教务长办公室参照威斯康星教育系统/董事会的要求完成学术项目审查的年度报告，这份年度报告也将被大学学术理事会审查

董事会在威斯康星系统管理层的协助下，审查并批准教育系统内所有学术项目审查活动的年度报告

图 6-4　学术项目审查流程

资料来源：https：//apir. wisc. edu/uapc/ProgramReviewGuidelines_ approved6-16-16. pdf。

　　步骤一：院长启动项目审查。项目审查通常由院长负责启动，项目主导教师牵头完成。教务长办公室将在项目进行的第八年前后，通知院长办公室准备开展十年期审查。院长启动学术项目审查工作的必备元素包括项目的自我研究报告；使用学院一级项目审查指南

或校级评估指南的决定；项目存在特定问题的描述；自我研究报告的提交和完成审查截止日期的限定。

步骤二：项目主导教师准备自我研究报告。自我研究报告不需要审查项目前十年的发展细节，而应反映近年来和当前背景下提升项目的方法。自我研究报告是对下次审查衡量项目进步程度的参考。项目存在的低入学率或难以完成学位等情况在审查过程中必须明确指出。项目自我研究报告完成后，需提交至院长及其他相关校内组织，以备下一步审查工作的开展。

步骤三：组建审查委员会。审查委员会由院长或其他校内组织任命和召集，其典型特征是必须由三个及以上教师或专家组成，其他成员通常包括大学教师、外部成员或其他专家。项目参与教师可作为审查委员会中的被咨询者。对于研究生项目而言，研究生院要求审查委员会中必须有一位成员来自研究生教师行政委员会，此成员不能担任审查委员会主席。院长和大学相关组织要求审查委员会提供一份书面审查工作大纲，应包括具体审查项目、委员会主席及成员名单，向委员会提交材料的截止日期等。委员会主席负责安排和召集会议、设立会议议程、向委员会成员宣布具体工作部署、监督整个审核流程、从委员会成员中得到反馈信息、制定最终审核报告并将其提交给院长或与审查相关的校内组织。

步骤四：完成项目审查。院长或与审查相关的校内组织将收到的报告反馈给项目主导教师，以核实审查信息是否与现实情况相符，并要求项目主导教师对一些重大问题作出回应。院长或院长指定人员带领院级学术规划委员会商讨项目审核文件，讨论内容包括自我研究报告、项目审核委员会报告以及其他项目反馈信息。院长或院长指定人员为项目审查准备最终总结报告。总结报告应指出项目的优势以及完善建议，或是否有追加其他支持性报告的需要。这份文件作为项目审查过程中一份非常有价值的公开总结性资料，随着时间的推移将成为下个十年周期项目审查的重要参考。如有需要，院长将本科生项目的最终审查总结报告、审查委员会报告、项目负责教师的反馈意见发送给教务长，研究生项目发送给研究生院。对于研究生项目而言，研究生教师行政委员会对项目审查组织讨论，研究生院院长向项目负责教师提供书面反馈意见。学术规划与院校研究办公室主任负责通知项目主导教师审查的完成情况。

最后，自我研究报告的编制。自我研究报告的编写工作为学术项目负责教师提供了一个战略性思考学术项目的价值和质量的机会。自我研究报告的指导原则是，以过去十年项目发展过程中的关键点为背景，聚焦于现在和未来的项目改进；专注于学术项目和学生学习经历；审查项目设定的教学目标并测量学生学习产出；认识在校生关于学术研究、学习指导、校园氛围和职业生涯规划的体验；识别项目的优势并提出改进建议。学术规划和院校研究办公室（主要负责本科生）和学术规划与测量办公室（主要负责研究生）可与院长办公室共同合作支持项目审查，并通过数据收集的方式协助项目负责教师完成自我研究报告的准备工作。

自我研究报告的组成部分如下。a. 对上一轮项目审查中提出的改进意见作出反应：总结上轮项目审查中提出的改进建议及采取何种行动策略。b. 项目概述：描述项目的目标、使命、教学任务及治理结构。c. 项目测量与评估：评估学生在多大程度上达到项目学习目标的测量方案，以及项目如何实现一系列连续的课程和项目改进。d. 招聘、招生和入学：分析当前实践和趋势以确定入学水平是否符合项目计划和资源利用情况。e. 指导和学生辅助：通过对学生定期地学业指导和讨论获取项目执行情况的准确信息。f. 项目团体和氛围：适时进行出口调查（exit survey）评估，收集项目氛围调查数据。对促进项目整体多样性发展、培养尊重和包容的项目氛围、形成项目集体意识所做出的努力进行描述。g. 学位完成情况及所需时间：参考相关院校数据和校园发展目标，描述帮助学生实现学业进步并及时完成学位的努力措施。h. 职业导航服务和毕业后教育产出：评估学生就业情况，实施教育出口信息调查，收集校友调查数据，对于教育产出是否最终实现项目培养目标做出反馈。i. 自我研究报告的整体分析和项目陈述：勾画出自我研究的重要发现，包括项目具体的主要优势和面临的首要挑战，以及项目未来发展过程中需改进调整的重要事项的优先次序。

对于研究生学术项目的额外考量有，j. 资金经费：讨论项目的学生资助数据和资助机制，以及为达成目标所提供的资金保证。k. 专业化发展与幅度：讨论研究生的专业发展机会，如项目如何激励学生参与专业发展机会以强化其专业技能并支持其职业规划的目标，为探索学术或非学术职业生涯，哪些资源和指南对研究生有效，项目如何协助研究生个人发展规划等。

二　课程质量改进制度：设定与规范课程标准

课程是高校教育教学活动的主要载体，是教师从前沿性的学科知识中选择"最有价值"的知识有效传递给学生的重要媒介，课程规划和设计能力体现着大学教师乃至一所学校的核心竞争力，因此课程质量改进是大学内部教育教学质量改进的重要组成部分。截至2016 年 7 月，威斯康星大学麦迪逊分校校内 2000 余位教职人员共开设 4731 门课程，平均班级规模 29 人。对于如此庞大的课程体系，该校制定了一套较为科学、合理和高效的课程改进制度，从新建课程申请条件、课程开设必备基础、教学大纲范围、授课教师资格、课程建设在线审查流程、大学课程委员会核准程序、课程评教等诸多方面对课程的开设条件和运行过程进行规范，为教师和行政管理者致力于改进课程质量的努力提供模板和指南。经归纳整理，依照课程改进的内容和种类，笔者将威斯康星大学麦迪逊分校的课程质量改进制度分为课程创建制度和课程评教制度两方面，它们共同作用于课程质量的有效改进和提升。

1. 课程创建制度

课程的创建制度主要包括以下三项子制度：课程申请—核准制度、大学课程委员会审查制度、课程开设基准制度。

（1）子制度一：课程申请—核准制度

威斯康星大学麦迪逊分校有一套专业的课程建设申请系统，所有计划申请开设课程的教师需通过网上在线系统完成并提交课程申请方案，纸质申请流程不再生效。校内所有课程设置必须通过标准课程核准流程，部分课程还需要被其他受影响的学术单元审查。

教师申请创建课程方案的流程如下。

课程方案的所有申请流程均在"课程申请信息系统"内完成：第一步，登录课程申请系统；第二步，点击"方案任务"菜单选择"开始新申请"；第三步，选择课程申请类型（新增课程、课程变更或终止）；第四步，选择课程所属学科；第五步，确定所选课程或新建课程；第六步，填答系统所提出的与课程申请相关的问题（例如课程基本信息、分类信息、管理信息、学术或项目信息、课程内容、申请依据、申请名称、通识教育标识情况）；第七步，确认所有问题的填答内容，最后提交课程方案申请。具体课程创建流程如图6－5所示。课程方案被提交后，将进入具体的课程审查环节，申请教师将在审查的每个阶段收到邮件提醒是否通过或是需要提交其他附加说明。

课程审查标准流程如下。

第一，课程申请者。任何教师通过在线课程申请流程系统均可发起一项课程申请。一旦申请准备就绪，提交后将进入核准程序。

第二，学科所属项目（或系）的审查。一旦申请者提交了课程申请，学科所属项目（或系）将通过电子邮件收到课程申请通知。其主要学术领导（项目或系主任）或被指派的特定人员将引导课程申请方案接受学科所属项目（或系）治理主体的审查。若存在问题，引导者需使用在线课程申请流程系统或系统外的其他交流方式联系申请者，直到问题被妥善解决。然后学科所属项目（或系）将通过申请方案，进入下一个审查环节。

第三，学院层面的审查。学院将通过电子邮件收到完成学科所属项目（或系）批准的课程申请方案，方案将受到学院核准委员会的审查。若存在问题，学院将使用在线课程申请流程系统的"评论功能"进行反馈，并以电子邮件的方式通知申请者和课程的学科所属项目（或系）。系统之外的沟通交流常有发生，在存在的问题被妥善解决后，学院核准委员会将通过申请方案，进入下一个审查环节。

第四，校内层面的审查。以下三类课程申请方案必须参与校内层面的审查：新增课程、课程终止、课程内容变更（包括课程号码、学分、授课主题、课程重复度、成绩体系、先修课程及预备知识、课程类型、公开的课程介绍、课程名称的变更）。进入校内层面的审查前，课程方案必须通过学科所属项目（或系）和学院层面的审查，如果其他学术单元受到影响，则必须赋予他们同样的审查机会。以往校内4个学部委员会在各自学部范围内指导校级的课程方案审查。自2014年起，由来自4个学部委员会的教师和教学人员组成的大学课程委员会（University Curriculum Committee）代替4个独立的学部，作为学校层面的代表对通过学院审查的课程申请方案进行校内层面的审查。若存在问题，大学课程委员会将使用在线课程申请流程系统的"评论功能"提出疑问，并生成邮件发送至申请者、课程学科所属项目（或系）和学院。系统外的交流时常发生，大学课程委员会可以控制申请方案的核准进展，妥善解决存在的问题。大学课程委员会审查通过后，申请进入下一个环节。

第五，学校注册办公室（the Registrar's Office）的流程。通过大学课程委员会审查的课程申请方案，将由学校注册办公室发布到学生综合信息系统（the Integrated Student Information System），这是课程申请流程的最终环节。

此外，有些课程申请除课程核准标准流程外，还要被其他受影响的校内单元审核。这类课程申请方案大多具备如下特征：第一，课程存在于交叉学科列表中；第二，与另外一门课程具有潜在交叉；第三，课程所在初始学术单元对项目（学位、专业或资格证书）产生影响；第四，申请设置为博雅教育课程之一；第五，申请设置为文理学院课程之一；第六，申请设置为通识教育课程之一。在这些情况下，受影响的校内学术单元与学科所属项目或系（即课程核准标准流程中的第二个环节）将同时收到进行课程审查的邮件。受影响的校内学术单元的审查将推进核准标准流程，为学科所属项目或系、学院、大学课程委员会的审查提供必要的参考意见。具体课程建设在线审查工作流程如图 6 - 5 所示。

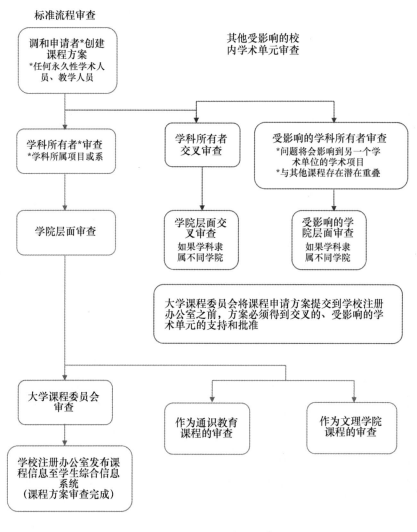

图 6 - 5   课程建设在线审查工作流程

资料来源：https：//kb. wisc. edu/images/group120/24435/workflow. pdf。

（2）子制度二：大学课程委员会审查制度

大学课程委员会审查制度主要包括审查标准和审查程序两个方面。

大学课程委员会对已提交申请课程的考量标准，一是，所有方案必须达到课程申请知识库（Course Proposal Knowledge Base）对于申请课程的指定要求。委员会计划对课程申请政策、要求或程序作调整时，需要与院级课程委员会咨询协商并为新方案的有序实施提供充足时间。二是，系或院级课程委员会将参与重要学科内容的审查；大学课程委员会将指出明显的缺漏（例如教学大纲或成绩评定方式不符合指定要求等），但将从更合理的角度对课程进行考量（例如来自政策或团体标准的工作量分歧，不可接受的重叠问题等），委员会成员需要从系或学院获得附加的咨询信息。

大学课程委员会的审查程序依据课程审查类别的不同而有所差异。第一，对新增课程申请的审查程序。会议召开前，课程协调人为每个新增课程安排一位审查员，任务将尽可能依据学部或学科的隶属关系安排，但委员会成员不负责审查来自同一项目或系的课程申请方案。所有委员会成员需阅读新增课程申请方案，审查员需对方案特别关注。会议前出现的任何问题，审查员需与课程协调人沟通交流，争取在会前妥善解决。委员会会议开始后，主席将征询所有对于课程申请方案的意见，每位审查员对所审查的课程方案提出建议或简要回答委员会所关注的所有问题。委员会进行必要的讨论后，进行公开投票，结果为批准、有条件批准或延期申请方案三种情况。关于委员会的任何意见或要求，由协调人与课程申请者和其所在系交流沟通。第二，对课程修订或终止的审查程序。委员会成员要为会议将讨论的有关课程修订或终止方案做准备，至少需要了解成员所在学部的课程存在的问题是否被调整，课程改进要求是否实现。所有课程修订方案最初都属于"同意议程"，在讨论课程方案的修订或终止时，方案才被委员会成员从"同意议程"移交至"审查议程"。提出和讨论与课程相关的问题后，委员会成员进入投票程序。当课程依据委员会提出的特定要求进行更改和修订并达到令人满意的结果时，方案将被批准或有条件批准；延期的决定意味着申请方案将被推迟，直到依据委员会所提要求完成课程修订以及解决额外的问题。审查员还需关注学分的修订：教学大纲和方案必须表明课程完全遵循校内政策中对学分的要求。第三，对于暑期课程的审查。由于大学课程委员会在6—8月不举行例会，为防止因委员会审查的延迟产生暑期项目课程问题，委员会主席和课程协调人将直接对课程申请方案进行审查，以确保课程满足所有标准和要求。如果方案没有问题，则可以无须委员会投票而直接批准。

（3）子制度三：课程开设基准制度

校内所有开设课程必须在以下八个方面达到相应的基准：第一，教学大纲；第二，学习成果；第三，合格的授课教师；第四，符合联邦对于学分学时的定义；第五，无论何种教学模式，课程内容应与标题、等级和课程描述相一致；第六，先修课程是否可实行；第七，满足与研究生课程属性相关的附加要求；第八，遵循已被批准的课程成绩等级方案。具体内容如下。

第一，教学大纲必须包括课程编号、课程名称、课时分配情况（学生个体学习和教师与学生讨论时长）、学习成果（本科生和研究生的学习目标是必要的）、所需教材或参考书目、课程代表性阅读材料清单、课程任何其他需求、学生的考核方式（包括作业、论文、考试等及其权重分配；向学生明确解释成绩评定量表，如明确定义参与率、出勤率、课程讨论情况在成绩评定中的比例；课程成绩A、AB、B、BC、C、D和F如何在最终的成绩计算中分配）。新增课程和修订课程的教学大纲还必须包括学分、课程名称的变化以及是否被标识为博雅教育或通识教育课程。院系有责任保存课程教学大纲，高等教育委员会（Higher Learning Commission）的认证标准表明，授课教师应通过教学大纲与学生沟通课程要求，大纲作为学术项目的细节，应向学生提供清晰和完整的信息。为达到认证要求，"教师政策与流程"关于系主任的职责陈述表明"系主任有如下职责……确定院系所有必要的教学、科研和公共服务纪录被妥善保管并允许相关部门的访问"。①

　　第二，学生学习成果被描述为，在课程完成时，能够证明学生在知识、技能和价值观上的习得情况。在此背景下，学习成果和学习目标是可以互换的，"学习成果"一词在高等教育领域被广泛运用，而"学习目标"的表述更为直接，学习成果的制定应该是客观的、可测量的。学习成果是课程大纲的必要组成部分之一，通常而言，一门课程包含 3—7 项主要学习成果；教师应考虑学生将从课程中习得哪些知识和技能。由于评估和认证需求的不断变化，未来将会形成更多的指导和具体要求，并为课程学习成果的制定提供框架。②

　　第三，授课教师的资格主要以教师所获学位是否与学科领域或所授课程密切相关、是否获得区域性高等教育协会或专业认证组织的认证（或教师是否毕业于美国以外具有同等教育质量的大学或学院）为主要判断依据。一个默认的标准是，所有教学人员所获最终学位至少要高于所授课程一个等级（例如若教授本科课程，则授课教师至少获得硕士学位；若教授硕士课程，授课教师至少获得博士学位）。某些情况下，教学人员不具备上述学历也可以授课，前提为他们必须拥有学士学位，并由权威招聘者对其进行大量的丰富测试，在获得有关学院批准后雇用其教授特定课程。系通过咨询所在学院，对教学经验作为可替代资格的最低标准进行界定，从而为教学人员的资格评定、教学能力评估及行为监督制定文件和程序。对于授课教师其他资格的考察，包括但不限于：研究生阶段有大量的学术课程及学科方法论训练；有在工业或私人领域相关的研究经验；有在艺术、商业、法律或政治部门的实践经历；有相关医学临床经验；展示出除英语之外的其他语言能力及流利程度，并证明可以用此种

---

　　①　https：//kb. wisc. edu/vesta/page. php？ id＝24561.

　　②　https：//kb. wisc. edu/vesta/page. php？ id＝43346.

语言授课。授课教师最低资格标准政策的编制中,对教师雇佣的条件和期望设定相对严苛,这是为了给学生提供最好的学习体验,达到高等教育委员会(Higher Learning Commission)于 2015 年 6 月新修订的对于教师资格认证标准。[①]

第四,对于学分的定义。威斯康星大学麦迪逊分校作为高等教育委员会(Higher Learning Commission)的被认证主体之一,对于学分学时的编制需要符合美国联邦教育部的相关规定。学校在接受高等教育委员会的课程合规审计认证时,不符合联邦学分规定的课程将被报告给美国联邦教育部。联邦对于学分学时的定义是,学分学时是学习成果工作量的体现方式之一,以学生成就作为检验证据,它是院校建立的一套合理的、与学生学习参与度相等价的制度。它的计算方式近似且不少于:每个学分相当于每周课堂学习一课时(即 50 分钟)或教师直接指导,以及每周至少两小时课外学习工作,以此强度连续工作一个学期(one semester)大约 15 周,或在不同时间同等的工作量。同等的工作量被定义为:在院校建立的其他学术活动场所(包括实验室、实践基地、工作室等)中获得的学术工作量。

威斯康星大学麦迪逊分校的学分政策以及对联邦学分定义的解释是,一门课程通常由以下一项或多项部分组成:

讲授课程(Lecture),一个学分即一堂课程教学活动,包括 50 分钟的授课外加两小时的学生课外工作(阅读、研究、写作、实践练习、记忆),其中包括讨论的时间。

讨论课程(Discussion),学习活动中由教师和学生精心策划且具有明确互动主题的学生自主学习行为。讨论课程倾向于以小规模的学生团体开展有意义的主题讨论,是对讲授课程的补充,一小时的讨论课程加两小时的课外工作组成一个学时。

实验课程(Laboratory),相较于讲授课程和讨论课程而言,以

---

① https://kb.wisc.edu/vesta/page.php?id=24562.

允许学生参与更多不同类型的实践操作为主要学习方式，鼓励学生通过参与实验操作获得理论和实践知识（如执行科学实验，练习相关技能）。学生在实验室进行的学习，通常由教师计划和监督。实验课程每周可补充一小时或多小时的讲授课程，也可以独立课程的形式开设。

田野研究课程（Field Study），此种学习活动是由教师特意为某些专业的学生提供的学习实践方式，以田野现场训练的方式开展，其过程由教师悉心监督，并与教师保持密切联系。课程时间由教师决定。

定向/独立研究课程（Directed/Independent Study），定向研究是一种高质量的指导型学习活动，包括师生间的常规教学联系。学生作为独立的自主学习者，其工作与合作导师密切相联，导师指导学生的研究、提供反馈、进行学术模型和专业学习行为的演示。

研讨会课程（Seminar），教师和学生共同参与、以大量密集的研讨为主要形式的学习活动，常常在大量独立工作的基础上以小团体研讨的形式进行，学生被期待在学习和知识生产的过程中积极表达自己的观点。与讨论课程不同的是，研讨会课程通常不作为讲授课程的补充。①

第五，课程描述。课程描述是对课程内容的简要总结。创建课程描述时应注意：电子资源上的课程描述虽没有字数限制，但仍应保持简洁以避免细节过多而限制课程对未来发展的适应；不重复课程名称、学分或先修课程的描述；为节省空间，不以"这门课程"和一个动词开头，而是直接揭示课程核心信息，即完整的语句表述是没有必要的。②

第六，先修课程是否可实行。对于一门新增课程而言，有知识基础或专业背景的学生要比没有基础的学生在课程上的表现好得多。

①　https：//kb. wisc. edu/vesta/page. php？id = 24558.
②　https：//kb. wisc. edu/vesta/page. php？id = 25623.

为了使学生明确是否应该选择一门特定课程，清晰和完整的先修课程及需要的预备知识应提前向学生发布。过去一些课程由于缺乏先修课程及基础知识的限定，学生间成绩差距很大。学生在选择与先修课程相近的其他课程时，应满足的基础条件有：转学生的等价课程可转化为威斯康星大学麦迪逊分校的部分课程；相关课程项目的参与；使用平均学分绩作为选课的先决条件之一；学生所在受教育层级（本科、硕士或博士）和所在年级条件；威斯康星大学分级考试成绩。在课程编号规则中，编号为100—299的课程只针对本科生开放，编号为300—699的课程面向本科生和研究生开放，编号为700及以上的课程专指研究生课程。

第七，研究生课程属性。研究生课程的开设标准为：研究生课程相关工作要有严谨度，研究生课程内容应是对研究生智力的挑战。高标准的课程工作通过以下方式证明：要求学生在重大课题或学科问题领域展示出先进的研究方法或新技能和信息的运用；要求学生展示出在某一学科领域知识的增量和深度超过普通学士学位获得者；要求学生证明在学科领域内具备高水平的分析和整合能力；要求学生在学科研究中重视文献研究并积极参与最新科研和学术活动。研究生课程内容通常建立在对先前知识或经验获得的基础上，因此更需注意研究生项目招生的先决条件。研究生课程的教师工作：参与研究生课程教学工作的教职人员必须具备高于所教授课程级别至少一个学位等级，教授博士层级课程的教员必须具有一个公认的奖学金、或具有与博士学位水平相符的在实践工作中获得成功的记录。研究生课程工作要求与评估：编号为300—699的研究生课程需要通过考试、作业以及成绩测量表等方式来评估研究生的学习水平，在同一成绩水平上，研究生相较于本科生需有更出色的表现。另外，研究生的研究工作常发生在课堂之外。①

第八，课程成绩等级方案。本科生的学习和作业质量一般由平

①　https：//kb. wisc. edu/vesta/page. php？id＝39841.

均学分绩点（grade point average）表示。教师评议会（Faculty Senate）于 1980 年 5 月通过的成绩政策方案中的相关条款规定，当前的本科生成绩等级分为 A—F。学期成绩只以字母的形式呈现，不存在"+"或"−"的符号表达。最高学分绩为 4.0，代表每门课程成绩为"A"；最低学分绩为 0.0。威斯康星大学麦迪逊分校对于课程成绩的分级如下：A（优秀）—4；AB（中间级）—3.5；B（好）—3；BC（中间级）—2.5；C（一般）—2；D（差）—1；F（失败）—0。学分绩的其他情况及表述方式：S（满意）—代表等级 A 至 C；U（不满意）—代表等级 D 至 F；Cr（学分）—获得学分；N（无学分）—未获得学分；I（不完整）—工作未完成情况下的临时成绩；P（进程中）—课程内容超出一个学期的暂时成绩，课程完成后以综合成绩替代 P；DR（放弃）—记录任何被选课后正式放弃的课程；NW（无工作）—用来表明学生从不参加课程也不提交作业。① 无须院长的特殊批准，任何课程本科生可以有一次重复学习的机会，最终成绩以两次成绩的平均值计算，但学分只统计一次。② 研究生阶段课程评分等级与本科生的评分等级类似，但对于部分"研究型课程"，唯一可允许的评分等级是 P（进程中）、S（满意）、U（不满意），等级 P 最终将在课程全部结束后被 S 或 U 替代，"研究型课程"成绩不计入平均学分绩内，该政策从 1999 年夏季课程开始实施。③

2. 课程评教制度

课程评教（Course Evaluation）又被称为学生评教或课程评估，威斯康星大学麦迪逊分校的课程评教制度已有近百年的历史，作为学生对于教师教学能力、课堂组织形式、知识授予内容等方面的价值判断而存在。它不仅是学生对课堂教学的满意程度的体现，更是

---

① http：//pubs. wisc. edu/ug/geninfo_ registrar_ grading. htm.

② http：//www. secfac. wisc. edu/FacLeg100_ 299. htm#103.

③ https：//grad. wisc. edu/acadpolicy/.

通过受教育者在接受教育过程中的切身体验和感悟，对教学优势和短板进行反馈的有效途径，帮助授课教师根据学生的实际需求改进教学过程中的问题、弥补知识体系的不足、发扬授课方式的长处、提升课堂教学质量、体现以学生为中心的教育理念。

（1）课程评教制度的内涵。威斯康星大学麦迪逊分校测验和评估服务办公室（Office of Testing and Evaluation Services，简称T&E）在全校范围内提供课程分数的统计分析，标准化考试管理、学生入校摸底考试（Placement Test）以及课程评教等与测验和评估相关的多种服务。就课程评教而言，测验和评估服务办公室所提供的服务包括发展评教模式、管理信息化评教（computer-based evaluations）、捕捉数据和报告评估结果。该办公室与校内各基层学术组织进行大量的调查和交流，基于多院系的交叉分析，发现课程评估中所涉及的具有普遍性的典型问题。但由于各院系秉承的教育理念、学科逻辑、课程属性、授课形式等方面存在较大差异，完全统一的评教内容难以满足多样化的课程评价需求，再加上许多院系要求定制化的课程评教，因此测验和评估服务办公室不强制要求所有院系使用统一的答题纸进行评教，只在全校范围内提供标准化的课程评教模板供各学术组织参考借鉴（详见附录七）。标准化评教模板以评估内容主次顺序的合理分布、清晰的表述方式和完整的测量逻辑推动评教制度的发展、助力形成最佳课程评估实践。标准化评教模板具有简化评估流程的优势，有利于一次性提高评估结果的真实性和准确性。标准化评教模板可运用在纸质评估和在线评估中，有大约30道封闭性和开放性问题，几乎可用于校内所有课程。

评教问题围绕以下4个主题展开：第一，课程内容、等级和气氛；第二，授课教师；第三，威斯康星大学麦迪逊分校"基本学习成果"；第四，整体性。另外，各院系可以将自己关注的评估问题添加至标准化评教模板以形成各自独具特色的课程评估问卷，例如可设置助教的作用、课程特定学习目标的达成、课程所具备的特征等问题。课程评估总结报告不仅需要包括对整体水平的分析，还需包括对每个主题及其子项目的分析。使用标准化评教模板的优势在于：问题清晰简明；可作为量表测量校内普遍性课程，考察学生所持态度的程度；数值型报告使得学生对每个子问题的打分更有意义，并有利于从中总结学生选课的原因；可以充分反映课程对于学校"基本学习成果"的实现路径及程度；设计更专业、更美观；简化流程以确保学生更便捷、更准确地打分；使用相对固定的词语、单位及项目设置位置以支持跨年份比较；为各学术组织在标准化评教模板的基础上增加补充性问题提供可能。

（2）课程评教制度的特征。笔者历时一年亲身参与威斯康星大学麦迪逊分校部分本科、硕士及博士课程学习，综合对课堂教学的实地观察、对课程评教过程的切身体验以及对评教问卷的实物分析，基于对比和总结归纳，发现该校的课程评教制度具有以下三个方面的特征：

第一，评教内容灵活多样，体现院系教学自主权。笔者曾接触过教育学院、语言学院、工程学院、商学院、法学院等部分课程的评教问卷，发现每门课程的评教问卷中的内容均不相同，问卷设计的不同之处在于所提问题大多聚焦于学科特色和特定课程的特定教学目标，蕴含着教师主体和课程内容的独特性；相同之处在于评教作为课程预期学习目标与学生学习成果之间差异程度的一种判断和衡量，主要关注教师的授课情况、学生的学习效果、课程预期目标的达成程度以及未来的改进意见等内容。不仅不同学院的评教内容不尽相同，同一学院不同系所使用的评教问卷及其具体内容也各有特色。这一现象充分表明，在教学过程的评价和改进中，以系为单位的基层学术组织具有充分的自主权，课堂评教体现出各院系的办学特色和预期的教学目标。

第二，期中和期末双重评价，强化教学过程改进。通过课程观察，笔者发现威斯康星大学麦迪逊分校的大部分课程开展非正式的期中和正式的期末两次评教活动，前者属于过程性评价，后者属于终结性评价。期中评教通常由授课教师以自己偏好的形式开展，有的通过课堂面对面地交流使学生直接提出教学优势及改进意见，有的通过教师自己设计的问卷提出自己所关心的问题。在经历过期中评教后，授课教师进一步了解了学生的反馈和需求，并在后半学期教学过程中及时调整自己的授课方式，有助于初始教学目标的顺利实现，也有助于教师在期末由本系组织的评教工作中取得好成绩。

第三，获得教师和学生的广泛认可，具有实效性。从与教师和学生的访谈中，笔者真实地感觉到，这两种评教工作不只是"虚张声势"，而是实实在在起到了改进课堂教学质量的作用。大多数教师非常看重课程评教，一方面是因为评教结果直接与教师晋升制度挂钩；另一方面通过开放性问题，教师可以了解在匿名评价的无压力环境下，学生对于课堂教学的真实感受，收集学生们的有益建议，改进自己的授课方式，提高教学水平。大部分学生认为课程评教是学生表达自己学习经历和学业期待的重要途径，自己提出的合理建议会被授课教师积极采纳，具有实际效果。

（3）课程评教形式及流程。就当前情况来看，课程评教均在学生考试之前在课堂上完成。每学期每门课程的最后一堂课，授课教师将携带评教档案袋、评教答题纸和评教专用铅笔进入教室，在课程全部结束前的半个小时，教师在发下评教答题纸和专用铅笔后离开教室。由助教或某特定学生将填答完毕的纸笔统一收回后，学生方可离开教室，收齐的评教答题纸将直接报送给本系主管教学工作的教务秘书，再由教务秘书进行机读、核算分数、撰写课程评教报告。值得一提的是，威斯康星大学章程规定，一旦评教答题纸下放给学生，教师必须回避学生的填答过程，不允许再次触碰已被填答的试纸，以示课程评教的公正、公平。

（4）课程评教结果。系内教务秘书将每位授课教师所开设的每门课程的评教结果（包括评教分数及具体分析报告）于下一学期开学初以纸质形式上报至系主任、系内委员会，并反馈给授课教师本人，同时此评教结果也将直接自动计入教师教学管理系统。所有课程评教结果将作为系内 3 人审查委员会、人事委员会年度审查和评价教师的重要参考，也是本系行政委员会、院长、校学部委员会审议教师能否获得终身教职或晋升为正教授的重要依据。对于助理教授而言，无论评教结果如何，3 人审查委员会将在下一学期以进入课堂旁听的方式了解其授课过程；对于评教成绩较差的助理教授，人事委员会将会与其讨论教学问题所在，帮助其提高教学质量。

　　每年学生评教结果将直接报给人事委员会，对于助理教授而言，我们不仅观察他们的评教分数，我们还要另外实际观察，委员会成员将会进入课堂观察助理教授的教学过程。因为有时教师可以在评教中获得高分，不是因为他们在课堂上教了哪些实质性的知识，有可能是因为教师可以让学生开怀大笑，学生喜欢他们，但这与课程本身无关。改进助理教授教学质量的另一种方法，就是进入课堂，观察他们是否真正运用了好的教学方法和资料，还是仅仅为了迎合学生的喜好让他们开心而降低课程难度……人事委员会成员可以看到每位授课教师的所有课程评教成绩，如果你是助理教授，他们发现你的评教成绩存在问题，他们会找到你，询问你在教学过程中遇到了什么问题，有什么可以帮助你，所以第一步是为你提供帮助，而不是简单地责难你。(Michael 语，教育学院教授)

　　各系把空白的问卷交给教师，由教师交给学生，然后教师离开就不能再碰这个问卷，然后学生助教交给系里，系再交给学校，学校有扫描的机器读，读完以后会把读完的数据还有原来问卷的原件发回到系里，系在第二个学期再把成绩结果返还给教师。整个技术支持是由学校提供的，具体每个问卷上问哪些问题实际上是由各系自己决定的。当然学校会提供一个格式，比如说由于版面布局你一共可以问 24 个问题，然后你可以决定主观性问题是写在涂圆圈那张纸的背面还是另附一张纸，各系这些具体细节操作都不一样，然后哪些问题、怎么问是由系自已决定的。就是说学校会提供一个模板、一个技术支持，这里跟学院实际上没有什么关系，是系直接对学校的。（Steven 语，文理学院，助理教授）

（5）课程评教发展趋势。自 2016 秋学期起，威斯康星大学麦迪逊分校过渡到数字化课程评教阶段，作为数字化学习成果测量工具的一部分，在线电子评估正逐渐代替传统纸质评估发展为校内新兴评教方式，学校的目标是到 2018 年底，将电子评教普及到校内以系和专业为代表的所有学术单位。教务长办公室与 DoIT 学术技术管理部门将领导此次"数字化过渡"工作，在接下来的两个学年中提供咨询支持、开展实践研讨会，促进电子评教的全面实现。电子评教将辅助各学术单位更高效地测量学生在课程和专业层面的学习成果，其优势在于：第一，易操作、更便捷；第二，与纸质评教方式相比，节省大量时间和金钱；第三，更准确地分析评教内容，更高效地得出评教结果；第四，强大的分析报告选项；第五，可与校内其他管理系统交换数据。

第四节　产出改进：学生学习评估制度

产出改进是对目标达成程度所做的评价和改进方式，方法包括评估（assessment）、测量（measurement）、判断、解释项目方案的产出结果，通过获取与学生学习经历、学习满意度、学习成果、学生毕业去向等调查数据反映出学校学术项目、专业、课程开设的合理性及运行效果。产出改进所要回答的问题包括：第一，测量到了何种结果（肯定的和否定的、预期的和非预期的）？第二，利益相关者怎样看待这些评估结果的价值和优缺点？第三，获得的调查结果在多大程度上满足了学术项目和课程方案制定者的预期？笔者认为产出改进维度应该包括以下八大要素：课程考试考核控制、院系教学工作评估、学生学习评估、毕业设计或毕业论文控制、学生评教、毕业生满意度调查、毕业生追踪调查、教学评优奖励。其中，学生学习评估制度中的相关措施和操作方法对其他七种要素的具体内容均有所涉及，因此下文将重点分析学生学习评估制度。

威斯康星大学麦迪逊分校的学生学习评估制度立足于大学使命和战略规划，以"威斯康星经历"和"基本学习成果"为目标导向，推动校内各学术部门和科研单位建立符合本组织内在规律的学生学习评估计划，用以指导各专业和学术项目内部具体课程设置、监测教学动态、测量学生真实的学习成果与项目培养目标和课程教学期望之间的差距。学生学习评估制度致力于从高等教育产出阶段测量和判断学生学习成果以及课程设计合理性，通过收集学生学习产出量化数据的方式，为学校微观层面的教育教学实践提供改进依据和努力方向，已成为持续改进专业和学术项目发展质量的关键制度。威斯康星大学麦迪逊分校试图通过启用学生学习评估制度打开学生学习过程的黑箱（详见图 6-6），所创建的理想型评估制度逻辑表现在以下方面：第一，考试、作业和课堂参与是教师检验学生实际学习效果的有效指标；第二，对于学生真实学习效果的评估和分析有助于诊断教学过程中存在的漏洞和不足；第三，学生学习成果评估为关注学习产出质量的利益相关者及其所服务的目标提供了恰当的交流平台；第四，评估系统有效性，收集有价值的信息，避免无效的信息传播；第五，评估系统在时间和资源方面具有可持续性；第六，在每个评估环节保留适当的自主权。

1. 学生学习评估制度的内部层级

学生学习评估办公室制定的评估制度可分为三个内部层级：院校层级、专业（或学术项目）层级、课程层级，部门工作人员分别从学生学习目标、评估计划设计、测量工具使用等方面提供操作模板及相应的辅助帮助。

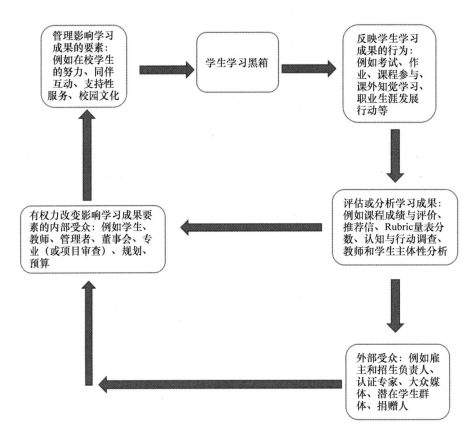

图6-6　理想型学生学习评估制度逻辑

资料来源：译自学生学习评估办公室主任 Mo 女士提供的第一手资料。

（1）院校层级评估制度（Institution-level Assessment）

在威斯康星大学麦迪逊分校，"威斯康星经历"（Wisconsin Experience）与"基本学习成果"（Essential Learning Outcomes，ELOs）相配套，共同服务于学生学习周期内学术项目（academic programs）和课外项目（co-curricular programs）设计的总体框架。该校旨在通过"威斯康星经历"和一系列源自"基本学习成果"学习目标的指导，培养学生参与和改变世界的能力、创造性解决问题的能力、整合实证分析和激情的能力、寻求并创造新知识和新技术的能力、适应新环境的能力。"基本学习成果"被视为各学术单位制定学生培养目标的制度基础，它被威斯康星大学麦迪逊分校教职人员广泛地、显性或隐性地运用于各种有关学生学习规划的文本之中。将以学生为中心的课堂教学过程和以积极辅助学习为特征的课外学习经历有机结合，这些实践活动充分体现了威斯康星大学对于以毕业生质量为核心的内部教育教学质量的期待。教务长办公室、学生学习评估办公室以及学术规划与院校研究办公室共同负责开展学校层面的评估活动，包括执行和管理 NSSE 调查、毕业生去向计划调查，以及依照威斯康星系统、董事会政策和高等教育委员会提出的认证标准开展的学校层面的评估实践。在所有院校内部学习评估实践中，通识教育项目（General Education Program）评估是院校层级学生学习评估措施的重点。

就通识教育项目评估而言，在 1996 年 5 月 20 日后被录取的大学本科学生需要达到校内通识教育的课程要求。

首先，通识教育评估的目标在于确保每一位威斯康星大学麦迪逊分校的本科毕业生获得本科教育的核心价值，这些核心价值能够为毕业生创造丰富的生活经历奠定坚实的基础；同时在于培养毕业生作为一名世界公民应具备的鉴赏和审美能力、置身于持续变革社会中的终身学习能力等。

其次，通识教育所涉及的领域包括人文与艺术、社会研究和自然科学。通识教育评估侧重于对受教育者在沟通交流、批评性思考、分析技巧以及生活在多元社会文化背景下所需的问题调查等能力的考查。达到通识教育的要求是实现上述能力的重要方式之一，这需要学生在大学一、二年级完成一定比例的通识教育课程，包括沟通交流、定量推理、自然科学、人文/文学/艺术、社会科学研究和种族研究五个方面，完成这些课程也被视为获得学位的基本条件之一。此外，学生需要咨询自己的学习导师了解自己所在学院是否设置超过校级通识教育要求以外的其他学习要求，提早为满足毕业条件做好准备。

再次，通识教育的学分设置情况。第一，所有本科生必须完成

13—15 学分的"宽面"（Breadth）课程。其目标在于为学生提供多学科知识探究的广泛经验和主要模式，在本科期间帮助学生建立广阔的知识视野，鼓励他们通过多学科视角了解世界的发展规律。具体包括自然科学课程（natural sciences）、人文/文学/艺术课程（humanities, literature, and the arts）、社会科学课程（social sciences）三个方面。关于自然科学课程：学生需完成 4—6 个学分，其中包括 1 个 4—5 学分的实验室操作性课程，以物理学和生物学为主，帮助学生通过科学探究的方式观察自然现象、收集客观世界信息、解释客观现象的规律。实验室组件是学生开展科学研究的工具，这些课程帮助学生感知变革世界中科学研究领域的解释性和创造性过程。关于人文/文学/艺术课程：通过这些不同的"镜头"学习，帮助学生进行批判性的思考、理解具有创造性的文化表达对人类的意义。一部分课程专注于对艺术、文学和学术作品的生产和分析，一部分课程帮助学生了解和比较人类的宗教和哲学观念，还有一些课程研究世界上不同种族和地区的历史。所有课程旨在培养学生的人文素养以及对文学、艺术、文化和民间传说等人类历史存在模式的创造性分析能力，并使学生能够运用这些信息更好地理解人性。关于社会科学课程：这类课程聚焦于对人类交往、社会和制度相互作用的系统化研究，利用定量和定性研究策略分析社会互动的种类和规模，通过社会科学课程，学生将学会如何提出研究问题，并确定用于回答这些问题的最佳研究方法。

第二，所有学生需完成 3—6 学分的"沟通交流"（Communication）课程。关于读写能力部分（Part A）：在大一结束时，大部分大一新生需要达到通识教育设定的 2—3 学分的关于听说、阅读、讨论和写作课程的学习要求，在高中取得 AP 考试分数或通过入学时摸底考试的学生可以豁免此部分课程的学习。关于强化读写能力部分（Part B）：对完成或豁免于 A 阶段的学生来说，需要学习 2—3 学分的强化读写课程。校内很多研究专业开设了满足这一强化读写要求的课程，尽管这些课程多种多样，但学生应选择与他们的研究领域最相近的课程进行学习。

第三，所有学生在大学二年级结束时，需学习至少 3 个学分的种族研究课程。其目的在于提高学生对于美国国内弱势种族、少数族裔文化和贡献的理解，为学生建设性回应和解决多元社会和全球社区中的问题提供研究工具，同时这也将增加大学文化对学生的积极影响。

第四，所有学生需完成 3—6 学分的定量推理课程。定量推理能力（Part A）：学生需获得 3 学分的数学或正式逻辑课程，取得 AP 考试分数或通过入学时摸底考试的学生可以豁免此部分课程的学习，学生需在第一年年底完成课程学习。强化定量推理能力（Part B）：为完成或豁免 A 部分定量推理课程学习的学生开设，这些学生应选择与自己的研究领域最相近的定量推理课程。威斯康星大学各院系开设了上百种满足通识教育要求的课程，学生可结合所在专业的培养方案以及学术导师的指导意见选修通识教育课程。

（2）专业（或学术项目）层级评估制度（Program Assessment）

威斯康星大学麦迪逊分校的教育层次可分为学士教育、硕士教育、博士教育、专业化教育、证书教育，这些教育层次由校内涉及诸多学科的多元化专业和学术项目组成。大学呼吁校内所有专业和研究生项目均清晰表述和编写专业培养目标、制定评估计划、实施测量工具以检查学习效果与教学目标之间的一致性程度。专业或学术项目评估的目标是检验专业培养中的优势及面临的挑战，在获取成就的同时反思计划的设定和未来的发展，专业评估为在校师生和行政管理者提供了探索如何维护和加强学术活动质量的平台。该校的专业（或学术项目）层级评估制度可分为专业培养目标（student learning goals）、专业（或学术项目）评估计划（assessment plan）和课外项目评估（co-curriculum assessment）三个维度。

第一，专业培养目标。自 20 世纪 90 年代起，每个专业均被鼓励识别并设定特定的专业培养目标，2003 年的评估规划正式以文本的形式向所有本科及研究生专业提出此项要求，2015 年所制定的评估规划将校内所有专业的培养目标统一收集。截止到 2016 年 1 月，401 个本科和研究生项目中的 383 个项目已经提交了专业内的学生培养目标①。

第二，专业（或学术项目）评估计划。1995 年学校制定了学术评估整体规划（Academic Assessment Plan），首次对每个学术项目提出制定评估计划的期待，并要求学术项目负责教师每年至少开展一次学习成果评估，通过分析性的测量活动识别专业培养质量。由于专业和学术项目的多样化，以及受外部专业认证标准的限制，"一刀切"的评估计划难以适用于所有专业，因此每位专业或项目负责教师被鼓励制定最符合本单元情境的评估计划。学生学习评估办公室创造性地研发了基础评估周期和课程设计地图，并以此为核心内容为校内本科和研究生专业或学术项目评估计划的制定提供模板。

基础评估周期（UW-Madison Basic Assessment Cycle）。被简化为"WWHSW 周期"，具体包括四个步骤。第一步，是什么（What），即学生的学习期待是什么，明确定义、测量预期的学习成果。第二步，在哪里（Where），课程在哪里体现了学生的学习期待、作为学习成果的知识运用以及特殊技能的培养，确保学生充分参与到学习经历以实现他们的学习成果。第三步，如何做（How），学术项目的教师如何了解学生当前学到的正是他们所期待学习的（证据是什么），收集证据以确定学生的学习在多大程度上与学习期望相匹配。第四步，结果如何（So What），学生项目结果意味着什么，包括对于评价性证据的分析和讨论，定义后续步骤，使用评估结果验证是否改进了学习质量。详见图 6 - 7。

---

① Summary：UW-Madison's Excellence in Assessment（EIA）Designation Application，https：//provost. wisc. edu/assessment/documents/Summary% 20of% 20UW-Madison% 20EIA% 20Designation% 20Application. pdf.

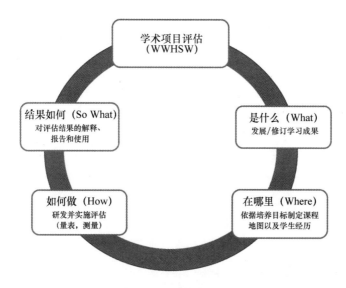

图6-7　基础评估周期

资料来源：https：//provost. wisc. edu/assessment/assessment-basics. htm。

课程地图（curriculum mapping）。课程地图是一种对学习目标与课程或其他学习经历之间的内在整合逻辑映射图，它是一种确保学生在有限学术项目的学习时间内获得充分学习经验、实现学习成果的方式。课程地图通常以映射网格的形式呈现，以专业所开设的课程和具体要求组成行，培养目标组成列，行列交叉形成的网格用于标注标记或符号。对于这种映射性课程地图的分析，有助于在理顺课程与人才培养目标关联度的基础上，建立专业与课程设置之间的逻辑关系。课程地图有助于突出在多元培养目标中的重要课程，也可以识别对专业培养目标的实现贡献不大的边缘化课程。具体形式如表6-7所示。

表6-7　　　　　　　　　　　**课程地图设计模板**

课程地图（位置）	输入学位项目层次（program-level）的学习目标，检视并用（×）标注出哪些课程或经验有助于学习目标的实现				
学位项目课程或学习经历	学习目标1	学习目标2	学习目标3	学习目标4	学习目标5
课程1	×	×			

续表

课程地图 （位置）	输入学位项目层次（program-level）的学习目标，检视并用（×）标注出哪些课程或经验有助于学习目标的实现				
学位项目课程 或学习经历	学习目标1	学习目标2	学习目标3	学习目标4	学习目标5
课程2	×	×		×	
课程3			×		×
课程4		×			
课程5		×		×	
课程6	×	×		×	
课程7	×	×			×
课程8	×	×		×	
课程9		×	×		
课程10	×	×	×	×	×
课程11	×	×			
课程12		×	×	×	×
研究展示		×	×		×
出国留学/实习		×			×

资料来源：https：//provost. wisc. edu/assessment/documents/Quickguide _ － _ Assessment _ Plan_ 081915. pdf。

　　本科和研究生专业评估计划的制定。首先是本科专业评估计划。威斯康星大学麦迪逊分校学生学习评估规划要求包括通识教育在内的每个学术项目制定各自的评估计划，每年至少进行一次评估活动，具体的年度评估结果报告和下一年度评估计划的改进方案需以文本形式提交给教务长。具体来说，评估计划应该制定至少3—5项学习培养目标，通过评估策略说明在多长时间内如何满足这些学习目标，并回顾和总结测量结果。其次是研究生专业评估计划。研究生院和研究生教师执行委员会授予教师成立、审查、修改研究生学位项目、专业资格证书项目、顶点项目的权力。2014年秋，研究生院和研究生教师执行委员会制定了一套研究生层面的学生学习成果标准，与本科教育的"基本学习产出"进行区分。学生学习评估办公室设计评估模板，为全校范围内专业和学术项目评估计划的制定提供参考，该模板的主要内容详见表6-8。

表6-8 **学生学习评估计划主要内容模板**

评估计划（如何做）	学习目标1	学习目标2	学习目标3	学习目标4	学习目标5
学习评估方法（要求至少一项直接测量方法）					
评估活动时间表（每年至少一项评估活动，所有目标在3年周期内完成评估）					

资料来源：https：//provost. wisc. edu/assessment/graduate-assessment-planning. htm。

第三，课外项目评估。课余生活在威斯康星大学麦迪逊分校的学生经历中扮演着重要的角色，学生参与课余活动有助于调动、整合和提高其正式的学术学习，评估规划的范围还包括那些有助于学生学习的课外教育经历。因此，课外学习单位和组织需要每年设置学习目标、评估目标实现程度并报告学生学习进展。课外项目的开展主要由学生生活副教务长办公室负责，当前处于萌芽阶段，相关评估措施尚不完善、未成体系。

（3）课程层级评估制度（Course-level Assessment）

教职人员有责任通过课程评估收集学生学习数据、监控学生的学习质量，设计新课程或发展新项目时最重要的是预设课程层面的学生学习成果以检验学术项目的目标是否得到提升。威斯康星大学麦迪逊分校所有课程的课程目标和学生学习成果要求必须在教师的教学大纲中清晰地表述，课程学习成果应与学术项目或专业的学习成果相结合，且保持一致。对课程进行评估，有利于对学生的学业进步提供常态化反馈、对日常教学方法和学生学习过程产生洞察力、为学生提供一个测量自己学习成果并适当修改学习策略的方法。课程评估制度主要包括整体性评估（General Assessments）、写作能力评估（Writing Assessments）、演讲能力评估（Presentation Assessments)、讨论能力评估（Discussion Assessments）、团队合作能力评估（Community-Building and Group Work Assessments）五个方面，具体评估内容如下：

第一，整体性评估。主要特征包括提供实践和反馈以改善学生学习（形成性测量）、聚焦于课程的整体方面、测量课堂整体性而非个人理解水平。课堂整体性评估措施案例见表6-9。

表6-9　　　　　　　　　　　课堂整体性评估措施案例

评估措施名称	描述
一分钟问卷 （Minute Paper）	在课间休息前的最后几分钟，请学生拿出一张纸，回答以下问题。1. 你今天学到的最重要的是什么？2. 你最不清楚的是什么？用于了解学生对特定课程的理解程度
连锁笔记 （Chain Notes）	在一个信封上写一个课堂上或阅读中的关于特定主题的问题，并在课堂范围传递信封。当学生收到信封时，他/她花费一点时间来回答问题，然后将回答放在信封中。回答可以在课间休息时被快速解释，问题/回答可以在课堂上被解决
记忆矩阵 （Memory Matrix）	学生填写教师提供标签的二维图。例如，在音乐课程中，标签可能包括国家（德国、法国、英国）和年代（巴洛克、古典）；学生在空格中填写作曲家，展示他们记住和分类关键概念的能力。类别也可以简单地由高或低重要性（高或低风险）组成
释义指导 （Directed Paraphrasing）	要求学生为普通听众写一些他们刚刚学到的知识，以评估他们理解和将概念转换成自己的话的能力
一句话总结 （One-sentence Summary）	学生通过构造一个句子来回答问题"谁，什么，什么时候，在哪里，如何以及为什么"，以此来概括某个主题的知识。目的是使学生只选择话题的定义特征
考试评价 （Exam Evaluations）	选择您可能会多次使用或对学生成绩有重大影响的测试类型，创建几个问题来评估测试的质量，将这些问题添加到考试中或制定一个单独的后续评估
应用卡 （Application Cards）	在教授一个重要的理论，原则或步骤后，要求学生写下至少一个他们刚刚学习的知识在真实世界应用的例子，以确定他们多大程度上转化了他们的学习成果
学生生成的测试问题 （Student-generated Test Questions）	允许学生用和课程考试一致的格式编写指定主题的测试问题和参考答案。这将让学生有机会评估课程主题，反思他们的理解，并展示他们对关键概念的理解
反思 （Reflections）	允许学生用和课程考试一致的格式编写指定主题的测试问题和参考答案。这将让学生有机会评估课程主题，反思他们的理解，并展示他们对关键概念的理解

续表

评估措施名称	描述
概念图 （Concept Maps）	让学生创建图形代表他们的知识。这一步骤可以在概念被覆盖之前和/或之后完成。如果使用概念图，让学生也反思课程内容如何在课后改变了他们的理解
边走边说 （Walk and Talks）	这些活动可以通过多种方式完成。1. 让学生散步，记录他们对某个主题的想法。2. 带学生去校园的步行讲座。3. 让学生单独散步，听一个预先录制的播客。在其中一个步行活动之后，学生应该回顾在讲座/播客期间接受的概念
最佳奖 （Best Awards）	颁发给一个学生或一组学生，以确定讨论的最佳（论点、问题等），这些奖项可以关联到课堂得分
随机的额外问题 （Random Extra Questions）	每个学生都必须在学期的某个时候回答一个额外的问题，问题通常与得分相关；学生应该准备好在学期的任何时间都有可能轮到自己

资料来源：译自学生学习评估办公室主任 Mo 女士提供的第一手资料。

第二，写作能力评估。其主要特征包括：提供学习者应该关注的明确标准以便成为更熟练的写作者、帮助学生理解引用/参考文献的恰当使用以避免过度引用或意外剽窃、教授学习者得体地提出和接收反馈意见的重要技能，并提供给学习者反思自己写作技能的机会。写作能力评估的评估措施案例见表6－10。

表6－10　　　　　　　　　　写作能力评估措施案例

评估措施名称	描述
同学审阅/评分 （Peer Review/Scoring）	让学生使用某个标准给其他学生评分。这是一个多功能的测量，可以应用于写作、演示文稿、项目等。同学审阅和评分是一个让学生展示他们的分析能力的好方法
写作伙伴 （Writing Buddies）	学生们进行团队合作以形成批判性论点
外部资源 （External Resources）	让学生了解校园资源如写作中心、职业服务、图书馆服务等；防剽窃资源
项目/论文的子任务 （Sub-assignments for Projects/Papers）	将大型项目或论文分成小块。让学生讨论一个话题，找出五个资源；资源摘要（或注释参考书目）；主要论文论点和草稿。有了这些子任务，提供详细、一致和及时的反馈是非常重要的，可以帮助塑造学生的学习和表现

续表

评估措施名称	描述
迷你论文 （Mini Essays）	不是长篇的论文，而是让学生完成一系列关于细小主题的迷你短文。重要的是提供详细、一致和及时的反馈，以帮助指导学生的学习和表现
同伴学习的反思 （Reflections on Peer Learning）	让学生之间进行反思性学习，提出以下问题：你从同伴中获得任何见解吗？请解释说明。你的理解改变了吗？请解释说明。你能够向你的同伴解释想法吗？这个练习如何影响你认识这个话题的程度？你在练习中有任何困难吗？请解释说明
团队比赛 （Team Competitions）	让学生在小组（团队）内进行项目演示、辩论、学生主导的讨论等。小组/团队可以竞争以获得奖励（例如额外的分数、奖励等）

资料来源：译自学生学习评估办公室主任 Mo 女士提供的第一手资料。

第三，演讲能力评估。其主要特征包括帮助学习者整合内容/想法，并以自己的语言向同伴展示；提供学习者应该关注的明确标准，以便形成有吸引力的成功演讲；教授学习者提出和接收反馈意见的重要技能，并为学生反思自己的演讲技巧提供机会。演讲能力评估的评估措施案例见表6－11。

表6－11   演讲能力评估措施案例

评估措施名称	描述
团队比赛 （Team Competitions）	让学生在小组（团队）内进行项目演示、辩论、学生主导的讨论等。小组/团队可以竞争以获得奖励（例如，额外的分数、奖励等）
同学审阅/评分 （Peer Review/Scoring）	让学生使用某个标准给其他学生评分。这是一个多功能的测量，可以应用于写作、演示文稿、项目等。同学审阅和评分是一个让学生展示他们的分析能力的好方法
同伴学习的反思 （Reflections on Peer Learning）	让学生之间进行反思性学习，提出以下问题：你从同伴中获得任何见解吗？请解释说明。你的理解改变了吗？请解释说明。你能够向你的同伴解释想法吗？这个练习如何影响你认识这个话题的程度？你在练习中有任何困难吗？请解释说明
演讲打分 （Scored Presentation）	学生将使用统一标准对各自的演讲进行测量。确保提前给学生提供标准表。标准可以包括主题/内容、美观度、言语清晰度和可听性、眼神交流等
录制演讲过程并批判 （Critique Recorded Presentation）	录制学生的演讲过程，把录制的演讲陈述分发给每个学生，让他们自我反思

资料来源：译自学生学习评估办公室主任 Mo 女士提供的第一手资料。

第四，讨论能力评估。其主要特征包括鼓励学习者完成布置的阅读和参与内容、通过全面的问题/意见鼓励领导和参与、提出对知识/内容差距的洞察、协调在线和面对面课程讨论中"过度谈话者"和"不积极谈话者"之间的平衡。讨论能力评估的评估措施案例见表6–12。

表6–12　　　　　　　　　　　**讨论能力评估措施案例**

评估措施名称	描述
便士支出 （Pennies to Spend）	给每个人在课堂讨论期间花费的两分钱。学生在参与讨论时花费一分钱，一旦学生的两分钱都花则他们不能参与讨论，直到所有人的钱都花完
组间讨论 （Group to Group Discussions）	让学生使用某个标准给其他学生评分。这是一个多功能的测量，可以应用于写作、演示文稿、项目等。同学审阅和评分是一个让学生展示他们的分析能力的好方法
团队比赛 （Team Competitions）	让学生在小组（团队）内进行项目演示、辩论、学生主导的讨论等。小组/团队可以竞争以获得奖励（例如额外的分数、奖励等）
关键讨论点 （Critical Discussion Points）	让学生识别和评判关键的讨论点
讨论打分 （Scored Discussion）	学生将被测量他们参加讨论的情况，提出以下问题：如果一个学生是领导者，他如何保持讨论？学生参加了吗？贡献的质量是什么？看起来贡献者是不是做了阅读/作业/知道材料吗？
学生主导的讨论 （Student-led Discussions）	让学生单独或成组地领导讨论。这项活动可以帮助学生负责地阅读，并发展和加强领导素质。通常最好同时布置学生提交问题或写出反馈，在讨论前至少一小时截止。这能确保他们来上课，并已经完成了阅读
发布讨论问题 （Posting Discussion Questions）	让学生制定和发布特定主题或布置阅读的两个讨论问题。学生还可以被要求回答/评估另一个学生的至少两个问题。理想情况下，问题应该至少在上课前一小时发布到学习系统论坛。这不仅能帮助讨论领导者继续讨论与课堂兴趣相关的问题，它也鼓励了学生真正去阅读布置的任务，并准备参加讨论

资料来源：译自学生学习评估办公室主任 Mo 女士提供的第一手资料。

第五，团队合作能力评估。其主要特征包括促进协作和团体感，支持学生学习，通过同学间合作加强参与性学习，为学习者提供机会，探索小组工作中的不同角色，接受不同的观点，以获

得新的观点和一起解决问题。团队合作能力评估的评估措施案例
见表6–13。

表6–13 **团队合作能力评估措施案例**

评估措施名称	描述
思想—配对—共享 （Think-Pair-Share）	选择一个问题以强化课堂/阅读中涵盖的概念。让学生花一两分钟的时间思考他们的解决方案，然后让学生成对或成小组地分享他们的解决方案和问题。给学生足够的时间来参与，一起讨论这个问题，然后再与更大的群体共享
小游戏 （Trivia Games）	提出小测验问题，让学生单独回答或团队回答
课堂案例研究 （Class Case Studies）	选择并分享一个研究案例，要求学生在课堂分享之前成对或分组地讨论观点。学生也可以被要求根据所选择的案例设计一个概念模型
寻宝游戏 （Scavenger Hunt）	在线或混合课程的第一周（或前一周）为学生设置寻找游戏。学生需要搜寻或做的项目包括：回答关于大纲的问题，提供备用电子邮件地址，在"欢迎"讨论板上张贴自我介绍；回应至少两个其他学生的自我介绍；自行分配到三人小组并向教师报告小组成员等
故事构建 （Story Mapping）	要求学生准备一个与讲座/布置的阅读中涉及的概念相关的故事的描述。学生可以在小组中工作，创建与真实情况最相近的角色和结局设置
角色扮演 （Role-playing）	为学生提供了一个模拟使用知识的机会。要求学生在与同伴练习之后执行角色扮演或采访。记录和上传成品到学生管理系统，给学生一个所有权的感觉，可以作为未来的课程案例

资料来源：译自学生学习评估办公室主任 Mo 女士提供的第一手资料。

2. 学生学习评估涉及的测量工具

研究者创造出大量的测量工具对学生学习成果进行评估，根据
工具属性可分为定性评估和定量评估、正式评估和非正式评估、形
成性评估和综合性评估、过程评估和结果评估、校内评估和校外评
估、标准参照性评估和常规参照性评估等。威斯康星大学麦迪逊分
校通常将其使用的测量工具分为直接测量和间接测量两类。

（1）直接测量（Direct Measures）是指通过学生学习"产品"
（例如口头报告、书面作业、论文和考试）来测量学生的学习质量。
校内所使用的具体方法包括：AAC&U 制定的量规（Rubrics）、顶点
课程评估（Capstone Course Evaluations）、课程嵌入式评估（Course

Embedded Assessments）、测验和考试（Tests and Examinations）、学生表现评估（Performance Evaluations）、项目组合评估（Portfolio Evaluations）、考前和考后评估（Pre-test/Post-test Evaluations）、学位论文评估（Thesis/Dissertation Evaluations）。

（2）间接测量（Indirect Measures）是指通过收集与知识、技能、态度和知觉相关的评估意见或观点来测量学生的学习质量。该校常使用的间接测量工具包括：学生调查（Student Surveys）、出口访谈（Exit Interviews）、校友调查（Alumni Surveys）、雇员调查（Employer Surveys）、课程和教案分析（Curriculum and Syllabus Analysis）、外部评估（External Reviewers）、课程评估（Course Evaluations）等。

受文章篇幅所限，这里主要介绍两个在校内起到重要作用且对我国具有借鉴意义的评估工具。

第一，AAC&U 制定的量规。该量规由美国学院和大学协会创设，被美国很多公立大学采用，作为评估学生学习成果的首要工具。它是一个评估或评分工具，明确地表达对于学习任务的期待，有以下三个实施步骤：确定评估标准；标准所具备的特征；每个标准的性能水平。该量规以二维表格形式呈现，是一个由评估指标（内容）、评估标准（质量）、评估等级（分数）组合而成的矩阵，使用定量评价最大的优势在于将学习目标、学习表现和评价标准有效结合，将定性评价与定量评价融为一体，还有助于减少教师评分时间、提高课堂反馈、降低评分投诉、指导学习表现的改进。AAC&U 制定的量规包括 3 个部分 16 个子维度，如表 6 - 14 所示。

表 6 - 14　　　　　　　　美国学院和大学协会量规结构

三个部分	子维度
知识和实践技能	调查和分析、批判性思维、创造性思维、书面表达、口头表达、阅读、定量分析、信息分析、团队合作、问题处理

续表

三个部分	子维度
个人和社会责任感	公民知识与当地和全球化事务参与、跨文化知识和能力、种族伦理、终身学习的基础和技能、全球化学习
综合和应用学习	综合和应用学习

资料来源：https：//provost. wisc. edu/assessment/aac-u-value-rubrics. htm。

　　第二，研究生学位论文评估模板。在报告或答辩结束时，各基层学术组织的委员会成员需填写一份学位论文评估表格，除对表格内每项内容进行勾画外，若不足以说明论文的相应特征，还应提供一个简短的解释。表格底部的评论为保密部分，用来对答辩者进行整体性评价。答辩委员会主席将以口头形式告知答辩者委员会对于论文的集体意见。无论答辩结果如何，所有学位论文评估文件被视为保密内容，必须在答辩结束后的 48 小时内提交给研究生学习部主任（Director of Graduate Studies）。学位论文评估模板由答辩委员会成员独立完成，并在每个评估标准中勾选与答辩者表现相同的选项①，详见表 6 - 15 所示。

表 6 - 15　　　　　　　　　　　**研究生学位论文质量评估**

特征	不符合期望	符合期望	超过期望
报告的整体质量 □特征不适用	□组织方式差 □报告内容差 □沟通能力差 □幻灯片和讲义难以阅读	□组织清晰有序 □报告清晰 □沟通能力良好 □幻灯片和讲义清晰	□组织效果佳 □报告专业 □沟通能力优秀 □幻灯片和讲义出色
总体知识广度 □特征不适用	□报告不能接受 □报告显示出关于学科知识深度上的严重不足 □报告不能反映良好的批判性思维能力 □报告范围狭隘	□报告可以接受 □报告显示出一定的学科知识深度 □报告显示出一部分的批判性思维能力 □报告显示出一部分汲取多学科知识的能力	□报告优秀 □报告显示出学科知识的非凡深度 □报告显示出良好的批判性思维能力 □报告显示出对于多个学科知识的整合能力

---

　① 　https：//provost. wisc. edu/assessment/rubrics. htm.

续表

特征	不符合期望	符合期望	超过期望
回答问题质量 □特征不适用	□回答不完整 □论点呈现很差 □答辩者表现出学科领域知识的缺乏 □回答不符合（硕士/博士）毕业生期望水平	□回答完整 □论点组织良好 □答辩者在学科领域有足够的知识答辩者 □回答达到（硕士/博士）毕业生期望水平	□回答有说服力 □论点巧妙呈现 □答辩者在学科领域有很高的知识水平 □回答超过（硕士/博士）毕业生期望水平
使用交流 辅助工具 □特征不适用	□交流辅助工具准备不足 □包含太多信息 □听众感到困惑 □交流辅助工具使用不当	□交流辅助工具有助于报告质量 □包含了适合的信息量 □听众可以听懂报告 □部分材料未由交流辅助工具呈现	□交流辅助工具提升了报告质量 □细节被最小化，主要观点突出 □信息被组织以最大化听众的理解 □对交流辅助工具的依赖很小
理论/科学的 总体质量 □特征不适用	□论点不正确，不连贯或有缺陷 □目标定义不明确 □表现出低级的批判性思维能力 □无法反映对学科和相关文献的理解 □表现出理论概念的理解不足 □表现出有限的独创性 □展现出有限的创造力和洞察力	□论点是连贯和清晰的 □目标很清楚 □表现出一般的批判性思维能力 □反映对学科和相关文献的理解 □表现出对理论概念的理解 □表现出独创性 □展现出创造力和洞察力	□论点优秀 □目标定义明确 □表现出成熟的批判性思维能力 □表现出对学科和相关文献的掌握 □表现出对理论概念的掌握 □表现出优秀的独创性 □展现出卓越的创造力和洞察力
学术贡献 □特征不适用	□有限的发现 □对以前研究有限的拓展 □有限的理论或应用意义 □有限的发表潜力	□一些发现的证据 □基于以前的研究 □合理的理论或应用意义 □合理的发表潜力	□优秀的发现 □极大拓展以前的研究 □优秀的理论或应用意义 □优秀的发表潜力
写作质量 □特征不适用	□写作薄弱 □许多明显的语法和拼写错误 □组织差 □文献记录差	□写作适当 □一些明显的语法和拼写错误 □组织合乎逻辑 □适当的文献记录	□写作达到出版质量 □没有语法和拼写错误 □组织优秀 □良好的文献记录
总体评价	□不符合期望	□符合期望	□超过期望
保密评论：			

资料来源：译自学生学习评估办公室主任 Mo 女士提供的第一手资料。

3. 学生学习评估数据分析及结果应用

（1）为院校认证、专业认证提供支持性证据。评估结果应用最广泛的领域就是外部院校和专业认证过程中的大学自评环节，学生学习成果评估已成为美国教育认证体系中必不可少的组成部分，大学必须通过相应的证据证实自己在教育产出方面的成绩，特别是提供能够反映学校改进教学质量以及发展趋势的长效数据。从某种意义上说，美国社会第三方认证机构实施的院校和专业认证是推进学生学习成果评估工作的强大动力。在威斯康星大学麦迪逊分校，学生学习评估结果作为教育教学质量的客观证据被写入为参与院校认证所制定的"大学自我研究报告"（self-study report）之中，为外部同行的评议工作提供支持性证据。

（2）将学生学习评估数据以各种院校发展报告的形式向社会公布，回应社会问责。学生学习成果评估为大学制定相关发展报告和回应社会问责提供了实证性数据。回应社会问责是大学不可推卸的责任，也是大学发展的外在推动力，对于公立大学更是如此。迫于纳税人的问责要求，大学必须向公众提供学校的教育质量信息，学生学习成果评估数据和结果无疑是极具说服力的佐证之一。威斯康星大学麦迪逊分校使用学生成功指标体系和学生学习有效性成果与大学社区和外部社会建立联系，将评估数据写入学校发展报告并向社会公众公开。其中最有效的报告形式包括以下三种。实现卓越：威斯康星系统问责报告（Achieving Excellence：UW System Accountability Report）中的麦迪逊分校部分，自 2001 年起以每年度为周期进行公布；威斯康星大学麦迪逊分校大学素描（UW-Madison College Portrait），2008 年春在大学自愿问责体系的指导方针下首次制定；出版商通用数据集（Publisher Common Data Set，CDS），自 2000 年起每年度发布。这些公共报告中包含一系列评估信息，包括基于学生学习记录的分析、评估报告文件、对于全国学生学习调查（National Survey of Student Learning，NSSL）和大学本科生调查（Institutional Undergraduate Survey）的反馈报告。

（3）为修订和完善学习目标、课程改革和提高教学绩效提供依据，切实改进教育教学质量。学生学习评估结果在大学修订学习目标的过程中发挥着重要作用。学习目标是在学习行为发生之前由学校、学院、系、授课教师根据大学办学使命和学科研究任务所制定的，希望学生在完成学习行为后能够取得相应的预期成果。[①] 学生学习评估数据及结果从客观层面检验了学生培养的初始目标是否达成，为进一步修改和完善学习目标提供依据。同时，评估结果也为授课教师制定课程改革方案、改进教学内容、以及提高课外学习活动质量提供了最有效且最有价值的参考。

> 我们做学习成果和测量计划，不只是向外部汇报，而是真正地在课程决策制定上用到它们，所以我需要帮助教师们明白这是个自发的行为。（Mo Noonan Bischof 语，学生学习评估办公室主任）
>
> 我认为，对学生学习的测量是我们提高高等教育质量的动力。学校有责任去评估这些学生的学习期待和教师的教育需求是否能够被满足，是否是正确的。我认为，测量学生学习是增强学生、教师、管理者对改进教育质量参与度的一种方式，也是关注学生学业进步的一种方式。（Elaine M. Klein 语，通识教育管理办公室主任）

（4）制定大学战略规划的数据支撑。学生学习评估结果被广泛应用于大学战略规划的制定之中，它是大学或各学院制定总体战略规划的一部分，也是重要的数据支撑。在威斯康星大学麦迪逊分校战略规划制定模型中，在贯穿于整个流程的情境分析阶段需要回答"测量数据告诉了我们什么"的问题，因为只有通过对学生学习成果

---

① 黄海涛：《学生学习成果评估：美国高等教育质量保障研究》，教育科学出版社 2014 年版，第 162 页。

数据的测量和分析，才能更好地帮助教师和管理者识别教学过程中的长处和不足，并以此为基础制定下一阶段的战略重点，形成未来的战略规划思路和文本。

4. 学生学习评估制度的内在特征

（1）测量工具的多样性。学生学习评估办公室所提供的关于评估学生学习成果的直接或间接测量工具灵活多样，涉及教育教学活动的方方面面，为专业或学术项目的创办者、特定课程的授课教师切实、有效地掌握学生学习产出质量提供了重要的技术支持。测量结果一方面有利于教师在洞悉学生学习表现的基础上改进教学内容或形式，以更好地提高教育效果；另一方面有助于院校行政管理者掌握学生层面的第一手数据，为判断教育教学质量和水平提供客观数据支持。

（2）评估模板的规范性。通过分析学生学习评估制度中涉及的评估计划、课程地图、测量工具案例等制度文本可发现以下规律：校级管理部门为学生学习产出层面的质量改进提供评估的模板和范本，而非强制性要求实施某一特定方法。这种发布规范性评估模板的管理方式既为基层学术组织制定质量改进方案提供方向和方法，也尊重和维护了基层学术组织的学术自治权。

（3）评估体系的完整性。学生学习评估作为产出质量改进的核心制度，整个评估体系和流程具有较强的完整性和系统性，可视为一个闭环。首先，学校将"基本学习成果""威斯康星经历"作为指导学生学习的中心思想，校内各专业（或学术项目）在此教学思想的引领下制定具有本学科特色的专业培养目标及学习产出目标。其次，整合师资和教学条件，通过课程地图的制定映射出教学目标达成与课程开设之间的对应关系，反映出不同课程对实现教学目标的重要程度。再次，在"WWHSW周期"理论的指导下，将专业培养目标、课程地图、测量方法和评估时间表整理成一套特定专业或项目的评估计划，指导评估工作，并采取适合的测量工具评估学生的学习产出是否达到本专业的教学期待。最后，负责专业或项目的教师以撰写年度评估报告的形式总结学生学习评估结果并提交给教务长，以回应教育认证和外部问责。

（4）价值理念的冲突性。学生学习成果评估中蕴含着外部问责与学术自由两种价值理念的对立和冲突。学生学习成果评估作为一项学校内部产出质量改进制度，其出现和运行受到外部问责的直接推动（问责者包括如纳税人、捐赠者、学生家长等投资者），是大学通过直接展示教育成效、提供明晰的质量证据回应外部社会问责的有效方法。但其实施主体仍然是大学自身，对于具有强大"教授治校"背景的威斯康星大学麦迪逊分校而言，在院系的具体操作层面（尤其对于研究生教育阶段而言）产生了"损害学术自由和大学自治"的质疑和反对之声。该制度在本科生教育评估的推行中较为顺畅，因为本科生教育质量相对容易在给定的时间内被量化和比较；但由于研究生教育质量主要通过学生的科研成果来衡量，而优质科研成果的取得需要长时间的积淀和大量试验以及无数次试错的积累，因此对于研究生学生学习成果的评估较难在短时间内量化，所以此制度常因在研究生项目层面受到教授们的抵触而推行缓慢。在访谈中，学生学习评估办公室主任 Mo 女士向我强烈地表达了该制度在研究生阶段推行过程中教授们激烈的辩论，以及她作为行政管理者面对内外压力所陷入的进退两难的窘境。但总体而言她持积极态度，她认为作为社会外部和基层学术组织之间的协调者，自己的工作是在保障学术自由和大学自治的前提下向政府、公众展示学校教育教学所做的努力和取得的成效，使外部问责与基层学术组织自治之间形成一种健康的张力（healthy tension），共同推动学校教育教学质量的不断改进和提升。

第五节　本章小结

本章的研究聚焦于威斯康星大学麦迪逊分校采取的质量改进行

动策略，探讨其在改进教育教学质量方面的具体措施。具体研究思路是，通过对高等教育质量构成要素及其生成过程的系统分析，找到教育教学质量的关键控制点，挖掘校内制度、程序、规范等质量改进措施的运用，获得实现教育质量持续改进与提高的基本路径。并将教育教学管理的多重要素作为分析框架（具体包括教师、学术专业、课程、学术学习成果等维度），分别描述在每个分析框架内，该校运用了何种制度、开展了哪些实践活动、其中蕴含了哪些特点。笔者综合美国学者斯塔弗尔比姆提出的 CIPP 评估模式及国内学者关于内部质量保障体系的研究成果，形成本书中关于威斯康星大学麦迪逊分校内部质量改进制度的分析框架，进而将该校内部所实施的质量改进措施嵌入制度分析框架之中，使本章的分析更具系统性、全面性和逻辑性。依据笔者所制定的分析框架，本章从背景改进、投入改进、过程改进、产出改进四个维度，对作为关键控制点和具有重要意义的战略规划制度、教师质量改进制度、学术项目质量改进制度、课程质量改进制度、学生学习评估制度进行较为详细地剖析。

首先，对于背景改进维度的战略规划制度，笔者从战略规划的相关概念、战略规划运动的兴起、战略规划的效能、威斯康星大学麦迪逊分校的战略规划制度等方面进行分析。研究发现，在学校层面，质量改进办公室创立了一套较为完善的战略规划模型供全校所有学术或行政组织借鉴使用，该模型通过对明确组织使命、设定指导原则、展望组织愿景、分析组织情境、选排战略重点、制定年度规划预算和流程改进方案、开展周期性检查七个步骤中内设问题的不断反问和分析，实现战略规划的内容设置，确定组织发展过程中资源配置的先后顺序。作为威斯康星州的公立研究型大学，州内财政拨款的持续下降迫使麦迪逊分校呼吁各基层学术组织制定战略规划以优化资源配置。值得指出的是，威斯康星大学麦迪逊分校的自我研究报告、总体战略规划框架和院校认证工作三者之间存在以下内在逻辑关系：每五年制定一次的全校战略规划框架以每十年撰写一次的自我研究报告为基础，而自我研究报告的制定主要是为了参加每十年一次的院校认证，院校认证的结果将反过来影响下一次全校战略规划框架的制定。

其次，投入改进维度的教师质量改进制度主要体现在终身教职制度和教师年度审查制度两个方面，两者相互融合，不可完全孤立，教师年度审查制度紧密嵌入在终身教职制度之中，监督并提高教师的教育教学质量。总体来说，终身教职制度是助理教授达到 6 年的正常计时周期后，向学校证明其有资格晋升为副教授，获得终身教职的过程。整个晋升过程包括系—院—校三个阶段，在系内的第一阶段：（1）3 人审查委员会需每年对助理教授的教学、科研、社会服务质量进行评估并撰写年度评估报告，指出教师工作中的优缺点和所需改进之处；（2）累积的年度评估报告将被提交至由 6 人组成的人事委员会，委员会结合评估报告和学生评教成绩等数据向整个系对助理教授的教学科研能力做出优劣评价和能否晋升副教授的推荐意见；（3）相关材料将被提交至由系内所有副教授和教师组成的行政委员会，行政委员会将组织来自世界知名大学的知名教授进行外部同行评议，进而结合内外部评估结果进行集体投票，通过后由行政委员会主席撰写总结性报告。在院内的第二阶段：评价报告、委员会投票结果、学生评教成绩、课程教案、发表科研成果等与职称晋升相关的所有文件将被统一整理归档，提交给学院院长，征得院长的同意。在学校的第三阶段：所有材料将被提交至学部委员会讨论，接受跨学科教授的评议，以民主投票的方式决定助理教授能否获得终身教职。评议结果将返回至院长，院长签署任命书后提交给教务长，再经教务长汇总提交至董事会，完成象征性行政管理程序。从副教授晋升为正教授的过程在各系内部完成，无须经过学部委员会的讨论，先由人事委员会考察得出推荐意见，再由行政委员会集体投票做出晋升与否的决定。整个职称晋升过程是非常民主、公正和透明的。教师年度审查制度可以分为教师年度自我评估制度和基层学术委员会年度审查制度，主要通过自评和他评的方式改进教师教学、科研和公共服务质量。

再次，对于过程改进维度，笔者主要分析了其中在校内最常用、影响最为深远的学术项目质量改进制度和课程质量改进制度，两者作为大学教育教学过程的重要基石，是内部质量改进的核心要素。第一，就学术项目质量改进制度而言，笔者从两个角度进行分析，一是对学术项目的申请条件、核准程序、学位/专业或学术项目的暂停和永久终止进行描述和分析，绘制新建学位/专业核准流程图，以生动形象地解释整个过程；二是分析学术项目质量审查制度，威斯康星大学麦迪逊分校规定所有学术项目每十年至少完成一次项目审查，新建学术项目需进行第一个五年期内部评估，本章详细阐述了学术项目审查的具体规则和流程、审查报告和自我研究报告的编制过程。第二，就课程质量改进制度而言，笔者主要分析了课程创建制度和课程评教制度两个层面。对于课程创建制度，主要讨论了课程申请—核准、大学课程委员会审查、课程开设基准三个子制度；对于课程评教制度，笔者主要从制度内涵、特征、形式及流程、结果、发展趋势五个方面加以剖析。

最后，对于产出改进维度中的学生学习评估制度，笔者从学生学习评估制度的内部层级、测量工具、评估数据分析和结果应用以及制度的内在特征四个层面进行较为细致的分析。第一，对于学生学习评估制度的内部层级，本书探究了院校层级、专业（或学术项目）层级、课程层级三个子评估制度，并呈现了威斯康星大学麦迪逊分校为全校所有学术组织设定的基础评估周期、以专业培养目标为导向的课程地图设计、以学生学习目标和课程地图为核心内容的学生评估规划模板，以及包括整体性评估、写作能力评估、演讲能力评估、讨论能力评估、团队合作能力评估等方面的案例。第二，介绍了学生学习评估涉及的直接测量和间接测量工具，详细分析了AAC&U制定的量规和研究生学位论文评估模板。第三，讨论了评估数据分析及结果应用，主要用于以下四个方面：（1）为院校认证、专业认证提供支持性证据；（2）将学生学习评估数据以各种院校发展报告的形式向社会公布，回应社会问责；（3）为修订和完善学习目标、课程改革和提高教学绩效提供依据，切实改进教育教学质量；（4）制定大学战略规划的数据支撑。第四，分析了学生学习评估制度的内在特征，主要表现为：（1）测量工具的多样性；（2）评估模板的规范性；（3）评估体系的完整性；（4）价值理念的冲突性。从学生学习评估制度整体运行情况来看，校内每个专业或学术项目均被要求制定学生学习目标、评估计划，每年至少使用一次测量工具检查教学期待与学生学习成果之间的差距，并以年度评估报告的形式将结果反馈给教务长，以便及时发现教学过程中的缺陷，调整授课策略，改进教育教学质量。学生学习评估办公室为各基层学术组织提供相关文件模板和协助服务。

第 七 章

文化分析：内部质量改进的价值理念

在对高等教育质量的情境化认知基础、内部质量改进的实践主体和行动策略进行较为详细地分析，和对厘清内部教育质量改进是什么、谁来做、如何做等问题进行讨论之后，本章将进入下一个更深层次的研究领域——质量文化。尽管各种制度性的内部质量改进措施有助于提高大学教育教学的有效性，但难以从根本上保证大学的卓越发展。文化指导着认知和行为，无论是来自外部政府、公众和社会第三方认证机构对大学人才培养质量的问责，还是学校内部生发出的学术和课程项目评估以及学生学习成果评估，皆受到质量文化的支配和影响。质量文化作为组织文化的一部分，深刻扎根于组织内部，指导组织的行动策略，作为院校质量改进的文化引领，其力量不容小觑。本章的研究重点在于反思威斯康星大学麦迪逊分校何以形成现有的内部质量改进制度，分析文化与制度之间的形塑机理和相互作用关系。

第一节　大学文化：质量文化的生成土壤

大学作为一种历史悠久的文化组织，拥有根深蒂固的文化传统，形成了自身独特的组织文化。大学文化是大学发展延续的必然产物，这是由大学的性质、使命和基本功用所决定的。① 学者们对于大学文化的内涵提出了不同的解释。有学者认为，大学文化是学校全体教职员工和学生在长期的办学实践中逐步形成的，具有学校特色的群体意识，以及体现、承载这种群体意识的行为方式和物质形态。有学者认为，大学文化是指学校全体师生员工在长期的办学过程中培育形成并共同遵循的最高目标、价值标准、基本信念和行为规范。还有学者认为，大学文化是以大学为载体，以大学人为主体的一种特殊的文化形态，是大学人在大学里的一切活动方式、活动过程和活动结果，是在大学长期办学的实践基础上所积累、传承和创造的物质文化、精神文化和制度文化的总和。② 除此之外，还有管理文化说、意识观念说、文化要素复合说、文化氛围说、精神体系说等多种观点，从不同角度揭示着大学文化的内涵。大学文化是大学传统和大学精神的传承和体现，不同的大学主体秉承着各具特色的大学文化，例如追求真理的大学文化、崇尚学术自由的大学文化、严谨求实的大学文化、意识超前的大学文化、兼容并包的大学文化等。大学文化的特色来源于大学自身的特色，是大学在一定办学思想指导下和长期办学实践中逐步形成和培养起来的、比较固定的、被社会广泛认可的特性，具有学科特色突出、行业贡献特殊、服务指向明确、人才培养专业的文化创新，一所大学的文化特色的形成是一个长期的、渐进的历史过程，同时又是一种特有的文化嬗变现象。③

一　"威斯康星理念"：案例独特的大学文化

威斯康星大学麦迪逊分校因其历史悠久的"威斯康星理念"

① 马寒：《裂变与整合：多元视域下的大学文化研究》，世界图书出版公司 2012 年版，第 13 页。

② 孙雷：《现代大学制度下的大学文化透视》，光明日报出版社 2010 年版，第 45 页。

③ 马寒：《裂变与整合：多元视域下的大学文化研究》，世界图书出版公司 2012 年版，第 19 页。

（Wisconsin Idea）享誉世界，开拓了高等教育除人才培养、科学研究之外的第三大职能——公共服务。它自时任校长查尔斯·范·海斯（Charles Van Hise）提出至今的 100 多年间，经历了辉煌—沉寂—再振兴阶段，是威斯康星大学麦迪逊分校特有的文化属性，也是其区别于美国其他公立研究型大学的重要特质之一，更是其质量文化形成的独特土壤。

1. "威斯康星理念"的历史起源

"威斯康星理念"的产生通常归功于时任校长查尔斯·范·海斯，他在 1905 年的演讲中宣称："我永远不会满足，直到大学的影响力延伸到威斯康星州的每一个家庭。"① 在 1903 年到 1918 年间，范·海斯校长通过创建大学的拓展（extension）部门将大学的知识直接传授给社会公民。他还利用与时任州长的大学同学罗伯特·拉福莱特（Robert M. La Follette）的友谊，建立了大学和州政府之间更为密切的合作关系，目标在于将州立大学的专业知识应用于社会立法，使所有公民受益②。具体体现在 20 世纪早期，大学教师开始协助立法者起草许多富有影响力和突破性的法律，包括美国第一个工人赔偿立法、税务改革和公共事业的公共监管法案。1912 年，一位美国政治家麦克卡斯（Charles McCarthy）撰写了《威斯康星理念》（The Wisconsin Idea）一书，并在书中描述了威斯康星州立法改革的背景、精神、目标和过程，至此，大学为社会服务的理念被正式描述为"威斯康星理念"。同年，"威斯康星理念"的支持者弗雷德里克·豪（Frederick C. Howe）将威斯康星州称为"一个州范围内的政治、社会和工业立法、科学和高等教育民主化的实验室"③，

---

① The Origins of the Wisconsin Idea, Charles Van Hise 1905 address, https：//www. wisc. edu/wisconsin-idea/.

② The Wisconsin Idea：The Vision that Made Wisconsin Famous. 资料来源：wi-idea-history-intro-summary-essay. pdf。

③ Frederic, C. Howe, *Wisconsin：An Experiment in Democracy*. New York：Charles Scribner's Sons, 1912. p. 39.

强调了"威斯康星理念"的立法和政治作用。随着历史的发展，"威斯康星理念"的推进者们认为，大学研究应该用于解决和改善威斯康星州所有公民的健康、生活质量、环境和农业问题。

2."威斯康星理念"的发展演变

"威斯康星理念"具有特殊的时代意义，其具体内容也在不断发展和演变。与 20 世纪"威斯康星理念"的目标"使威斯康星州每个公民都能获得大学资源"相比，21 世纪"随着资源和科学技术的发展，通过公共和私人组织的努力，使教育机会遍及全州，与公民建立合作伙伴关系"的理念得到新的重视。[1] 其总体原则可概括为：教育应该超越课堂，影响人们生活的方方面面。具体内涵包括：教育要为政府提供在职服务、提供关于公共政策的建议、确保立法的完善、提供信息和培训技能；而对于公民，教育要以科学研究为途径解决州内的重要的问题，并积极开展延伸性活动，在最大限度上使社会上尽可能多的人从教育中受益。一个多世纪以来，"威斯康星理念"成为美国其他州和联邦政府立法的榜样，也成为威斯康星大学向世界各国大学推广文化和思想的指导理论。随着时间的推进，"威斯康星理念"更加广泛地表达了大学对公共服务的承诺。[2]

3."威斯康星理念"的影响

（1）"威斯康星理念"对教育的影响最早体现在农业教育中。1911 年起，大学通过农业推广服务，定期向农民传授技术，这反过来促使大学里的科学家们回应农民的要求，通过开展研究，帮助威斯康星的农民生产出更好的农副产品，促进农业产业发展。（2）"威斯康星理念"带来的技术推广和转化。威斯康星大学的研究人员通过联系科学研究与威斯康星州的企业，刺激生物技术和纳米技术等新兴领域的发展。（3）"威斯康星理念"将高等教育扩展到州内所

① 1995 – Wisconsin-Idea. Jack Stark, *The Wisconsin Idea: The University's Service to the State*, Wisconsin Blue Book by the Legislative Reference Bureau, 1995, p. 31.

② Wisconsin Idea in WIKIPEDIA, https://en.wikipedia.org/wiki/Wisconsin_Idea.

有公民，并使越来越多的公民认识到终身学习的必要性。获得学位不再是公民接受教育的最终目标，参与继续教育成为公民个体生命中实现重大职业转换的基础。

"威斯康星理念"的重点是将威斯康星大学系统的专业知识带给州内所有公民。在"威斯康星理念"的驱动和影响下，大学教师的教学、科研和社会服务纷纷面向本州、面向社会；学生进行学习和实习的场域主要发生在州内；知识和科研成果的产出最终要经过社会需求的检验，为社会服务。2015 年，一项北极星咨询（North Star Consulting）研究报告显示：州内每个纳税人向威斯康星大学麦迪逊分校投入 1 美元，大学将为州生成 24 美元，共计占全州 150 亿美元的经济影响；威斯康星大学麦迪逊分校、医院和诊所以及一些附属机构和创业公司支持州内 193310 个工作岗位，并每年产生超过 8.475 亿美元的州和地方税收收入；威斯康星大学麦迪逊分校的研究在州内已经培育形成至少 362 家创业公司，支持超过 24972 个工作岗位，每年为威斯康星州经济贡献约 23 亿美元。①

4. "威斯康星理念"作为大学文化反作用于内部教育教学质量的改进

"威斯康星理念"强调威斯康星大学在教学和科研的基础上，通过培养人才和输送知识两条渠道，打破大学的传统封闭状态，努力发挥大学为社会服务的职能，积极促进全州的社会和经济发展，主张高等学校应该为区域经济与社会发展服务。在这一大学组织文化的指导下，教师的科研领域和社会服务工作面向州和社会的实际需求展开，学生课内外的学习和实践经历在州内进行，以解决本州经济、法律、农业等社会事务发展过程中遇到的实际问题为学习目标。这意味着由教师和学生共同构成的教育教学、科研活动以社会发展的实际需求为主要内容，师生共同创造的科

---

① Budget Report 2017 – 2018，https：//chancellor. wisc. edu/content/uploads/2018/02/Budget-in-Brief-2017-18-pdf. pdf.

学知识和科研成果需转化为社会生产力，提高区域经济发展；学校的人才培养成果大部分在毕业后进入州内劳动力市场，服务于州内的各行各业，接受社会最终的合格性检验。服务社会的高等教育理念以及教育成果接受社会检验的评估方式，形成了一种反作用力，从外部迫使校内教师、学生和院校行政管理者采取一切有效措施改进高等教育质量，以满足或超越社会和市场的问责需求，同时从大学内部唤起多元主体对于提高教育教学质量的热情，推动大学的卓越发展。

二　大学文化与质量文化的共生与分离

质量文化与大学文化之间表现出一种共生与分离的关系。

第一，质量文化作为大学文化的一部分，共生于大学这一载体内部。大学文化的概念外延较大，可理解为大学场域内一切物质文化、精神文化和制度文化的总和；其概念层次较多，基本构成主要包含三个层面、十一个大类，如表7-1所示。

表7-1　　　　　　　　　　　大学文化的基本构成①

大学文化		
精神层面文化	器物层面文化	行为层面文化
大学精神	大学环境文化	大学制度文化
大学历史文化	大学建筑文化	大学学术文化
办学理念	大学标识文化	大学组织文化
校风、学风、教风		大学行为文化

质量文化是一个"舶来品"，由企业质量文化转化而来，实质在于企业质量文化在大学质量管理活动中的应用。这一移植于企业界

---

① 马寒：《裂变与整合：多元视域下的大学文化研究》，世界图书出版公司2012年版，第19页。

的质量文化概念，需要在具备独特文化品质的大学组织内部获得深刻的理解。[1] 有学者提出，"大学质量文化，是指高等学校在长期教育教学过程中，自觉形成的涉及质量空间的价值观念、规则制度、道德规范、环境意识及传统、习惯等'软件'的总和"。[2] 有学者认为，大学作为一种文化组织，具有追求卓越的文化传统，只有深刻地把握其独特的文化品质，才能促使大学从一般意义上的质量走向文化层面上的卓越。高校质量文化是高校文化在质量管理上的积淀和凝结，代表着高校发展及变革的品质，体现着发展及变革的个性，是高校在发展及变革进程中所积淀的精神成果[3]。可见，大学质量文化的形成以大学组织为重要载体，扎根于大学所蕴含的独特大学文化之中，属于大学文化中精神层面和行为层面的范畴，主要表现为与教育教学质量相关的大学精神、办学理念、大学制度文化、学术文化、组织文化和行为文化。

　　第二，质量文化围绕教育教学质量的持续提升而展开，在目标和效能方面与大学文化相分离，具有内在特征。有学者认为，大学教育质量文化是在现代高等教育中逐渐形成，相对稳定并被普遍认同的群体质量意识和质量价值观、质量制度建设的总和。它以教育质量为核心，包括人才培养目标、大学办学理念、办学定位和价值追求等。[4] 有学者提出，"大学质量文化是以质量为中心，建立在物质文化基础上，全体师生员工涉及教学质量的一切精神活动、精神行为以及精神物化产品的总称。它既是一种观念，又是一种物化形态，更是一种动态的价值和实践追求。它的价值导向决定一个人会做什么，以及如何

---

　　[1]　王媛、马佳妮、杜瑞军、白华、张会杰：《高等教育质量保障体系建设：问责—文化—评估》，《高教发展与评估》2013 年第 9 期。

　　[2]　董立平、孙维胜：《大学质量文化的本质特征与结构剖析》，《当代教育科学》2008 年第 13 期。

　　[3]　王媛、马佳妮、杜瑞军、白华、张会杰：《高等教育质量保障体系建设：问责—文化—评估》，《高教发展与评估》2013 年第 9 期。

　　[4]　傅大友：《高等教育质量建设的三个关键词》，《江苏高教》2013 年第 4 期。

去做，达到什么效果"①。还有学者将质量文化解读为"一种观念性的保障"，意指"在高等教育质量保障体系中，我们不应仅仅依靠外在刚性的质量监控机制来确保高等教育质量的实现，更为重要也更为有效的应该是在高等教育内部形成一种质量意识，把提高高等教育的质量变为大学师生、行政管理人员的自觉自愿"②。

从质量文化的本质上来看，它既是一种独特的大学文化，又是一种管理文化，具有六大本质特征。（1）形式的文化性。质量文化常以不同形式出现，如物质形式、技术形式等。只有当这些内容以文化的形式体现时，才可以说它们是质量文化的组成部分。（2）内容的统和性。质量文化的独特之处在于它渗透到大学质量管理的各个方面，且具有一定的共性和统一性。（3）基础的一致性。构成质量文化的内容都有一个共同点，即以质量意识、质量道德为基础，以人为出发点，以激励师生员工的主动性、自觉性为手段，以提高工作质量保证人才培养质量、教学质量、服务质量和质量效益等为前提。③（4）功能的整合性。质量文化具有强大的凝聚力，通过精神的力量调节校内所有成员关于教育教学活动的思想和行为。（5）形成的自觉性。质量文化是在学校质量管理的实践中，不断总结经验和教训而提出的理论，接着将理论转化为指导实践的工具，在教育教学活动的不断强化中升华为一种自觉和自省精神。（6）目标的实践性。质量文化具有强烈的实践性，其出现源于质量管理活动的实际需要，并被视为一种质量管理哲学和质量价值观念，具有工具属性。

总之，质量文化直接体现为大学的教学质量、科研质量、社会服务质量，它分离自大学文化，作为一种大学核心亚文化存在，表

---

① 董立平、孙维胜：《大学质量文化的本质特征与结构剖析》，《当代教育科学》2008 年第 13 期。

② 赵叶珠、游蠡：《十年间高等教育理念的若干新发展——基于两次世界高等教育大学的文本细读》，《高教探索》2011 年第 1 期。

③ 董立平、孙维胜：《大学质量文化的本质特征与结构剖析》，《当代教育科学》2008 年第 13 期。

现为一种管理文化、改良文化、卓越追求的文化，同时质量文化离不开大学及其所有内部成员对于改进教育质量的主动性与自省性。

第二节　质量文化：内部质量改进的精神力量

质量文化作为大学文化的一种特殊形态，因其独特的文化内涵形成特定的层次结构。学者们通常将大学的质量文化划分为四个层面，即物质（技术）层面的质量文化、行为层面的质量文化、制度层面的质量文化和精神层面的质量文化。其内在结构可形象地比喻为一座金字塔，它以精神层面为引导、以制度层面为支撑、以行为层面为体现、以技术层面为基础。笔者综合在研究场域内的实地观察、对校内宣传语的实物分析以及对受访对象的话语分析，研究发现，对该校内部教育教学质量改进工作起到重要推动作用的质量文化主要包括以下四种，"学生中心"文化、共治文化、内部审查文化和自律文化，它们分别对应质量文化的四个层面（如图7-1所示），下文将逐一进行讨论和分析。

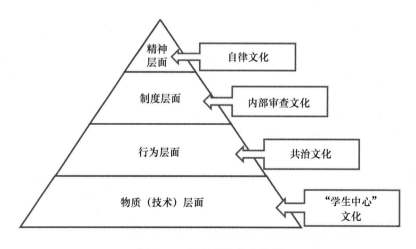

图7-1　质量文化内在结构

一　"学生中心"文化：教学实践中对学生的尊重与重视

从理论角度讲，物质（技术）层面处于质量文化结构中的最底层，是质量文化的物质或技术表现。就高校而言，它是指高校培养产出的产品——学生的规格与尺度以及各种办学所需的物资设备和提供的教育服务，是一种有形的、以物质形态为主的表层文化。[①] 这是大学质量管理理念凝聚在大学教育、科研、后勤、产业等管理过程中的物质设施外化部分，是由实物质量和服务质量构成的，包括大学质量生成的实体性的文化设施，如带有本校文化色彩的工作环境、管理技巧、教育教学技巧、环境质量等。[②] 由于物质（技术）文化处于质量文化的表层，能够折射出学校对教育质量的关注及追求，体现出学校的办学理念、质量管理哲学和教育教学工作作风，因此人们可以直观地感受到质量文化的存在，它直接反映在学校教育教学的实践过程之中，例如授课技巧、科研条件、管理思路等。

威斯康星大学麦迪逊分校的"学生中心"文化，是一种物质（技术）层面的质量文化，主要通过教师的教学内容设计、授课过程、课程评教模式、学生学习评估方法得以体现，它是有形的，且以物质形态为主。"学生中心"文化以学术项目的教育目标、培养模式、教学设计、课程评教、学业评估等制度化文本为载体，映射出威斯康星大学麦迪逊分校的办学理念、质量管理哲学和对教育教学的价值追求，充分表达出该校在实践教学过程中对学生主体地位的尊重与重视。

1. "学生中心"文化在校内教育教学活动中的实践表现

笔者通过深度访谈了解到，"威斯康星经历"和"基本学习成果"是威斯康星大学麦迪逊分校的"学生中心"文化在校内教育教

[①] 史万兵、林媛媛、董应虎：《基于质量文化的研究生学术规范培养的管理维度》，《研究生教育研究》2014 年第 12 期。

[②] 董立平、孙维胜：《大学质量文化的本质特征与结构剖析》，《当代教育科学》2008 年第 13 期。

学活动中的重要实践表现。两者相辅相成，共同构成全校各学院和基层学术组织开展教育教学工作的实践指南，通过制度和文化传递的形式对内部教育教学质量的持续改进起到重要的指导和推动作用，成为评估教学目标达成情况及改进教学过程设计的重要基础。

（1）"威斯康星经历"（Wisconsin Experience）

"威斯康星经历"描述了从威斯康星大学麦迪逊分校获得学位的独特之处。师生共同创造并运用课堂内外所学，使世界变得更加美好，可用以下运算公式直观表述为：威斯康星经验=（学生的学术经验+课外活动经验）×大学使命与愿景。威斯康星大学麦迪逊分校的诸多毕业生成为杰出的国家公民、社区成员、国家和全球领袖。大型公司中的领导者来自威斯康星大学麦迪逊分校毕业生的比例高于美国其他大学；学校所培养出从事教职工作的毕业生在全世界范围内的研究型教育机构教书育人；"威斯康星经历"为毕业生成为当地、国内及全球范围内的杰出领导者做了充分的准备。它根源于一百多年前古老的"威斯康星理念"和威斯康星州发展的激进历史，学校当前的历史使命已经演变成为学校对所有教师、员工和学生提出的一个期望，即运用课内和课外所学知识对世界产生重大而积极的影响。正是这种独特的"威斯康星经历"培养出了敢于突破传统思维的毕业生，懂得如何整合研究热情与实证分析的具有创造性的问题解决者，习得如何探寻、评估并研发新知识和技术研发者，适应时代新形势发展的世界公民。

"威斯康星经历"以学生为中心，鼓励学生参与到以下探究式、具有较高影响性的实践：大量研究经验以生成知识和分析技能；全球及文化事务的参与和竞争力；领导力和行动的机会；"真实世界"中知识的应用。进一步而言，学生可以通过以下实践机会实现"威斯康星经历"：投入服务型学习和基于社区的研究；在竞争性资助项目中担任研究学徒；在营利和非营利组织中参与暑期实习；参与多元文化艺术活动；教室里、课堂上的同伴监督与指导；参与本科生研究资助项目；参与第一年兴趣小组；为研究生和本科生提供创业机会；通过小组学习进行跨文化对话与交流；在农村、中心城市和其他欠发达地区开展卫生健康培训；在学校、学院和专业范围获得具有领导力的证书；通过学生社团和校园社区伙伴培养领导力和行动力；全面获得荣誉并在所学专业学位论文上获得荣誉；以一学年或一学期为期在国外学习和研究；参与国内和国际实习；参与居住区的学习社区活动；参与研究生的研究社区活动；关注研究生和专业学位学生的发展。"威斯康星经历"以有计划地整合课内外所学、通过创造性和企业家精神参与解决现实世界中的问题、激发学生领导力为特征。正是这些实践机会的本质及其提供方式使得威斯康星大学麦迪逊分校在美国公立高等教育中独具特色且遥遥领先。

"威斯康星经历"作为该校影响深远的质量文化，其目标在于为所有在校生提供独特的学习环境和机会，以帮助学生创造自己理想的学习经历。为更加明确"威斯康星经历"的核心理念和大学期望，学校正在面向全校师生进行"威斯康星经历"核心概念的再定义活动，将以"同理性和谦虚"（Empathy and Humility）、"无止境的好奇心"（Relentless Curiosity）、"知识的信心"（Intellectual Confidence）、"有目标的行动"（Purposeful Action）为核心概念，并配有一套面向具体行动的指南，它们共同构成当前和未来的学生、教师和行政管理人员所从事的教育教学工作的内部文化指导框架。[①]

（2）"基本学习成果"（Essential Learning Outcomes）

第一，"基本学习成果"理念的来源。威斯康星大学麦迪逊分校的"基本学习成果"依据教育阶段可以分为本科生阶段的"基本学习成果"和研究生阶段的"学习目标"两部分。本科生"基本学习成果"的设置，改编自美国学院和大学协会（Association of American Colleges & Universities）向社会雇主、教师、行政人员及校友对于本科生接受博雅教育后应获得的"基本学习成果"所实行全国性问卷

---

① Redefine Wisconsin Experience, https：//uwmadison. col. qualtrics. com/jfe/form/ SV_ 1ZU0s6yrisMyrYh.

调查和访谈，该调查的基本问题是："你希望大学毕业生具备哪些素质和技能？"这项全国性调查具有广泛的调研基础、成熟的调查结果。来自社会雇主、教师、行政人员及校友的回答被概括为四大类十二项主要学习成果（详见表 7 - 2 所示）。"基本学习成果"理念设计的初衷在于提供一个包罗万象的重要指南，推动学术项目中学习目标的实现，培养学生为迎接 21 世纪的挑战做好准备。

第二，"基本学习成果"理念对学位教育项目具有推进作用。"基本学习成果"于 2008 年 4 月由威斯康星大学麦迪逊分校评估理事会讨论通过，学校以"基本学习成果"为框架指导本科生的学习经历设计，并倡导学位教育项目中所包含的主要学习活动应渗透"基本学习成果"的理念。在此质量文化的宏观指导下，校内大部分学位项目所设定的学生学习目标均与"基本学习成果"理念保持一项或多项一致，两者间的内在关系详见表 7 - 2。

表 7 - 2   本科生"基本学习成果"理念与学位项目学习目标关系

基本学习成果	学生学习表现方式	与学位项目学习目标之间的关系
人文知识、物理和自然世界	*对科学、数学、社会科学、人文学、历史学、语言和艺术的学习（聚焦于当前和长远重大问题的参与）	大部分学位项目的学习目标与这些"基本学习成果"密切相关。对学习目标的表述暗示了学生在学术领域被期待达到的知识理解深度
知识和实践技能	*探究和分析 *批判性和创造性思维 *书面表达和口头交流 *量化研究能力 *信息、媒体和科技能力 *团队合作和问题解决 （在日渐增多的具有挑战性的问题、项目、活动的背景下，广泛实践课程所学）	
个体和社会责任	*本地和全球公民知识及契约 *跨文化知识和竞争力 *道德伦理层面的思维和行动 *终身学习的基础的技能 （通过积极参与多元化社区和真实世界的挑战肩负责任）	学位项目学习目标有可能（但不总是）通过某种积极活动或对真实世界的挑战达成这一基本学习成果。应考虑课外学习和课后实践对学生学习产生的影响

续表

基本学习成果	学生学习表现方式	与学位项目学习目标之间的关系
综合学习	＊通过一般性和专业化学习整合并提升个人素养和技能 （通过将知识、技能和责任运用于复杂问题的解决加以验证）	许多学位项目的学习目标包括此类基本学习成果，涉及知识和技能在解决复杂问题过程中的应用，例如知识的运用和经验的积累

资料来源：http：//provost. wisc. edu/assessment/documents/welo2010C. pdf。

第三，"基本学习成果"理念促进基层学术组织学生培养目标的制定。在美国学院和大学协会"基本学习成果"理念和威斯康星大学麦迪逊分校学位项目学习目标的指导下，各基层学术组织结合本单元的核心任务，制定出各自教育教学过程中的人才培养目标，使学生的学习成果与基层学术组织的核心任务及人才培养使命相一致，最终推动学生学习成果的有效发展。校内基层学术组织通过设置基本学习成果表格的形式明确人才培养的目标、学习成果，并记录学生的学习经历，详见表 7 - 3。

表 7 - 3　　　　　　　　　学生基本学习成果设置模板

基本学习成果 1： 人文知识、物理和 自然世界	认知维度 （学生能够 学到什么）	技能维度 （学生能够 做什么）	情感维度 （学生能够证明 他们的价值何在）	案例发展 （学习的经验）
基本学习成果 2： 知识和实践技能				
基本学习成果 3： 个体和社会责任				
基本学习成果 4： 综合学习				

第四，研究生阶段学生学习目标设置。研究生阶段的学生学习目标于 2014 年 12 月 14 日由研究生教师行政委员会讨论通过，用于指导全校范围内所有研究生教育项目的人才培养及具体教育教学目标的设置，从教学设计层面为内部教育教学质量改进提供模板和范

本。研究生学习目标被划分为硕士研究生和博士研究生两个方面，以知识和技能、专业化行为为主要目标，具体如表7-4所示。

表7-4　　　　　　　　　　　　　　**研究生学习目标**

	硕士研究生阶段*	博士研究生阶段**
知识和技能	*在研究领域清晰表述、批判或补充相关理论，运用研究方法、调查方式于具体实践之中 *为应对研究领域中的问题和挑战识别资源、收集证据 *展示对于主要研究领域在历史、社会或全球背景下的理解 *选择或使用最适合的分析方法和实践方式。对研究领域中产生的问题或挑战进行评估或整合信息 *以适当的方式在研究领域与同行研究者清楚地沟通	*在研究领域阐明研究问题、研究潜力以及理论、知识、实践方面的局限 *在所研究领域创造出超越当前知识边界的想法理念、概念、设计或技术 *创造出具有实质性贡献的研究项目、学问或绩效表现 *证明学习经验的广度 *提升研究领域对社会做出贡献 *以明确和可理解的方式与他人交流复杂的思想
专业化行为	识别并运用伦理道德和专业化行为的原则	促进伦理道德和专业化行为

注：*在硕士研究生阶段，所有学生进入研究生院的研究生项目时至少有一个学士学位。为了从研究生院获得硕士学位，无论是以研究为基础、以项目为基础或是只完成课程为基础的硕士学位，在其学位学习任务完成时需达到以下学习目标。

** 在博士研究生阶段，无论个体是否获得硕士学位，博士阶段的学习目标在涵盖硕士阶段学习目标的基础上延伸。学术型博士生项目以毕业论文为终点，专业型博士生项目以项目或绩效为终点。两类博士生为从研究生院获得博士学位，在学位学习任务完成时需达到以下学习目标。

资料来源：http://provost. wisc. edu/assessment/documents/Academic_ Assessment_ Plan_ January_ 2015. pdf。

2."学生中心"文化与内部质量改进之间的相互作用关系

在质量文化的物质（技术）层面，"学生中心"文化对内部质量改进的促进作用主要体现在物化形态和教育哲学两方面。

第一，"学生中心"文化以该校教育教学实践过程中教育目标、办学理念的物化形态为载体，为内部教育教学质量改进设定工作指南和实现路径。通过上文对"威斯康星经历"和"基本学习成果"的分析可知，此物化形态的质量文化体现了以学生为中心的价值理念，侧重于呈现学生的学习经历、学习目标、学习技能以及学习效果。两者融合了基于美国社会所广泛认可的对于大学毕业生的能力期待，以及威斯康星大学麦迪逊分校独特的大学培养使命与愿景，成为各基层学术组织开展教育教学活动和人才培养过程的指南。另外，学生学习目标将成为最终开展学生学习评估工作的重要基础，有助于教师和管理者测量教育目标与教育产出之间的差距，也成为未来质量改进的起点，为内部教学质量改进工作指引努力的方向。

> 我想"威斯康星经历"可能是对我们学校教育教学质量最好的总结，它描述了学生在威斯康星大学麦迪逊分校获得学位过程中的独特教育经历，整个过程以学生的课堂学习和课外发展为中心，我们希望我们的学生通过课内和课外所学使世界变得更美好……"威斯康星经历"作为我们学校质量文化的一部分，潜移默化地影响着我们的毕业生，使他们成为具有创造力的问题解决者。通过学习他们可以整合实证分析和激情，寻找和创造新的知识和技术，适应新的社会形势，最终成为世界公民和领导者。（Sarah Mangelsdorf 笔述，教务长兼主管学术事务副校长）

> "威斯康星经历"通过学生们的学习经历，改变他们的所思所想，拓宽并丰富学生们参与科研、实地考察、国际交流和实习的经历和机会，持续有效地跟踪、调查学生参与"威斯康星经历"活动的程度（包括课内和课外），是校内学生学习评估活动的基础，有助于检验我们的教育教学质量的提高程度。（Mo Noonan Bischof 语，学生学习评估办公室主任）

第二，"学生中心"文化表现为一种建立在尊重学生主体地位基础上的教育思想。这种基于受教育者实际教育需求的质量文化，有助于教师和管理者在教育教学实践中，感知受教育者的学习偏好和知识需求、遵循教育教学规律、运用质量管理哲学，有效地促进内部教育教学质量的改进。人是教育的中心，也是教育的目的；人是教育的出发点，也是教育的归宿。教育从根本上说是人才培养的活动，学生培养质量是高等教育质量的根本。大学的教育教学活动如果忽视了"学生中心"，则大学内部质量改进问题将沦为空谈。

威斯康星大学麦迪逊分校非常重视"学生中心"的质量文化，具体表现在五个方面。

第一，当新生进入学校后，学校将开展统一的摸底考试，测量学生的入口质量，并以摸底考试成绩进行分班，将学生的能力水平和课程开展进度相匹配，照顾到每位学生的学习能力和课程内容接纳能力。

第二，在指导教师方面，每位本科新生在正式开学后均会被分配给一位学术导师（academic advisor），采取学生与导师多对一的配比原则。学生的学术导师需全面负责该生一切与学习有关的事务。例如，通识课程的选择、学业进步报告的制定、转专业计划的实现、威斯康星经历的参与、未来职业生涯的发展规划等内容。可以说，学术导师将为其指导的每位学生制定专属的学业规划，学业规划注重以学生的个人情况和学习兴趣为出发点。

第三，在课程的学习方面，授课教师充分尊重学生的学习意愿和对知识结构的内在需求，教师将通过多种形式和渠道了解学生的所思所想。例如，在开课第一周，授课教师通过做课前调查的方式（如请学生写下对于课程的期待、对所学领域相关问题的好奇之处、希望学到哪些相关的知识点等），在教学过程中注重将专业知识与学生的学习期待相融合，实现所教满足所需。对于有条件的小班课程，授课教师会邀请每位同学对选课的初衷、课程的期待、学习目标等问题畅所欲言，就已制定的教学大纲（或讲义）进行充分的讨论和协商，再进一步调整完善适合本班学生的教学计划，以最大限度地满足学生的学习需求。

第四，在课程的学习过程中，教师通常会自发进行一次非正式的中期教学评估，以纸质问卷或学生访谈为形式。其目的在于帮助教师了解学生对于教师授课方式、授课内容等方面的接受度和满意度。这些反馈信息将成为授课教师改进教育教学质量的重要依据，辅助教师们及时调整授课内容和授课形式。

第五，在学生学习评估制度方面，主要以学生学习成果为核心，收集学生学习产出的证据，验证教育教学过程的成效，发现其不足和需要改进之处。该校对于教育质量的评价标准是一种建立在"学生中心"基础上的增值质量观，表现为测量学生入口质量和出口质量之间的增加值。

通过以上分析可以发现，威斯康星大学麦迪逊分校在教育教学实践活动的各个环节，始终坚持"学生中心"的质量文化，以学生为核心、了解学生、尊重学生，充分重视学生在大学内部质量改进实践中的主体性地位。

二　共治文化：去中心化情境下多元主体间的协商与博弈

共治文化可视为质量文化中的行为文化层面。行为文化作为一种中层文化，既受到制度层面文化的引导，又受到物质层面文化的制约，它是质量文化的规范性表现，突出体现在行为准则和行动过程中的程序原则等方面。共治文化源于威斯康星大学麦迪逊分校的"共同治理"理念和行为，被校内参与教育教学活动的主体所信奉和推崇。

1. 共治文化（Shared Governance）的理念溯源

威斯康星大学麦迪逊分校遵循"共同治理"的治理理念的历史可追溯到1848年建校之初所创立的"教师治校"① 原则。这一原则意味着校内的主要学术事务和管理事务皆由教授评议会（Faculty Senate）讨论决定。随着大学的不断发展，高等教育活动中利益相关者持续增多，治理主体因管理事务的多样化和价值诉求的多元化而

---

① 说明：有趣的是，在访谈中，教授群体偏向于使用"教授治校"一词，而院校行政管理者群体更习惯于将其称之为"共同治理"，这种话语使用方面的差异，恰恰体现出教师与院校行政管理者两大群体在治理理念上的对立。

不断加入到学校治理过程之中。因此，治理主体的范围由最早单一的教授群体扩大到校内的教职人员、学术人员、学生和院校行政管理者，由"教师治校"发展为"共同治理"，共治文化由此产生。

威斯康星大学麦迪逊分校关于共同治理的价值目标包括以下五个方面：（1）各共治小组（shared governance groups）与校长一起召集联合委员会（joint committee），制定具体教育政策，使教育目标和实践过程更具操作性；（2）校长将学术、教育活动以及教师人事事务的主要管理责任委托给教师；（3）校长将学术管理的职责交托给学术人员，以便更好地制定学术项目审查制度以及所有与学术人员相关的政策和规程；（4）校长将大学工作人员管理的主要职责交托给大学工作人员，以便制定与大学工作人员相关的所有政策和规程；（5）校长将治理职能交付给学生，以制定和审查与学生生活、服务和利益相关的各项政策。①

2. 共治主体的治理权责与表达利益诉求的协商和博弈方式

（1）共治主体的治理权责

"共同治理"理念在威斯康星州立法讨论通过后被制度化为该校大学章程的一部分，共治主体主要包括教职人员、学术人员、学生和院校行政管理者四大群体，其各自的治理权责受到法律保护。该校大学章程规定，院校的每位教师、学术人员、学生均有参与大学事务治理的权利和责任，其治理权限和效力从属于董事会、总校长、校长，权限依次递减。

由于本书第三章已对董事长、威斯康星系统总校长、分校区校长的治理权责进行了较为详细的描述，在此不再赘述；教职人员、学术人员、学生的治理权责分别如下。首先，每位教师均有责任参与院校的直接治理，同时有权积极参与院校政策的发展与规划，有权决定自身组织机构设置并选举代表参加院校治理，每个教育机构应当确保在科学、技术、工程和数学学科在教师组织结构方面有充

---

① Values Statement on Shared Governance，http：//www.wisc.edu/governance/.

足的代表数量。其次，院校内的每位学术人员均有权积极参与直接
治理及院校内部的政策发展，学术人员在治理层面的主要责任在于
向校长提出所有与学术人员事务相关政策、程序的构想和评价，有
权决定自身组织机构并选举代表参与院校治理。再次，学生在治理
层面的主要责任在于向校长提出所有与学生生活、服务和利益相关
政策的构想和评价，每位校内学生均有权参与学生组织，并选举代
表参与院校治理。行政管理者、教师（faculty）和学生的治理权利
早在 1973 年大学合并之时，即被纳入州法之中；学术人员（aca-
demic staff）的治理权利于 1985 年被添加至大学章程；董事会于
2012 年授予大学普通员工（university staff）共治的权利。

（2）共治主体表达利益诉求的协商和博弈方式

在校内，共治主体参与共治、表达利益诉求的方式主要有两个
渠道：一是作为代表直接服务于某些特定的共治组织或委员会；二
是投票选举代表，以代议制的方式通过所选代表间接表达。每个共
治组织均制定了选举成员、举行会议、政策表决的程序和规则，且
具有极大的管理自主权。第一，对于教师群体而言，教师委员会主
要包括教授评议会、校务委员会、教师秘书处、学部委员会、大学
学术规划理事会、大学课程委员会、大学学术事务与评估理事会、
研究生教师执行委员会等。① 第二，对于学术人员（academic staff）
而言，主要的共治组织包括学术人员常理会、学术人员执行委员会、
人事委员会、学术人员事务委员会、临时委员会等。第三，主要的
大学人员（university staff）委员会包括大学员工代表大会、大学人
员中心委员会、任命委员会、专业发展和学费委员会、大学人员奖
项评选委员会、部门和代表委员会、人事政策和程序委员会、听证
小组委员会等。第四，学生共治委员会以学生联合会为核心，下设
70 多个与学生学习和生活相关的多样化常务委员会。

---

① 相关组织的具体人员构成、组织职能、治理责任和决策产生程序，详见本书
第三章第三节关于"教授治校的治理主体及结构"部分。

威斯康星大学麦迪逊分校"共同治理"理念鼓励各共治主体与校长和其他行政领导一起，在校园决策和政策制定方面积极合作。例如，有关学术、科研、学生生活、校园文化、多样性、人力资源、校园领导力、校园健康与生活以及校园其他事务的决策。校内多元利益相关者参与共同治理，创造了一个透明、协作和包容的过程，有助于各方利益诉求的表达和博弈，这将使政策的制定、讨论、授权和实施更具持久性和实效性。所有的共治组织可以在他们认为适合的地方，根据自身需要，定义、讨论和修订与各组织相关的政策和规程。在共同治理下形成的指导性文件包括：学术人员政策和规程（Academic Staff Policies and Procedures，ASPP），教师政策和规程（Faculty Policies and Procedures，FPP），大学工作人员政策和规程（University Staff Policies and Procedures），麦迪逊学生联合会章程以及其他共同治理政策。[1]

3. 共治文化与内部质量改进之间的相互作用关系

第一，独特的"共同治理"结构形成特有的共治文化。与美国大多数学校由董事会聘任的校长作为学校最高行政首长，校长处于权力中心[2]不同，威斯康星大学麦迪逊分校自建校起便形成"教授治校"的特色，并逐步演变为"共同治理"的传统延续至今。这种治理模式区别于集权管理体制下的校长负责制，形成了一种去中心化的、分权制的管理和决策模式。学校的管理层级呈扁平化、分散式形态。这种"共同治理"结构衍生出一种共治文化，促使校内各领域中各项事务的管理政策、制度、规则和最终决策以民主协商、平等讨论的方式形成，鼓励并允许校内多元利益主体的利益诉求得到充分的表达，推动一个透明、协作和包容的治理情境的形成。

第二，大学是承载高等教育质量改进的主要场域，高等教育质量的内在属性和特征要求各利益相关方在大学场域内尽可能表达各

---

① Values Statement on Shared Governance，http：//www.wisc.edu/governance/.
② 韩骅：《学术自由——大学之魂》，中国文史出版社 2005 年版，第 125 页。

自不同的期待和利益诉求。美国高校组织管理学家马文·彼得森所提出的学院模型曾被认为是大学组织决策的理想模型，它反映了基于组织利益且必须进行参与式合作与管理的要求。彼得森的基本观点是：大学是学者共同体，组织结构呈扁平型且高度紧密，强调通过非正式的渠道进行组织整合……在决策上强调意见分享、集体参与，在领导策略上重视领导者的谦谦君子之风，善于协调不同意见达成一致。① 本书认为，高等教育质量是所有利益相关方对所关心教育问题的一种协商和博弈，每个利益相关者力求明确地表达各自的利益诉求并寻求机会被大学所接纳。大学作为高等教育的提供者，必须竭力调和各方不同的期待和诉求，有时这些价值期待是并行的，但很多情况下它们也是相互冲突的。各利益相关方对于高等教育的期望和诉求应尽可能被内化于学校、院系或是教育项目的建立使命和发展目标之中，只有这样才可以说大学或院系是有质量的。"质量"是一套共享的价值，"质量文化"作为一种组织文化，同时包含文化心理因素以及结构管理因素，是高校所有人的集体责任。②

第三，共治文化作为一种行为规范，使多元利益主体在去中心化的大学场域内充分表达各自对于教育教学的多种利益诉求成为可能。共治文化强调行政管理者、教师、大学员工和学生四大群体均具有参与有关大学学术、科研、行政等事务的治理权利，他们在大学教育教学政策的制定中的参与，体现出该校平等开放、协商民主的组织氛围。参与共治是各利益相关方共同分享思想、寻求改变和获得治理经历的最佳机会。与此同时，共治的过程也加强了校内各利益相关方对于教育教学质量的问责，这有助于大学更加全面地考量内部教育质量改进制度，以及措施的制定和实施。通过民主协商、平等对话、投票表决的形式，使多元利益相关方对教育质量的期待

---

① 林杰：《美国高校组织理论中的学院模型》，《高等教育研究》2006 年第 7 期。
② 宋鸿雁：《欧洲高等教育质量文化检查探析》，《世界教育信息》2012 年第 11 期。

和价值诉求最大限度地内化到大学战略、使命与愿景、发展目标，以及学术项目管理、课程和教师等政策的制定之中。唯此，内部质量改进的相关制度和措施才能更容易被人们接纳和更有效地实施。

　　与美国其他大学相比，我们有最为强大和活跃的"共同治理"文化，主要由教师、学术人员、大学管理人员和学生组成。我们非常讲求民主，对于教学过程而言，我们教师职责之一就是负责课程和学术项目的创设、更改和评估，整个过程都是非常民主的，需要共同讨论和投票来做决策。不仅教师有治理权利，另外三大主体（学术人员、大学管理人员和学生）也可以积极参与到学校相关事务的讨论和决策当中，这使得我们大学成为一个我们想要成为的机构，每个人都为我们大学的卓越发展做出贡献。"共同治理"使我们的教育教学质量朝着我们期待的方向持续改进。（Sarah Mangelsdorf 笔述，教务长兼主管学术事务副校长）

　　我认为麦迪逊拥有最稳定的质量提升机制，因为我们有强有力的政府，全体教职员工对教育负责，他们对发生在大学内的所有学术事务负责，他们十分关心大学的质量。我们拥有高水平的全身心热情投入的教职员工，他们相互激励，以保持高素质，他们勇于挑战自己，他们非常优秀、诚实而且时常自省，教职员工都很负责任……我认为"共同治理"是麦迪逊与我去过的其他学校最大的不同之处。我作为认证专家去过一些高校，它们同样有很优秀的教职员工，但是他们不参与学校的运营，他们没有决策权，他们不能干预学校的事务。而在我们学校，我每天都要参加好几次会议，与设计项目的职员、评估课程的职员以及为学生制定标准的职员进行讨论、对话，以求能够创造真正好的教育，这里真的是不同寻常的。（Elaine M. Klein语，通识教育管理办公室主任）

　　第四，整个共治过程充满激烈的冲突和博弈。在共治过程中，不同的利益相关者由于利益诉求的对立常常会发生各种冲突和博弈，甚至是激烈的对峙和交锋，但正是这种相对自由的、留有充分空间的协商和博弈，使得该校内部质量改进的相关制度和措施因兼顾到多方面的声音而更加完善，也更能有效地执行和操作。在各治理组织或委员会的会议当中，组织成员被鼓励积极发言、充分讨论，并通过民主投票（通常情况下每人一票，不因职称和身份的差异区别对待）的方式形成最终的决策。共治过程中的冲突不计其数，教师与院校行政管理者之间的博弈大抵是所有冲突中最频繁、最激烈的。其主要原因在于，教师的教学和科研工作需要极大的学术自由，他们不希望自己的学术研究被外行所束缚，更不情愿自己的教育教学质量被行政管理者指指点点，但同时教师又不具有参与财政预算以及经费决策的权限；而院校行政管理者虽然掌管学校的"财政大权"，但并不能够接触到教育教学实践活动的全流程，不具有专业知识和培养技能的行政管理者所制定的政策和做出的决议时常受到教师们的质疑。笔者在访谈中接触到两个典型的事件，充分体现了教师和院校行政管理者之间的"张力"（tension），而行政管理者将其称为"健康的张力"（healthy tension），表达出他们对去中心化情境下多元主体间开展协商和博弈过程的肯定和骄傲。

　　事件一（协商事件）：学生学习评估制度中教师和行政管理者的观点对立。学生学习评估制度在本科生教育阶段更容易测量出学生的教育质量和学习成果，因此推行得较为通畅。但由于研究生教育质量主要通过学生的科研成果来衡量，而优质科研成果的取得需要长时间的积淀和无数次试错的积累，因此对于研究生学生学习成果的评估较难在短时间内量化，此制度由于在研究生项目层面受到教授们的强烈抵触而推行缓慢。在访谈中，学生学习评估办公室主任Mo女士描述了该制度在研究生阶段推行过程中教授们的激烈辩论，以及她作为行政管理者面对内外压力而陷入进退两难的窘境。

坦白地讲，这项工作的开展真的很艰难，而我需要向教师们解释，国家的情况在变化，过去的 8 年，高等教育的价值被质疑。这就是为什么我们麦迪逊讲出自己的故事很重要，但我们还做得不够好。国家层面要求更多的佐证，他们想知道对教育的拨款是值得的；学费增长了，学生和家长想知道他们是否得到了更多。所以，我对这些项目的负责教师说：你的学生们期望学到什么，写下来，其实教师们是知道的，他们只是没写下来罢了。所以我想做的就是使人们更加系统化地收集和讲述他们项目的故事……我来告诉你一个故事：我们去年举办了很多午后会议，让各系教师和主管们参加，告诉他们这是我们学生学习评估办公室要做的，这是新的计划。你们主管要求我来协助你们，我们要根据计划，你们提供给我学习成果，给我计划，我给你报告，很多教师不高兴了。去年春天，我受邀参加研究生协调小组，那是高级别教授会议，跨越了很多研究生项目，研究生院邀请我作为协调人，向高级教授们讲述整个测量计划，那真是个很艰难的对话。对话很艰难是因为很多人问我，"我们为什么要做这些？这只是规定，目的是什么？你知道在研究生层面这有多难吗？我们怎么测量呢？想一想在研究生级别，几乎是学生和导师一对一的，很多科研成果是需要长时间积累的！"但这个对话对我的帮助很大，因为他们的反馈说"你用这些信息要做些什么呢？"因此，这个对话对于他们而言意味着我和教务长在测量他们，他们会认为你们收集这些信息是为了判断系和项目的好坏，而这种行为侵犯了教授们的学术自由。但这对我来说很重要，我会告诉他们这不只是我要的，我要把信息都放在一起，告诉他们学校层面的故事，然后我们向政府提供证据表明我们教育项目的质量是很好的！我告诉他们，你们可以提供很好的项目，你们要对项目做出很好的决定，做决定时你需要佐证，如果主管说你的预算被削减了，你不需要强有力的佐证去证明你的项目很强大吗？（Mo Noonan Bischof 语，学

生学习评估办公室主任)

　　事件二（博弈事件）：教授签署联名信，发起对威斯康星系统总校长的不信任投票（a no-confidence vote）。事件起源于 2015 年，州政府对威斯康星系统两年期的财政预算削减了 2.5 亿美元（一个极大幅度的削减）。同时，终身教职制度将被逐渐从州法中剥离出来，重新修订为校法，这将意味着新的校法可以因办学资金不足、学生入学数量不足等多种因素开除拥有终身教职头衔的教师们。州政府此举隐含着共和党在意识形态方面的右倾主张，现任州长斯科特·沃克（Scott Walker）及其政府组成人员倾向于将高等教育视为私人产品，应由受教育者个人及家庭支付成本，政府财政应配置到农业、卫生、医疗和社会保险等公共事业中去，因此造成了教育财政预算的骤减。为使资源受约束条件下有限的财政经费实现最优配置，学校欲合并或关闭一些学术价值较小、学生较少、社会影响性不高的系所，所以系内的教师也将因此被开除。而终身教职制度的价值即学校不能随意开除教师，且此制度在当前受到威斯康星州州法保护，这就形成了一种对立和矛盾。因此，教师们纷纷对学校行政管理者们表示强烈的不满，对董事会和威斯康星系统总校长 Ray Cross 的领导能力和治校方针失去信心，认为他们作为大学管理者，无法从政府筹得充足的办学经费，这将造成办学资源的减少、班级规模的扩大、生师比上升，从而对教育教学过程产生负面影响。另外，终身教职制度的剥离反映了大学行政管理者拥有过度的自由裁量权以至于可以解聘终身教职，这是一种严重的损害学术自由和大学自治的行为，教师们的主体性地位和学术自由的权利也受到侵害。基于此，2016 年 4 月，由麦迪逊分校社会学教授 Chad Alan Goldberg 撰写提案，以系统总校长 Cross 在任期内未能实现保护威斯康星大学和学院的财产、共享治理和学术自由的承诺为由，联合系统内其他分校的教授们签署联名信，发起对总校长的不信任投票，欲推翻总校长。此举措迅速在威斯康星大学系统的各个校区内流传，由 220 个教师

议员（senators）组成的麦迪逊分校的教授评议会，代表超过 2200
名教职工，于 5 月 2 日以极大的优势通过了该提案。

虽然该事件最终宣告失败，一部分教师因对此结果不满选择主
动离开威斯康星大学系统，但它同时证明了这是一个极端教授治校
的学校，教授们甚至可以提出对校长的不信任抗议且有可能将其推
翻。可见，校内各主体间在去中心化情境下进行协商和博弈，使自
身利益被充分表达成为可能，也使大学治理更富有成效。

三　内部审查文化：市场化问责机制下大学内部的评估与回应

内部审查文化属于质量文化中的制度文化层面。制度文化层面
是大学质量文化的次顶层，是指具有大学质量文化特色的各种制度、
道德规范和教职员工行为准则的总和①，是大学在制度层面自主、定
期地进行教育质量审查而形成的制度性文化。它作为学校教育质量
管理活动中的一种文化特征，主要体现在质量改进制度、质量评价
规则、质量考核标准等方面。它反映学校质量文化的物质层和精神
层对学校领导、师生员工的行为要求，规定学校领导、师生、员工
要追求一定的质量标准，在工作、学习中应遵循质量行为准则。② 内
部审查文化形成并作用于内部质量改进制度，是美国社会、政府等
外部利益相关者对高等教育质量问责背景下，大学回应外部问责的
策略选择和质量管理哲学。

1. 美国社会对于大学教育质量的外部问责

问责制是世界高等教育发展的一个重要趋势，更是美国高等教
育领域改革的关键词之一。问责（accountability），是处于两个以上
的个人与团体之间的行为，一方是问责的寻求者，有获得说明和实
施奖惩的权利；另一方则是问责的对象，有责任就相关情况作出说

---

① 董立平、孙维胜：《大学质量文化的本质特征与结构剖析》，《当代教育科学》
2008 年第 13 期。

② 董立平、孙维胜：《大学质量文化的本质特征与结构剖析》，《当代教育科学》
2008 年第 13 期。

明和解释①。当问责在教育领域作为一种制度活动出现时，强调借助某些机制、途径、方式或手段来判断某些实体的责任实现情况。美国社会对于大学教育质量的外部问责主要源于在市场机制驱动的高等教育系统中，教育质量的参差不齐和大众化高等教育进程中教育质量的不断下降。

从 1958 年到 1968 年，美国高等学校数量激增，在校人口占同龄人口的比例也增长了近 10%，美国高等教育也就此开始步入普及化阶段②，大学入学条件的降低和高科技革命对教学手段革新与对人才培养要求的提高，使得美国高等教育质量问题越加凸显，加上高等教育的开支日益膨胀，美国政府、教育者和社会公众开始问责高等教育质量，《国家处于危机之中》（*A Nation at Risk*）等各种报告不约而同地指向高等教育质量下滑问题。③

自 20 世纪 70 年代以来，问责就成为美国高等教育界所讨论的核心话题和重要的研究领域。大学有着众多的外部利益相关者，他们都寻求对大学进行问责，由于他们的利益不同，所采用的问责方式和策略也就有所不同。④

首先，政府问责。州政府不断对大学加强问责的主要原因在于，政府预算紧张，迫切要求大学提高对有限经费的使用效率，并要求大学对其教研绩效结果负起更大的责任。同时，州问责制也是国家强制权威在大学管理和评价制度中的体现，问责的内容通常是教育机会、经费使用、学生成绩、经济贡献等公共政策目标，通常采用的问责方式就是绩效报告、绩效预算和绩效拨款。

其次，生源市场问责。学费数额的持续上涨使得学生及其所在

---

① 王淑娟：《美国公立院校的州问责制》，知识产权出版社 2010 年版，第 32 页。
② 张振刚、朱永东：《美国高等教育质量保障体系》，高等教育出版社 2013 年版，第 9 页。
③ 黄海涛：《学生学习成果评估：美国高等教育质量保障研究》，教育科学出版社 2014 年版，第 6 页。
④ 王淑娟：《美国公立院校的州问责制》，知识产权出版社 2010 年版，第 70 页。

家庭需要负担的教育成本越来越高。问责主体开始从政府转向市场，作为教育消费者的家长和学生很想知道，为何大学学费的上涨比通货膨胀率、消费物价指数以及其他相关指标的上涨速度还要快？面对来自消费者的问责，大学必须向家长和学生证明他们所交的学费物有所值，学生能够学到他们需要的知识和技能。

最后，专业组织问责。认证是美国高等教育问责系统的重要组成部分，认证组织对院校的实地考察和资格认定是问责制的主要表现形式。它是高等教育机构在自我评价基础上，自愿接受经政府认可的社会中介组织对他们所进行的同行评价，以保证实现对公众的绩效责任，并不断提高教育教学质量。大学绩效责任的履行，不单单是向社会提供信息，还要对社会需要作出更多的回应。

2. 内部审查文化与内部质量改进之间的相互作用关系

第一，市场化问责制的基础性保障作用及其弊端。一方面，外部问责对大学内部质量改进起到基础性保障的作用，这是公立大学依赖公共信任、收到公共资金的同时必须对国家和普通大众负责的表现。[1] 大学通过年度绩效报告向政府、社会、学生等多方利益相关者陈述工作绩效。高等学校应对质量问责是为了证明自身的诚实可靠，以及向公众呈现出如何自我改进，同时也是为了防止政府和外界对于大学的过度干涉。[2] 另一方面，外部质量问责常常表现出一种问责、监督、控制、强调绩效和物有所值的意识形态。在这种单向度的问责范式中，高等教育质量被狭隘地定义为满足外部利益相关者的要求。[3] 严格的外部问责取代了利益相关者之间的相互信

---

① Stefanie Schwarz and Don F. Westerheijden, *Accreditation and Evalutation in the European Higher Education Area*, The Netherlands: Published by Springer, P. O. Box 17, 3300 AA Dordrecht, 2007, p. 134.

② Trow, M., "Trust, Markets and Accountability in Higher Education: A Comparative Perspective", *Higher Education Policy*, Vol. 9, No. 4, 1996, pp. 309 - 324.

③ 张应强、苏永建:《高等教育质量保障: 反思、批判与变革》,《教育研究》2014 年第 5 期。

任，而颇具讽刺意味的是，问责越苛刻和具体，其所能揭示的事实就越少①。以审计和控制为基础的外部问责制度，展示出效率至上、标准化以及统一性等价值指向，在对院校办学条件和质量形成门槛性、底线性考评的同时，也往往会侵蚀大学自治、公平和多样性等传统价值观念，一定程度上削弱学术人员的专业自治，因此并非推动大学卓越发展的有效方式。从长远来看，这种市场化问责制的理性化和工具主义特征容易导致一种话语霸权，其结果是它在帮助院校证明自身的同时，还可能会造成遵从文化，从而抑制院校的创造性并制约教育质量改进目标的实现。

第二，自主审查文化作为一种内生动力，有助于从根本上改进教育教学质量，推动大学卓越发展。回应外部问责始终是一项被动的、被迫的应对之策，外部问责常常是对能否达到基本标准的筛选和检测，而促进教育教学的发展归根结底需要高校自身来实现，此外，外部高等教育问责制度真正发挥作用，也有赖于高校积极主动的配合。研究发现，在威斯康星大学麦迪逊分校教育教学管理的诸多领域，常定期开展内部自我评估（assessment）或自我审查（review）工作。其中，有些内部审查工作是为了应对外部的教育认证或政府的绩效问责，但还有大部分内部审查工作是内生的、自主展开的，其目的在于使大学对自身的教育教学和教师质量形成真实的把控。笔者通过对威斯康星大学麦迪逊分校内部自我审查工作的观察和研究发现，大学的内部审查文化是建立在自主、自愿的基础上，为在高等教育激烈的市场竞争中立于不败之地，而指导内部教育教学活动主体定期、主动地实施审查或评估工作的一种意识，其终极目的在于常态关注学校内部教育教学质量改进的实施情况，及时对教学实践过程中存在的问题加以审视和调整。该文化充分体现了高等教育质量改进的内部性思维，超越了应责文化，是提高威斯康星

① Trow, M. , "Trust, Markets and Accountability in Higher Education: A Comparative Perspective", *Higher Education Policy*, Vol. 9, No. 4, 1996, pp. 309 – 324.

大学麦迪逊分校教育教学质量改进有效性和实效性的关键。

> 我认为教育不是消费品，而是一种契约。学生信任我们才会选择来这里读书，认为我们能够提供给他们所需的知识、处理社会问题的技能、未来就业的机会。我们需要对他们负责，我们需要知道我们的项目质量如何、课程内容如何、学生的接纳程度如何、教师的授课水平如何，因此我们需要通过信息和数据来得出结论。我们必须诚实地对待学生，满足他们对于教育的需求……我们作为公立大学，当然要应对州政府的问责、院校认证和专业认证，一方面它们是我们的经济来源，另一方面这可以提高我们的学校声誉和社会地位，例如我们将通过发布年度问责报告（Annual Accountability Report）、数据摘要（Data Digest）、自我研究报告（Self-Study Report）等形式回应社会问责。可以说，通过这些自我测量的形式，允许外部同行了解我们的办学质量。高等教育委员会在对我们进行院校认证的时候，首先就要阅读自我研究报告，并在此基础上进行同行评议，以学术共同体客观评价的形式加强对学校发展的监督与规范。但是，这只是年度常规性的工作，它们相对而言是固化的、模板化的，数据发布的内容每年大体都是一致的……但更重要的是，我们为了使大学更加卓越，学校内部也有一些定期的自我审查项目，它们并不是外部要求或限定的，而是我们自愿这么做的，这可以让我们时刻了解到教学过程中存在的问题，并且及时调整和改善，我认为这是超棒的，我们因此而骄傲和自豪！（Elaine M. Klein 语，通识教育管理办公室主任）

第三，威斯康星大学麦迪逊分校内部审查文化的主要制度表现。首先，关于教师质量改进制度，各院系教师（无论职称高低）每年均需撰写自我评估报告，并提交给系内的学术委员会审查，向院系表明自己的工作绩效和教学能力。这一制度有利于建立起教师业绩评估体系，促进教师专业发展、调动教师教学的积极性。其次，关于学术项目审查制度，该校所有新建学术项目需进行第一个五年的内部审查，已完成第一个五年内部审查的学术项目每十年至少进行一次项目自我评估。学校鼓励学术项目实施初期和中期审查，有条件的学术项目应尽量邀请外校专家参与同行审查，从而及时发现项目开展过程中的优势和劣势，及时监测和改进项目质量，促进学术项目在正常轨道上运行。再次，关于中期课程自我评价制度，它由每门课程的授课教师自发实施。授课教师通过前半学期的授课实践，为自己设置一个查漏补缺的机会，以学生对教学内容和授课方式的直接反馈为主要途径，得到学生真实的评价信息，进一步思考和调整下半学期的教学重点。最后，关于学生学习评估制度，各院系可自主地根据"基础评估周期图"的指导制定专业（或学术项目）评估计划以及课程地图，自发采用学生学习评估办公室提供的多种直接测量或间接测量工具考察学生的学习成果。总而言之，在内部审查文化的引领下，威斯康星大学麦迪逊分校教育教学过程的多个领域均制定了内部审查制度，形成了一套内部自我评估体系，有助于校内教育教学活动主体敏锐地、及时地察觉到教育实践中的问题所在，切实有效地改进和提升教育教学质量。

四　自律文化：大学自治体制下的自觉与自省

自律文化属于质量文化的精神层面。质量文化的精神层面又被称为道德层面，是指大学进行质量决策和质量管理时的指导原则和行为规范，主要包括学校领导和师生员工应共同信守的质量管理哲学、以人为本的工作理念、办学理念、人才培养的质量方针、质量目标、质量价值观、质量信念和职业道德等①。它是大学质量文化结构中最深的一层，主要通过大学教师员工的质量意识、质量观念、

---

① 董立平、孙维胜：《大学质量文化的本质特征与结构剖析》，《当代教育科学》2008 年第 13 期。

质量价值观、质量精神来表现，是质量文化的源泉①。它构成大学质量文化中最为稳定的内核，是质量文化的核心与精髓②。

1. 大学自律文化的内涵与形成

第一，大学自律文化的概念内涵。自律，即行为主体的自我约束及自我管理。可进一步界定为行为主体在价值理性和文化自觉的思想基础上对自己提出的自我要求、自我限制和自我规束。③ 大学的自律绝非是屈于外力作用的自我压制，大学的自律是一种由理性认识并受其支配的思想自觉、道德自觉、文化自觉和行为自觉。④ 由此，大学在教育质量改进领域的自律文化可理解为，大学教育教学实践中的活动主体，基于一套理性的制度规范，在精神层面形成的一种自我管理、自我要求、自我限制和自我约束，进而支配大学教师员工的质量管理行为，表现出一种自觉和自省的态度。

第二，外部他律催生大学自律。自律行为不会自发产生，而需要通过他律催生。⑤ 威斯康星大学麦迪逊分校的内部质量改进工作的主要特征之一就是一系列自我评估制度的实行，这些自我评估制度发展至今已在师生和院校行政管理者之间形成一种自律文化，而这种自律文化在形成之初受到外部教育认证制度、大学排名等他律措施的"压迫"和"催生"。院校认证和专业认证是美国高等教育认证制度的两大主要形式，高校出于自愿原则选择是否参加认证，但这种自愿隐含着一定的"强制性"。在大学自治和市场竞争条件下，

---

① 董立平、孙维胜：《大学质量文化的本质特征与结构剖析》，《当代教育科学》2008 年第 13 期。

② 史万兵、林媛媛、董应虎：《基于质量文化的研究生学术规范培养的管理维度》，《研究生教育研究》2014 年第 6 期。

③ 眭依凡：《论大学的自主与自律》，《浙江师范大学学报》（社会科学版）2015年第 1 期。

④ 眭依凡：《论大学的自主与自律》，《浙江师范大学学报》（社会科学版）2015年第 1 期。

⑤ 袁祖望：《民间行为在美国高等教育质量保障中的作用》，《高教探索》2006年第 3 期。

政府和社会要求高校接受认证，高校也不得不参加认证；认可决定
具有权威性，反过来又成为政府教育拨款、用人单位雇佣、学生选
择学校的重要依据，如果高校未获认可，各种困难便会接踵而
至——财政来源枯竭，学生不愿就读，教师另谋高就，学校甚至有
关门之虞。① 大学排名作为一种高校社会声誉的体现，以多种指标维
度向政府、社会雇主、学生和家长发送一种质量信号，通过舆论导
向的形式潜移默化地影响学生的入学和转学选择，是受教育者"用
脚投票"的重要参考因素之一。排行的科学性带来了社会可信度，
排行结果能够得到社会认可，高校能够自觉或被迫地遵循。② 可以
说，这些外部的他律制度反过来要求大学内部实行各种自我评估制
度，帮助大学形塑和强化自律行为和自律意识，迫使大学加强质量
管理，改进教育教学质量。

2. 自律文化与内部质量改进之间的相互作用关系

第一，自律文化需要内部质量改进制度的建立。大学的自律文
化作为校内教育教学活动主体的一种意识形态和行为准则并非凭空
存在的，它依托某一客体而体现，是人们从事某些具体行为的思想
指南。自律文化可表现在大学活动的方方面面，对于内部质量改进
工作而言，自律文化的依托客体就是校内各项具体的内部质量改进
制度。在威斯康星大学麦迪逊分校，由学校制定、基层学术组织负
责实行的诸多自我评估、自我测量、自我审查制度，不仅体现出内
部审查文化，更受到自律文化的引领和推动。例如，学校层面的自
我研究制度（self-study）、学术项目的年度自我审查制度（self-review）、教师层面的年度自我评估制度（self-review）、学生学习层面
的年度学习成果自我测量制度（self-assessment）等。可以说，这一
系列自我评估制度组成了威斯康星大学麦迪逊分校内部质量改进实

① 袁祖望：《民间行为在美国高等教育质量保障中的作用》，《高教探索》2006
年第3期。
② 袁祖望：《民间行为在美国高等教育质量保障中的作用》，《高教探索》2006
年第3期。

践的主要内容，院校行政管理者、教师、科研人员、学生通过定期、自主、自愿地开展教育质量自我管理工作，表现出一种约束和监测教育教学行为的自省和自觉。自律文化与内部质量改进制度之间相互促进、相互推动。一言以蔽之，自律需要制度的建立，没有制度基础的自律难以保证，而没有自律意识引领的制度又易迷失方向①。

第二，大学自治与大学自律相伴而生，大学以自律换取自由。有学者提出，自治和质量保障是同一块硬币的两面，因此高等教育机构有必要对内部和外部的质量测量负责，质量保障不能只依赖外部主体。② 因为对于高等教育机构而言，没有问责和质量测量就意味着大学失去自治和教学活动自由，大学可以选择自律方式对自身的教育教学水平进行评价和负责，也可以将评判的权利交由政府和其他机构。也有学者提出，扩大大学自治权的新哲学意味着大学自身能够对于是否实现办学目标以及实现目标的过程是否在控制之下进行调查。③ 可见，只有大学自身对于教育教学质量达到高度的重视和自我约束，拿出充分的自我评估结果和教育教学质量结果回应外部的问责，才能保证甚至是扩大大学的办学自主权，坚守住大学的独立地位，换取自由的发展机会。

美国大学享有高度自治，但运行不乱套，质量有保证，根本原因是在市场竞争背景下，大学自治的同时还伴有自律。④ 威斯康星大学麦迪逊分校的教育教学质量管理工作之所以没有出现像我国一样

---

① 眭依凡：《论大学的自主与自律》，《浙江师范大学学报》（社会科学版）2015年第 1 期。

② A. I. Vroeijenstijn, *Improvement and Accountability：Navigating between Scylla and Charybdis*, *Guide for External Quality Assessment in Higher Education*, Wiltshire：Great Britain by Cromwell Press, Melksham, 1995, p. xvi．

③ A. I. Vroeijenstijn, *Improvement and Accountability：Navigating between Scylla and Charybdis*, *Guide for External Quality Assessment in Higher Education*, Wiltshire：Great Britain by Cromwell Press, Melksham, 1995, p. 35.

④ 袁祖望：《民间行为在美国高等教育质量保障中的作用》，《高教探索》2006年第 3 期。

"一收就死、一放就乱"的怪圈，不仅在于该校有长久有效的大学自治，更在于该校独特的、历史悠久的"教师治校"传统，使得基层学术组织表现出强大的自治和自律。威斯康星大学麦迪逊分校的内部管理呈正金字塔结构，顶部松散，底部沉重，对于教育教学事务的管理权利而言，学校和学院几乎不起决定性作用。相反，基层学术组织拥有非常强大的学术自主权，通过基层学术委员会教师们的民主讨论和投票表决，形成有关专业创设和撤销、学术项目的招生人数、教职人员的选聘、课程内容的设置、教学质量的评价等方面的自治结果。这些教师们大多具有良好的职业素养和道德修养，热爱教育教学事业，他们通常秉承自律原则和自律意识，开展各项自我评估和自我审查工作，致力于各系教育教学质量的提升。可以说，在基层学术组织自治过程中的自律文化有助于该校建立起一套理性而完善的自我约束机制以提高教育教学质量，使大学自治真正产生效率，阻挡外界的不正当干预。

　　第三，自律文化作为一种内驱力，有助于唤醒和激发校内主体对于提升教育教学质量的热情和动力。高等教育机构对于质量的持续关注的原因是大学作为学术共同体在学术态度层面对于教育质量的内在需求，是一种固有的内向型策略。[①] 高等教育质量应该受对质量负责的主体的测量和监督，这些主体包括大学教师、学生和行政管理者，因为质量是大学的主要责任，大学自身要对质量和质量改进工作负责。质量改进不应是政府管理大学的工具，而应该是大学、院系、校内教职员工实行自治、自律的重要途径。大学内部质量改进的根本是要发挥校内教育教学活动主体对于提升教育质量的自省和自觉，唤醒和激发他们对于改进教育质量的主体性和责任意识，通过自律文化的引领使教育教学质量改进作为一种主动的内部需求

---

　　① A. I. Vroeijenstijn, *Improvement and Accountability*：*Navigating between Scylla and Charybdis*，*Guide for External Quality Assessment in Higher Education*，Wiltshire：Great Britain by Cromwell Press，Melksham，1995，Preface.

动机扎根于人们的心中。

　　威斯康星大学麦迪逊分校自建校起，就具有强大的"教授治校"传统，教师们对于学术事务的管理权限非常大，行政人员的责任主要在于为教师服务。而留在我们学校的教师，都是经过精挑细选的……从学术研究能力来看，我们的教师被选为助理教授，就证明了他（或她）具有未来成为教授的潜质，否则我们不会聘用的；从个人品质来看，他（或她）一定是喜爱教学工作的，对教学和学生有很大的激情的……事实上，我们的教职人员和行政管理者对于教育教学工作是非常负责的，我非常同意你刚刚提到的"自律"一词，我认为他们都是非常勤奋且自律的……在我们学校里，无论是教师还是行政人员，我们的共同目标就是实现大学使命，培养出具有国际竞争力的学生，提升教育质量，扩大学校声誉。（Carolyn Kelley 语，教育学院学术项目管理高级副院长）

　　我们是一个具有强大"教授治校"传统的大学，教授评议会、系内的学术委员会具有极大的自治权，并且它是非常有力的（powerful）。我们具有非常大的自由度，有权决定是否实施学校层面所制定的一些制度，如果有些制度适合我们系，或者有助于我们系的发展，我们才会去使用它，当然我们也会自己形成一些规则来评估我们的教育教学成果……我们的教师都非常自律，我们会尽自己最大的努力、使用各种措施改进自己的教学内容……即使没有制度要求，我们也会这样做，因为这是我们教师的责任和义务，不可推辞，我们必须要对我们的学生负责……在我们系的学术委员会里，几乎每一项决议都需要民主投票通过，整个过程都非常民主，由我们自己来决定采用什么方式去改进教育质量。（Michael 语，教育学院，教授）

第三节　本章小结

面对质量危机，若未能培育出积极的质量文化，则一切内部质量改进原则、改进制度、指标体系、操作规范等均将流于形式。本章的研究重点在于反思威斯康星大学麦迪逊分校何以形成现有的内部质量改进制度，分析质量文化与制度之间的形塑机理和相互作用关系。

独特的大学文化为质量文化的生产提供土壤，两者之间表现出一种共生与分离的关系。"威斯康星理念"作为威斯康星大学最悠久的文化传统之一，以促进公立大学对国家的贡献为目标，主张高等学校应该为区域经济与社会发展服务的理念。这种教育成果接受社会检验的评估方式，形成了一种反作用力，从外部迫使校内教师、学生和院校行政管理者采取一切有效措施改进高等教育质量，以达到或超越社会和市场的问责需求，同时从大学内部唤起多元主体对于提高教育教学质量的热情和动力，推动大学的卓越发展。

"学生中心"文化、共治文化、内部审查文化和自律文化分别对应质量文化的物质（技术）层面、行为层面、制度层面和精神层面，共同对威斯康星大学麦迪逊分校内部教育教学质量改进工作起到重要推动作用。

第一，"学生中心"文化以该校教育教学实践过程中教育目标、办学理念的物化形态为载体，为内部教育质量改进设定工作指南和实现路径。"学生中心"文化表现为一种建立在尊重学生主体地位基础上的教育思想，这种基于受教育者实际教育需求的质量文化，有助于教师和管理者在教育教学实践中，感知受教育者的学习偏好和知识需求、遵循教育教学规律、运用质量管理哲学，有效地促进内部教育教学质量的改进。

第二，共治文化以民主平等的协商和博弈为决策形式，通过多元利益主体间的充分表达和讨论，提高内部教育质量改进实践活动的持久性和实效性。威斯康星大学麦迪逊分校共同治理的实践表明，该校存在一种去中心化的、分权制的治理结构和组织文化，主要以一种民主化的、平等协商和讨论的机制，形成校内各领域中对各项事务的管理政策、制度、规则和最终决策。校内多元利益相关者通过参与共同治理，创造了一个透明、协作和包容的过程，有助于各方利益诉求的表达和博弈。

第三，内部审查文化建立在自主、自愿的基础上，是指导内部教育教学活动主体定期、主动地实施审查或评估工作的一种意识形态，有助于及时监测内部教育质量改进的成效。内部审查文化通过学校各项内部审查制度得以体现，其终极目的在于常态化关注学校内部教育教学质量改进的实施情况，及时对教学实践过程中存在的问题加以审视和调整。该文化充分体现了高等教育质量改进的内部性思维，超越了应责文化，是提高威斯康星大学麦迪逊分校教育教学质量改进有效性和实效性的关键。

第四，自律文化作为一种指导原则和价值规范，反作用于大学内部主体的质量管理行为，成为促进教育教学质量卓越发展的不竭动力。在外部他律的催生下，大学内部形成一系列自我评估制度，践行质量管理，以基层学术组织为实施载体，以自治为主要决策方式，由教育教学实践活动中的参与主体自主实行，成为教育教学质量的内在约束。久而久之，通过实施主体与自我评估制度在基层自治环境下的相互作用，教职人员、行政管理者和学生形成一种自律精神和自律意识，在教育教学过程中加强自我管理、自我要求、自我限制和自我约束，表现出一种自觉和自省的态度。

总而言之，大学教育质量提升需要文化的引领，质量文化的力量可以使教育教学质量改进从一种被动的外部要求规约，转变为一种主动的内部需求动机。质量文化需要契合大学作为学术组织的精神实质且赢得师生的普遍信任与认可，进而以开放、交融的文化，形成恒久动力和长效机制，潜移默化地影响校内质量改进制度和措施的实行。唯有如此，内部质量改进的精髓才不会游离在文本、技术与制度之外，才能真正实现教育教学质量的持续提升。因为"真正的质量来自于心灵……来自于对所做的事情充满了自信和骄傲的人们"①。

———————————

① ［美］查勒斯·G. 库博：《从质量到卓越经营：一种管理的系统方法》，上海质量管理科学研究院译，中国标准出版社 2003 年版，第 180 页。

第 八 章

结论与启示

随着知识经济时代的来临，高等教育在促进经济社会发展和推动人类文化繁荣的进程中发挥着不可替代的关键性作用，这意味着高等教育肩负着越发重要的历史使命。然而随着各国高等教育规模的持续扩张，高等教育大众化的发展不可避免地会遇到质量危机。广泛的政府问责、社会认证反映出人们对于质量危机的担忧、质量程度的关注以及更高的质量期待。无论从理论上进行学理研究抑或从实践层面进行积极探索，世界各国对于如何改进和提升高等教育质量，使其创造出更具价值的教育成果以更好地服务于国家和社会，形成了一系列内外部质量保障制度和措施。近年来，我国倡导"以改革创新推动高等教育质量提升，坚定不移走内涵式发展道路"，这是立足我国现代化的阶段性特征和国际发展潮流提出的深刻命题，是关系国家未来和民族振兴战略的要求。在学术界，一方面，由于对外部质量保障的研究到达瓶颈期而出现"停滞不前"和"老生常谈"的现象；另一方面，人们发现仅凭借外部质量保障的方式向学校施压，难以长久持续地激发学校的质量保障热情。因此，学者们将研究目光投向内部质量保障，以寻求提升高等教育质量更加有效的行动策略。通过对美国一所公立研究型大学内部质量改进的相关问题进行"解剖麻雀式"的个案研究，笔者在案例背景铺陈的基础上，既在宏观层面对高等教育质量内涵、质量文化等方面展开研究，又在微观层面对组织主体、制度设计、规则流程等质量改进范式及其特点进行探索性分析。研究不求在宏观层面上大规模地展开社会调查和政策预测，而旨在微观层面进行细致深入的动态观察，虽难以证实美国院校内部质量改进机制的整体情况，但期盼可以为我国学者在未来研究高校内部质量保障相关问题时提供新的认知视角。

第一节 主要研究结论

1. 以质化研究建构校内多元利益相关者对于"高等教育质量"内涵的情境化认知

"高等教育质量"是一个多层面、多维度、动态性、发展性的概念，具有语境化和利益相关者主体认知差异化的特点，脱离认知主体讨论高等教育质量是不科学的、片面的。基于田野调查的研究发现，学生、教师和院校行政管理者三大群体对于高等教育质量的认知既有差异也有共性。

差异主要有以下表现：（1）学生立场的高等教育质量意味着，第一，习得有价值的知识和技能是高等教育质量的核心；第二，"学生中心"是高等教育质量的基本原则；第三，高效的课程设计和可量化的教学目标是高等教育质量的过程表现；第四，学习成果与未来职业准备之间的转换程度是高等教育质量的评价方式。（2）教师立场的高等教育质量意味着，第一，学术自由是培育优质教育质量的土壤；第二，教师质量的高低直接决定教育质量的优劣；第三，根据市场对人才的需求培养学生是有效衡量高等教育质量的标准之一；第四，高等教育质量是学生实现自我提升的程度，主要表现为个人素养和能力；第五，高等教育质量通过学生长远发展成就和实际生活质量体现。（3）行政管理者立场的高等教育质量意味着，第一，高等教育质量即满足不同学生群体对于学习经历的需求；第二，高等教育质量可体现为大学人才培养效能，包括学生学习增值和出口质量两方面；第三，高等教育质量取决于教师质量和对优质师资的吸引两方面，校内相关测量制度和措施是改进教育质量的有效方式。共性主要有以下表现。第一，"学生中心"的教学和管理理念深入人心；第二，教育要基于能力，以学生学习能力而非学习成绩作为评判教育质量的重要指标；第三，教师质量对教育质量起到决定性作用；第四，增值评价是大学测量人才培养效能的有效方法。

2. 去中心化的组织环境衍生出自下而上的、协商民主的组织特征，为多元化内部质量改进措施提供充分的土壤

笔者通过对所选案例的历史演变、使命与研究、战略规划、办学现状、治理结构五个维度进行较为深入的描述与分析，发现威斯康星大学麦迪逊分校作为高等教育组织，其最大特征在于其去中心化的组织环境和分权化的管理体制。

首先，与美国大多数公立大学的管理结构相似，威斯康星大学麦迪逊分校的内部管理呈正金字塔结构，顶部松散，底部沉重，校内的管理层级分为校、院、系三级。校级组织机构相对松散，部门设置较小，人员构成较少，对基层学术组织的管理权限较弱；院级组织的权力较为空泛，扮演着业务层面"上传下达"的角色；基层学术组织拥有非常强大的学术自主权，他们有权决定专业创设和撤销、学术项目的招生人数、教职人员的选聘、课程内容的设置、教学质量的评价等。因此，校级行政管理组织主要扮演辅助性和服务性角色，为教学、科研等基层学术组织提供咨询、数据、报告等辅助性服务，并非凌驾于基层学术组织之上对其"发号施令"。

其次，该校具有一套完善的治理结构以及共治程序，当有关学术和管理决策问题出现时，校级和院级治理委员会通过明确的规程形成决议。教授评议会、校务委员会、教师秘书处、学部委员会、大学学术规划理事会、大学课程委员会、大学学术事务与评估委员会、研究生教师执行委员会作为主要的治理主体，发挥协商民主的决策权力。这种去中心化的组织环境和分权化的管理体制所衍生的自下而上、协商民主的组织特征，为各基层学术组织立足于自身教

育教学发展的实际情况设计出符合学科规律的质量改进方案提供了充分的土壤。同时，该校的治理主体明确，职责分配清晰，权力的行使依法实施，整个治理程序遵循民主讨论、协商共治的原则，为治理、改进和提升学校内部教育教学质量提供了扎实的制度背景和程序规则。

3. 以教务长办公室为核心的学术管理部门及其下设机构在内部质量改进工作中各自承担专业化的角色，为质量改进实践提供制度化模板和辅助性服务

笔者基于组织视角对涉及内部质量改进活动的实践主体进行较为深入地组织解构。首先，根据参与教育质量改进工作的重要性，将实践主体分为战略性组织、核心组织和辅助性组织三个层面，不同的组织机构对于改进教育教学质量承担专业化职责、扮演不同的角色。教务长办公室似"制度规划设计师"、质量改进办公室似"项目咨询专家"、学术规划与院校研究办公室似"基础数据分析师"、学生学习评估办公室似"教学证据采集者"、教学副教务长办公室似"教学技能传播者"、教职人员副教务长办公室似"教师发展协助者"、招生管理副教务长办公室似"学生选录守门员"、图书馆副教务长办公室似"馆藏资源提供者"、信息技术副教务长办公室似"信息技术支持者"。

这些组织机构并非"孤军奋战"，教育教学质量的改进和提升，不仅是部门之间通力合作的产物，更是这些机构与校内各共治委员会、院系学术管理单位博弈下的产物。这些组织之间形成一套结构网络，在质量改进实践中呈现出以下八大特征：第一，组织创立和职能形成主要受到社会问责、大学间竞争、外部认证、教育技术改进的影响；第二，各组织立足于部门职责，专注教育质量改进的不同要素；第三，采取去中心化的组织管理体制，以协同合作为首要工作方式；第四，各组织内部门设置条理清晰、职能分工明确、人员配置精简、避免人浮于事；第五，各组织以实现大学使命与愿景为最终目标、在学校总体战略规划框架下制定各部门的具体战略规

划；第六，校级行政管理组织与基层学术组织之间遵循平等协商的共治逻辑；第七，组织职能的实现、政策和项目的实施在相应治理委员会的监督和指导下推进；第八，各组织积极与校外相关机构建立联系、参与市场合作与竞争。

4. 基于制度视角对内部质量改进行动策略分析后，发现该校内部质量改进制度呈现出内生性、自主性、多样性、灵活性、操作性和内外联动性等主要特征，厘清了内部质量改进措施的制度逻辑

笔者在搭建内部质量改进制度分析框架的基础上，较为细致地剖析了威斯康星大学麦迪逊分校内部质量改进的主要行动策略，具体包括背景改进维度中的战略规划制度、投入改进维度的教师质量改进制度、过程改进维度中的学术项目质量改进制度和课程质量改进制度、产出改进维度中的学生学习评估制度，并详细探讨了上述制度的内涵和要素、评估标准、运行程序与规则、内在属性以及制度效能。综合上述内部质量改进的行动策略，笔者得出以下四大特征。

第一，内部质量改进过程呈现出内生性和自主性，基层学术组织具有较强的学术自治权。威斯康星大学麦迪逊分校去中心化的组织环境和分权化的管理体制尊重和保护基层学术组织在教师选聘、学生招生、学术项目创设与审查、课程设置和评价等方面的学术自治权。各基层学术组织需要接受社会的检验，且检验结果直接关系到院系的"兴衰存亡"，因此学术自治权所需承担的教育质量责任迫使基层学术自治自发地、自主地推动内部质量改进过程，使学术组织在激烈的市场竞争中处于优势地位。

第二，内部质量改进措施表现出多样性和灵活性，强调"教育成效证据"的学生学习成果评估模式。基于对该校内部质量改进实践措施的描述可以发现它们如繁星般多样地遍布背景改进、投入改进、过程改进、结果改进等方面。这些改进措施散落在学校质量管理的诸多维度，从教育教学活动的方方面面改进和提升产出质量，其中，旨在提供"教育成效证据"的学生学习成果评

估是所有内部质量改进措施中的重点和亮点，受到教师和行政管理者的重视和广泛讨论。改进措施并非一成不变，它们随着改进过程的持续推进和基层学术组织发展需求的不断改变呈现出较大的灵活性。

第三，内部质量改进制度更具操作性和模板化，为各学术组织制定适合自身特色的质量改进制度留余地、提供便利。与内部质量改进工作相关的组织机构为基层学术组织提供模板化的质量改进制度，作为工作指南和技术工具，这些制度具有较为完整的运行规则、基础标准和实施程序，所列条文具体可操作性强。保证了每个学术组织可依据组织特色和发展需求制定适合自身的质量改进制度，易于质量改进工作取得实质性效果。

第四，内部质量改进范式体现出内外联动性，外部教育认证与内部自我评估相互作用、共同推动内部质量改进。尽管内部质量改进和外部教育认证在制度、方法、流程、路径等方面存在诸多差异，但其共同目标在于持续提高和改进教育质量。研究发现，威斯康星大学麦迪逊分校的内部质量改进在内外部的共同推动下实现，其内外联动逻辑表现为：校内以教务长为首的学术事务治理团队在整合各基层学术组织办学数据、教育成果评估（如学术项目审查、教学评估、学术学习成果评价）报告等工作的基础上，以撰写自我研究报告、问责报告等文本形式进行自我测量和反思，并将这些报告文本向社会发布，内部质量改进通过自我测量的方式回应外部问责，允许外部同行了解大学的办学质量和水平；外部院校认证或专业认证在参考自我研究报告等自我评估结果的基础上实施同行评议，以学术共同体客观评价的形式加强对学校发展的监督与规范。

5. 校内所传承的四大质量文化形成一股价值规范和内在驱动力，在引领质量改进制度完善的同时，从大学内部唤起多元主体对提升教育教学质量的热情

研究发现，对威斯康星大学麦迪逊分校内部教育教学质量改进

工作起到重要推动作用的质量文化主要包括"学生中心"文化、共治文化、内部审查文化和自律文化，它们分别对应质量文化中的物质（技术）层面、行为层面、制度层面和精神层面。

第一，"学生中心"文化以该校教育教学实践过程中教育目标、办学理念的物化形态为载体，为内部教育质量改进设定工作指南和实现路径。"学生中心"文化表现为一种建立在尊重学生主体地位基础上的教育思想，这种基于受教育者实际教育需求的质量文化，有助于教师和管理者在教育教学实践中，感知受教育者的学习偏好和知识需求、遵循教育教学规律、运用质量管理哲学，有效地促进内部教育教学质量的改进。

第二，共治文化以民主平等地协商和博弈为决策形式，通过多元利益主体间的充分表达和讨论，提高内部教育质量改进实践活动的持久性和实效性。威斯康星大学麦迪逊分校共同治理的实践表明，该校存在一种去中心化的、分权制的治理结构和组织文化，主要以一种民主化的、平等协商和讨论的机制，形成校内各领域中对各项事务的管理政策、制度、规则和最终决策。校内多元利益相关者通过参与共同治理，创造了一个透明、协作和包容的过程，有助于各方利益诉求的表达和博弈。

第三，内部审查文化建立在自主、自愿的基础上，是指导内部教育教学活动主体定期、主动地实施审查或评估工作的一种意识形态，有助于及时监测内部教育质量改进的成效。内部审查文化通过学校各项内部审查制度得以体现，其终极目的在于常态化关注学校内部教育教学质量改进的实施情况，及时对教学实践过程中存在的问题加以审视和调整。该文化充分体现了高等教育质量改进的内部性思维，超越了应责文化，是提高威斯康星大学麦迪逊分校教育教学质量改进有效性和实效性的关键。

第四，自律文化作为一种指导原则和价值规范，反作用于大学内部主体的质量管理行为，成为促进教育教学质量卓越发展的不竭动力。在外部他律的催生下，大学内部形成一系列自我评估制度、践行质量管理，以基层学术组织为实施载体，以自治为主要决策方式，由教育教学实践活动中的参与主体自主实行，成为教育教学质量的内在约束。久而久之，通过实施主体与自我评估制度在基层自治环境下的相互作用，教职人员、行政管理者和学生形成一种自律精神和自律意识，在教育教学过程中加强自我管理、自我要求、自我限制和自我约束，表现出一种自觉和自省的态度。

本书所得上述五大主要研究结论之间并非相互割裂，研究问题、思考逻辑和分析框架之间存在系统性的层层递进关系。笔者绘制了"内部质量改进框架图"，以反映本书各部分之间的内部关联和结构，详见图 8 - 1。

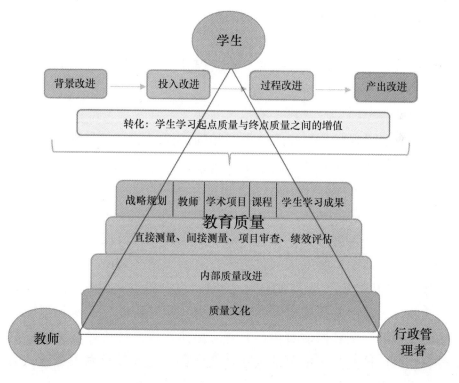

图 8 - 1 高等教育内部质量改进框架

第二节   完善我国大学内部质量
保障制度的启示

  本书发现，美国高校内部质量改进工作虽然也面对着大学自治和学术自由理念的挑战，面临部分教师参与积极性不高、经费投入不足等实际障碍，但在持续强调质量与问责、资源与效率的高度发达的新自由主义市场经济环境中，院校发展以战略规划作为指引，采取多样化的自主审查方式和评估策略来收集学生学习成果证据、监测教师教学科研和社会服务质量、定期评估学术项目及课程的运行效果，不仅可以有效回应外部问责、满足专业认证设置的最低门槛，赢得社会各界的认可和经济支持，更有助于大学改进高等教育质量管理水平、提高人才培养质量、提升科研创新能力，推动大学恒久地追求卓越发展。

  尽管各个国家对于教育改革与发展、高等教育治理过程中的指导思想、路径选择、行动策略各不相同，但对提高教育质量、为国家和社会培养创新人才、满足学生多样化学习需求等根本教育宗旨存在共识。在此基础上，各国之间相互学习和借鉴成为基本趋势，这有助于加快制度创新的过程，节约制度创新的成本。我国作为高等教育后发外生型国家，在高等教育追求跨越式发展、内涵式发展和质量管理体制机制变革的过程中，遇到了诸多前所未有的困难和挑战。"他山之石，可以攻玉"，美国高校内部质量改进模式有助于优化我国大学内部质量保障制度，助力我国高等教育质量保障模式由注重外部评估转向注重内部自评，由注重投入评价转向注重学生学习成果评价。基于中美两国在社会文化、高等教育发展程度、治理体系等方面的现实差异，我国在加强高等教育质量保障工作中应批判性地借鉴美国高校的经验，取其精华、去其糟粕。

1. 推进思想理念转变

思想意识指导行动，稳步推进我国内部质量管理体制改革。提高教育教学质量，首先需要转变传统观念：强化学生本位的增值质量观、教学理念从以教师教学为中心转向以学生学习为中心、评估理念从注重教育投入评估转向注重产出评估。这些思想理念的转变有助于从根本上推动我国高等教育质量保障建设。

（1）质量观念：强化学生本位的增值质量观

"顾客满意"的质量理论内涵意味着高等教育教学过程应达到受教育者对知识、技能的迫切期待，而为了满足多元受教育者对高等教育的多样化需求，需要树立以学生为本的教育理念。这要求在高等教育实践中，教育机构明确学生存在和发展的主体地位，尊重学生人格、保障学生权利、关注学生个性化特征和待开发的潜能，促进学生的全面发展。随着我国高等教育改革的不断深入，以学生为本的教育理念逐渐渗入到大学的教育教学活动之中，但由于我国高等教育大众化有跨越式发展态势，客观上造成高校对于学生的关注和个性化培养程度不够。人才培养是学校教育的核心任务，教育质量主要表现为学生的学习成效，而学生学习质量常被换算为起点质量与终点质量之间的增值。准确计算增值数量并保持增长，是高校行政管理者和教师应尽的责任和义务。因此，各高等教育机构及其组织者应当强化学生本位的增值质量观念。

（2）教学理念：从以教师教学为中心转向以学生学习为中心

"学生学习中心"是我们需要重新思考的教学理念，重新设计教师和学生在教育教学过程中的角色和定位。在传统教学理念的指导下，教师是课程教学的主角，课程开设思路以教师的研究领域和研究能力为基本出发点，授课形式以教师课堂讲授为主。尽管我们的大学教师采用多样化教学手段（如翻转课堂、混合式教学）改进教学效果，但忽视学生学习主体性的现象时有发生，这便造成了教师"教"和学生"学"之间的脱节。因此，学生学习中心的教学理念应体现在教育者的行动之中，体现在教师对学生学习的关注之中，体现在因需施教、因材施教、因学生学习的反馈调整教学内容和进度的改变之中。

（3）评估理念：从注重教育投入评估转向注重产出评估

随着评估理论和理念的更新换代，各国在高等教育发展的不同阶段建构出各具特色的内部质量保障体系，人们所关注评估内容的重点也在不断调整。研究发现，美国自20世纪90年代起，重视学生学习的实际成效，评估理念从注重投入评估转向注重产出性评估，即从原先注重教学投入，转向注重教学对象及其学习产出，注重评价学习成果本身，意在评估学生实际发生了哪些变化，再从这些变化的反馈出发，讨论学校所提供教学条件的优势和劣势。当然，他们并不否定对教学投入、教学过程和教学环境的评估的必要性，而是认识到对作为学生学习成效的教育产出的评估更加重要。因为学生学习成效相关数据允许大学一方面以提供教学绩效证据的形式直接向外界证明自身实现教育目标、教育资源配置有效性的程度，回应社会问责；另一方面向大学内部师生呈现大学办学行为的效果，并发现教学质量可进一步改善之处，以更好地满足受教育者的求学需求。

反观我国高等教育评估制度可以发现，我国当前更注重考察高校办学条件等投入性因素。第一，从社会第三方评估机构的各种评估标准来看，无论是对新建本科院校的审核评估还是综合合格评估、优秀评估、随机评估于一体的水平评估，其评估指标主要关注具有条件性、保障性的教学投入性指标，忽视学生学习的实际成效。第二，从高校内部评估组织机构和评估内容来看，评估重心多指向教学条件，对学生学习成果的评估基本视为教师个人的"自觉行为"。此评估理念背后的假设是，大学提供办学条件，学生学习是自由的，学生学习成果由个人客观条件和努力程度决定；对于学校而言，学生学习成果高低与教学条件投入多少和持续投入时间长短成正比，即"投入等于质量"，那么评估关注点自然落在投入方面。然而，教育过程所能取得的实际成效却是从作为教育成果的学生身上反映出来的，学校尽管提供了学习条件，学生也有可能学有所得，但至于他们究竟学到多少、学得如何，尚难以通过教学评估进行评判。因此，我们的评估工作应从注重投入评估转向注重产出性评估，以学生学习成果为绩效证据，有力地证明学校的教育成效，不断改进教育教学过程中的弱点和不足。

2. 完善内部质量保障组织机构建设

我国"五位一体"的高校本科教学评估制度强调以高校自我评估为基础，学校自我评估工作有效开展的必要条件在于成立独立的内部质量保障机构、配备并培养专业的评估人才。

（1）成立独立的内部质量保障机构

组织机构是一切活动实施的主体，建议在学校行政管理部门中单独设立大学内部质量保障与自我评估研究办公室，使此项工作得到高度重视。这一独立机构既不应等同于部分高校现有的评估办，又不应等同于教务处的教学管理科或学生处的学生教育管理科。因为我国部分大学由教务处承担自评职能，其评估对象主要是教师教学而非学生学习成果，最典型的工作内容是组织学生评教，教师以课程考试成绩评价学生，难以通过多样化的评估方式和测量工具全面考察教学目标与学生学习产出之间的差距、在获得产出证据的基础上改进教育教学质量。独立的内部质量保障组织机构的成立可使其专门负责全校的内部质量保障和自我评估工作，制定评估目标和年度评估计划，开发评估和测量工具，监督评估步骤的实施，开展定期或不定期的评估技能培训和讲座，撰写全校自我评估报告并向社会发布，协调与外部评估组织之间的工作关系。此外，高校还可以成立相对独立的大学自我评估委员会，以加强对校内各项评估工作的领导，协商讨论具体评估决议与政策的制定，监督评估等内部质量保障工作的实施。需要注意的是，这种新型制度设计需要协调与教务处、发展规划处、高教研究室和学生处之间的职能分工和人员配置，这是此项工作开展的难点之一。

（2）配备和培养专业的评估人才

专业化的评估人才在很大程度上决定着高校自我评估工作成效

的高低，能否拥有一支专业化、高素质的校内自我评估队伍直接关系到我国高校内部质量保障的水平。根据美国的研究经验，学校内部质量改进工作的有效开展建立在拥有独立的质量保障职能部门基础之上，而这些部门评估工作的高效运行有赖于在战略规划、院校研究和数据分析、学生学习成果评估等方面具有专业知识和扎实能力的分析研究人员。而这些能力主要来自系统的学习和培训，和长时间、定期的评估实践的经验积累。我国高校可有选择地借鉴美国高校对于评估人员的培养方式，提高评估队伍的整体水平，主要方法包括以下内容。

第一，通过研究生教育培养专业化评估人才。例如，威斯康星大学麦迪逊分校教育学院的教育领导力与政策分析系专门设置了"教育评估理论与实践"专业及课程，学生可通过系统的理论知识学习并参与校内评估实务工作的训练，掌握评估技能。学生毕业后可在国家和州级的评估和认证机构参与直接院校评估或专业评估工作，也可在高校作为评估专员从事有关项目评估、学生学习成果评估的专职工作。当前我国高等教育评估工作，仍缺乏专业化的评估人才，可借鉴美国经验在高等教育学科下增设"教育评估"方向，通过学生培养的方式补充专业评估人才的缺口。

第二，校内职能部门定期举办有关提高评估技能的培训讲座和研讨工作坊。尽管培养评估专业的学生是最根本的评估人才补足措施，但"远水救不了近火"，校内相关领导和职能部门向承担评估工作的行政管理人员定期举办培训讲座或研讨工作坊，加强评估专业工作人员的理论知识，提高工作人员的评估技能，为人们相互交流评估中的有效经验与实际问题搭建沟通平台。此方法对于强化评估队伍的专业化建设最为直接和有效。

第三，加强授课教师对于学生学习成果评估工作的职责意识，使他们成为评估队伍中的重要力量。教师不仅是教学质量的关键影响者，更是教育评估工作的直接参与者。评估工作效能的实现，需要教师具备一定的专业评估知识和基本技能，能够在课程中测量并报告学生参与各项学术活动的能力和表现。应加强授课教师的教育评估责任意识，使之学习和运用多元有效的测量和评估工具收集学生学习证据，反映课堂教学真实效果，识别缺陷和不足，进而改进教育教学质量。

3. 加强以"自我评估"制度为核心的高校内部质量保障体系建设

在实现高等教育内涵式发展的大背景下，内部质量保障正逐渐成为我国高等教育质量保障工作的重点，高校自我评估即将成为内部质量保障的重中之重。尽管我国提出以高校自我评估为基础的教学评估制度，但关于"自我评估"机制如何构建，我国各高校仍在积极探索之中，这需要我们借鉴美国的有益经验，从战略规划制定、教师质量评估、学术项目质量评估、课程评教、学生学习成果评估等方面，加强并优化高校以"自我评估"机制为核心的内部质量保障制度建设。

（1）定期制定和调整校内各组织机构的战略规划，明确学校各部门阶段性的发展目标。作为行动纲领性文件的战略规划为组织的发展方向提供指南，决定着预算约束下组织机构重要事项的发展顺序和资源的配置形式，成为校内教师、学生、行政管理者开展教学、科研和管理工作的蓝本。随着国际、国内和高等教育领域外在环境的不断变革，各组织机构战略规划应及时做出调整以顺应社会发展的潮流，设定明确的阶段性发展目标，助力以自我评估为核心的内部质量保障工作。

（2）将对教师质量、学术项目质量、课程教学质量的评估纳入高校内部自我评估的主体架构，赋予基层学术组织充分的评估自主权，鼓励其开展特色化内部质量保障措施。教师、学术项目、课程作为教育教学活动的核心组成部分，各部分的发展情况和质量水平应成为高校自我评估工作的重要着力点。结合美国的有益经验，我们可以有以下借鉴。第一，对于教师质量，我国应制定规范的教师年度审查制度，在教师年度自我评估的基础上对教师入口、教学、科研、社会服务等方面的质量进行定期评估。第二，对于学术项目质量，应设立一套科学的创立、修改、终止程序，并实施学术项目审查评估制度，定期或实时监测学术项目的运转情况，调整未来发展轨迹。第三，对于课程质量，应建立较为完善的课程申请核准制度。课程评教可调整为期中和期末评教两次，期中评教由教师个人组织，通过学生学习感受的反馈改进授课方式和内容；期末评教由学校或学院统一组织，评教结果与教师的晋升考核制度建立联系，以提高评教的效能和师生的重视程度。值得注意的是，即使在同一高校，不同学科、不同院系内部都可能具有各自的特色和差异，统一的评估内容及评估工具的使用可能会忽视学科建设和院系发展的客观条件，不利于评估效能最大限度地发挥。因此，学校层面应在普遍意义上提供评估指南，同时赋予各基层学术组织充分的评估自主权，鼓励其结合学科内在规划和各自发展的限制性因素，形成符合自身特点的内部质量保障措施。

（3）建立学生学习评估制度，采用多元评估方法和测量工具。美国高校自20世纪90年代以来普遍重视学生学习成果评估，其较为成熟的评估经验值得我们参考。关于学生学习成果制度，首先，对于评估计划的设计应厘清学生的学习期待、课程如何体现学习期待、学习证据在多大程度上与学习期望相匹配、分析评估结果的意义和价值。其次，通过课程地图的方法在理顺课程与人才培养目标关联度的基础上建立专业与课程设置之间的逻辑关系。再次，通过直接或间接的方法对学生学习成果进行测量，对评估结果进行剖析和反思，对比教育产出与教学目标之间的达成程度和差距，以实现查漏补缺的评估功效、强化内部质量保障的持续性。这些自我评估工作的实现都有赖于多元评估方法和评估工具的使用。例如，直接评估、间接评估、总结性评估、正式评估或非正式评估、听说读写能力的专项评估等。应改变我国延续已久的以学生课程考试成绩为首要学习评估工具的现状，重视学生学习能力和创新思维方式的培养，而非僵化地以考试成绩论成败。

（4）建立评估数据库，公开评估信息。运用多元评估方法和测量工具获得各种评估信息是进行学校内部自我评估的基础性工作，而将这些评估信息转化为教学评估大数据，并在此基础上加以科学地统计分析，为各种决策、计划的制定提供客观数据支撑，这是提高教育教学质量的必经之路和价值所在。就美国的经验而言，美国联邦政府、各协会组织、校内院校研究部门研发了多种学生信息管理数据系统，涵盖了学生学习经历的方方面面。这些数据的公开发布，为致力于改善高等教育质量的教师、研究人员和管理人员利用数据开展学情分析和研究提供了极大的便利。我国高校以"自我评估"为核心的内部质量保障制度应建立强大的数据库，发挥数据库数据收集、处理、分析的功能，整合校内各类自我评估的分析数据和统计结果，利用信息化技术实时性、开放性、共享性和高效性等优势，将自我评估结果向社会发布。一方面，为相关专业人员的研究工作提供资料，发挥自我评估工作的最大效用；另一方面，为政府部门或社会机构组织的外部评估提供证据，回应外部问责。

4. 打造并传承组织独特的质量文化，形成内部质量保障的内驱力

内部质量保障顾名思义发生在高校内部，需要校内教师、学生、行政管理人员的通力合作和相互配合。因此，从内部质量保障主体性视角来看，高校及其成员提高教育教学质量的动力是内生的，不应从外部强加，而应从学校内部质量文化层面唤醒和激发人们对于自我评估工作的责任和意识，更有助于内部质量保障工作的开展。大学作为松散的耦合性组织，存在一定的张力，组织文化则成为一种隐形的内聚力约束并规范着校内活动主体朝着同一目标不懈奋进。质量文化作为组织文化中聚焦于教育教学持续改进的深层次价值观念，根植于大学的创设历史、发展历程、使命与愿景以及未来的发展规划，发生着历久弥新的蜕变。每所大学都有自己独特的文化传统和组织使命，我国大学应立足于组织文化，不断凝练和打造匹配

自身发展的质量文化，并使之内化为校内各行动主体的价值取向，成为高校开展内部质量保障工作的内驱力，以推动大学对于卓越灵魂的追求，实现世界一流大学和一流学科的建设目标。

参考文献

中文部分

［美］博格：《高等教育质量的质量与问责》，毛亚庆等译，北京师
范大学出版社 2008 年版。

陈向明：《质的研究方法与社会科学研究》，教育科学出版社 2006
年版。

陈玉琨、代蕊华、杨晓江、田圣炳：《高等教育质量保障体系概论》，
北京师范大学出版社 2004 年版。

丁钢：《大学：文化与内涵》，合肥工业大学出版社 2006 年版。

［法］亨利·法约尔：《工业管理与一般管理》，迟力耕、张璇译，
机械工业出版社 2013 年版。

黄海涛：《学生学习成果评估：美国高等教育质量保障研究》，教育
科学出版社 2014 年版。

教育大辞典编纂委员会：《教育大辞典》（第一卷），上海教育出版
社 1990 年版。

［英］凯西·卡麦兹：《建构扎根理论：质性研究实践指南》，边国
英译、陈向明校，重庆大学出版社 2009 年版。

马健生等：《高等教育质量保证体系的国际比较研究》，北京师范大
学出版社 2014 年版。

张振刚、朱永东：《美国高等教育质量保障体系》，高等教育出版社
2013 年版。

周光礼：《中国高等教育质量评估体系有效性研究——基于社会问责

的视角》，湖南人民出版社 2012 年版。

［美］克拉克·科尔：《大学之用》（第五版），高铦等译，北京大学出版社 2008 年版。

［美］伯顿·R. 克拉克：《高等教育系统——学术组织的跨国研究》，王承绪等译，杭州大学出版社 1994 年版。

张维迎：《大学的逻辑》，北京大学出版社 2004 年版。

［美］F. W. 泰罗：《管理科学原理》，中国社会科学出版社 1984 年版。

［美］弗莱蒙特·E. 卡斯特、詹姆斯·E. 罗森茨韦克：《组织与管理——系统方法与权变方法》，傅严等译，中国社会科学出版社 2000 年版。

［美］布坎南：《市场社会与公共秩序》，生活·读书·新知三联书店 1996 年版。

［美］B. 盖伊·彼得斯：《政治科学中的制度理论："新制度主义"》（第二版），王向民等译，上海人民出版社 2011 年版。

申作青：《当代大学文化论：基于组织文化子系统视野的认知与探索》，浙江大学出版社 2006 年版。

［英］爱德华·伯纳特·泰勒：《原始文化》，连树声译，上海文艺出版社 1992 年版。

［美］戴维·波普诺：《社会学》（上），刘云德等译，辽宁人民出版社 1987 年版。

戚维明、罗国英主编：《质量文化建设方略》，中国标准出版社 2011 年版。

马寒：《裂变与整合：多元视域下的大学文化研究》，世界图书出版公司 2012 年版。

孙雷：《现代大学制度下的大学文化透视》，光明日报出版社 2010 年版。

韩骅：《学术自由——大学之魂》，中国文史出版社 2005 年版。

王淑娟：《美国公立院校的州问责制》，知识产权出版社 2010 年版。

李少华：《基于利益相关者分析的高等教育评估制度设计研究》，博士学位论文，北京航空航天大学，2012 年。

雷泽佳校译：《国际标准：质量管理体系基础和术语》（第四版），ISO 9000：2015。

蔡敏：《欧洲大学内部质量保障体系的构建及评价》，《比较教育研究》2012 年第 1 期。

昌庆钟：《审核评估与高校内部质量保障体系建设的四个转变》，《中国大学教学》2013 年第 7 期。

陈超、闫广芬：《美英荷三国高校内部质量保障机制比较研究》，《外国教育研究》2010 年第 6 期。

陈凡：《高校内部质量保障：作用和成效——基于联合国教科文组织"IQA 项目"案例的实证分析》，《中国高教研究》2016 年第 9 期。

陈学明：《应用型本科院校内部教学质量保障体系构建的探讨与实践》，《江苏科技师范学院学报》2011 年第 12 期。

陈玉琨：《论教育质量观与素质教育》，《中国教育学刊》1997 年第 3 期。

方鸿琴：《英国高校内部教学质量保障体系的特点与启示》，《中国大学教学》2013 年第 10 期。

房剑森：《高等教育质量观的发展与中国的选择》，《现代大学教育》2002 年第 2 期。

高海生、胡桃元、许茂组等：《高等教育质量保障监控体系的构建与实践》，《教育研究》2006 年第 10 期。

郭朝红：《芬兰赫尔辛基大学的内部质量保障探究》，《复旦教育论坛》2009 年第 3 期。

海迪·罗斯等：《清华大学和美国大学在学习过程指标上的比较：一种高等教育质量观》，《清华大学教育研究》2008 年第 2 期。

韩骅：《欧洲高教界对高等教育质量本质的探讨》，《上海高教研究》1997 年第 1 期。

黄蓉生：《关于高等教育质量基本问题的思考》，《中国高教研究》

2012 年第 4 期。

蒋立文、经宝国：《高等教育的质量和质量保证》，《江苏高教》
2006 年第 5 期。

康宏：《我国高等学校内部质量保障体系的建构》，《教育理论与实
践》2009 年第 1 期。

李国强：《高校内部质量保障体系建设的成效、问题与展望》，《中
国高教研究》2016 年第 2 期。

李福华：《高等教育质量：内涵、属性和评价》，《现代大学教育》
2003 年第 3 期。

李红梅、江志斌、郑益慧：《推进高校内部本科人才培养质量保障体
系建设的策略与途径》，《中国大学教学》2013 年第 10 期。

李志仁：《我国应建立高等教育质量保障体系》，《高教探索》2001
年第 2 期。

林永柏：《关于高等教育质量概念的界定》，《教育科学》2007 年第
6 期。

刘学忠、时伟：《大学内部质量保障体系的文化基点》，《中国高教
研究》2012 年第 6 期。

刘振天：《系统·刚性·常态：高等教育内部质量保障体系建设三个
关键词》，《中国高教研究》2016 年第 9 期。

罗晓燕、陈洁瑜：《以学生学习为中心的高等教育质量评估——美国
NSSE "全国学生学习投入调查" 解析》，《比较教育研究》2007
年第 10 期。

闵维方：《关于一流大学建设的几个问题》，《北京大学教育评论》
2003 年第 3 期。

潘懋元：《高等教育大众化的教育质量观》，《清华大学教育研究》
2000 年第 1 期。

戚业国：《高校内部本科教学质量保障体系建设的理论框架》，《高
教质量》2009 年第 2 期。

秦琴：《高等教育内部质量保障的焦点问题及新趋势——2016 年

"高等教育质量与就业：内部质量保障的贡献"国际研讨会综述》，《中国高教研究》2016 年第 9 期。

屈琼斐：《美国大学内部质量保障体系的启示》，《高教发展与评估》2010 年第 5 期。

荣军、李岩：《澳大利亚高等教育内部质量保障体系的构建与启示》，《现代教育管理》2012 年第 6 期。

孙超：《美国研究型大学学生评教的政策、特点及启示——以斯坦福大学为例》，《黑龙江高教研究》2009 年第 8 期。

孙丰林：《关于建立高校内部质量保障体系的探讨》，《山东女子学院学报》2007 年第 2 期。

施晓光：《高等教育全面质量管理体系的建构》，《教育发展研究》2001 年第 7 期。

王健、刘学忠、时伟：《首轮评估后高校内部质量保障体系建设的基本思路》，《高等理科教育》2011 年第 4 期。

王战军：《以自我评估为抓手完善校内质量保障体系》，《上海教育评估研究》2015 年第 2 期。

魏红、钟秉林：《我国高校内部质量保障体系的现状分析与未来展望——基于 96 所高校内部质量保障体系文本的研究》，《高等工程教育研究》2009 年第 6 期。

熊耕：《美国高等教育认证制度的功能分析》，《比较教育研究》2005 年第 2 期。

徐丹：《制度与文化的共生：加州大学伯克利分校的教育质量保障之道——与约翰·奥布雷·道格拉斯教授对话》，《大学教育科学》2011 年第 2 期。

严欣平、张其敏、王光明：《高校内部教学质量保障体系建设研究》，《教育与职业》2015 年第 7 期。

杨德广：《高等教育的大众化、多样化和质量保证——全国高等教育学研究会第六届学术年会总结报告》，《高等教育研究》2001 年第 4 期。

余小波：《高等教育质量概念：内涵与外延》，《高教发展与评估》
　2005 年第 11 期。

余小波：《高等教育质量保障活动中三个基本概念的辨析》，《长沙
　理工大学学报》（社会科学版）2005 年第 3 期。

于志刚、宋文红、李巍然：《教学质量保障的新模式探索》，《中国
　大学教学》2009 年第 3 期。

王洪才：《论均衡的高等教育质量观的建构》，《教育与现代化》
　2002 年第 2 期。

张建新、刘康宁：《评估——作为院校亚文化的解析》，《高教发展
　与评估》2007 年第 6 期。

张力：《与现代学校制度相关联政策的再度思考》，《人民教育》
　2005 年第 1 期。

张民选：《关于高等教育认证机制的研究》，《教育研究》2005 年第
　2 期。

张文泉、李泓泽：《组织理论的演进与发展》，《工业工程与管理》
　2000 年第 5 期。

邹永松、陈金江：《问责制与大学内部教学质量保障体系构建》，
　《高教发展与评估》2012 年第 4 期。

赵菊珊、漆玲玲：《高校内部教学质量保障体系建设的实践探索》，
　《教育探索》2009 年第 3 期。

钟秉林、周海涛：《国际高等教育质量评估发展的新特点、影响及启
　示》，《高等教育研究》2009 年第 1 期。

郑觅：《高校内部质量保障：框架与措施——联合国教科文组织
　"IQA 项目" 优秀案例述评》，《中国高教研究》2016 年第 9 期。

朱国辉、谢安邦：《英国高校内部教育质量保障体系的发展、特征及
　启示——以牛津大学为例》，《教师教育研究》2011 年第 3 期。

朱湘虹：《论质量是我国高等教育发展的核心》，《煤炭高教研究》
　2003 年第 2 期。

高芳：《简析框架理论》，《青年记者》2008 年第 17 期。

贾生华、陈宏辉：《利益相关者的界定方法评述》，《外国经济与管理》2002 年第 5 期。

刘利：《利益相关者理论的形成与缺陷》，《中国石油大学学报》（社会科学版）2009 年第 2 期。

冯俊华、张龙：《利益相关者理论的发展与评述》，《决策管理》2009 年第 15 期。

李志平：《中外大学治理结构的比较研究——基于利益相关者理论的视角》，《湖南财经高等专科学校学报》2008 年第 2 期。

程卓蕾、胡振华、刘文斌：《利益相关者理论在高校绩效管理中的应用研究》，《湖南大学学报》（社会科学版）2011 年第 2 期。

张辉：《新制度主义理论略述》，《商业时代》2013 年第 16 期。

彼得·豪尔、罗斯玛丽·泰勒：《政治科学与三个新制度主义》，何俊智译，《经济社会体制比较》2003 年第 5 期。

田侠：《新制度主义理论观点评析——历史唯物主义视角》，《学术探索》2009 年第 4 期。

王媛、马佳妮、杜瑞军、白华、张会杰：《高等教育质量保障体系建设：问责·文化·评估》，《高教发展与评估》2013 年第 9 期。

董立平、孙维胜：《大学质量文化的本质特征与结构剖析》，《当代教育科学》2008 年第 13 期。

傅大友：《高等教育质量建设的三个关键词》，《江苏高教》2013 年第 4 期。

赵叶珠、游蠡：《十年间高等教育理念的若干新发展——基于两次世界高等教育大会的文本细读》，《高教探索》2011 年第 1 期。

史万兵、林媛媛、董应虎：《基于质量文化的研究生学术规范培养的管理维度》，《研究生教育研究》2014 年第 12 期。

林杰：《美国高校组织理论中的学院模型》，《高等教育研究》2006 年第 7 期。

宋鸿雁：《欧洲高等教育质量文化检查探析》，《世界教育信息》2012 年第 11 期。

张应强、苏永建:《高等教育质量保障:反思、批判与变革》,《教育研究》2014 年第 5 期。

睢依凡:《论大学的自主与自律》,《浙江师范大学学报》(社会科学版) 2015 年第 1 期。

袁祖望:《民间行为在美国高等教育质量保障中的作用》,《高教探索》2006 年第 3 期。

陈威:《高等教育质量概念的理论研究》,中国网,2004 年 9 月 13 日,http://www.china.com.cn/zhuanti2005/txt/2004 - 09/13/content_ 5658901.htm,2020 年 2 月 18 日。

教育部:《2018 年全国教育事业发展统计公报》,http://www.moe.gov.cn/jyb_ sjzl/sjzl_ fztjgb/201907/t20190724_ 392041.html,2019 年 7 月 24 日。

教育部:《教育部关于普通高等学校本科教学评估工作的意见》,http://old.moe.gov.cn/publicfiles/business/htmlfiles/moe/s7168/201403/165450.html,2011 年 10 月 13 日。

教育部:《教育部关于全面提高高等教育质量的若干意见》,http://old.moe.gov.cn/publicfiles/business/htmlfiles/moe/s6342/201301/xxgk_ 146673.html,2012 年 3 月 16 日。

教育部:《教育部关于深入推进教育管办评分离促进政府职能转变的若干意见》,http://old.moe.gov.cn/publicfiles/business/htmlfiles/moe/s7049/201505/186927.html,2015 年 5 月 4 日。

中央人民政府:《国务院关于印发国家教育事业发展"十三五"规划的通知》,http://www.gov.cn/zhengce/content/2017 - 01/19/content_ 5161341.htm,2017 年 1 月 10 日。

教育部:《教育部、财政部、国家发展改革委印发〈关于高等学校加快"双一流"建设的指导意见〉的通知》,http://www.moe.gov.cn/srcsite/A22/moe_ 843/201808/t20180823_ 345987.html,2018 年 8 月 8 日。

教育部:《中共中央、国务院印发〈中国教育现代化 2035〉》,

http：//www. moe. gov. cn/jyb_ xwfb/s6052/moe_ 838/201902/t2019
0223_ 370857. html，2019 年 2 月 23 日。

英文部分

1995 – Wisconsin-Idea，Jack Stark，*The Wisconsin Idea*：*The University's Service to the State*，Wisconsin Blue Book by the Legislative Reference Bureau，1995.

Ashworth，A. and Harvey，R. ，*Assessing Quality in Further and Higher Education*，London：Jessica Kingsley Publishers，1994.

Charles McCarthy，*The Wisconsin Idea*，New York：Macmillan，1912.

Diana Green，*What Is Quality in Higher Education?*，Bristol：SRHE and Open University Press，1994.

D. F. Westerheijden，B. Stensaker，M. J. Rosa，*Quality Assurance in Higher Education*：*Trends in Regulation*，*Translation and Transformation*，Dordrecht：Published by Springer，2007.

Elizabeth J. Jewell，Frank Abate，*The New Oxford American Dictionary*，Oxford University Press，2001.

Frederic，C. Howe，*Wisconsin*：*An Experiment in Democracy*，New York：Charles Scribner's Sons，1912.

Juran，J. M. & Godrey，A. B. ，*Juran's Quality Handbook*，New York（1951，1999 5th edition）.

Keller，G. ，*Academic Strategy*：*The Management Revolution in American Higher Education*，Baltimore：Johns Hopkins University Press，1983.

Lucien Bollaert，"A Manual for Internal Quality Assurance in Higher Education—with a Special Focus on Professional Higher Education"，Dr. Josef Raabe Verlags-GmbH，Kaiser-Friedrich-Strafie 90，10585 Berlin，Germany，2014 by European Associationof Institutions in Higher Education（EURASHE），2014.

Philip B. Crosby，*Quality Is Free*，New York：McGraw-Hill，1979.

A. I. Vroeijenstijn, *Improvement and Accountability: Navigating between Scylla and Charybdis, Guide for External Quality Assessment in Higher Education*, Wiltshire: Great Britain by Cromwell Press, Melksham, 1995.

Ball, C., *What the Hell Is Quality? In Fitness for Purpose*, Guildford: SRHE/NFER-Nelson, 1985.

Billing, David, "Quality Management and Organizational Structure in Higher Education", *Journal of Geography in Higher Education*, Vol. 18, Issue 2, 1994.

Bryson, J., *Strategic Planning for Public and Nonprofit Organizations*, San Francisco: Jossey-Bass, Inc. 1988.

Campbell, C., Kanaan, S., Kehm, B., Mockiene, B., Westerheijden, D. F., & Williams, R., *The European University: A Handbook on Institutional Approaches to Strategic Management, Quality Management, European Policy and Academic Recognition*, Torino: European Training Foundation, 2000.

Daniel L. Stufflebeam, "The Relevance of the CIPP Evaluation Model for Educational Accountability", *Journal of Research and Development in Education*, Vol. 5, 1971.

Goffman, Erving, "Frame Analysis: An Essay on the Organization of Experience", New York, NY et al.: Harper & Row. 1974.

National Centerfor Education Statistics, *Digest of Education Statistics 2017* (53rd Edition), Washington, DC: NCES, IES, U. S. Department of Education, January 2019.

Harvey, L. & Green, D., "Defining Quality", *Assessment and Evaluation in Higher Education: An International Journal*, Vol. 18, No. 1, 1993.

Harvey, L., "Understanding Quality", Section B 4. 1 – 1 of "Introducing Bologna Objectives and Tools", in Purser, L. (Ed.), *EUA Bo-*

logna Handbook: *Making Bologna Work*, Brussels European University Association and Berlin, Raabe. 2006.

Karen Hinett, Peter Knight, "Quality and Assessment", *Quality Assurance in Education*, Vol. 4, No. 3, 1996.

Lammens, L., *The Relation between Quality Assurance and Audit in Flemish Higher Education*, Ghent: Unpublished Master Thesis at Ghent University, 2013.

Mead, M., "National Character", In A. L. Kroeber (ed.), *Anthropology Today*, Chicago: University of Chicago Press, 1953.

McConkey, D., "Strategic Planning in Nonprofit Organizations", *Business Quarterly* (School of Business, University of Western Ontario), Vol. 46, No. 2, 1981.

Maxwell, J., "Understanding and Validity in Qualitative Research", *Harvard Educational Review*, Vol. 62, No. 3, Fall 1992.

Mintzberg, H., *The Rise and Fall of Strategic Planning*, New York: Macmillan, Inc, 1994.

Newton, J., "What Is Quality?", in Bollaert, L., Brus, S., Curvale, B., Harvey, L., Helle, E., Jensen, H. T., Komljenovic, J., Orphanides, A. Sursock, A. (eds.), *Embedding Quality Culture in Higher Education*, *A Selection of Papers from the 1st EQAF*, Brussels, 2007.

Patton, M. Q., *Qualitative Evaluation and Research Methods* (2nd Ed.), Newbury Park: Sage, 1990.

Pirsig, R. A., *Zen and the Art of Motorcycle Maintenance*: *An Inquiry into Values*, New York: William Morrow, 1974.

Saarinen, T., "'Quality' in the Bologna Process: from 'Competitive Edge' to Quality Assurance Techniques", *European Journal of Education*, Vol. 40, No. 2, 2005.

Stefanie Schwarz and Don F. Westerheijden, *Accreditation and Evaluta-*

tion in the European Higher Education Area, The Netherlands: Published by Springer, P. O. Box 17, 3300 AA Dordrecht, 2007.

Trow, M. , "Trust, Markets and Accountability in Higher Education: A Comparative Perspective", *Higher Education Policy*, Vol. 9, No. 4, 1996.

Van Damme. D. , "Trends and Models in International Quality Assurance and Accreditation in Higher Education in Relation to Trade in Education Services", Paper Presented at the OECD/US Forum on Trade in Education Services, May 2002.

Van Mannen, M. & Barley, S. , "Cultural Organisation: Fragments of a Theory", in Frost, P. et al. (eds.), Beverly Hills: Organisational Culture Sage, 1985.

Williams, P. , "Quality Assurance and Leadership", *Journal of the EHEA*, No. 4, 2012.

Wieck, K. , "Educational Organisations as Loosely Coupled Systems", *Administrative Science Quaterly*, Vol. 21, No. 1, 1976.

"Self-Study for Reaccreditation, For Wisconsin and the World: A Great Public University", 2009, https://greatu. wisc. edu/process/.

"About the Vice Provost for Teaching and Learning", https://provost. wisc. edu/teach. htm.

"Academic Planning and Institutional Research", https://apir. wisc. edu.

Chapter 36 University of Wisconsin System, http://docs. legis. wisconsin. gov/statutes/statutes/36/01.

"Division of Diversity, Equity & Educational Achievement", http:// provost. wisc. edu/climate. htm.

"Mission Statement", http://www. wisc. edu/about/mission/.

Michael W. Apple, "Why I stay at the UW", http://host. madison. con/ct/news/opinion/column/Michael-w-apple-why-i-stay-at-the-uw-article_ 2a794c36-5e07-987a-e884137d8959. html.

Norwegian Agency for Quality Assurance in Education, "Criteria for Evaluation of Universities and University Colleges Quality Assurance Systems for Educational Activities", 2010 - 08 - 25, http://www. enqa. en/files/workshop_ material/Norway2. pdf.

"Office of Quality Improvement", http://quality. wisc. edu/index. htm.

Parri, J., "Quality in Higher Education", Vadyba/Management nr. 2 (11), 2006, pp. 107 - 111, also available at www. leidykla. eu/fileadmin/Vadyba/ll/Janne_ Parri. pdf.

"Redefine Wisconsin Experience", https://uwmadison. co1. qualtrics. com/jfe/form/SV_ 1ZU0s6yrisMyrYh.

"Summary: UW-Madison's Excellence in Assessment (EIA) Designation Application", https://provost. wisc. edu/assessment/documents/Summary% 20of% 20UW-Madison% 20EIA% 20Designation% 20Application. pdf.

"Student Life", http://www. wisc. edu/campus-life/.

"Student Learning Assessment at UW-Madison", https://provost. wisc. edu/assessment/.

"The Faculty Senate", https://www. secfac. wisc. edu/Faculty-Senate. htm.

"Vice Provost for Information Technology and Chief Information Officer", https://provost. wisc. edu/it-cio. htm.

"Vice Provost for Lifelong Learning and Dean of the Division of Continuing Studies", https://provost. wisc. edu/dcs. htm.

"Vice Provost for Libraries and University Librarian", https://provost. wisc. edu/libraries. htm.

"Vice Provost for Faculty and Staff Programs", https://provost. wisc. edu/facstaff. htm.

"Vice Provost for the Division of Enrollment Management", https://

provost. wisc. edu/enrollman. htm.

"Wisconsin Idea", https：//en. wikipedia. org/wiki/Wisconsin_ Idea.

"Data Digest 2018 – 2019", https：//apir. wisc. edu/data-digest/.

Legislated Accountability Report 2019, https：//apir. wisc. edu/institu-tion/accountability-reports/.

"Budget Report 2017 – 2018", https：//chancellor. wisc. edu/content/uploads/2018/02/Budget-in-Brief-2017-18-pdf. pdf.

"University of Wisconsin-Madison Organizational Chart", http：//news. wisc. edu/system/assets/107/original/Org _ Chart _ 20150805. pdf? 1438973492.

索　引

附　　录

附录一　英文访谈提纲——学生群体

Depth Interview—Students（English Version）

1. Basic information about interviewee

1. 1　Please introduce yourself first

1. 1. 1　Where are you from? How long you have been here?

1. 1. 2　How old are you? (if you think it is a privacy question, you can escape it)

1. 1. 3　Do you have work experience before?

1. 2　Please introduce some basic information about your study in UW-Madison

1. 2. 1　Are you an undergraduate student or graduate student?

1. 2. 2　Which school (or department or program) you are studying at?

1. 2. 3　Till now, how long you have learned at UW-Madison?

1. 3　The motivation why you choose UW-Madison to study

1. 3. 1　Why you make the decision that learn at UW-Madison at first? initiatively application or passively enrollment?

1. 3. 2　Which factors push you to make the decision that learn at UW-Madison? Which one is the most important factor?

1. 3. 3　During you make the decision, to what extend does university ranking and educational accreditation impact you? What is your opinion about university ranking and educational accreditation?

2. The review to the quality of higher education which is received by interviewee himself (or herself)

2. 1　Please review your learning and life experience at UW-Madison

2. 1. 1　From learning experience perspective, which part you are satisfied with? And which part you are unsatisfied with?

2. 1. 2　From life experience perspective, what you are satisfied with? And what you are unsatisfied with?

2. 1. 3　Are you satisfied with the management (especially for the dimensions of education and student learning) of UW-Madison? If you are unsatisfied with it, do you have some specific approach to express your opinion and critique? Is that an easy approach? How about the feedback from UW-Madison?

2. 2　Please review the higher education that you have received

2. 2. 1　Do you learn some knowledge which is professional, valuable and scientific?

2. 2. 2　So far, whether the higher education you have received match your original learning objectives or not?

2. 2. 3　If the higher education you have received can play a guiding role for your growth and life in future?

2. 3　Please review the quality of higher education in UW-Madison

2. 3. 1　What do you want to gain from the process of higher education which you are experiencing now? knowledge/certification/skills/job?

2. 3. 2　Are you satisficed with the educational content that you are obtaining? What are your expectations about higher education? Does that achieve to your expectations for education processing? Do you still have some further expectations for the higher education you are experiencing

now? what is that?

2. 3. 3　As a student (the consumer of higher education) , in your o-
pinion, what is good higher education? Which kind of education is valua-
ble? What is your criterion about judging a higher education which is good
or bad?

2. 3. 4　According to your standard, do you think whether UW-Mad-
ison provide a good education or not? What is your judgment about its edu-
cational quality? High level quality? Medium level quality? Low level qual-
ity? Why?

3. The cognition to the quality assurance mechanism of higher educa-
tion from interviewee

3. 1　Do you know about some external quality assurance method for
higher education in America, such as peer review, educational accredita-
tion and so forth? Do you ever involve in it?

3. 2　Do you realize that there is a set of internal quality assurance
mechanism in UW-Madison? What do you think of when we talk about in-
ternal educational quality assurance mechanism? Do you ever participate in
some practice activities which were related with internal educational quality
assurance were organized by university (or school, department, pro-
gram) , such as some assessment of student learning outcomes, student e-
valuation for teaching and courses?

3. 3　How do you review the activities which are related with the im-
provement of educational quality? Do that work? Whether it can play a su-
pervision and promotion role for educational quality?

3. 4　In your opinion, which approach is more important in order to
improve the educational quality further for a university, internal quality
assurance mechanism or external quality assurance mechanism?

附录二　英文访谈提纲——教师群体

Depth Interview—Faculties (English Version)

1. Basic information about interviewee

1.1　Please introduce yourself first

1.1.1　Where are you from? How long you have been here?

1.1.2　How old are you? (if you think it is a privacy question, you can escape it)

1.2　Please introduce some basic information about your working experience in UW-Madison

1.2.1　How long you have worked in UW-Madison?

1.2.2　Which school and department that you are working on?

1.2.3　What is your teaching and research field?

1.2.4　What is your academic position? Full professor, associate professor, assistant professor? Do you have tenure?

1.2.5　Do you have executive position? If you have, what it is?

1.3　Why you choose UW-Madison to work?

1.3.1　Are there some factors which pushed or attracted you to work here? What is the most important factor?

1.3.2　During you the process of choosing UW-Madison, how much degree of impact for you on university ranking and educational accreditation? What is your opinion about university ranking and educational accreditation?

1.4　The review of your working experience in UW-Madison

1.4.1　For research, teaching and service, which one is more important for you? Why? Which one you are good at?

1.4.2　Do you think you get enough space for academic freedom and academic right (or power)? For your research, whether you get enough space for academic freedom or not? For governance, is that faculty governance? For academic power and executive power, which one is dominant?

1.4.3 Do you think, whether the management mechanism of recruitment, promotion, review, award and punishment is reasonable and effective for faculty or not? What is your opinion about the management mechanism for faculty?

1.4.4 Till now, are you satisfied with your working environment for teaching and research? If you are unsatisfied with some management system, are there some approach which can allow you to express your dissatisfaction and ideas? If the university will give you timely and effective feedback?

2. The cognition to the quality assurance and quality assurance mechanism of higher education from interviewee

2.1 The cognition to quality of higher education

2.1.1 As a faculty who is a producer and provider of higher education, in your opinion, what is good higher education? What is higher education with high quality? What is your criterion?

2.1.2 What kind of actions should be taken by faculties in order to promote educational quality?

2.1.3 According to your standard, what is your judgment about the educational quality in UW-Madison? High level quality? Medium level quality? Low level quality? Why?

2.2 The cognition to quality assurance mechanism of higher education

2.2.1 Do you know about some external quality assurance method for higher education in America, such as peer review, educational accreditation and so forth? Do you ever involve in it? If you are involved in it, what kind of work you participated?

2. 2. 2　Do you realize that there is a set of internal quality assurance mechanism (the review practices for all kinds of academic and research activities) in UW-Madison? If there have, do you think whether it is reasonable for the system design and effective for the system function or not? If there haven't, do you think if the university (or school, department) need a set of reasonable and effective internal quality assurance to review or evaluate all kinds of academic and research activities?

2. 2. 3　What do you think of when we talk about internal educational quality assurance mechanism? What kind of activities organized by the university (or school, department) can be regarded as internal quality assurance (or self-discipline)? Have you been participated in these activities of internal quality assurance? Such as student evaluation for teaching, self-review and so forth. What is your review of these activities?

2. 2. 4　For external quality assurance (external-discipline) and internal quality assurance (self-discipline), what kind of functions they will have? What kind of role they will play for the educational quality of UW-Madison? What the relationship between external quality assurance (external-discipline) and internal quality assurance (self-discipline)? Compare to both of them, which one is more important for improving the educational quality?

3. The effect of internal quality assurance mechanism on your behavior of teaching and research

3. 1　Are there some effects on your behavior of teaching and research from internal quality assurance mechanism (or all kinds of review activities)? Is that work for you or play a guiding role for you? Is that help you to improve your teaching and research quality?

3. 2　Do you think which specific review activities have strong influence for you? Which one help you a lot? Which one can effectively improve your teaching and research quality? How much degree of the influence from

student evaluate teaching?

3. 3   Do you think whether the internal quality assurance mechanism is so complicated and strict that disturb you a lot? Do you think are there some drawbacks for internal quality assurance in UW-Madison, how to improve?

附录三   英文访谈提纲——院校行政管理者群体

Depth Interview—Staff & Administrator (English Version)

1. Basic information about interviewee

1. 1   Please introduce yourself first

1. 1. 1   Where are you from? How long you have been here?

1. 1. 2   How old are you? (if you think it is a privacy question, you can escape it)

1. 2   Please introduce some basic information about your working experience in UW-Madison

1. 2. 1   How long you have worked in UW-Madison?

1. 2. 2   Which school and department that you are working on?

1. 2. 3   What is category/kind of job you are working on?

1. 2. 4   Do you have executive position? If you have, what it is?

1. 3   Why you choose UW-Madison to work? Are there some factors which pushed or attracted you to work here? What is the most important factor?

1. 4   Can you make a review for working experience and climate of workplace in UW-Madison? Are you satisfied with it?

2. The cognition to the quality assurance and quality assurance mechanism of higher education from interviewee

2. 1   The cognition to quality of higher education

2.1.1　As a staff, in your opinion, what is good higher education? What is higher education with high quality? What is your criterion?

2.1.2　What kind of actions should be taken by staff in order to promote educational quality?

2.1.3　According to your standard, what is your judgment about the educational quality in UW-Madison? High level quality? Medium level quality? Low level quality? Why?

2.2　The cognition to quality assurance mechanism of higher education

2.2.1　Do you know about some external quality assurance methods for higher education in America, such as peer review, educational accreditation and so forth? Do you ever involve in it? If you are involved in it, what kind of work you participated?

2.2.2　Do you realize that there is a set of internal quality assurance mechanism (the review practices for all kinds of academic and research activities) in UW-Madison? If there have, do you think whether it is reasonable for the system design and effective for the system function or not? If there haven't, do you think if the university (or school, department) need a set of reasonable and effective internal quality assurance to review or evaluate all kinds of academic and research activities?

2.2.3　What do you think of when we talk about internal educational quality assurance mechanism? What kind of activities organized by the university (or school, department) can be regarded as internal quality assurance (or self-discipline)? Have you been participated in these activities of internal quality assurance? Such as student evaluation for teaching, self-review and so forth. What is your review for these activities?

3. The effect of internal quality assurance mechanism on your working position

3.1　Are there some effects on your working position from internal quality assurance mechanism（or all kinds of review activities）？

3.2　How the university or department evaluate your working out-comes? What is the criterion?

附录四　中文访谈提纲——学生群体

一　受访者的基本情况

1. 请简要介绍一下您自己

（1）您来自哪个国家？来美国多久了？

（2）您的年龄？

（3）是否有过工作经历？

2. 请简要介绍一下您在威斯康星大学麦迪逊分校读书的基本情况

（1）您是研究生还是本科生？

（2）您来自什么学院？什么专业？什么项目？

（3）到目前为止，在威大学习了多久？

3. 您选择威斯康星大学麦迪逊分校读书的动机

（1）您起初为什么选择来威大读书？主动申请还是被动录取？

（2）哪些因素促使您做出在这所学校学习的决定？其中最重要的是什么？

（3）在您选择学校的过程中，大学排名和地区性教育认证（专业认证）在其中产生多大程度的影响？您如何看待大学排名和地区性教育认证？

二　受访者对于自身所接受高等教育质量的评价

1. 请评价一下您在威斯康星大学麦迪逊分校的学习经历和生活体验

（1）就学习经历而言，哪些是您比较满意的，哪些是您不满意的？

（2）就生活体验而言，哪些是您比较满意的，哪些是您不满意的？

（3）如果您对学校的教育或管理方式不满意，您是否有渠道或方法表达自己的想法？这些渠道是否便捷？学校的反馈如何？

2. 您如何评价您所接受到的高等教育

（1）您是否学习得到专业的、有价值的、科学的知识？

（2）目前您所接受的高等教育是否达到您的求知初衷？

（3）所接受的高等教育是否对您今后的成长和生活起到指导性作用？

3. 您对威斯康星大学麦迪逊分校教育质量的评价

（1）在接受高等教育的过程中，您看重高等教育能够给您带来哪些影响？您希望从受教育的过程中获得什么？知识、文凭、技能、工作岗位？

（2）您是否满意您现在所接受的教育内容？是否达到了您对教育过程的预期？您对当前所接受到的教育还有什么期待？期待它在哪些方面能有进一步的提升？

（3）您作为学生（高等教育的消费者），您觉得什么是好的教育？什么是有价值的教育？您的衡量标准是什么？体现在哪些方面？

（4）根据您的衡量标准，您觉得威斯康星大学麦迪逊分校是否为您提供了好的教育？您如何评价您所接受到的教育质量？高质量，中等质量，还是低质量？为什么？

三　受访者对于高等教育质量保障机制的认知

1. 您知道美国高等教育的外部教育评估与教育认证（专业）吗？您是否曾经参与其中？

2. 您是否感知到威斯康星大学麦迪逊分校存在一套内部质量保障机制？当提到高等教育内部质量保障机制时您会想到什么？

您是否参加过学校（或院系）内部组织的与教育教学质量保障相关的实践活动？例如对学生学习成果的测量活动、学生课程评教等。

3. 您对学校内部组织的与教育教学质量保障相关活动的评价如何？是否能够真正起到应有的作用？

4. 您认为如果学校想要进一步提高教育教学质量，内部的教育质量保障机制和外部的教育质量保障机制相比较而言，哪个更加重要？

附录五　中文访谈提纲——教师群体

一　受访者的基本情况

1. 请简要介绍一下您自己

（1）您来自哪个国家？在美国生活多久了？

（2）您的年龄？

2. 请简要介绍一下您在威斯康星大学麦迪逊分校工作的基本情况

（1）工作年限？

（2）您工作于哪个学院？哪个专业？

（3）您授课和研究的主要方向是什么？

（4）您目前的职位是什么？教授、副教授、助理教授？是否有终身教职？

（5）您是否有行政职务？如果有，具体是什么？

3. 您为什么选择来威斯康星大学麦迪逊分校任教

（1）哪些因素促使您选择来威大任教？其中最重要的因素是什么？

（2）在您选择任教学校的过程中，大学排名和地区性教育认证（专业认证）在其中产生多大程度的影响？您如何看待大学排名和地区性教育认证？

4. 您对于在威斯康星大学麦迪逊分校任教经历的评价

（1）您更看重教学、科研还是社会服务？为什么？您更擅长哪一项？

（2）您认为威大是否给了您足够大的学术自由和学术权力？在研究方面，是否有足够自由主导空间？在治理方面，是否是教授治校？学术权力能否得到有效的保障和运用？学术权威和行政权威哪个占主导地位？

（3）您认为，学校（或院系）对于教职的管理，例如录用、晋升、评价、奖励和惩罚等机制是否合理有效？您对于这一问题的看法和评价是什么？

（4）到目前为止，您对所处工作环境（教学和研究环境）是否满意？如果您对学校的某些管理体制不满意，是否有便捷的渠道和方法表达自己的想法和不满？学校能否做出及时有效的反馈？

二　受访者对于高等教育质量与高等教育质量保障机制的认知

1. 对于高等教育质量的认知

（1）您作为威大的教师（高等教育的生产者和提供者），您认为什么是好的教育？什么是高质量的教育？

（2）为了提高教育水平、提升教育质量，您认为从一名教师的角度，应该做些什么？

（3）您觉得威斯康星大学麦迪逊分校的"教育教学质量（水平）"如何？高质量，中等质量，还是低质量？为什么？您的评价标准是什么？

2. 对于高等教育质量保障机制的认知

（1）您知道美国高等教育的外部教育评估与教育认证（专业）吗？您是否曾经参与其中？如果有，您参与了哪些实践工作？

（2）您是否感知到威斯康星大学麦迪逊分校存在一套内部质量保障机制？如果存在，您觉得学校内部的教育质量保障机制（或与学术和研究相关的评价活动）在制度设计上是否科学合理，在操作效果上是否真实有效？学校（或院系）的自律程度有多高？如果不存在，您觉得学校（或院系）内部是否需要一套科学合理的质量保障机制对教育教学质量进行全面的管理？

（3）当提到高等教育内部质量保障机制时您会想到什么？学校（或院系）组织的哪些工作可以被看作是在进行内部质量保障（或自律）？您是否参加过学校（或院系）内部组织的与教育教学质量保障相关的实践活动？例如学生评教、教师自评、研究考核等，您如何评价这些活动？

（4）您认为作为他律的外部质量保障机制与作为自律的内部质量保障机制对于学校的教育教学质量而言分别起到何种作用？两者之间存在什么关系？两者相比，哪种机制对于提高学校的教育教学质量起到更重要的作用？

三 学校内部教育质量保障机制对自身教育教学的影响

1. 您觉得学校（或院系）的内部质量保障机制（或教育教学质量评价活动）对您是否产生影响？它对您的研究和教学过程是否有指导意义和促进作用？是否改变了您对于教育教学的观点和态度？是否有助于您提高自己的教育教学和科研质量？如果有，提高的程度有多大？

2. 您认为学校（或院系）内部质量保障机制中的哪些具体（评价）工作对您的教育教学和科研行为产生关键的约束作用？最能有效促进您提高自己的教育教学和科研质量的是什么？学生评教对您的影响有多大？

3. 您认为学校（或院系）的内部质量保障机制是否过于烦琐以至于对您的工作和生活造成困扰？您觉得这一机制存在哪些不足？应如何改进？

附件六　2009—2014 年及 2015—2019 年 战略规划框架对比分析表

	2009—2014 年战略规划框架	2015—2019 年战略规划框架
第一部分：发展愿景	威斯康星大学麦迪逊分校将是 21 世纪公立大学的模型，它作为一种资源为公众提供服务，并致力于提高州、国家以及全世界人民的生活质量。大学是一个创新发现、学习的卓越中心，它为来自不同背景的公民打开新的生活方式，创建一个开放的、接纳的、包容的社区，为当代和后代过上满足、有价值和道德伦理的生活做准备。大学的教师、员工和学生将与全国和全球的同行合作，共同识别和解决国家和世界上最紧迫和最复杂的问题	威斯康星大学麦迪逊分校将是 21 世纪公立大学的模型，它作为一种资源为公众提供服务，并致力于提高州、国家以及全世界人民的生活质量。大学是一个创新发现、学习的卓越中心，它为来自不同背景的公民打开新的生活方式，创建一个开放的、接纳的、包容的社区，为当代和后代过上满足、有价值和道德伦理的生活做准备。大学的教师、员工和学生将与全国和全球的同行合作，共同识别和解决国家和世界上最紧迫和最复杂的问题
第二部分：指导原则	作为一个机构和组织个体，我们遵循以下原则： 1. 我们推动知识生产与研究的最高标准，符合大学提出的承诺"通过持续不断地过滤和筛选寻求事实的真相"。 2. 我们所倡导的学习以为实现更好的生活服务为目标。 3. 我们坚决捍卫学术自由并使之与责任和文明相结合，使所有工作和生活在我们校园里的群体可以提问、批判、教育、学习、创新和成长。 4. 我们遵守最高的道德诚信于我们所做的一切。 5. 我们相信同那些与我们自身背景和观点不同的人一起工作并相互学习的重要性。 6. 我们共享的信仰既不是出身也不是经济背景，而应该是社会参与过程中需要共同克服的障碍。 7. 我们致力于成为对人类、知识、文化、经济和环境资源负责任的人。 8. 我们推进研究和教学在州、国家和全世界重要问题领域中的应用，我们的学习和发现为政治、经济、社会和文化的进步而服务	作为一个机构和组织个体，我们遵循以下原则： 1. 我们推动知识生产与研究的最高标准，符合大学提出的承诺"通过持续不断地过滤和筛选寻求事实的真相"。 2. 我们所倡导的学习以为实现更好的生活服务为目标。 3. 我们坚决捍卫学术自由并使之与责任和文明相结合，使所有工作和生活在我们校园里的群体可以提问、批判、教育、学习、创新和成长。 4. 我们遵守最高的道德诚信于我们所做的一切。 5. 我们相信同那些与我们自身背景和观点不同的人一起工作并相互学习的重要性。 6. 我们共享的信仰既不是出身也不是经济背景，而应该是社会参与过程中需要共同克服的障碍。 7. 我们致力于成为对人类、知识、文化、经济和环境资源负责任的人。 8. 我们推进研究和教学在州、国家和全世界重要问题领域中的应用，我们的学习和发现为政治、经济、社会和文化的进步而服务

续表

	2009—2014 年战略规划框架	2015—2019 年战略规划框架
第三部分：战略重点	1. 提供本科教育的典范 （1）增加和改善经济资助渠道以满足需求的显著增加； （2）依据新的学校财政收入在高需求和高容量领域扩招； （3）转换课程以反映研究和知识的变革，奖励院系和跨学科项目作出显著改变； （4）整合技术并将其运用于授课内容； （5）提高本科和研究生教育教学过程中教师、员工和学生的质量； （6）依据学校收入的增加，提高终生轨教师的数量以及终身轨教职岗位在人文科学的设立，并提供更多师资教授本科生课程； （7）整合学生课堂内和课堂外的学习经历，强调实习，基于场域的服务型学习、创业经验和出国留学； （8）强化服务和公民责任； （9）创造物理空间和基础技术设施以支持教学成果的提高	1. 教育经历 （1）通过基于需要的经济资助、奖学金、助学金增加学生的入学机会和支付能力，确保社会经济多样性； （2）通过创新课堂环境和增加在威斯康星主动学习经历的机会，使当地和全球学生为事业和生活的成功做准备； （3）促进学生学习产出，包括面向全体学生缩短毕业时间； （4）确保对研究生、专业学生和博士后的指导、支持，以增强他们的经历和未来成功的机会； （5）构建创新的专业硕士学位和其他终身学习的经验
	2. 重振威斯康星理念，更新我们对于公共使命的承诺 （1）改善交流，与政府官员、社区和国家商业领袖、教育工作者和更广泛的公众建立充满活力的互利关系； （2）集中精力并突出我们在公共问题与大学研究优势重叠领域的努力，例如替代能源、环境保护和政策、公共卫生、k-12 教育、国际化、治理和文化生产； （3）在国家的重要领域培养更多的学生，如工程和护理等专业； （4）提高知识和技术转化的速度以促进经济发展； （5）支持教师和工作人员在跨越大学、国家和世界的范围建立富有成效合作的努力	2. 研究与学识 （1）在研究、学识和所有部门的创造性活动中追求卓越； （2）优化大学进行科学研究和知识创新的基础设施； （3）加强我们对国家研究政策和资金决策方面的影响； （4）发挥跨学科的优势产出创新型方案； （5）支持研究和教学的高度一致性
	3. 对我们现有的或具有潜在优势和影响力的学术领域加大投资 （1）继续投资于生命科学和生物技术等跨学科，包括支持 21 世纪生物学的科学和工程学科，以及分析和影响其效果的人文学科和社会科学； （2）投资于人文科学，通过特殊的努力宣传人文学科的重要性； （3）巩固科学学科的优势，与此同时促进创新，跨学科交叉和学科重组，提升知识生产的价值； （4）提高科学研究的基础设施建设，包括预处理和后期管理； （5）对研究生增加资金等方面的支持	3. 威斯康星理念 （1）与威斯康星大学系统的学校、企业、社区和政府合作，为威斯康星州的公民创造价值； （2）通过校园科研成果转化生态系统、与企业和社区合作促进经济发展、创造就业机会； （3）运用新科技和新型合作伙伴关系扩展教育使命，从威斯康星州走向世界； （4）利用独特的跨学科优势来解决国家和世界的复杂问题

	2009—2014 年战略规划框架	2015—2019 年战略规划框架
第三部分：战略重点	4. 招募和保留最优秀的教师员工，对其功绩进行嘉奖 （1）朝着使教师的薪资达到同伴群体的平均水平、工作人员的薪资达到劳动力市场中位数的目标而努力； （2）使用招聘和保留储备基金战略性地支持现有的或新兴领域的优势和创新； （3）提升内部合作者的利益； （4）加强院系、部门文化，在招聘过程中确保人员构成多样性； （5）继续培育充满活力的知识分子群体； （6）开发教职员工的技能和创造性	4. 威斯康星州经历 威斯康星州经历描述从威斯康星大学麦迪逊分校获得学位的独特之处。我们一起创造和运用课程内外所学知识使世界变得更美好。威斯康星大学麦迪逊分校培养出的毕业生具有创造性解决问题的能力，能够整合实证分析和激情，寻找和创造新的知识和技术，适应新形势，成为世界公民和领导者
	5. 增强多样性以确保卓越的教育和研究 （1）培养学生为一个多元化、全球化和相互关联的世界做准备； （2）促进人类差异化的增值； （3）加快招募和保留少数族裔的学生、教师和行政人员； （4）为努力增加多样性建立责任制的新模式； （5）为我们社群的所有成员构建一个开放的、动态的、相互尊重的学习和工作环境； （6）跨越不同的校内组织单元共同完成我们的多样性、平等和包容性的努力	5. 我们的工作者 （1）确保威斯康星大学麦迪逊分校具有高水平的、兢兢业业的、多元化的人力资源系统； （2）通过实施多元化和包容性的战略规划框架提高校园发展优势； （3）相对于我们的同行和市场中位数来说，通过富有竞争力的薪酬确保人才的引进和保留； （4）通过专业的学习培育我们的工作者朝着杰出卓越的方向发展； （5）为我们的工作者履行他们对大学的责任创造最佳的环境
	6. 对我们的资源进行有效管理 （1）使学校的重大举措与资源配置相匹配； （2）使我们的管理和治理更加灵活、有效率、高效能； （3）识别和追求新的收入来源； （4）促进校内外环境的可持续发展； （5）提高我们的技术基础设施； （6）评估我们的进步，使我们的测量评估对校园发展更加有效	6. 资源管理 （1）促进资源管理，改善所提供服务的水平和效率，并确保行政能力； （2）通过一套可转化预算模型（transformed budget model）的实施创建一个稳定的可持续发展的财务结构； （3）识别和追求新的收入来源使之与机构的使命和目标相协调； （4）通过我们的校园活动将教学与科研相统一，促进环境可持续发展； （5）向教学和科研提供最好的图书馆资源和技术支持，提升学校产出效率； （6）发起广泛的行动为学生、教师和行政人员投资，他们将形塑威斯康星和世界的未来

续表

2009—2014 年战略规划框架	2015—2019 年战略规划框架
第四部分：战略规划总揽图	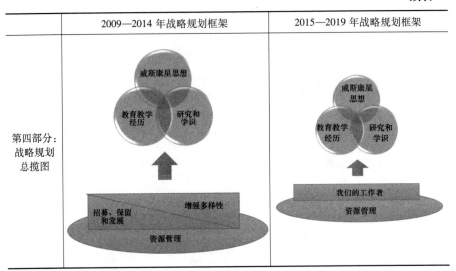

资料来源：https：//chancellor. wisc. edu/strategicplan/4_ wis_ and_ the_ world. php；https：//chancellor. wisc. edu/strategicplan2/。

附录七　威斯康星大学麦迪逊分校
标准化课程评教答题纸

■ ■ ■   ■■■
COURSE EVALUATION

Course title: _____
Course and section number: _____
Instructor: _____

ONLY #2 LEAD PENCILS CAN BE USED ON THIS EVALUATION SHEET. MAKE ALL MARKS DARK AND MAKE SURE THE MARKS ENTIRELY FILL THE CIRCLE.

1. What is the one primary reason why you chose to take this course?   Special Codes
   ○ The course fulfills a General Education Requirement   A ⓪①②③④⑤⑥⑦⑧⑨
   ○ The course is required for my major/minor/certificate   B ⓪①②③④⑤⑥⑦⑧⑨
   ○ The course aligns well with my interests   C ⓪①②③④⑤⑥⑦⑧⑨
   ○ The course fits my schedule
   ○ I'd heard the instructor was good
   ○ I'd heard the course was easy
   ○ Other _____

Directions: Please answer the questions using the following rating scale.

SD = Strongly Disagree, D = Disagree, N = Neutral, A = Agree, SA = Strongly Agree, NA = Not Applicable

Individual Accountability
2. I consistently prepared for class.   ⓢⓓⓝⓐⓢⓐ

Course Content, Grading, and Climate
3. The course was well organized.   ⓢⓓⓝⓐⓢⓐ
4. The course followed the syllabus well.   ⓢⓓⓝⓐⓢⓐ
5. The workload for this course was appropriate.   ⓢⓓⓝⓐⓢⓐ
6. Exams and assignments were reflective of course content.   ⓢⓓⓝⓐⓢⓐ
7. The text and assigned readings were valuable.   ⓢⓓⓝⓐⓢⓐ
8. Graded assignments were useful.   ⓢⓓⓝⓐⓢⓐ
9. The grading practices were clearly defined.   ⓢⓓⓝⓐⓢⓐ
10. The course environment was a safe space where I was encouraged to express myself. ⓢⓓⓝⓐⓢⓐ

Instructor
11. The instructor was well prepared for class.   ⓢⓓⓝⓐⓢⓐ
12. The instructor used class time effectively.   ⓢⓓⓝⓐⓢⓐ
13. The instructor presented course material in a clear manner that facilitated understanding. ⓢⓓⓝⓐⓢⓐ
14. The instructor was available to students.   ⓢⓓⓝⓐⓢⓐ
15. The instructor provided helpful feedback.   ⓢⓓⓝⓐⓢⓐ
16. The instructor provided feedback in a timely manner.   ⓢⓓⓝⓐⓢⓐ
17. The instructor returned assignments and exams in a timely manner.   ⓢⓓⓝⓐⓢⓐ
18. The instructor encouraged student participation in class.   ⓢⓓⓝⓐⓢⓐ
19. The instructor's teaching methods were effective.   ⓢⓓⓝⓐⓢⓐ
20. The instructor stimulated my interest in the subject matter.   ⓢⓓⓝⓐⓢⓐ
21. The instructor treated students with respect.   ⓢⓓⓝⓐⓢⓐ

UW Essential Learning Outcomes
22. This course enhanced my knowledge of the world (e.g., human cultures, society, sciences, etc.). ⓢⓓⓝⓐⓢⓐ ⓝⓐ
23. This course helped me develop intellectual skills (e.g., critical or creative thinking, quantitative reasoning, problem solving, etc.). ⓢⓓⓝⓐⓢⓐ ⓝⓐ
24. This course helped me develop professional skills (e.g., written or oral communication, computer literacy, teamwork, etc.). ⓢⓓⓝⓐⓢⓐ ⓝⓐ
25. This course enhanced my sense of social responsibility.   ⓢⓓⓝⓐⓢⓐ ⓝⓐ

Overall
26. I would recommend this instructor to others.   ⓢⓓⓝⓐⓢⓐ
27. I would recommend this course to others.   ⓢⓓⓝⓐⓢⓐ
28. This course had high educational impact.   ⓢⓓⓝⓐⓢⓐ
29. Overall, this course stimulated my interest in this subject.   ⓢⓓⓝⓐⓢⓐ
30. Overall, the instructor met my expectations for the quality of a UW–Madison teacher. ⓢⓓⓝⓐⓢⓐ
31. Overall, the course met my expectations for the quality of a UW–Madison course. ⓢⓓⓝⓐⓢⓐ

82:22 10/13 Apperson   CONTINUED ON NEXT PAGE

SD = Strongly Disagree, D = Disagree, N = Neutral, A = Agree, SA = Strongly Agree

32.   ⊗①⊗Ⓐ⊗

33.   ⊗①⊗Ⓐ⊗

34.   ⊗①⊗Ⓐ⊗

35.   ⊗①⊗Ⓐ⊗

36.   ⊗①⊗Ⓐ⊗

37.   ⊗①⊗Ⓐ⊗

38.   ⊗①⊗Ⓐ⊗

39.   ⊗①⊗Ⓐ⊗

Open-ended Questions: Please answer the following questions.

40. What are the strengths of this course? How could the course be improved?

41. What impact, if any, did this course have on your chosen career trajectory?

42.

后　　记

　　书稿出版在即，搁笔之时，感慨万千。自 2017 年从中国人民大学教育学院毕业，转眼已两年有余。拙作是以博士学位论文为基础，精心打磨而成。其间不禁顿悟，这早已不仅仅是撰写或修改一篇博士学位论文，而是在知识生产过程中，作者所赋予研究成果的更高价值追求，更像是书写一种完美主义精神和探索无止境的情怀。回想当年，博士学位论文受到来自清华大学、北京航空航天大学、中国人民大学及中国教育科学研究院答辩委员会专家们的一致好评，如今获得"2019 年国家社科基金优秀博士论文出版项目"的资助，一切所得，皆为幸运。

　　回首博士学位论文的整个创作过程是艰辛而幸福的。相对于"冷冰冰"的量化研究，我很享受在质化研究中通过与受访者的面对面交流，将自身融入他们话语体系，洞悉他们学习、生活和工作背后的故事，成为研究不可割裂的一部分。因为这种带有温度的研究方式，充分体现了研究中"我"的身影和价值，使我真切地感受到社会科学研究的生命力和人文关怀。同时，我也深刻地意识到，作为质化研究方法的研究者，有责任帮助读者祛除对"科学研究"的"神秘感"，把研究对象的现状扎扎实实地解释清楚，邀请读者参与到对社会现实的建构之中，比拍脑袋胡乱"作比较""开药方"更有意义。并以一颗平常心，真诚坦率地与读者分享自己内心的激动和困惑。

　　研究得以成书，离不开中美两位恩师的精心栽培！

感恩导师秦惠民教授对我学术研究上的悉心指导和人生道路上的耐心指引，让我满怀信心和勇气向着未来前行。与导师的师生情缘、得到导师亲人般的关爱是我莫大的幸运。在学术研究上，导师严谨的治学态度、诲人不倦的师德师风一直是我学习的榜样。每次与导师进行学术上的探讨，为精准表达所思所想而对语言的运用进行反复推敲，整个学习过程总让我感到醍醐灌顶，甘露洒心。在日常生活中，导师正直、坦诚、直率的人品令人钦佩。难忘与导师在操场散步时，听他讲述年轻时的求学经历和博士学位论文写作过程中的奇闻逸事，难忘他所说的"一个人只有真才实学，才能得到别人发自内心的敬重"。导师的一言一行让我受教五年却受益终身！

感恩外导世界知名教育学大师阿普尔教授（Michael W. Apple）将我视为极具潜力的学者般对待和尊重，并对我博士论文第一手资料的收集、研究思路的启发所提供的一切帮助。阿普尔教授被誉为美国批判教育学的领军人物，视学术研究为最高人生理想，年过古稀但依然坚守在教学和科研的第一线，他对学生和学术负责的态度令人敬重。在生活上，我独自一人在美国的求学生涯得到阿普尔教授"爷爷般的关爱"。在科研上，为帮助我顺利完成博士学位论文，除了参与他的学术传统活动"Friday Seminar"外，他还帮我"开小灶"，尽管身体健康状况欠佳，依旧坚持与我每周"一对一"研讨一次，时间通常在 1 个小时以上，解答我在研究中遇到的各种疑惑。这是我在威斯康星大学麦迪逊分校读书的特殊优待，也是我顺利完成研究的重要保障。追随阿普尔教授的学习时光虽然只有短短的 13 个月，但他点燃了我从事学术研究的热情和激情！

感谢在博士学位论文写作过程中给予无私指导的每一位老师，北京大学阎凤桥教授、施晓光教授，清华大学王孙禺教授、叶赋桂教授，北京航空航天大学雷庆教授、赵婷婷教授，厦门大学刘振天教授，中国人民大学周光礼教授、程方平教授、申素平教授等。感谢您们对我博士学位论文的后续完善和改进提出的宝贵建议。

感谢每一位受访者，他们的"温柔以待"是博士学位论文成功完成的决定性因素，没有他们的配合和协助，则难以收集到如此翔实的第一手资料，更不会形成后续的研究和分析。特别感谢威斯康星大学麦迪逊分校的时任教务长以及其他所有参与到我访谈过程中的副教务长们：Sarah Mangelsdorf 女士、Jocelyn Milner 女士、Bruce Maas 先生、Lori Berquam 女士、Jeff Russell 先生、Ed Van Gemert 先生、Steve Hahn 先生、Steve M. Cramer 先生、Maury Cotter 女士、Mo Noonan Bischof 女士、Elaine M. Klein 女士、David Null 先生、Jeffrey Hamm 先生和 Carolyn Kelley 女士、感谢他们在百忙之中抽出时间接受我的访谈预约，并对我的访谈表现出极大的耐心和高度的配合。

感谢我的父母王云先生、贾均利女士的生育和养育之恩，并在我的成长过程中给予了良好的教养和无微不至的爱护。您们通过勤劳的双手为我建立起强大的经济后盾，过上衣食无忧的生活，您们无条件的支持，使我无忧挣钱养家等经济负担，勇往直前地追求人生理想和学术抱负。

感谢所有的同窗和朋友们，你们的督促、鼓励、开导、陪伴是我一生宝贵的财富！特别感谢艳梨姐提供威斯康星大学麦迪逊分校发布的最新文件，以更新书稿中部分章节数据，使之更加完善；管哲成协助搜集美国的相关书籍、论文等资料；邓雨薇协助整理完成访谈录音稿；曹翼飞共同探讨我国高等教育质量保障政策制定与实施等实践问题。想要感谢的人实在太多，在此不再一一列举。

感谢国家留学基金委对我在美国联合培养期间的经济资助，感谢"国家社科基金博士论文出版项目"对本书的大力资助，感谢中国社会科学出版社对本书编辑出版的支持，感谢阅读本书的每一位读者！

最后，受研究时间、精力及能力所限，书中难免存在疏漏乃至错误之处。虽然在本书的撰写过程中已对部分客观数据进行了更新和再分析，但部分观点尚不成熟且具有一定的历史局限性，敬请广大读者予以谅解并批评指正。

王名扬

2020 年 2 月 28 日于北京家中